浙江大学文科高水平学术著作出版基金
中央高校基本科研业务费专项资金　资助

浙江学者丝路敦煌学术书系

敦煌文书与中古社会经济

刘进宝 著

ZHEJIANG UNIVERSITY PRESS
浙江大学出版社

总　　序

　　浙江，我国"自古繁华"的"东南形胜"之区，名闻遐迩的中国丝绸故乡；敦煌，从汉武帝时张骞凿空西域之后，便成为丝绸之路的"咽喉之地"，世界四大文明交融的"大都会"。自唐代始，浙江又因丝绸经海上运输日本，成为海上丝路的起点之一。浙江与敦煌、浙江与丝绸之路因丝绸结缘，更由于近代一大批浙江学人对敦煌文化与丝绸之路的研究、传播、弘扬而令学界瞩目。

　　近代浙江，文化繁荣昌盛，学术底蕴深厚，在时代进步的大潮流中，涌现出众多追求旧学新知、西学中用的"弄潮儿"。20世纪初因敦煌莫高窟藏经洞文献流散而兴起的"敦煌学"，成为"世界学术之新潮流"；中国学者首先"预流"者，即是浙江的罗振玉与王国维。两位国学大师"导夫先路"，几代浙江学人(包括浙江籍及在浙工作生活者)奋随其后，薪火相传，从赵万里、姜亮夫、夏鼐、张其昀、常书鸿等前辈大家，到王仲荦、潘絜兹、蒋礼鸿、王伯敏、常沙娜、樊锦诗、郭在贻、项楚、黄时鉴、施萍婷、齐陈骏、黄永武、朱雷等著名专家，再到徐文堪、柴剑虹、卢向前、吴丽娱、张涌泉、王勇、黄征、刘进宝、赵丰、王惠民、许建平以及冯培红、余欣、窦怀永等一批更年轻的研究者，既有共同的学术追求，也有各自的学术传承与治学品格，在不同的分支学科园地辛勤耕耘，为国际"显学"敦煌学的发展与丝路文化的发扬光大作出了巨大贡献。浙江的丝绸之路、敦煌学研究者，成为国际敦煌学与丝路文化研究领域举世瞩目的富有生命力的学术群体。这在近代中国的学术史上，也是一个值得关注的现象。

始创于 1897 年的浙江大学，不仅是浙江百年人文之渊薮，也是近代中国社会科学与自然科学英才辈出的名校。其百年一贯的求是精神，培育了一代又一代脚踏实地而又敢于创新的学者专家。即以上述研治敦煌学与丝路文化的浙江学人而言，不仅相当一部分人的学习、工作与浙江大学关系紧密，而且每每成为浙江大学和全国乃至国外其他高校、研究机构连结之纽带、桥梁。如姜亮夫教授创办的浙江大学古籍研究所(原杭州大学古籍研究所)，1984 年受教育部委托，即在全国率先举办敦煌学讲习班，培养了一批敦煌学研究骨干；本校三代学者对敦煌写本语言文字的研究及敦煌文献的分类整理，在全世界居于领先地位。浙江大学与敦煌研究院精诚合作，在运用当代信息技术为敦煌石窟艺术的鉴赏、保护、修复、研究及再创造上，不断攻坚克难，取得了举世瞩目的成就，拓展了敦煌学的研究领域。在中国敦煌吐鲁番学会原语言文学分会基础上成立的浙江省敦煌学研究会，也已经成为与甘肃敦煌学学会、新疆吐鲁番学会鼎足而立的重要学术平台。由浙大学者参与主编，同浙江图书馆、浙江教育出版社合作编撰的《浙藏敦煌文献》于 21 世纪伊始出版，则在国内散藏敦煌写本的整理出版中起到了领跑与促进的作用。浙江学者倡导的中日韩"书籍之路"研究，大大丰富了海上丝路的文化内涵，也拓展了丝路文化研究的视野。位于西子湖畔的中国丝绸博物馆,则因其独特的丝绸文物考析及工艺史、交流史等方面的研究优势,并以它与国内外众多高校及收藏、研究机构进行实质性合作取得的丰硕成果而享誉学界。

现在,我国正处于实施"一带一路"伟大战略的起步阶段,加大研究、传播丝绸之路、敦煌文化的力度是其中的应有之义。这对于今天的浙江学人和浙江大学而言,是在原有深厚的学术积累基础上如何进一步传承、发扬学术优势的问题,也是以更开阔的胸怀与长远的眼光承担的系统工程,而决非"应景"、"赶时髦"之举。近期,浙江大学创建"一带一路"合作与发展协同创新中心,举办"丝路文明传承与发展国际学术研讨会",都是在新的历史条件下迈出的坚实步伐。现在,浙江大学组织出版这一套学术书系,正是为了珍惜与把握历史机遇,更好地回顾浙江学人的丝绸之路、敦煌学研究历程,奉献资料,追本溯源,检阅成果,总结经验,推进交流,加强互鉴,认清历史使命,展现灿烂前景。

浙江学者丝路敦煌学术书系编委会

2015 年 9 月 3 日

出版说明

　　本书系所选辑的论著写作时间跨度较长,涉及学科范围较广,引述历史典籍版本较复杂,作者行文风格各异,部分著作人亦已去世,依照尊重历史、尊敬作者、遵循学术规范、倡导文化多元化的原则,经与浙江大学出版社协商,书系编委会对本书系的文字编辑加工处理特做以下说明:

　　一、因内容需要,书系中若干卷采用繁体字排印;简体字各卷中某些引文为避免产生歧义或诠释之必需,保留个别繁体字、异体字。

　　二、编辑在审读加工中,只对原著中明确的讹误错漏做改动补正,对具有时代风貌、作者遣词造句习惯等特征的文句,一律不改,包括原有一些历史地名、族名等称呼,只要不存在原则性错误,一般不予改动。

　　三、对著作中引述的历史典籍或他人著作原文,只要所注版本出处明确,核对无误,原则上不比照其他版本做文字改动。原著没有注明版本出处的,根据学术规范要求请作者或选编者尽量予以补注。

　　四、对著作中涉及的敦煌、吐鲁番所出古写本,一般均改用通行的规范简体字或繁体字,如因论述需要,也适当保留了一些原写本中的通假字、俗写字、异体字、借字等。

五、对著作中涉及的书名、地名、敦煌吐鲁番写本编号、石窟名称与序次、研究机构名称及人名，原则上要求全卷统一，因撰著年代不同或需要体现时代特色或学术变迁的，可括注说明；无法做到全卷统一的则要求做到全篇一致。

书系编委会

目　　录

我与敦煌学

一

我关注敦煌及敦煌学,可以说是比较偶然的。我家在兰州市的一个郊县榆中,我所就读的中学是公社中学(相当于今天的乡镇中学)。当时在乡镇中学任教的还有一些大学生,我的中学有一位教数学的丁老师,就是甘肃师范大学(原西北师范学院,20世纪50年代改为甘肃师范大学,1981年恢复原校名西北师范学院,1988年更名为西北师范大学)数学系毕业的,她的丈夫正是甘肃省图书馆的周丕显先生。周先生曾在南京大学历史系、北京大学图书馆学系学习,聆听过贺昌群、王重民先生的课,是敦煌学专家。

1979年我考入甘肃师范大学历史系,此时丁老师已调到了兰州的中学,住在甘肃省图书馆的大院里。由于当时市场还不繁荣,有时丁老师就让以前的同事帮忙代买一些鸡蛋,我回家时顺便带给她。这样就和周丕显先生相识并熟悉,在一起也就谈到了学习,谈到了敦煌和敦煌学。星期天还经常去甘肃省图书馆历史文献部看书。

后来又聆听了日本学者藤枝晃先生、敦煌文物研究所孙修身先生等在西北师范学院的演讲,使我更加关注敦煌及敦煌学。

这些演讲让我大体感知到了敦煌学研究的价值与前景,恰好此时,兰州大学创办了《敦煌学辑刊》、敦煌文物研究所创办了

《敦煌研究》并出版了《敦煌研究文集》。虽然这些书刊在当时来说比较贵，经济上并不宽裕的我还是咬咬牙购买了。

就是因为认真读了《敦煌研究》试刊号、《敦煌研究文集》及《敦煌学辑刊》等，使我爱上了敦煌和敦煌学，从此也就开始关注报刊上的有关信息和论文。为了学习方便，我常常在口袋中装着纸和笔，看到报刊上有关敦煌学的消息就抄下来，这样长期坚持，日积月累，所抄的条目逐渐增多。为了查阅的方便，就分门别类地做了整理。

1983年7月大学毕业后，我被留在了刚成立不久的西北师范学院敦煌学研究所。这时筹备已久的中国敦煌吐鲁番学会成立大会和1983年全国敦煌学术讨论会即将在兰州举行，西北师范学院是会议的承办单位之一，我作为工作人员被派往会议接待组，从事会务服务。为学习而抄录的有关目录，也因陈守忠所长的厚爱而汇编为《敦煌学论著目录》油印后在会上交流，这就是1985年甘肃人民出版社出版的《敦煌学论著目录（1909—1983）》一书的初稿。

在这次会议上，见到了许多我仰慕的学术大家，尤其是和承办单位——兰州大学、敦煌文物研究所、甘肃省社会科学院的老师们常在一起，从而熟悉起来，并建立了长期的友好关系。

1984年9月，华东师范大学的吴泽、袁英光先生应西北师范学院历史系主任金宝祥教授之邀，前来讲学。讲学结束后，吴泽、袁英光先生及吴先生的博士生盛邦和赴敦煌参观，我受命陪同前往。

这是我第一次来到敦煌。在敦煌约一个月的时间里（吴泽先生等很快离开敦煌回上海），我就住在莫高窟下的敦煌文物研究所，可以随时参访所有的洞窟，但是由于自己在艺术感知方面的欠缺，再加上还没有形成明确清晰的学术研究方向，所以收获不大。在莫高窟时,我和研究所的很多先生都有接触,得到了许多帮助和指教,现在想起来还深怀感念。

1985年,我考入西北师范学院历史系中国古代史专业,跟随金宝祥先生学习隋唐五代史。硕士学位论文是研究隋代历史的,其主体部分就是在金先生指导下,与金先生、李清凌、侯丕勋合著的《隋史新探》。①

回想三年的硕士研究生学习,金先生虽然给我们上课不多,但要求却很严厉。那时没有今天的考核、津贴、业绩点,也没有项目、课题、发表论文的要求,但老师们却都是兢兢业业地工作,出版的著作、发表的论文虽然不多,但绝大多数都是有见解、有水平的干货。老师们带的研究生也很少,基本上都是招一两名,等毕业后再招新生。金先生"文革"后于1982年春季招收了研究生,等1985年春季毕业后,秋季就招了我和杨秀清学兄,等我们于1988年毕业了再招新的学生。正因为如此,我们的三年研究生学习,基本上是和老师在一起,甚至就像老师的家人一样,一周会有三四个半天或晚上在老师的书房里聊天、谈学问。毕业后因为我就在学校工作,都住在校园里,这种问学的方式也坚持了多年。这种导师和研究生私人之间的讲授、交流,其最大特点和优势,就是师生之间既有知识的传授,但更多的是精神的传递、人格的熏陶。这也正如钱理群先生所言:人文科学的"研究生教育不是在课堂上正经讲课完成的,而是在教授的客厅里,听他海阔天空的闲聊中结业的"。②

由于我是在职学习,研究生毕业后的工作单位仍然是敦煌学研究所。当时所里既没有给我研究任务,我自己也没有确定的研

---

① 兰州大学出版社1989年版。
② 钱理群:《学魂重铸》,文汇出版社1999年版,第98页。

究方向,一时不知向哪里发展。一个偶然的机缘,《兰州晚报》约我撰写"通俗敦煌学"的稿件,为此,我集中阅读了一些敦煌学研究论著,开始撰写每篇五六百字的文章,每周刊发一两篇。正是在此基础上,经过提炼加工、深化系统,形成了1991年由甘肃教育出版社出版的《敦煌学述论》一书。

《敦煌学述论》虽然以综述介绍前人的成果为主,但毕竟是国内第一本比较全面、系统的敦煌学概述性著作,因此出版后得到了学界的好评,季羡林、项楚、朱雷、柴剑虹等敦煌学界的著名专家都写信给予好评。由于柴剑虹先生的推荐,台湾洪业文化事业有限公司将其纳入"国学精粹丛书",出版了中文繁体字版;后来又由韩国延世大学全寅初教授翻译,在韩国出版了韩文版。此后,我撰著的《敦煌学通论》①、《丝绸之路敦煌研究》②,都是在《敦煌学述论》的基础上进一步增删修改的结果。

1994年后,我将研究的主要方向集中在归义军经济史方面。1995年,我向在武汉大学举办的中国唐史学会年会提交了《从敦煌文书谈晚唐五代的"地子"》的学术论文,该文发表于《历史研究》1996年第3期。随后又发表了《从敦煌文书谈晚唐五代的"布"》③、《P.3236号〈壬申年官布籍〉时代考》④、《归义军土地制度初探》⑤等论文。

1998年,我考取了武汉大学中国古代史专业博士研究生,指导教师是朱雷先生,研究方向是敦煌吐鲁番文书。因朱先生知道我近几年主要从事敦煌经济史的研究,就让我在经济史方面选定

① 甘肃教育出版社2002年版。
② 新疆人民出版社2010年版。
③ 载《段文杰敦煌研究五十年纪念文集》,世界图书出版公司1996年版。
④ 载《西北师大学报》1996年第3期。
⑤ 载《敦煌研究》1997年第2期。

博士论文题目。2001 年,我以《归义军赋税制度研究》的论文获得博士学位。

博士毕业后,我仍然主要致力于归义军经济史的研究,2003年以"从敦煌文书看唐宋之际经济的传承与演变"为题申请并获得了国家社科基金的资助,通过几年的努力,完成了课题的最终成果——《唐宋之际归义军经济史研究》①。该成果入选"国家社科基金成果文库"第二批 10 本之一,由全国哲学社会科学规划领导小组办公室指定中国社会科学出版社出版。

二

2006 年,我撰写了《敦煌学史上的一段学术公案》②,主要就"敦煌在中国,敦煌学在日本"的说法作了澄清。

从 20 世纪 80 年代初开始,在国内就有了"敦煌在中国,敦煌学在日本"的传言,并说这是日本学者藤枝晃 1981 年 4 月在南开大学讲座时说的,同年 5 月 26 日藤枝晃在西北师范学院演讲时也曾说过。此事虽然是一个误传,但在学界、政界流传很广,也曾影响到中日两国敦煌学界的交流。相比较而言,我可能是澄清此事的比较合适的人选,一方面藤枝晃在西北师范学院演讲时我是听众,现在还保留着当年的听讲笔记,后来藤枝晃再次来西北师范学院座谈时,我已留校任教,参加了与藤枝晃的座谈会,会后还与藤枝晃就此传言有过短暂的交流。另一方面,我的两位导师都是此事的当事人,藤枝晃在兰州的演讲是在我的母校——西北师范学院,主持人是我的硕士生导师金宝祥教授;在南开大学讲座时,我的博士生导师朱雷教授是听讲学员,不仅全程参加了讲习

① 中国社会科学出版社 2007 年版。
② 《历史研究》2007 年第 3 期。

班,而且还帮助整理了藤枝晃的讲义《敦煌学导论》。后来,朱先生不仅将他保留的《敦煌学导论》讲义送给了我,而且还多次谈到此话不是藤枝晃说的,而是讲座前介绍他的吴廷璆教授说的。另外,邀请藤枝晃来南开大学讲座的是吴廷璆教授,吴廷璆教授1986年秋来兰州看望金宝祥先生时,我曾在金先生家看望交谈,同时我还保留着1981年第4期的《外国史知识》,上面刊载有对吴先生的专访,其中就有"敦煌在中国,敦煌学在外国"之说。以上三方面有机地结合在了一起,而且都与我有交集。所以当2005年荣新江教授的《中国敦煌学研究与国际视野》①涉及这一问题时,我便撰写文章,对"敦煌在中国,敦煌学在日本"一说的来龙去脉进行了说明辨析。

在撰写《敦煌学史上的一段学术公案》的前后,时逢敦煌学百年(1909—2009)之际,我想敦煌学已经百年了,学界应该对百年敦煌学的历程进行全面总结和评析,为新世纪敦煌学的发展提供参考。为此,我曾多次呼吁进行敦煌学术史的总结,希望有单位或组织出面,邀请敦煌学研究者从各自的学术经历、研究方向、甘苦得失等方面摆出成绩、指出不足,总结教训、展望未来。遗憾的是这一呼吁未能得到积极响应。

然而时不待人,老一代敦煌学学者年事已高,身体也不大好,如果现在不做抢救性的总结,以后可能就没有机会再为百年敦煌学留下科学严谨、清晰、真实的学术史资料了——这是我们这代人的使命,我们不应该也不能留下历史的空白和终身的遗憾。

有了此念头后,我先尝试着从我最熟悉的史学方面着手,首先邀请国内外历史学方面老中青代表学者以"敦煌学百年:历史、现状与发展趋势"为题撰写笔谈,这就有了日本学者池田温

---

① 《历史研究》2005年第4期。

《敦煌写本伪造问题管见》、樊锦诗《关于敦煌石窟研究的一些思考》、姜伯勤《宿白先生论敦煌遗书研究始于中国——读〈敦煌七讲〉》、郝春文《交叉学科研究——敦煌学新的增长点》、荣新江《期盼"吐鲁番学"与"敦煌学"比翼齐飞》，再加上我的《敦煌学术史研究有待加强》。这组 6 篇的笔谈原计划在 2008 年发表，但由于一些特殊的原因，到了 2009 年才在《中国史研究》第 3 期上发表。

在本组"敦煌学笔谈"交稿后，我认为有必要对敦煌学进行更全面的总结，就向国内外敦煌学研究的代表人物发出了约稿信。在约稿信中我曾这样表述：

> 敦煌学产生于 1909 年，已有了百年的历史。在敦煌学产生百年之际，敦煌学本身也进入了一个新旧交替的时期，即前一个阶段主要是以资料的搜集、整理、刊布为主，目前，《英藏敦煌文献》14 册、《俄藏敦煌文献》17 册、《法藏敦煌西域文献》34 册已全部刊布，中国国家图书馆所藏敦煌文献已刊布 30 册，计划共有 150 册，将于 2008 年全部刊布。北京、伦敦、巴黎、圣彼得堡四大收藏中心收藏的敦煌文献占到总数的 95% 以上。另外，甘肃、浙江省及北大、天津艺术博物馆、上海博物馆等地所藏敦煌文献也已公布。可以说，资料的刊布已经完成。在新的阶段，应该是对已刊布的资料进行全面、综合、深入地研究了。

> 为了对前一阶段的敦煌学研究进行总结，找出经验教训，对现状进行评析，对以后研究的方向，应该注意的问题、加强的方面，方法、理论等进行规划、展望，我们与有关杂志社联系，拟在敦煌学百年到来之际，以"敦煌学百年：历史、现状与发展趋势"为题，邀请在国际学术界有影响的敦煌学家组织一组笔谈。

约稿信发出后，得到了大家的积极响应和支持。《学习与探索》2008 年第 3 期、《社会科学战线》2009 年第 9 期、《新疆师大学报》2009 年第 2 期、《南京师大学报》2008 年第 3 期和 2009 年第 5 期都曾以专栏的形式发表了"敦煌学笔谈"。这些"笔谈"发表后，得到了学界的赞扬与好评，《新华文摘》、人大《复印报刊资料》、《高等学校文科学术文摘》等都给予转载、复印、文摘。全部约稿则汇集为《百年敦煌学：历史、现状、趋势》一书，在 2009 年敦煌学百年之际由甘肃人民出版社出版。

由于组编《百年敦煌学》，我对敦煌学术史更加关注了，从而将自己的部分精力也放在了敦煌学术史的探讨上。

三

回顾我的敦煌学学习和研究历程，有几个方面的感想：

一、遇到了好老师。不论是我的大学学习阶段，还是硕士、博士学习阶段，都遇到了许多学识高、人品好的老师。本科和硕士学习时期的金宝祥、陈守忠、王俊杰、李庆善、郭厚安、吴廷桢、潘策、伍德煦、赵吉惠、宋仲福、水天长、徐世华等先生，都是学问好、人格高尚的学者。博士阶段的学习单位——武汉大学中国三至九世纪研究所，更是名师云集。我的硕士生导师金宝祥先生和博士生导师朱雷先生，都有一个共同的特点，即论著不多，甚至可以说都没有专著，论文的数量也不多。金先生的代表作是《唐史论文集》①，朱先生的代表作是《敦煌吐鲁番文书论丛》②，这两部代表作都是论文集。金先生论文的特点是宏观探讨，如《唐代经济的发展及其矛盾》、《论唐代的土地制度》、《论唐代的两税法》、

① 甘肃人民出版社 1982 年版。
② 甘肃人民出版社 2000 年版。

《北朝隋唐均田制研究》、《安史乱后唐代封建经济的特色》、《唐史探赜》、《关于隋唐中央集权政权的形成和强化问题》等，都是贯穿有唐一代，乃至中古社会较长时段的研究，每篇论文都能发展成为一本专著。这样高屋建瓴的论文，没有相当的理论素养、学术功底和洞察力是根本不可能完成的。据我在西北师范大学的 20 余年所知，先生对一些经典作家的论著，尤其是黑格尔的《小逻辑》、马克思的《资本论》、列宁的《哲学笔记》等，都非常熟悉，并放在手边经常翻阅。

北京大学吴宗国先生在《我看隋唐史研究》①中提出，"隋唐时期在中国历史发展上的地位问题，是一个关系隋唐历史的全局性问题"。关于这一重要问题研究，"最具有学术意义的论著，有陈寅恪的《论韩愈》(《历史研究》1954 年第 2 期)、金宝祥的《唐代经济的发展及其矛盾》(《历史教学》1954 年第 5、6 期)、唐长孺的《门阀的形成及其衰落》(《武汉大学人文科学学报》1959 年第 8 期)、侯外庐的《中国思想通史》第 4 卷上册第 1 章第 2 节"中国封建社会的发展及其由前期向后期转变的特征"(人民出版社 1959 年版)、胡如雷的《唐宋时期中国封建社会的巨大变革》(《史学月刊》1960 年第 7 期)、汪篯的《唐太宗·唐太宗所处的时代》(1962)、《关于农民的阶级斗争在封建社会中的历史作用问题》(1965，收录于《汪篯隋唐史论稿》，中国社会科学出版社1981 年版)等"。

吴宗国先生同时指出，上列陈寅恪、金宝祥、侯外庐、胡如雷、汪篯先生的论文和著作，"长时段全方位论述了这个时代的变化"，"代表了上个世纪五六十年代在这方面的最高成就，具有很高的学术水平和认识价值。我们现在研究隋唐在中国中古社会

---

① 《文史知识》2006 年第 4 期。

变迁中的地位，如果离开了这些具有经典性的著作，会大大降低我们的起点，要走很多弯路"。

吴宗国先生的评价符合金宝祥先生治学的特点和其论著的学术价值。

朱雷先生 1962 年研究生毕业后，留在了唐长孺先生创办的武汉大学魏晋南北朝隋唐史研究室。此后，在唐先生的指导下，对《全唐文》资料进行分类摘录，做成卡片；阅读英藏敦煌遗书缩微胶卷，抄录出了一批社会经济资料。1974 至 1986 年春，由武汉大学借调至国家文物局，作为国家文物局"吐鲁番出土文书整理组"（组长为唐长孺教授）主要成员，并作为唐长孺先生的学术助手，赴新疆、北京等地参加吐鲁番出土文书的整理和研究工作，从事古文书的录文、拼合、释文、定名和断代，协助唐先生编著了《吐鲁番出土文书》释文本 10 册和图文本 4 册。

这些经历，使朱雷先生对传世文献和敦煌吐鲁番文书都有了精到的掌握，尤其在吐鲁番文书整理和研究方面站在了国际学术前沿，《吐鲁番出土北凉赀簿考释》、《论麴氏高昌时期的"作人"》、《唐代"手实"制度杂识》、《唐代"点籍样"制度初探》、《唐"籍坊"考》、《唐代"乡帐"与"计帐"制度初探》、《唐"职资"考》、《敦煌两种写本〈燕子赋〉中所见唐代浮逃户处置的变化及其他》、《敦煌所出〈万子、胡子田园图〉考》、《东晋十六国时期姑臧、长安、襄阳的"互市"》等论文，就是传世文献与出土文献有机结合的典范。这些论文都是以小见大，既具有深厚的文献功底，又有极强的思辨能力，所获结论也被史学界屡加征引。

20 世纪 80 年代中期，曾有学者言及唐门弟子对唐先生治学的承传问题，称唐先生治学所主要涉及的魏晋南北朝、隋唐史和敦煌吐鲁番文书三大领域中，"继承魏晋南北朝的是高敏，继承唐史的是张泽咸,继承敦煌吐鲁番文书的是朱雷"①。王素先生在《敦煌吐鲁番文书论丛》的书评中有言:"朱教授的很多论文,尽管经过了十多年甚至二十多年,学术价值还是难以超越……学界师友常言:唐长孺先生门下,论文风格与唐先生最为接近者,莫过于朱雷教授,读罢本书,深信此言非虚。"②

由此可见,虽然我的两位导师论著不多,但都是有真学问的史学大家,他们的论著是能够经得起时间检验的,也是能够流传下去的。而我虽然跟随两位老师多年,由于天生愚笨,再加上所受教育的局限、生活的艰辛、兴趣的广泛、各种事务的缠身等等,没有学到老师的真本事。不论是金先生高屋建瓴的宏观研究,还是朱先生以小见大的微观考察,我都是无法企及的。他们的高度,我是永远达不到的。

二、参与了一些集体的学术活动。当我大学刚毕业留校后,遇到的第一件事就是在中国敦煌吐鲁番学会成立大会和1983年全国敦煌学术讨论会上做服务工作,与参加会议的代表有了联系与交流,特别是与会议的承办单位——敦煌文物研究所的同志熟悉了,由此建立了我与敦煌文物研究所(后更名为敦煌研究院)长期的友好关系。

20世纪80年代中期,即在我留校工作和攻读硕士学位前后,西北师范大学历史系的郭厚安、吴廷桢先生主持编著《中国历史上的改革家》、《悠久的甘肃历史》、《河西开发史研究》、《甘肃古代史》等论著时,都提携我参与一些撰稿任务。由于我最年

---

① 本书编委会主编:《敦煌吐鲁番文书与中古史研究——朱雷先生八秩荣诞祝寿集》,上海古籍出版社2016年版,第478页。

② 王素:《朱雷〈敦煌吐鲁番文书论丛〉》,载《敦煌吐鲁番研究》第六卷,北京大学出版社2002年版,第409页。又见王素:《汉唐历史与出土文献》,故宫出版社2011年版,第561页。

轻,许多跑腿的具体事务也由我来做,尤其是去出版社来回联系、送稿件等,只要老师指派,我从来没有推辞过,最多是今天有事,改在明天去。这样的送取稿件、校样等,不是一次、两次,也不是一年、两年,而是十多年。刚开始时,仅仅是因为老师指派,尊重老师,不好推辞,后来渐渐感到这也是一种责任,尤其是与出版社的编辑交往过程中,看到他们和我们的老师一样,执着于学术,一丝不苟的敬业精神。我就暗暗下定决心,要像我们的老师和这些编辑学习,以一些史学和敦煌学的专家为榜样,做出一些成绩来。

这些事务性的工作,虽然占用了一些读书的时间,也自掏了许多公交车票,但也锻炼了我打交道的能力,尤其是得到了甘肃各出版社有关领导和编辑的信任和好感,建立了密切友好的关系。1991年,在当时图书出版还非常困难的条件下,甘肃教育出版社能够出版我的《敦煌学述论》,虽然主要是因为当时还没有一本比较全面、系统介绍敦煌学的著作,作为敦煌学故里的甘肃出版界想出版这类图书的愿望。但不可否认,也是出版社领导和编辑对我长期尊师和学术的认可与奖赏。

此后,我帮忙参与了甘肃人民出版社《敦煌文化丛书》①、甘肃教育出版社《敦煌学研究丛书》②的组稿、联系等工作。现在,又与柴剑虹、张涌泉先生共同主编《浙江学者丝路敦煌学术书系》③;同时还与孙继民、程存洁等师兄主编《敦煌吐鲁番文书与中古史研究——朱雷先生八秩荣诞祝寿集》④。

2009年主编出版了《百年敦煌学:历史、现状、趋势》,2011

① 《敦煌文化丛书》共17册,甘肃人民出版社2000年出版。
② 《敦煌学研究丛书》共12册,甘肃教育出版社2002年出版。
③ 《浙江学者丝路敦煌学术书系》约40本,浙江大学出版社2016年开始陆续出版。
④ 上海古籍出版社2016年版。

年,协助卞孝萱先生主编了《新国学三十讲》①。2006年在南京师范大学主办了"转型期的敦煌学——继承与发展"国际学术研讨会,2014年在浙江大学协助主办了"丝绸之路文化论坛·新疆"学术研讨会,2015年又协助主办了"丝路文明传承与发展"国际学术研讨会。

这许多的集体工作,只有主编《百年敦煌学:历史、现状、趋势》和主办"转型期的敦煌学——继承与发展"国际学术研讨会,由我唱主角外,其他的都是协助别人。这些工作既费时费力,又可能还吃力不讨好。在此过程中,我都是本着尽职尽责的态度、默默奉献的精神做事的,既不考虑个人得失,也不揽功推过。心中的信念就是对学术的执着、对敦煌及敦煌学的热爱和深厚的感情。如上世纪90年代后期编辑出版《敦煌学研究丛书》时,有些作者是我联系的,仅国际、国内长途电话就打了很多,甘肃教育出版社的总编辑白玉岱先生曾几次表示要给我一些补偿时,都被我婉言谢绝了。另如编辑《百年敦煌学》一书,所费的精力、时间确实很多,甚比我自己写一本书还要困难。而且在目前的考核体制下,像《百年敦煌学》这类集体著作,既不能算主编的专著,也不算其为科研成果,因此一般的学者也不愿意费心耗力。而我之所以执着地坚持去做这件事,既是为了完成我们这代人的历史使命,为敦煌学的学科建设贡献一点自己的绵薄之力,也是为了"抢救"一些学术史的活史料,给前辈学者们的辛勤耕耘留下一点印迹,回馈当初我在这些集体学术活动中得到的收获与帮助。

三、坚持做自己的事。在我的人生经历中,既有过经商的诱惑,也有过从政的选择,还有几次在学校担任行政职务的机会。

---

① 卞孝萱、胡阿祥、刘进宝主编:《新国学三十讲》,凤凰出版社2011年出版。

有些被我当场婉言谢绝了,有些需要我自己再努力一把时,我不但没有努力,而且还有意识地躲开了。今天看来,我的选择是正确的,但在当时,是否能够抵制住诱惑?能够选择坚持,确实是需要定力和毅力的。

人的一生可能遇不到机遇,或遇到机遇而抓不住机遇。既能遇到机遇又能抓住机遇的毕竟是极少数人。我天生愚拙,各方面条件也比较差,如果说在敦煌学研究方面还有一点点成绩可言的话,可能就出于我的坚持,即在学术研究方面,有着宗教般的虔诚和初恋般的热情。

我从大学本科阶段开始喜欢敦煌学,中间虽然有过这样那样的机会,或这样那样的任务,但对敦煌学的爱好、学习和研究一直没有中断,不论是在西北师范大学,后来的南京师范大学,还是现在的浙江大学,都一直坚持做自己喜欢的事业。

第一章 隋唐之际的社会变化

第一节 略论高颎之死

高颎是关乎有隋一代兴亡盛衰的重要人物。就是这样一个重要人物，却在开皇十九年被隋文帝黜官为民，大业三年又被隋炀帝杀害。隋文帝、炀帝父子为什么要置高颎于死地？这是隋代政治史研究中的一个重要问题。而关于高颎的死因，从未引起人们的注意，现就笔者阅读文献所得，对高颎之死略作初步探讨，不当之处，请批评指正。

一、高颎被杀的深层次原因

高颎之死，与其设轻税之法有很大关系，可以说，正是由于他设了轻税之法，浮客悉自归于编户，才导致了他的死亡。

自北魏实行均田制后，国家权力不断强化，国家佃农的赋役负担也不断加重。"国家佃农为了解除繁重的赋役，不是亡命山泽为逃户，就是再入大族之家为隐户。"①不论逃户、隐户，都是脱离了国家的编户，不再为国家负担赋役。这样，国家税收必定减少，国家权力必定削弱。国家权力削弱了，私家权力则必定加强，因为脱离国家控制的编户，大部分成了私家大族的隐户。因此国

---

① 金宝祥：《唐史探赜》，《西北师院学报》1986 年第 2 期。

家政权必定要通过种种办法和手段与私家争夺户口。隋代初年高颎的轻税之法正是在这种背景下实行的。

隋文帝统一北方初年,"是时山东尚承齐俗,机巧奸伪,避役惰游者十六七。四方疲人,或诈老诈小,规免租赋"。①全国的情况则是"禁网疏阔,户口多漏"。②文帝针对这种情况,便大索貌阅,并且"大功已下,兼令析籍,各为户头,以防容隐",③从而使国家获得户口一百六十四万。但是,这些措施并没有从根本上解决问题。因为不论大索貌阅,还是析籍,都没有减轻国家佃农的赋役负担,因此国家也不可能获得大量的户口,更不可能使隐庇于豪门大族之家的隐户脱离私家的羁绊,变为国家的编户。要真正解决问题,就得使国家佃农的赋役负担低于私家佃农的负担,从而吸引隐户变为编户。宰相高颎独具慧眼,"乃为输籍定样,请遍下诸州,每年正月五日,县令巡人,各随便近,五党三党,共为一团,依样定户上下"。④开皇八年五月,高颎又上书皇帝,请诸州"于所管户内,计户征税"。⑤

高颎的输籍之法,是针对赋役摊派不均,阻碍浮客归于编户而提出的。隋初的"课税虽有定分",但由于"长吏肆情,文帐出没,复无定簿,难以推校",⑥因此赋役负担大都落在了小户头上,使国家佃农遭受到更残酷的剥削和压迫,因此国家佃农便脱离国家的控制,成为逃户和隐户。有鉴于此,高颎才建议实行输籍之

---

① (唐)魏征等撰:《隋书》卷二十四《食货志》,中华书局 1973 年版,第 681 页。

② 《隋书》卷六十七《裴蕴传》,第 1575 页。

③ 《隋书》卷二十四《食货志》,第 681 页。

④ 《隋书》卷二十四《食货志》,第 681 页。

⑤ 《隋书》卷二十四《食货志》,第 685 页。

⑥ 《隋书》卷二十四《食货志》,第 681 页。

法,"由中央按其赀产定户为上中下三等,注册造籍,依户等高下合理派征徭役"。① 高颍此法,按户等高下征税,户等高的多征,户等低的少征,"使人知为浮客,被强家收太半之赋,为编甿(即编户),奉公上,蒙轻减之征"。② 因而吸引着大批的逃户和隐庇于私家的隐户,自动归入了国家的编户,使隋王朝人口剧增,国力强盛。《通典》说:"高颍设轻税之法,浮客悉自归于编户,隋代之盛,实由于斯。"可谓一语破的。《隋书·食货志》也说:当时"虽数遭水旱,而户口岁增"。③ 关于编户的增减问题,金宝祥先生有精辟的论述,金先生说:"中国历史上,除了战争的丧亡,编户的增和减,反映了荫户的减和增,荫户不减,编户不可能增,反之,荫户不增,编户不可能减。自太和到安史之乱这二百七十年间,户口盛衰,与浮客之归为编户的多和少有密切关系。"④

高颍的轻税之法,是通过国家法令有计划实行的,并随着国家的统一逐渐向南方推行。开皇七年,江陵民给复十年;开皇九年,"帝以江表初定,给复十年。自余诸州,并免当年租赋"。⑤ 这说明不仅北方实行轻税之法,平陈后南方也实行了轻税之法。开皇"十年五月,又以宇内无事,益宽徭赋";⑥开皇十二年,河北、河东田租"三分减一,兵减半,功调全免";⑦开皇十三年,规定战亡之家给复一年;开皇十六年,蠲免全国赋税;开皇十八年,河南八州免其课役。这样多次的减免赋役,在我国历史上还是罕见的。

---

① 赵云旗:《隋代括户成功的原因》,《江汉论坛》1983 年第 11 期。

② (唐)杜佑撰,王文锦等点校:《通典》卷七《食货七·历代盛衰户口》,中华书局 1988 年版,第 156 页。

③ 《隋书》卷二十四《食货志》,第 681 页。

④ 金宝祥:《唐史探赜》,《西北师院学报》1986 年第 2 期。

⑤ 《隋书》卷二十四《食货志》,第 682 页。

⑥ 《隋书》卷二十四《食货志》,第 682 页。

⑦ 《隋书》卷二十四《食货志》,第 682 页。

正是由于实行了高颎的轻税之法,使浮客悉自归于编户,隋代的户口才不断增多。从隋初有户四百多万,到开皇九年时达七百余万。洎于大业五年,户达"八百九十万七千五百三十六,口四千六百一万九千九百五十六"。① 达到了隋的极盛,也是我国封建社会中的一个强盛时期。

也正是由于高颎设轻税之法,使隐庇于高门大族之家的浮客悉自归于编户,损害了高门大族的利益,因此高颎便遭到了高门大族的反对,甚至要置他于死地而后快。开皇九年伐陈之后,隋文帝对高颎说:"公伐陈后,人言公反,朕已斩之",②这就说明,已经有人开始要置高颎于死地了。此后,"右卫将军庞晃及将军卢贲等,前后短颎于上","未几,尚书都事姜晔、楚州行参军李君才并奏称水旱不调,罪由高颎,请废黜之"。③ 后来突厥入侵,高颎击败突厥。当他想进入沙碛,给突厥以沉重打击,便遣使请兵时,"近臣缘此言颎欲反,上未有所答"。④ 此时隋文帝与高颎的关系已没有以前那样融洽了,因为以前在文帝面前短高颎者,都被文帝惩罚了,而这次却"上未有所答",即对于想陷害高颎的人,隋文帝既没有杀头,也没有废黜,甚至连不满意的一点点表示都没有,只是"未有所答",没有表露任何态度罢了。此时的没有表态,就等于已对高颎不满意了。文帝对高颎不满意,也是由于高颎实行轻税之法后,人们都认为高颎功勋卓著,"人俗康阜,颎之

① 《通典》卷七《历代盛衰户口》,第 147 页。
② 《隋书》卷四十一《高颎传》,第 1181 页。
③ 《隋书》卷四十一《高颎传》,第 1181 页。
④ 《隋书》卷四十一《高颎传》,第 1182 页。

力焉",①"海内富庶,颍之力也",②且认为"近代以来,未之有也"。③ 其声望简直和国君一样,甚至超过了国君,这是隋文帝所绝对不能容忍的。在封建专制主义制度下,君主的权力是至高无上、绝对不能侵犯的,而高颍正犯了功高盖主之大忌。

由于隋文帝"本无功德,以诈取天下",④得天下于孤儿寡妇之手,因此其猜忌之心非常严重。所有功勋卓著的人,他都认为是威震主上,并认为"人臣不可以身要君,自云第一也",⑤否则就不会有什么好结果。梁士彦讨尉迟迥后为相州刺史,"隋主忌之,召还长安";宇文忻由于"善用兵,有威名,隋主亦忌之,以谴去官";⑥广平王雄由于"宽容下士,朝野倾属,上恶其得众,阴忌之,不欲其典兵马";⑦宇文㢸由于"才能著称,历职显要,声望甚重,物议时谈,多见推许,帝颇忌之"。⑧ 对高颍也不例外,隋文帝曾明确地对侍臣说,高颍不应该"以身要君,自云第一也",⑨因此隋文帝也想置高颍于死地。只是由于高颍在杨坚夺取周朝政权、建立隋朝及统一全国的过程中有特殊贡献,这是大家有目共睹的,杀了高颍怕引起大臣们的离心,另外,当时已杀了虞庆则、王世积等大臣,"如更诛颍,天下其谓我何?"⑩因此隋文帝没有杀高

---

① 《通典》卷七《历代盛衰户口》,第 157 页。

② (宋)司马光等撰:《资治通鉴》卷一百八十,中华书局 1956 年版,第 5633 页。

③ 《通典》卷七《历代盛衰户口》,第 157 页。

④ 《资治通鉴》卷一百七十九,隋文帝开皇二十年,第 5585 页。

⑤ 《资治通鉴》卷一百七十八,隋文帝开皇十九年八月条,第 5567 页。

⑥ 《资治通鉴》卷一百七十六,长城公至德四年八月条,第 5486 页。

⑦ 《资治通鉴》卷一百七十七,隋文帝开皇九年七月条,第 5522 页。

⑧ 《隋书》卷五十六《宇文㢸传》,第 1391 页。

⑨ 《隋书》卷四十一《高颍传》,第 1183 页。

⑩ 《隋书》卷四十一《高颍传》,第 1183 页。

颍,但文帝"欲成颍之罪"①的决心已下,所以开皇十九年便以莫须有的罪名,将高颍黜官为民了。

由以上所述可知,高颍设轻税之法已经为其死亡埋下了祸根。轻税之法损害了高门大族的利益,高颍也因此而功高盖主,因此高门大族和隋文帝都想置高颍于死地,只是由于条件还不成熟罢了。

二、高颍被杀的直接原因

高颍被杀的直接原因,是由于他卷入了皇帝家族内部的争权夺利斗争中,炀帝执政以后,他不得不死。

杨坚建隋后,即以杨勇为太子,而高颍的儿子又娶杨勇女为妻,高颍和杨勇结成了儿女亲家,他们两人的关系自然相对密切一些,这一点杨坚是很清楚的。后来文帝听了谗言,杨勇失爱于上,而高颍又犯了功高盖主之大忌,因而文帝特别害怕杨勇和高颍联合起来。文帝便将杨勇的东宫宿卫大部分调走,"高颍奏称,若尽取强者,恐东宫宿卫太劣"。文帝听了此话,非常不高兴,便作色说:"太子毓德东宫,左右何须强武?此极敝法,甚非我意。"文帝的这番行动"盖疑高颍男尚勇女,形于此言,以防之也"。②《通鉴》在叙述这段历史时说:"故上以此言防之。"③事实上,高颍就是废去太子杨勇的反对者。而杨广则与杨素相勾结,包围独孤皇后。独孤皇后和杨广也都因私事对高颍不满,于是他们极力设法排除高颍,结果于开皇十九年(599)高颍被黜官为民。高颍被废弃不用后,杨勇就失去了朝中有力的支持者,故次

---

① (宋)王钦若等编:《册府元龟》卷三百三十四《宰辅部》,中华书局1960年版影印本,第3948页下。

② 《隋书》卷四十五《文四子传》,第1231页。

③ 《资治通鉴》卷一百七十八,隋文帝开皇十九年六月条,第5566页。

年杨勇也被废,杨广被立为太子,事实到了这一步,高颎是非死不可了。

杨广当太子前,就已和高颎发生摩擦了。开皇九年伐陈后,杨广欲纳陈主宠姬张丽华,当时高颎子德弘是晋王杨广的记室,杨广便派德弘去告诉高颎,"令留张丽华,颎曰:'昔太公蒙面以斩妲己,今岂可留丽华!'乃斩之于青溪。德弘还报,广变色曰:'昔人云:无德不报,我必有以报高公矣!'由是恨颎"。① 而独孤皇后由于私事也和高颎产生了矛盾。有一次,高祖杨坚在宫中见到有美色的尉迟迥孙女,"因此得幸",独孤后妒忌之心大发,便乘高祖上朝之际,将尉迟迥孙女杀害。"上由是大怒,单骑从苑中而出,不由径路,入山谷间二十余里。高颎、杨素等追及上,扣马苦谏。上太息曰:'吾贵为天子,而不得自由!'高颎曰:'陛下岂以一妇人而轻天下!'上意少解,驻马良久,中夜方始还宫。"② 独孤皇后原来和高颎的关系比较密切,此时"闻颎谓己为一妇人,因此衔恨"。③ 这时候,不但杨广,就是独孤皇后也开始要排挤高颎了,而杨勇失爱于上,在皇后和杨素等人的活动下,杨坚想把杨广改立为太子,高颎坚决反对,"独孤后知颎不可夺,阴欲去之"。④ 独孤皇后和杨广便开始为排挤高颎找借口了。

高颎夫人卒后,独孤后建议文帝杨坚为高颎另娶夫人,高颎流涕谢绝了。后来高颎爱妾生男,文帝听了很高兴,而独孤后却极为不满,"上问其故,后曰:'陛下尚复信高颎邪? 始,陛下欲为颎娶,颎心存爱妾,面欺陛下。今其诈已见,安得信之!'上由是

---

① 《资治通鉴》卷一百七十七,隋文帝开皇九年,第5510页。

② 《隋书》卷三十六《后妃传》,第1109页。

③ 《隋书》卷三十六《后妃传》,第1109页。

④ 《资治通鉴》卷一百七十八,隋文帝开皇十九年六月条,第5565页。

疏颍"。① 开皇十八年（598），隋伐高丽，高颍固谏不可。但高祖不听谏言，仍派汉王谅率三十万人攻高丽，及师还无功，"后言于上曰：'颍初不欲行，陛下强遣之，妾固知其无功矣！'"②当时由于汉王年少，隋文帝将所有军事都委托高颍。高颍对汉王"谅所言多不用，谅甚衔之，及还，泣言于后曰：'儿幸免高颍所杀'。上闻之，弥不平"。③ 母子二人在文帝面前的一番谗言，终于使已"疏颍"的杨坚下定决心，废黜了高颍。杨广即位后，将自己争权夺利的对手——杨勇送上了断头台，而杨勇的支持者，又是独孤皇后和杨广怀恨已久的仇人——高颍也就不能幸免了。但是，炀帝也知道，高颍治国有方，且德高望重，没有周密的安排和充足的"理由"是不能随便杀高颍的。故炀帝即位后，便拜高颍为太常，"时诏收周、齐故乐人及天下散乐。颍奏曰：'此乐久废。今若征之，恐无识之徒弃本逐末，递相教习'。帝不悦"。④ 此时的高颍，在炀帝心里，就有了不识抬举之感，而高颍仍"不识时务"，对炀帝的奢侈腐化、修筑长城等提了许多意见，炀帝非常气愤，对高颍的新仇旧恨要一起算了。恰好此时"帝遇启民可汗恩礼过厚，颍谓太府卿何稠曰：'此虏颇知中国虚实、山川险易，恐为后患'。复谓观王雄曰：'近来朝廷殊无纲纪'"⑤。有人将高颍这些话全都上奏皇帝，炀帝找到了借口，因而便以"诽谤朝政"之罪名，于大业三年（607）将高颍杀害了。

高颍之死，是历史上的一桩冤案。隋文帝废黜高颍，隋炀帝杀害高颍，这是他们自去手臂、自断栋梁、自毁江山。就是封建皇

---

① 《资治通鉴》卷一百七十八，隋文帝开皇十九年六月条，第 5566 页。
② 《资治通鉴》卷一百七十八，隋文帝开皇十九年六月条，第 5566 页。
③ 《资治通鉴》卷一百七十八，隋文帝开皇十九年六月条，第 5566 页。
④ 《隋书》卷四十一《高颍传》，第 1184 页。
⑤ 《隋书》卷四十一《高颍传》，第 1184 页。

帝唐太宗也说："高颎为隋相,公平识治体,隋之兴亡,系颎之存没"。① 从此,就再也没有哪个宰相像高颎那样忠于隋王朝了,隋王朝也开始由盛而衰,直至灭亡。

（原载《西北师院学报》1987 年第 3 期）

第二节　隋末农民起义

一、因进攻高丽而征发繁重的兵徭力役

隋王朝建立短短三十余年,就被农民起义推翻了。隋末农民起义为何爆发、其原因何在? 我们认为,沉重的徭役、兵役负担是引起隋末农民战争爆发的重要原因。

隋王朝初期,由于隋的政权还不够稳固,封建统治者所掌握的物质财富也不甚丰富,隋文帝便采取了一系列措施,来巩固政权和积累财富,从而出现了"开皇之治"的局面。到了隋代后期,国家财富已非常丰富,隋炀帝便到处巡幸,并不断大兴土木,从而对人民的徭役剥削不断扩大和加重。炀帝即位初,即于仁寿四年(604) 十一月,"发丁男数十万掘堑"。② 大业元年(605)营建东都,"每月役丁二百万人"③,据《隋书·裴矩传》记载,这项工程九旬而罢,即进行了三个月,当共役丁六百万;同年三月,"发河南

---

① 《资治通鉴》卷一百九十二,唐太宗贞观二年二月条,第 6048 页。
② 《隋书》卷三《炀帝纪上》,第 60 页。
③ 《资治通鉴》卷一百八十, 大业元年三月条,第 5617 页。

诸郡男女百余万,开通济渠"①;又"发淮南民十余万开邗沟"②;
五月筑西苑,"初,卫尉卿刘权、秘书丞韦万顷总监筑宫城,一时
布兵夫周匝四面,有七十万人,……其内诸殿基及诸墙院又役十
余万人。直东都土工监常役八十余万人,其木工、瓦工、金工、石
工又役十余万人"③。八月隋炀帝第一次巡幸江都,巡幸大队从
长安出发,"五十日乃尽,舳舻相继二百余里"④。随行的有"骑兵
翊两岸二十余万,……文武百司并从,别有步骑十余万,夹两岸翊
舟而行"⑤。同时还有"挽船士八万余人"⑥。由此知道,只大业
元年一年内,隋炀帝就征发徭役九百万人左右。大业二年(606
年)二月,何稠造章服、文物送于江都,"所役工十万余人"⑦。同
年三至四月间,隋炀帝由江都达东都,关于此次的随行人数史无
记载,如果与南巡时的规模相同,则动用的民力也当在五十万人
左右。大业三年(607)三月,隋炀帝由东都还长安,沿途所过,
"皆仰州县"⑧。同年四月,隋炀帝北巡赵、魏等地⑨,至九月还东
都,其动用的民力亦当不少。同年五月,"发河北十余郡丁男凿
太行山,达于并州,以通驰道"⑩。同年七月,发丁男"百余万"筑

① 《隋书》卷三《炀帝纪上》,第 63 页;《资治通鉴》卷一八〇,大业元年
三月条,第 5618 页。
② 《资治通鉴》卷一百八十,大业元年三月条,第 5618 页。
③ (唐)杜宝撰,辛德勇辑校:《大业杂记辑校》,三秦出版社 2006 年版,
第 15 页。
④ 《大业杂记辑校》,第 20 页。
⑤ 《大业杂记辑校》,第 20 页。
⑥ 《资治通鉴》卷一百八十,大业元年八月条,第 5621 页。
⑦ 《资治通鉴》卷一百八十,大业二年二月条,第 5624 页。
⑧ 《隋书》卷二十四《食货志》,第 672 页。
⑨ 《资治通鉴》卷一百八十,大业三年四月条,第 5629 页。
⑩ 《隋书》卷三《炀帝纪上》,第 68 页;《资治通鉴》卷一百八十,大业三
年五月条,第 5629 页。

长城。大业四年（608）正月，发河北诸郡"男女百余万"开永济渠①。同年二月，隋炀帝幸五原，巡长城，至次年二月还西京，其动用人力亦不会很少。同年七月，又发丁"二十余万"筑长城②。大业五年（609）三月，隋炀帝西巡河西陇右，并于此次西巡中征服了吐谷浑。是役，段文振"督兵屯雪山，连营三百余里，东接杨义臣，西连张寿，合围浑主于覆袁川"③。杨义臣率军"屯琵琶峡，连营八十里，南接元寿，北连段文振"④。元寿"率众屯金山，东西连营三百余里"⑤。显然这次西巡及征服吐谷浑所动用的民力、兵力是很多的。同年十一月，隋炀帝又幸东都。大业六年（610）三月，隋炀帝第二次巡游江都，同年十二月，又征派大量人力穿江南河八百余里。大业七年（611）二月至四月，隋炀帝自江都幸涿郡。这几次动用人力也不会很少。

以上只是将隋炀帝即位后至隋末农民起义爆发期间，史有记载的各种征调简述而已，而史不明载的徭役也是很多的，如营建显仁宫、天经宫、晋阳宫、汾阳宫、长安至江都的四十余所离宫，动用的人力也一定很多，唐初张玄素说："隋室造殿，楹栋宏壮，大木非随近所有，多从豫章采来。二千人曳一柱，其下施毂，皆以生铁为之，若用木轮，便即火出。铁毂既生，行一二里即有破坏，仍数百人别赍铁毂以随之，终日不过进三二十里。略计一柱，已用数十万功，则余费又过于此。"⑥由此可见营建各种宫殿所用人力

①《隋书》卷三《炀帝纪上》，第 70 页。
②《隋书》卷三《炀帝纪上》，第 71 页；《资治通鉴》卷一百八十，第 5641 页。
③《隋书》卷六十《段文振传》，第 1459 页。
④《隋书》卷六十三《杨义臣传》，第 1500 页。
⑤《隋书》卷六十三《元寿传》，第 1498 页。
⑥《旧唐书》卷七十五《张玄素传》，中华书局 1975 年版，第 2640 页。

之巨了。并且由于隋朝统治者的残酷压榨和剥削,役丁死亡率很高,如大业元年"遣黄门侍郎王弘等往江南造龙舟及杂船数万艘。东京官吏督役严急,役丁死者什四五,所司以车载死丁,东至城皋,北至河阳,相望于道"①。如此残忍的压迫使人民再也无法生活下去了。

隋炀帝时期如此惨重的徭役剥削,已使人民无法生活下去了。而隋炀帝又大举进攻高丽,增置军府,扫地为兵,成为隋末农民战争爆发的最直接、最重要的原因。

大业七年,"帝自去岁谋讨高丽,诏山东置府,令养马以供军役。又发民夫运米,积于泸河、怀远二镇,车牛往者皆不返,士卒死亡过半,耕稼失时,田畴多荒。……又发鹿车夫六十余万,二人共推米三石,道途险远,不足充粮粮,至镇,无可输,皆惧罪亡命"②。当大业七年二月下诏进攻高丽时,敕幽州(今北京)总管元弘嗣去东莱(今山东莱州市)海口造船三百艘。由于监工官吏督役严急,使工匠"昼夜立水中,略不敢息,自腰以下皆生蛆,死者什三四"③。"先是,诏总征天下兵,无问远近,俱会于涿。又发江淮以南水手一万人,弩手三万人,岭南排(即盾)镩(即小矛)手三万人。于是四远奔赴如流。""五月敕河南(黄河以南)、淮南、江南造戎车五万乘送高阳(河北高阳)供载衣甲幔幕,令兵士自挽之。发河南、北民夫以供军须。秋七月发江淮以南民夫及船,运黎阳及洛口诸仓米至涿郡,舳舻相次千余里,载兵甲及攻取之具。往还在道常数十万人,填咽于道,昼夜不绝,死者相枕,臭秽盈路,天下骚动。"④大业八年(612)正月出兵进攻高丽,"诏左十

① 《资治通鉴》卷一百八十,大业元年三月条,第5619页。
② 《资治通鉴》卷一百八十一,第5655—5656页。
③ 《资治通鉴》卷一百八十一,第5654页。
④ 《资治通鉴》卷一百八十一,第5654页。

二军，……右十二军……骆驿引途，总集平壤。凡一百一十三万三千八百人，号二百万，其馈运者倍之"。又"分江淮南兵，配骁卫大将军来护儿，别以舟师济沧海"①。从上述可知，这真是一幅惨绝人寰的图画，如此巨大的征调，不仅严重地破坏了生产，而且还把千百万人推到了死亡的边缘，早已尖锐的阶级矛盾，便在隋炀帝进军高丽的战吼声中于公元611年10月从"山东"地区爆发了。②

为何农民起义首先爆发于山东地区呢？这是由于隋炀帝时期的种种修建、各项徭役、力役大部分由山东地区的人民负担，进军高丽的巨大征调又是如此。加上这个地区又是隋进攻高丽的基地，军旅频繁，进军高丽所需运输的民夫人数也在百万以上，甚至更多，这样艰巨的运输任务，大都由接近高丽前线，成为供应基地的山东地区的人民承担。因此，这个地区的人民比其他地区人民所遭受的苦难也更深。此外，恰好在隋炀帝准备进军高丽时，山东地区又遭到了极为严重的水灾，《隋书·炀帝纪》曰：大业七年"秋，大水，山东、河南漂没三十余郡，民相卖为奴婢。"③由于这些因素交叉、结合在了一起，所以山东地区就成了隋末农民起义的策源地了。

总而言之，隋王朝的迅速灭亡，是隋末农民起义斗争的结果。而隋末农民起义的爆发，则是由于隋炀帝的进攻高丽。因此我们说，隋炀帝对高丽的进攻，是隋朝灭亡的主要原因。如果没有隋炀帝对高丽的征伐，隋王朝是不会迅速灭亡的。对此，唐人已有

---

①《资治通鉴》卷一百八十一，第5659—5660页；《隋书·食货志》，第687页。

② 此所谓山东地区，是指太行山以东的广大地区而言，并非今山东省，这是当时的习惯用法。有时也称为河北，是以营河为界线来说的。大体说来，约包括今河北省大部、山东省全部及河南省北部。

③《隋书》卷三《炀帝纪上》，第76页。《隋书·食货志》作"四十余郡"。

了一些模糊的认识,唐太宗说:"隋主亦必欲取高丽,频年劳役,人不胜怨,遂死于匹夫之手。"①房玄龄也说:"昔汉武帝屡伐匈奴,隋主三征辽左,人贫国败,实此之由。"②

二、以反徭役为主要特征的农民战争

隋朝以前,由于社会生产力的低下,国家政权对于国家佃农的剥削,主要是徭役。统一南北的隋王朝,也和秦汉魏晋各朝一样,对农民的剥削仍以徭役为主,而且隋王朝为了呈现它的专制主义的淫威,对徭役的征发更加残酷。所以隋末农民起义的一个主要特征,也和秦末以来的所有农民起义一样,是反对封建徭役,争取生存权利和人身自由。

隋末繁重的力役、兵役,已使"百姓失业,道殣相望"③,"天下死于役而家伤于财"④。而山东地区,即现今山东、河北、河南交界的地区,又是当时力役、兵役最繁重的地区。当时虽然国家粮仓的贮积非常丰富,但广大农民的生活却异常贫困,甚至出现人相食的惨状。《隋书·食货志》曰:"初皆剥树皮以食之,渐及于叶,皮叶皆尽,乃煮土或捣蒿为末而食之。其后人乃相食。"⑤广大农民的贫困状况由此可见一斑。而军旅的征调,急如星火,广大百姓求生不得,山东邹平人王薄于是在长白山首先发难,并作"无向辽东浪死歌以相感劝,避征役者多往归之"⑥,揭开了隋末

① （唐）吴兢撰:《贞观政要》卷九《征伐》,上海古籍出版社1978年版,第261页。

② 《贞观政要》卷九《征伐》,第263页。

③ 《隋书》卷二十二《五行志》,第636页。

④ 《隋书》卷二十四《食货志》,第672页。

⑤ 《隋书》卷二十四《食货志》,第688—689页。

⑥ 《资治通鉴》卷一百八十一,隋炀帝大业七年条,第5656页。

农民战争的序幕。

　　王薄在长白山的发难，是由于广大人民无法忍受繁重的力役、兵役征调的结果，而隋炀帝又发动了三征高丽的战争，更把广大人民推向了死亡的边缘，使久已尖锐的阶级矛盾更加激化。当准备进攻高丽时，就"增置军府，扫地为兵"①。大业七年二月，全国军队集中于涿郡，达到一百一十三万三千八百人，民夫二百余万，共三百多万人，开赴征辽战场。"良家之子，多赴于边陲，分离哭泣之声，连响于州县。"②从而使全国的大部分劳动力脱离生产，并使大量劳动人民死亡，造成了"耕稼失时，田畴多荒"、"行者不归，居者失业……邑落为墟"、"老弱耕稼，不足以救饥馁；妇工纺绩，不足以赡资装"③的残破社会景象，把社会经济推向了崩溃的绝境。广大农民再也无法生活下去了，"苦役者始为群盗"，因而王薄在长白山振臂一呼，天下响应者所在蜂起。窦建德、孙安祖在高鸡泊的起义，刘霸道在豆子䴚的起义，其目的都是为了反对征发远征辽东的兵役。余杭刘元进起兵一呼，"三吴苦役者莫不响至，旬月众至数万"④，朱燮起兵后，"民苦役者赴之如归"。即使是大贵族杨玄感的起兵反隋，也是以"为天下解倒悬之急，救黎元之命"，反对"转输不息，徭役无期"⑤来号召群众的。可见隋末农民起义的主要内容是反对隋王朝繁重的徭役剥削和对劳动人民的滥施征发，而反对力役、兵役也就是隋末农民起义的一个主要特征。

　　隋末农民起义的另一个特征，就是在农民起义的同时，有大

---

　　① 《册府元龟》卷四百八十四《邦计部·经费》，第 5784 页下。
　　② 《隋书》卷二十四《食货志》，第 672 页。
　　③ 《隋书》卷二十四《食货志》，第 672 页。
　　④ 《隋书》卷七十《刘元进传》，第 1623 页。
　　⑤ 《隋书》卷七十《杨玄感传》，第 1617 页。

量地主武装同时起兵反隋。

在隋末农民战争中,同时起兵反隋的地主武装主要有三种类型:(一)杨玄感、李渊之类,他们都是隋王朝的高官显宦,有一定的军事实力,并有很大的政治野心,其目的是想在农民起义的过程中建立武装,扩大势力,与农民起义一起推翻隋王朝,并取而代之。杨玄感由于种种原因没有实现其野心,李渊则建唐代隋,实现了其政治目的。(二)南朝贵族的后裔及江南的大族豪强,其中以萧铣和沈法兴为代表。萧铣是后梁宣帝的曾孙,他在起兵后自称:"我之本国,昔在有隋,以小事大,朝贡无阙。乃贪我土宇,灭我宗祊,我是以痛心疾首,无忘雪耻。"①沈法兴一族,"代居南土,宗族数千家。为远近所服"②。这一类地主武装起兵反隋的目的,虽然不是要夺取全国的政权,但却想在天下大乱中实现其反隋的愿望,实行分裂割据,以便恢复其失去的政治特权。(三)梁师都、薛举、李轨和刘武周之类,这些人是在门第上无可夸耀,却在当地有一定势力的土豪强。他们起兵的目的,既不像杨玄感、李渊,要夺取全国政权,也不像沈法兴、萧铣,要实行分裂割据。大多都是利用自己在地方上的威望,招募武装,利用宗族的力量,在战乱中求生存,免遭农民军或其他地主武装的袭击。估计在隋末地主起兵中,这一类型的地主武装要占绝大多数,这正如唐初人张玄素所说:"臣又观隋末沸腾,被于宇县,所争天下者不过十数人,余皆保邑全身,思归有道。"③

在整个推翻隋王朝的农民战争中,"农民起义约有一百二十

---

① (清)董诰等编:《全唐文》卷一百三十一,萧铣《报董景珍书》,中华书局 1983 年版影印本,第 1314 页上—1314 页下。

② 《旧唐书》卷五十六《沈法兴传》,第 2272 页。

③ 《旧唐书》卷七十五《张玄素传》,第 2639 页。

六起,地主起兵约有六十起"①。在中国历史上共有大大小小的农民起义和农民战争几百次,但在一次起义中却有这么多的地主武装起兵,实属罕见,可以说只有隋末农民起义这一次。因此我们说,大量地主武装同时起兵反隋,是隋末农民起义的又一个特征。

三、农民起义的伟大历史作用

轰轰烈烈的隋末农民战争虽然失败了,但它从王薄发难到辅公祏失败,前后达十四年之久。这次起义,共有一百多支起义军、数百万人的队伍,分别战斗在全国各地,它是东汉以来最大的一次全国性的农民战争,其历史作用是非常重要的。

首先,它给南北朝以来的高门大族以毁灭性的打击。高门大族自南北朝以来,因为经过农民起义的层迭打击,已经开始衰落,私家佃农的人身依附关系也开始减轻。经过隋末农民大起义,自然更促进了高门大族的衰落和依附关系的开始减轻。而依附关系的开始减轻,则提高了劳动者的生产积极性,在一定程度上解放了生产力,从而对唐代社会生产的发展起着重要的作用。

隋末各支起义军所到之处,都给杨氏皇族、官僚贵族和士族大地主以沉重打击。农民军捉住"官人贪浊者,无轻重皆杀之","得隋官及山东士人皆杀之","得隋官及士族子弟皆杀之"②,有的地方"豪强争杀隋守令"③以响应起义。特别是士族豪强比较集中的山东、河北地区,始终是起义军斗争的中心,士族豪强地主受到的打击也更为沉重。如以崔、卢、李、郑为首的山东士族,因为正处于农民起义的中心地带,所以受到的打击也特别沉重。

---

① 胡如雷:《关于隋末农民起义的若干问题》,载《文史》第11辑。又见胡如雷:《隋唐五代社会经济史论稿》,中国社会科学出版社1996年版。

②《资治通鉴》卷一百八十三,炀帝大业十二年条,第5715页。

③《资治通鉴》卷一百八十三,炀帝大业十二年条,第5712页。

"关东魏齐旧姓"已"皆沦替"，①燕赵之地的强宗豪族也"多失衣冠之绪"，失去了往日的威风。唐初"士子皆乐乡土，不窥仕进，至于官员不充省符，追入赴京参选，远州皆率衣粮以相资送，然犹辞诉求免"②。这并不是由于"士子皆乐乡土"，而是士人对隋末农民战争中隋官的遭遇仍心有余悸的缘故。正是因为隋末农民战争给士族门阀势力以沉重打击，所以到了唐初，尚存的旧士族"名虽著于州间，身未免于贫贱"③。政治、经济地位一落千丈，与魏晋时期已不可同日而语了。随着他们政治、经济势力的衰飒，其门第阀阅观念也不能与以前相提并论了，从而再也不能成为一支独立的政治力量了。这说明，伟大的隋末农民战争基本上摧毁了士族豪强这股腐朽黑暗势力，基本上结束了他们自魏晋以来几百年在中国历史上的统治地位，从而对中国历史的发展产生了一定的进步作用。

正是由于隋末农民战争沉重打击了士族门阀势力，因而使生产者的人身依附关系有所减轻。在农民起义的过程中，大部分私家佃农和奴婢纷纷挣脱高门士族的羁绊，参加起义，扫荡了人身依附关系异常强化的"部曲佃客荫户制"，使大批私家佃农和奴婢获得了人身自由，从而使生产者的人身依附有所减轻，推动了唐代社会经济的发展。

其次，通过隋末农民战争，使唐初徭役有所减轻，促进了唐初社会经济的发展。

隋末苛重的力役、兵役是引起农民起义的重要原因，农民战

---

① 《旧唐书》卷八十二《李义府传》，第 2769 页。

② （唐）封演撰，赵贞信校注《封氏闻见记校注》卷三《铨曹》，中华书局 1958 年版，第 18 页。

③ （宋）王溥撰：《唐会要》卷八十三，上海古籍出版社 2006 年版，第 1810 页。

争的烈火也把隋王朝化为灰烬,这是李渊、李世民父子耳闻目睹的无情事实,因此,怎样适当地减轻农民的力役、兵役负担,是唐初统治者所面临的迫切任务之一。早在武德六年(623),唐高祖李渊鉴于繁重的力役、兵役导致隋亡的教训,就下诏规定,河南、河北、江淮以南及荆州以西"非有别敕,不得辄差科徭役及迎送供承,庶其安逸"①。贞观君臣认为:"竭泽取鱼,非不得鱼,明年无鱼;焚林而畋,非不获兽,明年无兽。""人君赋敛不已,百姓既弊,其君亦亡。"②可见他们已经认识到了苛重暴行与国灭君亡的相互关系。从而指出:"民之所以为盗者,由赋繁役重,官吏贪求,饥寒切身,故不暇顾廉耻尔。"③农民在原有的条件下再也无法生活下去时,就不得不铤而走险,起义反抗。要使农民安心生产,则必须"去奢省费,轻徭薄赋,选用廉吏。使民衣食有余,则自不为盗"④。贞观君臣不仅是这样认识的,而且也是这样行动的,对于一些不应兴建的工程就罢而不建,对于宫殿的建造也能适可而止。《贞观政要》曰:"崇饰宫宇,游赏池台,帝王之所欲,百姓之所不欲。帝王所欲者放逸,百姓所不欲者劳弊……劳弊之事,诚不可施于百姓。"对于一些非建不可的工程,如"缮治器械,修葺城隍,及堤防浸决,桥梁坏毁"等,也注意到"须慰彼民心,缓其日用"⑤。唐初君臣的这种做法与隋炀帝的督役严急,限期促迫是大不一样的。

也是由于隋末徭役繁重,唐初对正役有了明确规定:"凡丁,

---

① (宋)宋敏求编:《唐大诏令集》卷一百十一《简徭役诏》,中华书局2008年版,第578页。

② 《贞观政要》卷八《辩兴亡》,第258页。

③ 《资治通鉴》卷一百九十二,唐武德九年,第6025—6026页。

④ 《资治通鉴》卷一百九十二,唐武德九年,第6026页。

⑤ 《全唐文》卷四,太宗《缓力役诏》,第55页下。

岁役二旬,……有事而加役者,旬有五日免其调,三旬则租调俱免。通正役,并不过五十日。"①唐初这种对超期服役的折算和限制,显然是针对隋末力役、兵役繁重而做的新规定。这项措施是隋唐之际役法上的一大变化,也从一个侧面体现了隋末农民战争的伟大作用。

再次,经过隋末农民战争,大批劳动者脱离了国家的羁绊,使唐初的户口骤然而减。

《通典》卷七载:"炀帝大业五年,户八百九十万七千五百三十六,口四千六百一万九千九百五十六,此隋之极盛也。"这条资料基本可信,反映了隋代户口的真实情况。自从隋炀帝大业七年隋末农民战争爆发,再加上隋炀帝三征高丽,扫地为兵,农民的赋税徭役大大增加,不堪忍受压迫的农民,或逃亡山泽,或隐庇于高门大族之家,脱离了国家的羁绊,成为不著于国家户籍的客籍之户。并且农民军所控制的地区,国家也无法统计户口,因而从大业七年开始,国家的户口就已开始减少,对户口的记载也模糊了。

唐初武德年间有户二百余万。贞观初期,国家户籍上的户口也"不满三百万"②。贞观二年,尚书左丞戴胄上言曰:"今丧乱之后,户口凋残,每岁纳租,未实仓廪,随时出给,才供常年,若有凶灾,将何赈恤?"③贞观六年魏征说:"然承隋末大乱之后,户口未复,仓廪尚虚"④,并根据其所见所闻说:"今自伊、洛以东,暨乎海岱,灌莽巨泽,苍茫千里,人烟断绝,鸡犬不闻,道路萧条,进退艰阻。"⑤描绘了唐王朝版图内人口稀少、鸡犬不闻的荒凉景象,也

---

① 《旧唐书》卷四十八《食货志》,第 2088 页。
② 《通典》卷七《历代盛衰户口》,第 148 页。
③ 《唐会要》卷八十八《仓及常平仓》,第 1911—1912 页。
④ 《资治通鉴》卷一百九十四,太宗贞观六年条,第 6094 页。
⑤ 《旧唐书》卷七十一《魏征传》,第 2560 页。

说明了唐王朝此时的人口状况。贞观十一年，马周上疏曰："今百姓承丧乱之后，比于隋时才十分之一。"①《资治通鉴》记载马周的上疏说："今之户口不及隋之十一。"②不论是十分之一或不及十分之一，只是一个大概的估计，并且是成数，而且提出这个数字的目的是在提醒唐太宗注意人口的缺乏，不要"多营不急之务"，因此马周这个数字未免有些夸张，但唐初人口的稀少却是事实。同年（贞观十一年）岑文本也说："既承丧乱之后，又接凋弊之余，户口减损尚多，田畴垦辟犹少。"③直到贞观十六年，房玄龄还说："遭隋室大乱之后，户口太半未复。"④

　　虽然贞观年间有许多关于户口的记载，也有许多有识之士提出要重视户口问题，但由于农民起义军化整为零，继续战斗，唐王朝也没有真正统一，故此时唐政府没有、也不可能将户口问题提上议事日程。因而整个武德、贞观年间对户口都没有确切记载，直到高宗永徽年间才对户口有了确切记载："高宗永徽三年七月二十二日，帝问户部尚书高履行，去年进户多少？履行奏：去年进户一十五万。高宗以天下进户既多，谓无忌曰：比来国家无事，户口稍多，三二十年，足堪殷实，因问隋有几户，今有几户？履行奏：隋大业中户八百七十万，今户三百八十五万。"⑤永徽三年（652）有户三百八十五万，这是唐朝建国以来对户口统计的第一个确切数字，与武德、贞观年间相比，户口已开始趋于上升，但户口还是很少，显得很不正常。此时唐已建国三十多年，户口还不及隋朝，由此可见唐初户口减少之程度了。

①《旧唐书》卷七十四《马周传》，第2615页。
②《资治通鉴》卷一百九十五，太宗贞观十一年条，第6132页。
③《旧唐书》卷七十《岑文本传》，第2536—2537页。
④《贞观政要》卷九《征伐》，第263页。
⑤《册府元龟》卷四百八十六《邦计部·户籍》，第5809页上。

唐初户口的减少，当然有许多原因，如大量隐户、浮客的存在，隋末力役、兵役的繁重，突厥也掳取了一部分人口。但是，这些原因并不能完全解释唐初户口减少的情况。当然，沉重的力役、兵役是一个原因，突厥也掳取了一部分人口，但这毕竟是很有限的，绝对不可能占整个人口的四分之三。因此我们认为，唐初农民军化整为零，依然相聚于山林川泽之间，自成邑落，继续战斗，和新王朝相抗衡。他们不受国家检括，也不成为国家的编户，因而使许多地区都不为唐王朝所有，故不能将户口统计进去，是唐初户口锐减的一个重要原因。

如武德末年，秦王李世民为了和其兄弟建成、元吉争夺皇帝的宝座，派遣其心腹张亮到洛阳"阴结山东豪杰以俟变，多出金帛，恣其所用"①。所谓"山东豪杰"，就是隋末山东农民军的大小领袖。再如江淮岭南地区，自从大规模的农民起义风暴过去后，起义余波尚未平息。武德四年唐王朝"以南方寇盗尚多"②，特地设置淮南道和岭南道两行军总管，来镇抚百姓，其结果却使农民军转入隐蔽，以山洞为据点继续战斗。唐高宗永徽四年（653）睦州女子陈硕真的起义，亦是隋末江淮农民起义的延续。这许多历史迹象，都有力地表明唐初户口之锐减，是由于隋末农民大起义被平息后，农民军仍然化整为零，继续战斗。他们并没有变为唐王朝的编户，而是"王役不供，簿籍不挂"③，成为不受唐王朝控制的逃户和浮客。这些不受封建统治与奴役的大量农民的存在，有力地推动着社会生产的发展，因而体现了隋末农民起义的伟大历史作用。

此外，经过隋末农民大起义，生产者的人身依附相对减轻，从

---

① 《资治通鉴》卷一百九十一，武德九年六月条，第 6004 页。
② 《资治通鉴》卷一百八十九，武德四年八月条，第 5927 页。
③ 《唐会要》卷八十五《逃户》，第 1850 页。

而引起了劳动生产率的提高。由于劳动生产率的提高，封建剥削率也随之增长，封建统治者除了攫取更多的剩余劳动外，便渐渐地以实物地租取代劳役地租，使之成为地租的主要形式。实物地租取代劳役地租，则是生产力逐步发展的结果，因而也从一个侧面体现了隋末农民起义的伟大作用。

（本部分原题为《隋末农民起义的原因、特征和作用》，发表于《西北师大学报》1988 年第 2 期）

第三节　隋末唐初户口锐减原因试探

关于隋唐时期的人口问题，学术界历来研究较少。《历史研究》1980 年第 6 期发表了黄盛璋先生《唐代户口的分布与变迁》一文，比较全面地探讨了唐代户口的分布与变迁。《中国史研究》1984 年第 4 期发表了胡道修先生《开皇天宝之间人口的分布与变迁》一文，较全面地探讨了开皇天宝间的人口状况。但目前还未见专门探讨隋末唐初户口问题的文章，而黄文和胡文对隋末唐初户口之锐减及原因都涉及不多，且认为开皇天宝之间户口数量的变化为驼峰形，"有两个高峰，一个在大业年间，一个在天宝年间，其峰谷在唐初武德年间，可见隋末战争对户口的影响"[1]。将隋末战争作为隋末唐初户口锐减的主要原因，我认为这仅仅是问题的一个方面，而且还不是主要的方面。现就隋末唐初的户口情况及锐减原因试作探讨，不当之处，请史学界前辈及其他同志不吝赐教。

---

① 胡道修：《开皇天宝之间人口的分布与变迁》，《中国史研究》1984 年第 4 期。

一、隋末唐初户口之历史考察

隋末唐初战乱频仍，史籍中关于这一时期户口的记载，显得残缺不全。现在我们只能就这些残缺不全的记载和其他一些间接性材料，对这一时期的户口问题略作探讨。

《通典》卷七载："炀帝大业五年，户八百九十万七千五百三十六，口四千六百一万九千九百五十六，此隋之极盛也。"①这条资料基本可信，也反映了隋代户口的真实情况。因为它在唐高宗永徽三年七月，户部尚书高履行的奏文中有所反映。《旧唐书》卷四《高宗本纪上》载，永徽三年秋七月"丁丑，上问户部尚书高履行：'去年进户多少？'履行奏称：'进户总一十五万。'又问曰：'隋日有几户？今见有几户？'履行奏：'隋开皇中有户八百七十万，即今见有户三百八十万'"②。这一奏文在《册府元龟》卷四百八十六《邦计部·户籍》、《通鉴》卷一百九十九高宗永徽三年条和《唐会要》卷八十四《杂录》中都有记载，且都为 870 万户。只不过《册府元龟》系于大业年间，而《旧唐书》、《通鉴》和《唐会要》都系于开皇年间。我们认为《通典》和《册府元龟》的记载比较可信，特别是《通典》系于大业五年是很具体的。但都认为是 870 万户或 890 万户，这一点是毋庸置疑的，因而我们可以确定，隋大业初有户近 900 万。

自从隋炀帝大业七年（611）农民战争爆发，再加上隋炀帝征伐高丽，扫地为兵，农民的赋税徭役大大增加。不堪忍受残酷压迫和剥削的广大农民，或逃亡山泽，或隐庇于高门大族之家，脱离了国家的控制，成为不著于国家户籍的客籍之户。在农民军所控

---

① 《通典》卷七《食货七·历代盛衰户口》，第 147 页。
② 《旧唐书》卷四《高宗本纪上》，第 70 页。

制的地区,国家又无法统计户口。因而从大业七年开始,国家的户口就开始减少,对户口的记载也模糊了。

　　唐初武德年间有户二百余万,"显庆二年十月,上幸许、汝州,……问隋有几户? 正伦奏:'大业初有八百余万户,末年离乱,至武德有二百余万户'",①但没有具体记载。"唐高祖初为唐王,下令曰:'比年寇盗,郡县饥荒,百姓流亡,十不存一,贸易妻子,奔波道路。'"②"大唐贞观户不满三百万。"③此"不满三百万",指贞观初年,因为关于贞观年间的户口也无确切记载,只是一些大概情况。从现有的概况记录中可知,贞观后期户口开始上升,肯定已有三百万,故"不满三百万"只是贞观最初的情况。贞观二年,尚书左丞戴胄上言曰:"今丧乱之后,户口凋残,每岁纳租,未实仓廪,随时出给,才供常年,若有凶灾,将何赈恤。"④戴胄的这个奏言,《旧唐书》卷七十《戴胄传》和卷四十九《食货志下》也有记载,内容和《唐会要》一样。贞观四年,给事中张玄素说:"百姓承乱离之后,财力凋尽,天恩含育,粗见存立,饥寒犹切,生计未安,三五年间,未能复旧。"⑤这条材料,虽然没有提到户口,但也反映了唐初户口缺少的情况,且认为"三五年间,未能复旧"。贞观六年,魏征说:"然承隋末大乱之后,户口未复,仓廪尚虚。"⑥并根据其所见所闻说:"今自伊、洛以东,暨乎海岱,灌莽巨泽,苍茫千里,人烟断绝,鸡犬不闻,道路萧条,进退艰阻。"⑦描绘

---

① 《通典》卷七《食货七·历代盛衰户口》,第148页。
② 《册府元龟》卷四百八十六《邦计部·迁徙》,第5820页上。
③ 《通典》卷七《食货七·历代盛衰户口》,第148页。
④ 《唐会要》卷八十六《仓及常平仓》,第1911—1912页。
⑤ 《贞观政要》卷二《纳谏》,第56页。
⑥ 《资治通鉴》卷一百九十四,太宗贞观六年条,第6094页。
⑦ 《旧唐书》卷七十一《魏征传》,第2560页。

了唐王朝版图内人口稀少、鸡犬不闻的荒凉景象,也说明了唐王朝此时的人口状况。贞观十一年,马周上疏说:"今百姓承丧乱之后,比于隋时才十分之一。"①《通鉴》记载马周的上疏说:"今之户口不及隋之什一。"②不论是十分之一或不及十分之一,只是一个大概的估计,并且是成数,只说明此时户口很少,但不能反映此时户口的具体情况。因为根据记载,此时的户数已达 300 万,即使与隋代的最高户数,即大业五年的 890 万户相较,也不可能是十分之一,充其量是三分之一。马周的这条奏文虽不能反映历史的具体情况,但《旧唐书》、《唐会要》、《通鉴》、《贞观政要》都照录了,这一方面说明了此时户口的稀少,另一方面也说明了唐朝统治者随着农民起义的被平定,国家的统一,已开始重视户口问题了。同年(贞观十一年),岑文本也说:"既承丧乱之后,又接凋弊之余,户口减损尚多,田畴垦辟犹少。"③贞观十四年,侯君集率兵进军高昌时,高昌王麴文泰说:"往吾入朝(指贞观四年),见秦、陇之北,城邑萧条,非复有隋之比。"④平定高昌时,陇右,特别是河西地区负责军粮的运输,但由于唐初河西各"州县萧条,户口鲜少,加因隋乱,减耗尤多"。⑤ 现在要负担如此繁重的赋役,致使河西各州县"十室九空,数郡萧然,五年不复"。⑥ 直到贞观十六年,房玄龄还说:"遭隋室大乱之后,户口太半未复。"⑦

虽然贞观年间有许多关于户口的记载,也有许多有识之士提

---

① 《旧唐书》卷七十四《马周传》,第 2615 页。
② 《资治通鉴》卷一百九十五,太宗贞观十一年条,第 6132 页。
③ 《旧唐书》卷七十《岑文本传》,第 2536—2537 页。
④ 《资治通鉴》卷一百九十五,太宗贞观十四年条,第 6154 页。
⑤ 《贞观政要》卷九《安边》,第 276 页。
⑥ 《贞观政要》卷九《安边》,第 278 页。
⑦ 《贞观政要》卷九《征伐》,第 263 页。

出要重视户口问题,但由于农民军化整为零、继续战斗,唐王朝也没有真正统一,故没有,也不可能将户口问题提到议事日程上,因而整个武德、贞观年间,对户口只是大概估计,没有确切记载。对户口有确切记载,是到高宗永徽年间了。"高宗永徽三年七月二十二日,帝问户部尚书高履行:去年进户多少?履行奏:去年进户一十五万。高宗以天下进户既多,谓无忌曰:比来国家无事,户口稍多,三二十年,足堪殷实。因问隋有几户?今有几户?履行奏:隋大业中户八百七十万,今户三百八十五万。"[1]永徽三年(652)有户385万,这是唐朝建国以来对户口统计的第一个确切数字,与武德、贞观年间相比,户口已开始趋于上升了。但户口还是很少,显得很不正常,面对这种情况,高宗皇帝说:"自隋末乱离,户口减耗,迩来虽复苏息,犹大少于隋初。"[2]隋文帝开皇九年统一全国时,有户"四百八十万七千九百三十二"[3]。永徽初唐朝建国已30多年,户口还不及隋初,可见隋末唐初户口减少之程度了。

综上所述,我们知道,户口锐减始于隋末,具体年代可定为大业七年。大业五年有户890万,至武德有200余万户,可知武德年间的户口只有隋大业五年的1/4;贞观初户不及300万,即贞观初的户口只有隋大业五年的1/3;永徽三年有户385万,即永徽三年的户口是隋大业五年的1/3强。直到武则天末年,唐国家所掌握的户数才上了600万,开天之际,户达八九百万,达到了唐王朝的极盛时期。

二、隋末唐初户口锐减的原因

隋末唐初的户口为何减少如此之多?通过考察,我们认为主

---

① 《册府元龟》卷四百八十六《邦计部·户籍》,第 5809 页上。
② 《册府元龟》卷四百八十六《邦计部·户籍》,第 5809 页上—5809 页下。
③ 《通典》卷七《食货七·历代盛衰户口》,第 148 页。

要是：

（一）徭役兵役的繁重

隋末的徭役、兵役是十分繁重的，并且是隋末农民战争爆发的原因之一。《通典》说：“（炀帝）承其全实，遂恣荒淫，登极之初，即建洛邑，每月役丁二百万人。导洛至河及淮，又引沁水达河，北通涿郡，筑长城东西千余里，皆征百万余人，丁男不充，以妇人兼，役而死者大半。”①这只是概括了隋末的徭役情况。大业七年（611）二月至四月，炀帝自江都幸涿郡，其随行人员也一定不少。同年，准备东征高丽，“舳舻相次千余里，载兵甲及攻取之具，往还在道常数十万人”②。大业八年正月，大军集于涿郡，“总一百一十三万三千八百，号二百万，其馈运者倍之”③。而炀帝又“亲征吐谷浑，驻军青海，遇雨雪，士卒死者十二三。又三驾东征辽泽，皆兴百余万众，馈运者倍之”④。不仅徭役，而且兵役也十分繁重，炀帝“将事辽碣，增置军府，扫地为兵，自是租赋之入益减矣”⑤。炀帝扫地为兵，反映了兵役的繁重。由于徭役、兵役繁重，使很多农民离开土地，去负担徭役、兵役。由于徭役、兵役繁重，农民赋税负担不断加重，国家对农民的剥削更加残酷，农民无法忍受，便脱离国家的羁绊，逃亡山泽或隐入大族之家，从而使国家掌握的户口日益减少，“自是租赋之入益减矣”。唐初的情况也与此差不多。经过武德，到了太宗贞观年间，农民的徭役负担还是很重的。贞观六年，魏征在谈到唐初户口时说：“而车驾东

① 《通典》卷七《食货七·历代盛衰户口》，第148页。
② 《资治通鉴》卷一百八十一，炀帝大业七年七月条，第5654页。
③ 《隋书》卷三《炀帝本纪》，第81页。
④ 《通典》卷七《食货七·历代盛衰户口》，第148页。
⑤ 《册府元龟》卷四百八十七《邦计部·赋税一》，第5828页下。

巡,千乘万骑,其供顿劳费,未易任也。"①贞观十一年,太宗谓侍臣曰:"朕昨往怀州,有上封事者云:'何为恒差山东众丁于苑内营造? 即日徭役,似不下隋时,怀、洛以东,残人不堪其命。'"②同一年,当马周上疏说到百姓只有隋十分之一后紧接着说:"而供官徭役,道路相继,兄去弟还,首尾不绝,远者往来五六千里,春秋冬夏,略无休时。"③武则天时期经营西域,"既征发内地精兵,远逾沙碛,并资遣衣粮等,甚为百姓所苦"④。这说明了唐朝的徭役仍很繁重,并和隋末一样,是影响户口的一个因素。

(二) 突厥掳掠人口

突厥自隋末丧乱之后,不断入侵,从武德到贞观初年几乎年年侵扰,多次掳掠人口。《新唐书·突厥传》载,武德三年秦王李世民讨刘武周时,突厥处罗可汗"以弟步利设骑二千会并州三日,多掠城中妇人女子去"。武德五年刘黑闼"以突厥万人扰山东,又残定州,颉利未得志,乃率十五万骑入雁门,围并州,深钞汾、潞,取男女五千"。不但突厥进行抄掠,而且有些中国人也因隋末大乱而逃入突厥避乱。《资治通鉴》载:"时中国人避乱者多入突厥,突厥强盛,东自契丹、室韦,西尽吐谷浑、高昌,诸国皆臣之,控弦百余万。"⑤而且"中国士民在北者,处罗悉以配之,有众万人"⑥。可见中国人在突厥是很多的。正由于中国人在突厥很多,他们便在突厥"行隋正朔,置百官,居于定襄城"⑦。同时也引

---

① 《资治通鉴》卷一百九十四,太宗贞观六年条,第 6094 页。
② 《贞观政要》卷十《畋猎》,第 284—285 页。
③ 《旧唐书》卷七十四《马周传》,第 2615 页。
④ 《旧唐书》卷一百九十八《西戎传》,第 5304 页。
⑤ 《资治通鉴》卷一百八十五,高祖武德元年条,第 5792 页。
⑥ 《资治通鉴》卷一百八十八,高祖武德三年条,第 5878 页。
⑦ 《旧唐书》卷一百九十四《突厥传上》,第 5154 页。

起了唐政府的重视，唐太宗专门有《修缘边障塞诏》，诏书曰："自隋氏季年，中夏丧乱，黔黎凋尽，州域空虚。突厥因之，侵犯疆场，乘间幸衅，深入长驱，寇暴滋甚，莫能御制。皇运以来，东西征伐，兵车屡出，未遑北讨，遂令胡马再入，至于泾渭，蹂践禾稼，骇惧居民，丧失既多，亏废生业。"①从而讨伐突厥，使中国百姓在突厥者全部归附。通过各种途径，唐朝获得从突厥归附之中国百姓50余万人。可见突厥的掠掳，也是隋末唐初户口减少的原因之一。

（三）农民军化整为零，许多地区不为唐王朝所有

隋末农民战争的烈火遍及全国各地，许多地主武装也纷纷起兵，如地处偏僻的甘肃就有西秦霸王薛举和河西大凉王李轨的割据政权。所有农民军活动地区和地主武装割据地区的户口，当然不在唐王朝的户口统计之内。由于这些大量的户口未统计进去，故唐初在籍户口锐减。

李渊建唐后，各支农民军仍然继续战斗，李渊、李世民父子便开始统一全国，向农民军所占地区进军。如山东、河北地区原是窦建德的势力范围，唐朝建立后，仍为窦建德控制。武德二年，"窦建德陷黎阳，尽有山东之地"，武德三年"建德僭称夏王"②。从而形成"唐得关西、郑得河南、夏得河北，共成鼎足之势"③的局面。当然，郑、夏所控制地区的户口，唐王朝是无法统计的。对此，唐朝统治者是有清醒认识的，因而便积极努力消灭各支起义军，以统一全国。武德四年七月窦建德被俘，斩于长安。紧接着"建德余党刘黑闼据漳南反。……八月，兖州总管徐圆朗举兵反，以应刘黑闼，僭称鲁王"④。刘黑闼在建德旧境的活动，得到

---

① 《唐大诏令集》卷一百七《备御》，第552页。
② 《旧唐书》卷一《高祖本纪》，第10页。
③ 《资治通鉴》卷一百八十八，高祖武德三年条，第5896页。
④ 《旧唐书》卷一《高祖本纪》，第12页。

了普遍支持，"是时，山东豪杰多杀长吏以应黑闼"①。而刘黑闼"移书赵、魏，故窦建德将卒争杀唐官吏以应黑闼。……黑闼南取黎、卫二州，半岁之间，尽复建德旧境"②。李密在山东地区也有很大势力，当武德元年李密占有洛口仓，并开洛口仓散米时，"群盗来就食者并家属近百万口"③。同年，当李密投降唐朝时，对其部下说："我拥众百万，一朝解甲归唐，山东连城数百，知我在此，遣使招之，亦当尽至。"④"近百万口"、"拥众百万"，都是很大的数字，因而也是唐初户口锐减的一个重要原因。而李密投降唐朝后，"其旧境东至于海，南至于江，西至汝州，北至魏郡，勣并据之，未有所属"⑤。可见此时唐王朝也不能控制该地区，因而也不能将该地区的户口统计进去。贞观一朝，农民起义仍连续不断。唐高宗永徽四年，"睦州女子陈硕贞举兵反，自称文佳皇帝，攻陷睦州属县"⑥。直到武则天时期，还有零星的地主武装在起兵，如则天垂拱四年（688），"博州刺史、琅邪王冲据博州起兵，……冲父豫州刺史、越王贞又举兵于豫州，与冲相应"⑦。可见隋末农民战争的长期性，从而也说明，唐初农民军的化整为零、继续战斗，是隋末唐初户口减少的一个重要原因。

（四）大量隐户、浮客的存在

唐初农民军的化整为零、继续战斗，是隋末唐初户口锐减的重要原因。但农民军在贞观年间基本被平定，唐王朝完成了统一

---

① 《资治通鉴》卷一百九十，高祖武德五年条，第 5962 页。

② 《资治通鉴》卷一百八十九，高祖武德四年条，第 5940—5941 页。

③ 《资治通鉴》卷一百八十六，高祖武德元年条，第 5808 页。

④ 《资治通鉴》卷一百八十六，高祖武德元年条，第 5816 页。

⑤ 《旧唐书》卷六七《李勣传》，第 2484 页。

⑥ 《旧唐书》卷四《高宗本纪上》，第 72 页。

⑦ 《旧唐书》卷六《则天皇后本纪》，第 119 页。

全国的事业，为何贞观时户仍不满300万，高宗永徽时期户才385万？这又如何解释？我们认为，大量隐户、浮客的存在，才是隋末唐初户口锐减的最主要原因。因为中国历史上，"户口之盛衰，与浮客之归为编户的多少有密切关系，浮客归为编户多了，户口即盛，少了，户口即衰"①。隋末唐初的户口问题，也与浮客之归为编户的多少有密切关系，因此，只有对隋末唐初的隐户、浮客加以探讨，才能把握历史的本质，也才能对隋末唐初户口的减少作出合理的回答。

所谓浮客有两层含义，一为佃食为生、不入国家户籍的私家佃农，或者说客户。《通典》卷七注："浮客谓避公税依强豪作佃家也。"就是指以佃食为生作为私家佃农的浮客。一为脱离私家羁绊，不入国家户籍的客籍之户。这类客籍之户，有的是脱离私家羁绊而不归于编户的客籍之户，有的是虽然归于编户，因不堪繁重的赋役而旋复逃亡他乡的客籍之户。② 隋末，炀帝大兴土木，到处巡幸，所费人力很多，"及帝将事辽碣，增置军府，扫地为兵，自是租税之入益减矣"③。由于沉重的徭役、兵役、赋税负担，使农民无法忍受，便脱离国家的羁绊，不受国家的控制，成为隐户和浮客。"贞观元年，朝廷议户殷之处，听徙宽乡。陕州刺史崔善为上表曰：畿内之地，是谓户殷，丁壮之民，悉入军府，若听移转，便出关外。"④此时唐王朝所控制的地区主要是关中，而"丁壮之民，悉入军府"，可见农民负担之沉重。东京"洛阳因隋末丧乱，人多浮伪"⑤，即脱离国家的编户，成为浮客和隐户。武德五

① 金宝祥：《唐史探赜》，《西北师院学报》1986年第2期。

② 金宝祥：《唐史探赜》，《西北师院学报》1986年第2期。

③ 《册府元龟》卷四百八十四《邦计部·经费》，第5784页下。

④ 《唐会要》卷八十四《移户》，第1840页。

⑤ 《旧唐书》卷六十一《窦轨传》，第2366页。

年,安州刺史李大亮因破辅公祏有功,"赐奴婢百人。大亮谓曰:'汝辈多衣冠子女,破亡至此,吾亦何忍以汝为贱隶乎?'——皆放还"①。可见,就连"衣冠子女"也由于农民起义的打击而破亡,成为不入国家编户的奴婢。还有些奴婢是被高门大族所强占的国家编户。"[李]义府先多取人奴婢,及败,一时奔散,各归其家。露布称'混奴婢而乱放,各识家而竞入'者,谓此也"②。贞观四年,张玄素说:"百姓承乱离之后⋯⋯饥寒犹切,生计未安,三五年间,未能复旧。"③贞观十一年,马周上疏曰:"而供官徭役,道路相继,兄去弟还,首尾不绝,春秋冬夏,略无休时。"④贞观十三年魏征说:"比者疲于徭役。关中之人,劳弊尤甚。"⑤贞观十四年,侯君集率兵进军高昌,赋役负担主要由河西地区承担,故"王师初发之岁,河西供役之年,飞刍辇粟,十室九空,数郡萧然,五年不复。陛下岁遣千余人远事屯戍,终年离别,万里思归。去者资装,自须营办,既卖菽粟,倾其机杼。经途死亡,复在其外"⑥。在这样沉重的赋役负担下,农民不得不逃亡,或逃入山泽,或逃入大族之家,成为隐庇于高门大族之家的隐户,这样,唐王朝的户口怎能不减少呢?

到贞观后期,唐王朝基本平定了农民起义,全国统一也已完成。户口问题便被提上议事日程,国家也开始注意隐户、浮客问题。贞观十六年,唐政府"敕天下括浮游无籍者,限来年末附

----

① 《唐会要》卷八十六《奴婢》,第1859页。
② 《旧唐书》卷八十三《李义府传》,第2770页。
③ 《贞观政要》卷二《纳谏》,第56页。
④ 《唐会要》卷八十三《租税上》,第1814页。
⑤ 《新唐书》九十七《魏征传》,中华书局1975年版,第3878页。
⑥ 《旧唐书》卷八十《褚遂良传》,第2736页。

毕"①。国家开始以正式法令形式,让浮客归为编户。隋末由于赋役繁重,百姓往往自折肢体,谓之"福手"、"福足",到了贞观十六年,"至是遗风犹存"。为了杜绝这种现象,国家规定,"自今有自伤残者,据法加罪,仍从赋役"②。国家虽然以法令形式规定浮客归为编户,但浮客问题直到武则天时仍很严重。则天证圣元年(695),李峤上表曰:"今天下之人,流散非一。或违背军镇,或因缘逐粮,苟免岁时,偷避徭役。此等浮衣寓食,积岁淹年,王役不供,簿籍不挂,或出入关防,或往来山泽,非直课调虚蠲,阙于恒赋。"③可见此时簿籍不挂,即不入国家户籍的浮客、隐户,仍然很多。并且这些浮客、隐户,"或有检察,即转入他境,还行自容。所司虽具设科条,颁其法禁,而相看为例,莫肯遵承",因此"浮逃不悛"④,可见浮客问题的严重性。李峤不但指出了浮客问题的严重性,而且还提出了限制浮客,使其归为国家编户的具体措施,即"臣以为宜令御史督察简较,设禁令以防之,垂恩德以抚之,施权衡以御之,为制限以一之,然后逃亡可还,浮寓可绝"⑤。李峤虽然提出了四项具体措施,但并不能真正解决问题,因为浮客、隐户的存在,主要是由于国家赋役负担的繁重,国家佃农无法负担,不得不逃亡,从而脱离国家的羁绊,成为隐庇于大族之家的隐户。

关于唐前期的逃户和隐户情况,敦煌遗书和吐鲁番文书中有许多实证,现摘引几条,以说明之。

---

① 《资治通鉴》卷一百九十六,太宗贞观十六年条,第 6175 页。
② 《资治通鉴》卷一百九十六,太宗贞观十六年条,第 6176 页。
③ 《唐会要》卷八十五《逃户》,第 1850 页。
④ 《唐会要》卷八十五《逃户》,第 1850 页。
⑤ 《册府元龟》卷四百八十六《邦计部·户籍》,第 5810 页上。

(1)《周天授二年(691)一月西州天山县主簿高元頵牒》①

（前欠）

1. 　　　□□□□□

2. 　　　□据斯足□□

3. 伏乞详验，即知皂白区分。实不种逃死

4. 户田，亦不回换粟麦。被问，依实谨牒。"感"

5. 　　　　天授二年壹月　日天山县主簿高元頵牒

6. 　　　　依□□□责行敏历追？□

（后欠）

(2)《周天授二年(691)一月西州知田人郭文智辩(二断卷)》②

a

1. □□

2. 文智辩。被问，既称主簿不种还公

3. 逃死户绝等田陶菜。未知主簿总

4. 　　　□□年别营种几许。职田并

（后略）

b

（前欠）

1. 者。谨审但文智主□□平□我□□

2. 实，不种逃死户绝还公等田。如后虚

3. 妄，不依前款，求受重罪。被问，依实谨

---

① ［日］池田温：《中国古代籍帐研究》，东京大学东洋文化研究所1979年版，第321页。

② ［日］池田温：《中国古代籍帐研究》，第322页。

4. 辨。"感"

5. 　　　　天授二年壹月　日

（3）《周长安四年前后（704）敦煌县状》①

（前欠）

1. 逃人郭武生田，改配马行僧、马行感等营。

2. 　　右得索孝义牒，称前件人等，昨配

3. 　　营田并隔越，今请改配者。件配如

4. 　　前，丞判任依，便状帖知营。

5. 牒，件状如前。状至准状营种，不得

6. 失时。二月廿一日　史郭超状。

7. 　　　　　　丞郭

（后欠）

（4）《周载初元年（690）一月西州高昌县张思别、王隆海、宁和才户手实》②

a

（前未发表）

1. 牒，件通当户新旧口并田段亩数四至，具状如前。如后

2. 有人纠告隐一口，求受违敕之罪。谨牒。

3. 　　　　载初元年一月　日，户主大女张思别牒。

b

1. 户主王隆海年伍拾壹岁　笃疾

2. 弟隆住年肆拾壹岁　卫士

---

① ［日］池田温：《中国古代籍帐研究》，第 345 页。

② ［日］池田温：《中国古代籍帐研究》，第 236—237 页。

3. 　　　　右件人，见存籍帐。

4. 隆妻翟年叁拾伍岁

5. 　　　　右件妻，籍后娶为妻，漏附。

　　　　　　（以下余白）

c

1. 户主宁和才年拾肆岁

2. 母赵年伍拾贰岁

3. 妹和忍年拾叁岁

4. 　　　　右件人，见有籍。

5. 姊和贞年贰拾贰岁

6. 姊罗胜年拾伍岁

7. 　　　　右件人，籍后死。

8. 合受常部田

　　　　　　（中间略）

14. 牒，件通当户新旧口、田段亩数四至，具状如前。如后有人纠

15. 告隐漏一口，求受违敕之罪。谨牒。

16. 　　　　载初元年壹月　日户主宁和才牒

　　　　　（以下余白）

　　从上引敦煌遗书和吐鲁番文书可知，不仅有大量逃户，而且还有许多隐户。隐户之中，既有隐庇于高门大族之家的隐户，也有普通百姓为了逃避国家公赋，将家里部分人口隐漏不报，即不入国家户籍。如上引王隆海一户共三口，他与其弟隆住二人见存籍帐，而隆妻翟是他们兄弟二人上了户籍后所娶，就没有上报户籍，因而便"漏附"了。

　　对于隐漏户口的民户，《唐律》规定："诸脱户者，家长徒三年；无课役者，减二等；女户，又减三等。""脱口及增减年状，以免课役

者,一口徒一年,二口加一等,罪止徒三年。"①《唐律》还规定:

> 诸里正不觉脱漏增减者,一口笞四十,三口加一等;过杖
> 一百,十口加一等,罪止徒三年。若知情者,各同家长法。
>
> 诸州县不觉脱漏增减者,县内十口笞三十,三十口加一
> 等;过杖一百,五十口加一等。州随所管县多少,通计为罪。
> 各罪止徒三年。知情者,各同里正法。
>
> 诸里正及官司,妄脱漏增减以出入课役,一口徒一年,二
> 口加一等。赃重,入己者以枉法论,至死者加役流;入官者坐
> 赃论。②

虽然有这样严密的组织和严格的督责,但逃丁隐口问题仍然
很严重。武周时韦嗣立说:"今天下户口,亡逃过半。"③因此,唐
王朝便不得不采取各种办法检括户口。

武则天时期,狄仁杰上疏说:"逃丁避罪,并集法门。无名之
僧,凡有几万。都下检括,已得数千。且一夫不耕,犹受其弊。浮
食者众,又劫人财。"④提出了招括浮客的问题。而武则天也派
"十道使括天下亡户"⑤。关于武则天时期的括浮问题,敦煌吐鲁
番文书中也有反映,证实了史籍记载的可靠性。如黄文弼先生曾
在吐鲁番哈拉和卓旧城中发现了八件唐代西州时期的浮逃户残
籍,其中还有一件武则天时期的"状上括浮逃使残状",⑥残存五
行,现转引如下:

---

① (唐)长孙无忌等撰,刘俊文点校:《唐律疏议》卷十二《户婚律》,中华
书局 1983 年版,第 231—232 页。

② 《唐律疏议》卷十二《户婚律》,第 233—235 页。

③ 《旧唐书》卷八十八《韦思谦附嗣立传》,2867 页。

④ 《旧唐书》卷八十九《狄仁杰传》,第 2893—2894 页。

⑤ 《新唐书》卷一百二十五《苏瓌传》,第 4397 页。

⑥ 黄文弼:《吐鲁番考古记》,中国科学院 1954 年版,第 44 页。

1. 浮逃行客等

2. 称前件色等先……

3. ……乡得里正粟感……

4. ……等可通如前捉获……

5. 　二年壹月廿八日　　史

敦煌遗书中也发现了一件武周长安三年（703）三月括逃使牒。从这件遗书中可以看出武则天时期括浮客为编户的具体规定，现将遗书移录如下①：

1. 甘、凉、瓜、肃所居停沙州逃户

2. 牒，奉处分：上件等州，以田水稍宽，百姓多

3. 悉居城，庄野少人执作。沙州力田为务，

4. 小大咸解农功；逃逬投诣他州，例被招

5. 携安置。常遣守庄农作，抚恤类若家

6. 僮。好即薄酬其佣，恶乃横生构架。为

7. 客脚危，岂能论当。荏苒季序，逡巡不

8. 归。承前逃户业田，差户出子营种。所收苗

9. 子，将充租赋。假有余剩，便入助人。今奉

10. 明敕：逃人括还，无问户第高下，给

11. 复二年。又今年逃户所有田业，官贷

12. 种子，付户助营。逃人若归，苗稼见在，课

13. 役俱免，复得田苗。或恐已东逃人，还被主人

14. 衒诱，虚招在此有苗，即称本乡无业。

15. 漫作由绪，方便觅住。此并甘、凉、瓜、肃百姓、

---

① 编号为大谷2835，图版见［日］小田义久：《大谷文书集成》第一卷，法藏馆1984年版，图一二〇、一二一，释义第105—106页。［日］池田温：《中国古代籍帐研究》，第342—343页。

16. 共逃人相知,诈称有苗,还作住计。若不牒

17. 上括户采访使知,即虑逃人诉端不息。

18. 谨以牒举。谨牒。

19.　　　　长安三年三月　　日典阴永牒。

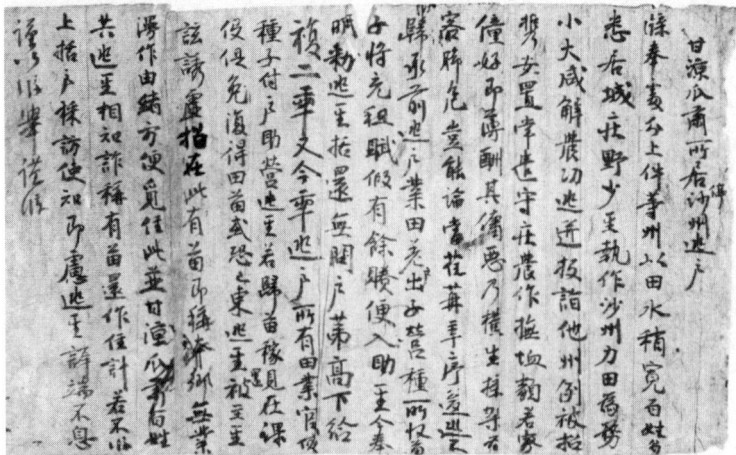

大谷 2835《周长安三年三月括逃使牒》(局部)

这件遗书共 46 行,后面 27 行是牒文在县级机构内的承转批语。这件公文在各机构处理完毕后,最后一行是由此公文的内容而拟的标题,写着"为括逃使牒,请牒御史,并牒凉、甘、肃、瓜等州事"。

从以上敦煌吐鲁番文书中,可以看到武则天时期的括浮客情况,从而可知唐前期的浮客、隐户之多,亦可说明唐政府对户籍的重视,进而说明国家户口之多少,与浮客之归为编户的多少有密切关系。因此我们说,隋末唐初户口的减少,浮客、隐户的大量存在是最主要的原因。

（原载《中国经济史研究》1989 年第 3 期）

第四节　常何与隋末唐初政治

常何，是隋末唐初的一个重要人物。但由于《隋书》未提到常何，两《唐书》只在《马周传》、《东夷传·高丽》、《李密传》和《太宗本纪下》中简略提及，语焉不详，以致学者们长期以来对其研究甚少。可喜的是在敦煌遗书中发现了一卷李义府撰《常何墓碑》，为我们研究常何其人及隋末唐初的政治史提供了宝贵材料。

《常何墓碑》写本原卷现存文字190行，计3372字，由法国伯希和获于敦煌石室，现藏法国巴黎国家图书馆，编号为P.2640。数十年来，国内学术界已对该碑进行了不少的研究①，取得了可喜的成果。本文即据敦煌写本《常何墓碑》（以下简称《墓碑》）及其他史籍，对有关常何的几个问题试加论述。

一、常何与隋末农民起义

隋末由于繁重的力役、兵役引起了农民大起义。隋末农民起义，共有一百二十余起，参加人达数百万。起义军"大则跨州连郡，称帝称王，小则千百为群，攻城剽邑"②。常何正是在这种背景下起义反隋的。

隋末各支农民军经过几年奋战，由分散到集中，逐渐形成了以窦建德为首的河北起义军、翟让和李密领导的瓦岗军以及杜伏威和辅公祏领导的江淮起义军。这三支大的起义队伍从地区分

---

① 参见黄永年：《敦煌写本〈常何墓碑〉和唐前期宫廷政变中的玄武门》，见《1983年全国敦煌学术讨论会论文集·文史遗书编》上，甘肃人民出版社1987年版。又见黄永年：《文史探微》，中华书局2000年版。
② 《隋书》卷四《炀帝纪下》，第96页。

布看，主要有两个地区：河北起义军和瓦岗军主要在山东地区（即河北地区）；江淮起义军主要在长江、淮河流域，即江南地区。

《常何墓碑》称：

> 其先居河内温县。乃祖游陈留之境，因徙家焉，今为汴州浚仪人也……祖岑，齐殿中司马……父绪，朝散大夫。

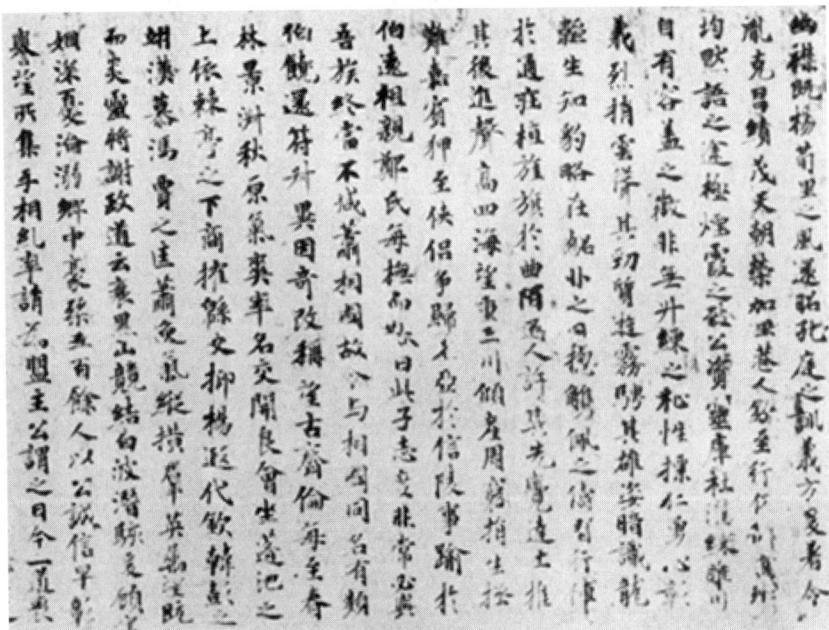

P.2640《常何墓碑》（局部）

常何的籍贯汴州浚仪（今河南开封），正属于隋末农民起义的策源地——河北地区。《墓碑》说常何：

> 习行阵于通庄，植旌旗于曲陌……声高四海，望重三川……嘉宾狎至，侠侣争归……乡中豪杰五百余人，以公诚信早彰，誉望所集，互相纠率，请为盟主。公谓之曰："今一道丧，九野尘惊，寓县崩离，生灵涂炭。咸希逐兔之捷，争申掎

鹿之谋。莫救纷回，空磋荡析。物极斯反，否终则泰。夏政衰而商业达，嬴俗弊而汉道融。五德相循，三微递应。虽凶徒之扰攘，固圣人之驱除。往贤成败之机，前修得失之迹，诚为久悟，非始今辰。请徇郦商之踪，冀享陈婴之福，保全宗戚，用仁明时。"于是共禀公言，咸遵指授，训戎习武，阐义弘仁，尊卑叶同，垒壁严固。

这说明隋末农民纷纷起义，在群雄竞起的时代，常何也揭竿而起，并且是汴州浚仪地方农民起义的一个首领。

瓦岗军建立之初，常何即率众归附了瓦岗军。常何归附瓦岗军的第一次大战斗，就是攻打张须陀的荥阳大海寺之战。李密归附翟让后，与翟让一起破金隄关，攻取荥阳。《新唐书》卷八十四《李密传》载：

> 荥阳太守杨庆、河南讨捕大使张须陀合兵讨（翟）让，让素惮须陀，欲引去。密曰："须陀健而无谋，且骤胜易骄，吾为公破之。"让不得已，阵而待。密率骁勇常何等二十人为游骑，伏千兵莽间。须陀素轻让，引兵搏之，让少却，伏发，与游军乘之，遂杀须陀。

由此可知，李密击溃张须陀部，是"率骁勇常何等二十人为游骑，伏千兵莽间"，围杀了张须陀。可见此时常何已经是李密的心腹亲随和得力干将了，并在击溃张须陀的战斗中显示了才能，立下了战功。

击溃张须陀后，翟让"分兵与密，别为牙帐，号蒲山公"。李密向翟让建议说："今群豪竞兴，公宜先天下攘除群凶，宁常剽夺草间求活哉？若直取兴洛仓，发粟以赈穷乏，百万之众一朝可附，霸王之业成矣。"①大业十三年二月,李密率众攻占兴洛仓,并开仓散米,"群盗来就食者并家属近百万口"。②《墓碑》说:"李密拥兵敖庚(兴洛仓),枕威河曲,广集英彦,用托爪牙。乃授公上柱国、雷泽公。"可知李密率兵袭兴洛仓时,常何已被授予一级勋官,说明此时常何在李密起义队伍中已居重要地位了。

公元 618 年,唐王朝建立后,全国统一已是人心所向,大势所趋。常何对这一形势有着清醒的认识,就极力鼓动李密归附唐王朝。《墓碑》称:

> 公智叶陈张,策逾荀贾。料安危之势,审兴亡之迹,抗言于密,请归朝化。

李密"一听指南之筹,便从入西之议"。说明降唐之计最早是常何提出来的,而李密也是在常何的反复规劝、极力鼓动下,才决定投降唐王朝的。在他们西进长安途中,"诸将希功,咸规反噬。唯公独昭峻节,孤擅贞心,扶翊于颠沛之间,备御于兵戈之际"。不少将领反对入关降唐,只有常何一人"独昭峻节,孤擅贞心",坚持并帮助李密降唐。《墓碑》说:

> 密竟奉谒丹墀,升荣紫禁。言瞻彼相,实赖于公。

也说明李密归附唐王朝,常何起了非常重要的作用。基于此因,唐高祖便授常何"清义府骠骑将军、上柱国、雷泽公",不仅保留了李密给常何的官爵"上柱国、雷泽公",而且还授予"清义府骠骑将军"的实职,使之成为唐王朝的府兵将领。

李密投降唐朝,唐高祖遣使迎劳,李密大喜,便对其部下说:"我拥众百万,一朝解甲归唐,山东连城数百,知我在此,遣使招

---

① 《新唐书》卷八十四《李密传》,第 3680 页。
② 《资治通鉴》卷一百八十六,高祖武德元年条,第 5808 页。

之,亦当尽至。"①说明此时李密在山东地区仍有很大势力,实际情况也如此。李密投降唐朝后,"其旧境东至于海,南至于江,西至汝州,北至魏郡,勣并据之,未有所属"。②唐王朝也深知这一情形,便"诏右翊卫大将军淮安王神通为山东道安抚大使,山东诸军并受节度;以黄门侍郎崔民干为副",③想通过抚慰的办法收编山东地区的农民军,结果一无所获。而李密向唐高祖说:"山东之众皆臣故时麾下",唐高祖便"遣密诣山东,收其余众之未下者"。④李密赴山东招纳旧部,唐王朝以王伯当为副,贾闰甫随行。由于常何是李密的心腹人物和得力干将,所以常何这次又"以本官随密"。

李密离开长安后,又有重建义旗之企图。贾闰甫认为唐已定关中,对李密叛唐之议极力谏阻,而李密对贾闰甫说:"纵使唐遂定关中,山东终为我有。"⑤可见李密很自信,山东仍是他的势力范围。王朝对这一点有清醒的认识,绝不让李密阴谋得逞,便派兵在半路将其围杀。与此同时,唐又派"张道源慰抚山东"⑥。武德二年四月,又"遣大理卿新乐郎楚之安抚山东"⑦。

关于李密叛唐及常何的情况,《墓碑》也有所反映,可以补史乘之缺。《墓碑》说:

> 密至函城之境,有背德之心。公既知逆谋,乃流涕极谏。

---

① 《资治通鉴》卷一百八十六,高祖武德元年十月条,第5816页。
② 《旧唐书》卷六十七《李勣传》,第2484页。
③ 《资治通鉴》卷一百八十六,高祖武德元年十月条,第5816页。
④ 《资治通鉴》卷一百八十六,高祖武德元年十一月条,第5824—5825页。
⑤ 《资治通鉴》卷一百八十六,高祖武德元年十二月条,第5831页。
⑥ 《资治通鉴》卷一百八十六,高祖武德元年十二月条,第5828页。
⑦ 《资治通鉴》卷一百八十七,高祖武德二年四月条,第5852页。

密惮公强正,遂不告而发。军败牛关之侧,命尽熊山之阳。

可知常何是反对李密叛唐的,并"流涕极谏"。但李密未听常何等人的谏阻,遂被唐王朝所杀。《墓碑》又载:

公徇义莫从,献忠斯阻,欲因机以立效,聊枉尺以直寻。言造王充,冀倾瀍洛。为充所觉,奇计弗成。率充内营左右,去逆归顺。

也就是说,常何谏阻李密叛唐的建议虽未被采纳,但他并没有离开李密,而仍随从李密。李密被杀后,又投降王世充。碑文所说常何"率充内营左右,去逆归顺",就是指常何投降王世充后,又再度归附唐王朝。

《墓碑》说:

高祖嘉其变通,尚其英烈,临轩引见,特申优奖,授车骑将军。

此所谓"变通",就是指常何跟随李密叛唐后又归附唐朝的行为。虽然唐高祖对其"变通"行为仍给予肯定,"特申优奖",但就授予"车骑将军"的官职品阶而言,和他第一次降唐后被授予的"骠骑将军"相比,是低了一级。《唐会要》卷七十二府兵条称:武德元年六月十九日,唐改军头为骠骑将军,副为车骑将军。车骑位次于骠骑,可知官品是降了一阶。

《墓碑》说:

武德二年,令与刘弘基等至百崖招慰。军还,又与宇文颖平夏县。太宗文皇帝出讨东都,以公为左右骁骑。王充恃金汤之固,未伏天诛;窦德总漳滏之师,来援凶虐。穷围复振,元恶有徒。征风之首,方兹盖小;触山之长,匹此犹轻。太宗辟金坛,纡玉帐,指岩邑,控伊川,高斾掩丹霞,曾麾回白日。骋七纵七擒之略,腾百战百胜之威。

此说常何"与宇文颖平夏县"。宇文颖,乃隋右领军大将军、杞国公宇文忻兄宇文善之子。《隋书》卷四十《宇文忻传》曰:"颖至大业中,为司农少卿。及李密逼东都,叛归于密。"① 可知宇文颖也是李密的故吏,后投降唐朝。《资治通鉴》武德三年五月条载,尉迟敬德杀夏州刺史吕崇茂后,"敬德去,崇茂余党复据夏县拒守。秦王世民引军自晋州还攻夏县,壬午,屠之"②。李世民之屠夏县,其具体执行者可能就是常何、宇文颖等人。

李世民出讨王世充,窦建德率众来援,是在武德三四年间。窦建德在武德元年始称夏国,建都乐寿。李密失败后,窦建德便于武德二年攻陷黎阳,"尽有山东之地"。③ 同年又攻陷洺州,并迁都于洺州。此时王世充也在洛阳建立了郑国。从而形成了"唐得关西,郑得河南,夏得河北,共成鼎足之势"的局面。④ 对此,唐王朝是不能容忍的。李世民便于武德三年底率大军攻王世充。王世充向建德求救,而建德犹豫不决。此时建德中书舍人刘斌向其献策说:

> 今唐有关内,郑有河南,夏居河北,此鼎足相持之势也。闻唐兵悉众攻郑,首尾二年,郑势日蹙而唐兵不解。唐强郑弱,其势必破郑。郑破则夏有齿寒之忧。为大王计者,莫若救郑,郑拒其内,夏攻其外,破之必矣。若却唐全郑,此常保三分之势也。若唐军破后而郑可图,则因而灭之,总二国之

---

① 《隋书》卷四十《宇文忻传》,第 1167 页。
② 《资治通鉴》卷一百八十八,高祖武德三年五月条,第 5884 页。
③ 《旧唐书》卷一《高祖本纪》,第 10 页。
④ 《资治通鉴》卷一百八十八,高祖武德三年十月条,第 5896 页。

众,乘唐军之败,长驱西入,京师可得而有,此太平之基也。①

窦建德听后非常高兴,便于武德四年二月率大军救王世充。由于不听凌敬的建议,与李世民所率唐军直接战斗,结果兵败逃入牛口渚,被唐军所俘,并斩于长安。

根据《墓碑》记载,常何不仅参加了这次战役,而且还被李世民授予"左右骁骑"之军阶,带兵作战。《墓碑》说,世民"命公别总锐师,乘间迴鹜,率先士卒,奖励骁雄"。说明常何以"左右骁骑"之军阶率"锐师"作战,并身先士卒。正是由于在这次战役中常何"勇迈三军,声超七萃(士卒)。著高庸于甲令,纪茂绩于雕戈"。所以战役结束后,李世民给他"上口二人,物八百段,珍玩五十件"的赏赐,以示奖励。

《墓碑》说:

> 徐员朗窃据沂兖,称兵淮泗,龟蒙积沴,蜂午(舞)挺妖。公与史万宝并力攻围,应期便陷。方殄余噍,奉命旋师。令从隐太子讨平河北。又与曹公李勣穷追员朗。贼平,留镇于洧州。六年,奉敕应接赵郡王于蒋州。玉弩未扬,金陵已肃。还居旧镇,抚慰新境。

徐圆朗是兖州(今山东省兖州市)人,义宁元年(617)正月,他攻陷东平(今山东省东平县西北)后,继续扩展,有众二万余人。他曾经归附于瓦岗军。瓦岗军失败后,归附于窦建德。窦建德失败,又投降唐廷。《资治通鉴》载:"初,洛阳既平,徐圆朗请降,拜兖州总管,封鲁郡公。"②

《墓碑》所说"又与曹公李勣穷追员朗",是指徐圆朗再次起

---

① 《旧唐书》卷五十四《窦建德传》,第 2240 页。
② 《资治通鉴》卷一百八十九,高祖武德四年八月条,第 5927 页。

义之后的战斗,当时李勣为曹国公。《旧唐书·李勣传》载,武德二年李密投降唐朝后,其旧境都由李勣统之,李勣便"具录州县名数及军人户口,总启魏公",让李密献于唐王廷。唐高祖知道后非常高兴,便授李勣"黎阳总管、上柱国、莱国公。寻加右武候大将军,改封曹国公,赐姓李氏,赐良田五十顷,甲第一区"。①

刘黑闼重举义旗,得到民众普遍支持。"是时,山东豪杰多杀长吏以应黑闼。"而刘黑闼"移书赵、魏,故窦建德将卒争杀唐官吏以应黑闼"。② 兖州总管徐圆朗于武德四年八月再次起义,以齐、兖之地附于黑闼。《资治通鉴》载:"刘黑闼作乱,阴与圆朗通谋。上使葛公盛彦师安集河南,行至任城;辛亥,圆朗执彦师,举兵反。黑闼以圆朗为大行台元帅,兖、郓、陈、杞、伊、洛、曹、戴等八州豪右皆应之。"③九月辛酉,"徐圆朗自称鲁王"④。徐圆朗起义后,唐王朝便派李勣等人率兵镇压。《旧唐书·李勣传》载:"圆朗重据兖州反,授勣河南大总管以讨之,寻获圆朗,斩首以献,兖州平。"《墓碑》说常何与李勣穷追圆朗,可知二人共同平息了徐圆朗的起义军。

《墓碑》所说"令从隐太子讨平河北",是指镇压刘黑闼起义军。窦建德被杀后,建德余众并没有全部投降唐王朝,而是化整为零,继续战斗。刘黑闼振臂一呼,他们纷纷响应,整个山东地区又全为农民军所控制。刘黑闼也建立了统一的农民革命政权。武德五年正月,"刘黑闼自称汉东王,改元天造,定都洺州。……窦建德时文武悉复本位;其设法行政,悉师建德,而攻战勇决

---

① 《旧唐书》卷六十七《李勣传》,第 2484 页。
② 《资治通鉴》卷一百八十九,高祖武德四年十二月条,第 5940 页。
③ 《资治通鉴》卷一百八十九,高祖武德四年八月条,第 5927 页。
④ 《资治通鉴》卷一百八十九,高祖武德四年九月条,第 5929 页。

过之。"①

刘黑闼起义军的英勇战斗，使唐王朝非常恐慌。当时"诸道有事则置行台尚书省，无事则罢之。朝廷闻黑闼作乱，乃置山东道行台于洺州，魏、冀、定、沧并置总管府。丁丑，以淮安王神通为山东道行台右仆射"②，组织力量镇压起义军。唐军的几次镇压失败后，就派秦王李世民率大军进攻。经过几次激烈的战斗，刘黑闼失败，并于武德五年三月与范愿等二百骑奔突厥，河北地区暂时被平定了。由于刘黑闼的失败逃走，唐王朝于同月废弃了山东行台。然而，刘黑闼并没有屈服，六月，他又在突厥的支持下率兵进攻山东。七月，"刘黑闼至定州，其故将曹湛、董康买亡命在鲜虞，复聚兵应之"③。

刘黑闼的重举义旗，使唐王朝惊慌不安，便"以淮阳王道玄为河北道行军总管以讨之"④。十月，淮阳王道玄率唐军与刘黑闼战于下博，被黑闼所杀。山东震骇，各"州县皆叛附于黑闼，旬日间，黑闼尽复故地"⑤。唐王朝又以齐王元吉为领军大将军、并州大总管，率兵进军山东讨伐刘黑闼，而"元吉畏黑闼兵强，不敢进"⑥。此时，太子建成和秦王世民正在为争夺皇位继承权而进行着激烈的斗争，双方都想经略山东，积极依靠和争取山东豪杰。《旧唐书》卷六十四《隐太子传》曰：

> 及(太宗)将行（往洛阳），建成、元吉相与谋曰："秦王今往洛阳，既得土地甲兵，必为后患。留在京师制之，一匹夫

---

① 《资治通鉴》卷一百九十，高祖武德五年正月条，第5942页。
② 《资治通鉴》卷一百八十九，高祖武德四年条，第5926页。
③ 《资治通鉴》卷一百九十，高祖武德五年七月条，第5952页。
④ 《资治通鉴》卷一百九十，高祖武德五年七月条，第5952页。
⑤ 《资治通鉴》卷一百九十，高祖武德五年十月条，第5956—5957页。
⑥ 《资治通鉴》卷一百九十，高祖武德五年十一月条，第5957页。

耳。"密令数人上封事曰："秦王左右多是东人,闻往洛阳,非常欣跃,观其情状,自今一去,不作来意。"高祖于是遂停。①

世民亲自经营山东之计划未能实现,便派其心腹张亮去结纳山东豪杰。《旧唐书》卷六十九《张亮传》曰："太宗以洛州形胜之地,一朝有变,将出保之,遣亮之洛阳,统左右王保等千余人,阴引山东豪杰以俟变,多出金帛,恣其所用。"②对于世民的这一计划,建成及其亲信有着清醒的认识,太子中允王珪、洗马魏征对太子建成说:"秦王功盖天下,中外归心,殿下但以年长位居东宫,无大功以镇服海内。今刘黑闼散亡之余,众不满万,资粮匮乏,以大军临之,势如拉朽,殿下宜自击之以取功名,因结纳山东豪杰,庶可自安。"③建成也看到了这一问题的重要性,便向李渊请求赴山东镇压起义军。唐高祖就派建成率大军讨伐刘黑闼,"其陕东道大行台及山东道行军元帅、河南、河北诸州并受建成处分,得以便宜从事"④。建成的几次军事行动失败后,魏征对其建议说:"前破黑闼,其将帅皆悬名处死,妻子系虏,故齐王之来,虽有诏书赦其党与之罪,皆莫之信。今宜悉解其囚俘,慰谕遣之,则可坐视离散矣!"⑤建成听从了魏征的建议,又经过几次战斗后,刘黑闼食尽,部众多逃亡,黑闼遂夜遁饶州,被农民军的叛徒诸葛德威于武德六年正月所执,举城降唐。从《墓碑》记载看,常何也跟随建成参加了镇压刘黑闼起义军的战役,可补史载之缺。

---

① 《旧唐书》卷六十四《隐太子传》,第2417—2418页。
② 《旧唐书》卷六十九《张亮传》,第2515页。
③ 《资治通鉴》卷一百九十,高祖武德五年十一月条,第5960页。
④ 《资治通鉴》卷一百九十,高祖武德五年十一月条,第5960页。
⑤ 《资治通鉴》卷一百九十,高祖武德五年十二月条,第5962—5963页。

二、常何与玄武门事变的关系

关于玄武门事变,史家已多有研究,现仅根据《墓碑》及其他史籍,对常何与玄武门事变的关系略加述论。

《墓碑》载:"九年六月四日,令总北门之寄",这是《墓碑》讲到常何与玄武门事变有直接关系的重要史料。有的研究者认为,在玄武门事变中,常何采取中立态度,在建成、元吉遭到袭击时既不干预,更不救护,进而认为常何并没有率兵驻守玄武门[①]。此说与历史事实不符。据《资治通鉴》卷一九一高祖武德九年六月丁巳(六月一日)条载:

> 敬德曰:"王(太宗)今处事有疑,非智也;临难不决,非勇也。且大王素所畜养勇士八百余人,在外者今已入宫,擐甲执兵,事势已成,大王安得已乎!"[②]
>
> 庚申(六月四日),世民帅长孙无忌等人,伏兵于玄武门。[③]

此时世民与建成、元吉的矛盾已到了你死我活的最后时刻。在这种形势下,太宗居然能够把亲兵八百人执枪被甲地遣入宫内,又在六月四日亲自率长孙无忌等人埋伏到宫廷要地——玄武门。这与常何六月四日领兵驻守玄武门有着必然的联系。

《资治通鉴》载,建成、元吉被杀后:

> 翊卫车骑将军冯翊冯立闻建成死,叹曰:"岂有生受其

----

① 见黄永年:《敦煌写本〈常何墓碑〉和唐前期宫廷政变中的玄武门》,载《1983年全国敦煌学术讨论会文集·文史、遗书编上》,甘肃人民出版社1987年版。

② 《资治通鉴》卷一百九十一,高祖武德九年六月条,第6008页。

③ 《资治通鉴》卷一百九十一,高祖武德九年六月条,第6010页。

恩而死逃其难乎！"乃与副护军薛万彻、屈咥直府左车骑万年谢叔方帅东宫、齐府精兵二千驰趣玄武门。张公谨多力，独闭关以拒之，不得入。云麾将军敬君弘掌宿卫兵，屯玄武门，挺身出战……与中郎将吕世衡大呼而进，皆死之。……守门兵与万彻等力战良久，万彻鼓谮欲攻秦府，将士大惧。①

《旧唐书》卷一百八十七上《忠义传上·谢叔方传》载：

> 太宗诛隐太子及元吉于玄武门，叔方率府兵与冯立合军，拒战于北阙下，杀敬君弘、吕世衡。太宗兵不振。②

《旧唐书》卷一百八十七上《敬君弘传》载：

> 武德中，为骠骑将军，封黔昌县侯，掌屯营兵于玄武门，加授云麾将军。隐太子建成之诛也，其余党冯立、谢叔方率兵犯玄武门，君弘挺身出战……与中郎将吕世衡大呼而进，并遇害。太宗甚嗟赏之，赠君弘左屯卫大将军，世衡右骁卫将军。③

《旧唐书》卷一百八十七上《冯立传》曰：

> 冯立……隐太子建成引为翊卫车骑将军，托以心膂。建成被诛，其左右多逃散，立叹曰："岂有生受其恩而死逃其难！"于是率兵犯玄武门，苦战久之，杀屯营将军敬君弘，谓其徒曰："微以报太子矣！"遂解兵遁于野。俄而来请罪，太宗数之曰："汝在东宫，潜为间构，阻我骨肉，汝罪一也；昨日复出兵来战，杀伤我将士，汝罪二也"。④

---

① 《资治通鉴》卷一百九十一，高祖武德九年六月条，第 6010—6011 页。
② 《旧唐书》卷一百八十七上《谢叔方传》，第 4873 页。
③ 《旧唐书》卷一百八十七上《敬君弘传》，第 4872 页。
④ 《旧唐书》卷一百八十七上《冯立传》，第 4872—4873 页。

《旧唐书》卷六十八《张公谨传》曰：

> 六月四日，公谨与长孙无忌等九人伏于玄武门以俟变。及斩建成、元吉，其党来攻玄武门，兵锋甚盛。公谨有勇力，独闭关以拒之。①

分析以上史料可知，武德九年六月四日，以玄武门宿卫兵及世民秦府兵为一方，以建成东宫兵及元吉齐府兵为另一方，展开了激烈的斗争。从战斗情况看，太宗的情势是很危险的，因此，常何及其所领宿卫兵是否忠于太宗，则是关系到太宗成败的关键。由此知道，玄武门事变中太宗之成功，主要是由于玄武门之宿卫常何及其部下转向太宗。同时证明了常何在玄武门事变中占有十分重要的地位，并建立了重大功勋。

从以上叙述可知，玄武门的地位是非常重要的。如此重要之地位，建成、元吉为何不加防备？太宗死党为何能事先占据此要害之地？这都要从常何处寻找答案。

《墓碑》载：

> 太宗文皇帝出讨东都，以公为左右骁骑。……令从隐太子讨平河北。又与曹公李勣穷追员朗。……(武德)七年，奉太宗令追入京，赐金刀子一枚，黄金卅挺，令于北门领健儿长上。仍以数十金刀子委公锡骁勇之夫。趋奉藩朝，参闻霸略，承解衣之厚遇，申绕帐之深诚。九年六月四日，令总北门之寄。

从以上记载可知，在玄武门事变之前，常何曾于武德四年随李世民出讨东都，一年后又从建成讨平河北。之后又成为李勣的部下。与世民、建成都没有特别密切的关系，更不是他们的心腹

---

① 《旧唐书》卷六十八《张公谨传》，第 2506 页。

亲随。而这正是太宗能够用重金收买常何及其部下的有利条件；而建成也因常何是其旧部而不怀疑。正由于此故，所以"太宗能于武德九年六月四日预伏其徒党于玄武门，而守卫将士亦竟不之发觉。建成、元吉虽先有警告，而不以为意者，殆必以常何辈守卫玄武门之将士至少非太宗之党徒也"。①

太宗收买常何后，将其安插在玄武门驻守，帮助太宗发动事变，争夺皇位，《墓碑》所说"趋奉藩朝，参闻霸略"即指此。

或曰：由于常何在玄武门事变中态度中立暧昧，过去又有过降叛反复的不光彩经历，因此政变后不得重用正是事理之所必然②。然而，实际情况也并非如此。

据《墓碑》记载，玄武门事变后两个月，即"其年八月，凶奴至便桥，授马军副总管。贼退，除真化府折冲都尉，特令长上。封武水县开国男，食邑三百户。"由此可见，对常何的提升，当时已被提上了议事日程。现据《墓碑》记载，将其升迁过程排列如下：

贞观六年，赐绢一百匹，加太中大夫、除延州诸军事、延州刺史，晋爵武水县开国伯，食邑五百户。

十一年，入朝，授正义大夫、泾州诸军事、行泾州刺史。

十二年，入为右屯卫将军。

十六年，敕修营九成宫。其年授左领军将军。

十八年，奉诏领兵于丰灵等州，怀集延陀之众。军还，兼右武卫将军。

十九年，授平壤道行军副大总管。

---

① 陈寅恪：《论隋末唐初所谓"山东豪杰"》，载《金明馆丛稿初编》，上海古籍出版社 1980 年版，第 226 页。

② 黄永年：《敦煌写本〈常何墓碑〉和唐前期宫廷政变中的玄武门》，载《1983 年全国敦煌学术讨论会文集·文史遗书编上》，甘肃人民出版社 1987 年版，第 148 页。

廿一年,除资州诸军事、资州刺史。

永徽三年,迁使持节都督黔思费等十六州诸军事、黔州刺史。

永徽四年五月十六日死后,追赠为左武卫大将军,余官封并如故。

由以上记述可知,玄武门之变后,常何的官职不断在升迁,只不过没有直线上升,而是按部就班罢了。为什么会如此呢?众所周知,常何既不是世家大族的后裔,又不是山东和关陇两地区武装力量的代表人物,再加上以前降叛的历史,唐太宗完全可以对其置之不理。但为何还要对其不断升官加爵呢?这正说明常何与玄武门事变有着密切的关系,唐太宗不会忘记其在争夺皇位中的功劳,因此才不断地给予升迁。当然,由于上面所述原因,再加上常何原来毕竟只是一名小小的车骑都尉,也不是太宗的心腹亲随,所以没有直线升迁。

正是由于常何在玄武门事变中的功劳,其亲属也得到了一定的优惠照顾,如其父的情况就是一个显著的例子。据《墓碑》记载,常何对太宗说:"臣父遇可封之日,尚沉沦穷巷。不胜私愿,乞预朝班。太宗降因心之慈,弘荣亲之典,授公父朝散大夫。"可见太宗当时就答应了常何的请求,将其父从"沉沦穷巷"的百姓,提升为朝散大夫。当常何还乡拜谒其父时,太宗又"特赐所御貂袍一领,尚方绫锦四十段,借上闲马六匹,至乡赐米粟什物"等。太宗为何对常何如此厚待呢?从常何的出身、地位、姻亲各方面都找不出答案,只能在常何与玄武门事变的关系中来回答。

三、"唐丽战争"与常何

唐太宗、高宗父子曾多次攻打高丽,关于常何在其中的地位与作用,《墓碑》载:

> (贞观)十九年,授平壤道行军副大总管。降手敕曰:兵

闻拙速,不在工迟;抚众以恩,临军以信;刑以威之,赏以劝
之。如此则所向无前,何敌之有! 公业均方邵,功追卫霍。
推锋北指,则尘清玄塞;扬旗东迈,则务卷青丘。赏册已多,
恩锡为最。还居领军之任,用彰效官之美。铜梁遐险,玉津
形胜。斜连峤外,远极资中。九折之峰,王尊叱驭;千仞之
阁,张载留铭。不有奇材,孰能迁俗。

从《墓碑》所载太宗专降手敕于常何以慰勉可知,常何在唐
王朝与高丽的决战中处于比较重要的地位,并且是仅次于李勣的
重要将领。

两《唐书》在记述唐丽战争时,只在三处提到常何:

《旧唐书》卷三《太宗本纪下》载:

> (贞观)十八年十一月壬寅,车驾至洛阳宫。庚子,命太
> 子詹事、英国公李勣为辽东道行军总管,出柳城,礼部尚书、
> 江夏郡王道宗副之;刑部尚书、郧国公张亮为平壤道行军总
> 管,以舟师出莱州,左领军常何、泸州都督左难当副之。发天
> 下甲士,召募十万,并趣平壤,以伐高丽。[1]

《新唐书》卷二百二十《东夷传·高丽》载:

> 帝幸洛阳,乃以张亮为平壤道行军大总管,常何、左难当
> 副之,冉仁德、刘英行、张文幹、庞孝泰、程名振为总管,帅江、
> 吴、京、洛募兵凡四万,吴艒五百,泛海趋平壤。[2]

《旧唐书》卷一九九上《东夷传·高丽》载:

> 十九年,命刑部尚书张亮为平壤道行军大总管,领将军

---

① 《旧唐书》卷三《太宗本纪下》,第56—57页。
② 《新唐书》卷二百二十《高丽传》,第6189页。

常何等率江、淮、岭、硖劲卒四万,战船五百艘,自莱州泛海趋平壤。

关于唐太宗父子多次攻打高丽的原因,我们准备在另文中详加讨论。这里我们仅依据有关史籍记载,将常何参与此战钩沉如下。

贞观十八年,太宗决定征高丽,七月:

> 敕将作大监阎立德等诣洪、饶、江三州,造船四百艘以载军粮。甲午,下诏遣营州都督张俭等帅幽、营二都督兵及契丹、奚、靺鞨先击辽东以观其势。以太常卿韦挺为馈运使、以民部侍郎崔仁师副之,自河北诸州皆受挺节度,听以便宜从事。又命太仆少卿萧锐运河南诸州粮入海。①

此次进兵,太宗并没有做好准备,只是先击辽东以"观其势"罢了。当张俭等渡辽水时,"值辽水涨,久不得济,上以为畏懦,召俭诣洛阳"②。张俭到洛阳,向太宗报告了辽东的山川险易、水草美恶等情况后,太宗始决意亲征。"于是北输粟营州,东储粟古大人城",③并于十月幸洛阳宫。为亲征高丽,太宗还专门颁发了《亲征高丽手诏》④。诏书曰:"高丽莫离支盖苏文,弑逆其主,酷害其臣,窃据边隅,肆其蜂虿。朕以君臣之义,情何可忍,若不诛翦遐秽,无以澄肃中华,今欲巡幸幽蓟,问罪辽碣。……略言必胜之道,盖有五焉:一曰以我大而击其小,二曰以我顺而讨其逆,三曰以我安而乘其乱,四曰以我逸而敌其劳,五曰以我悦而当其

---

① 《资治通鉴》卷一百九十七,太宗贞观十八年条,第6209—6210页。
② 《资治通鉴》卷一百九十七,太宗贞观十八年条,第6213页。
③ 《新唐书》卷二百二十《高丽传》,第6189页。
④ 《全唐文》卷七《亲征高丽手诏》,中华书局1983年影印本,第86页上—86页下。

怨。"这次战役分水陆二路并进。水军以张亮为平壤道行军大总管,常何、左难当副之,"帅江、淮、岭、峡兵四万,长安、洛阳募士三千,战舰五百艘,自莱州泛海趋平壤"①。陆军以李勣为辽东道行军大总管,江夏王道宗副之,"帅步骑六万及兰、河二州降胡趣辽东,两军合势并进"②。又诏"新罗、百济、奚、契丹分道击高丽"③。贞观十九年二月,"上亲统六军发洛阳。……三月壬辰,上发定州。……四月癸卯,誓师于幽州城南",④开始了亲征高丽之大战。

李勣军先从柳城(即营州,今辽宁朝阳市)出发,出高丽不意。据《资治通鉴》记载,贞观十九年四月:"世勣自通定济辽水,至玄菟。高丽大骇,城邑皆闭门自守。壬寅,辽东道副大总管江夏王道宗将兵数千至新城。"⑤然后李勣"攻盖牟城,拔之,得户二万,粮十万石,以其地为盖州"⑥。攻取盖牟城(今辽宁盖州市)后,李勣便围了辽东城(今辽宁辽阳市),五月,"高丽步骑四万救辽东,江夏王道宗将四千骑逆击之……李世勣引兵助之,高丽大败,斩首千余级"⑦。此时唐太宗率大军逾辽泽,渡辽水,然后太宗亲率数百骑,至辽东城下,与李勣军攻克了辽东城,"所杀万余人,得胜兵万余人,男女四万口,以其城为辽州"⑧。攻克辽东城后,便于六月进军白岩城(今辽宁辽阳市东北),《资治通鉴》载其事曰:

①《资治通鉴》卷一百九十七,太宗贞观十八年条,第6214页。
②《资治通鉴》卷一百九十七,太宗贞观十八年条,第6214页。
③《资治通鉴》卷一百九十七,太宗贞观十八年条,第6215页。
④《旧唐书》卷三《太宗本纪下》,第57页。
⑤《资治通鉴》卷一百九十七,太宗贞观十九年条,第6218—6219页。
⑥《新唐书》卷二百二十《高丽传》,6190页。
⑦《资治通鉴》卷一百九十七,太宗贞观十九年条,第6220页。
⑧《资治通鉴》卷一百九十七,太宗贞观十九年条,第6221页。

六月,丁酉,李世勣攻白岩城西南,上临其西北。城主孙代音潜遣腹心请降,临城,投刀铖为信,且曰:"奴愿降,城中有不从者。"上以唐帜与其使,曰:"必降者,宜建之城上。"代音建帜,城中人以为唐兵已登城,皆从之。①

攻取白岩城后,太宗又亲率大军从辽东出发,进攻安市城(今辽宁海城市南),高丽北部耨萨(相当于都督)延寿、惠真帅高丽、靺鞨兵十五万救安市。太宗在山上指挥,运用诱敌深入、四面围击之战术,打败了高丽援军。延寿、惠真帅其众三万六千八百人请降,太宗将耨萨以下酋长三千五百人授以戎秩,迁之内地,其余都释放,让还平壤。"收靺鞨三千三百人,悉阬之,获马五万匹,牛五万头,铁甲万领,他器械称是。高丽举国大骇,后黄城、银城皆自拔遁去,数百里无复人烟。……更名所幸山曰驻跸山。"②

水路大军由张亮统率,自东莱(今山东莱州市)渡海,袭卑沙城(今辽宁金县东),"其城四面悬绝,惟西门可上。程名振引兵夜至,副总管王文度先登,五月,己巳,拔之,获男女八千口。分遣总管丘孝忠等曜兵于鸭绿水"③。然后张亮军至建安城下,与营州都督张俭攻破建安城(今辽宁营口东南),斩首数千级。

七月,太宗率诸军攻安市城,经过二个月的浴血奋战,仍不能克。至九月,辽东已非常寒冷,风雪满天,草枯水冻,士马难久留。且此时所携带粮食也将尽,太宗便命班师。

贞观十九年太宗亲征高丽的战争结果,《资治通鉴》记载曰:

拔玄菟、横山、盖牟、磨米、辽东、白岩、卑沙、麦谷、银山、后黄十城,徙辽、盖、岩三州户口入中国者七万人。新城、建

---

① 《资治通鉴》卷一百九十八,太宗贞观十九年条,第6222页。
② 《资治通鉴》卷一百九十八,太宗贞观十九年条,第6226—6227页。
③ 《资治通鉴》卷一百九十七,太宗贞观十九年条,第6220页。

安、驻跸三大战,斩首四万余级,战士死者几二千人,战马死者什七、八。上以不能成功,深悔之,叹曰:"魏征若在,不使我有是行也!"①

这次战役失败的原因很多,因无关本文主旨,不再详论。

（原载《中国史研究》1998 年第 4 期）

第五节　唐初对高丽的战争

关于唐太宗、高宗对高丽之征伐,史学界历来研究较少,很少有专文发表。在隋唐史著作和中国通史中,也是简单涉及,语焉不详。或认为唐太宗自灭突厥后,滋长了侵略野心,便出兵侵略高丽②;或认为是唐太宗追求个人功业的欲望迷住了自己的心窍③。

笔者认为,唐和高丽的战争是必然的,唐太宗父子不断征伐高丽,并不是好大喜功、耀武扬威,而是有很重要的政治利害关系的。笔者结合历史文献,拟将唐征伐高丽之战作初步探讨。

一、唐伐高丽之动机与原因

关于唐之征伐高丽,有许多具体原因。

第一,是为了恢复旧疆。

辽东之地,本为中原王朝所有。隋代裴矩说:"高丽之地,本

---

① 《资治通鉴》卷一百九十八,太宗贞观十九年条,第 6230 页。

② 范文澜主编:《中国通史》(第三册),人民出版社 1987 年版,第 349 页。

③ 胡如雷:《李世民传》,中华书局 1984 年版,第 230—232 页。

孤竹国也，周代以之封箕子，汉时分为三郡，晋氏亦统辽东。今乃不臣，列为外域，故先帝欲征之久矣。"①唐代温彦博说："辽东之地，周为箕子之国，汉家之玄菟郡耳。魏晋已前，近在提封之内，不可许以不臣"②。高丽所据之辽东，本为中原王朝所有，汉武帝元封四年（前107），"灭朝鲜、置玄菟郡，以高句丽为县以属之。汉时赐衣帻朝服鼓吹，常从玄菟郡受之。后稍骄，不复诣郡，但于东界筑小城受之，遂名此城为帻沟溇。'沟溇'者，句丽'城'名也"③。由此可知，公元前2世纪时，高丽就是汉王朝之一属县，"赐衣帻朝服鼓吹"，可见汉王朝对高丽的控制是非常严格的，而高勾丽之名称，也来源于汉王朝所筑小城——帻沟溇。

正因为如此，所以隋唐之征高丽，有恢复旧疆之目的。《新唐书·高丽传》曰："会新罗遣使者上书言：'高丽、百济联和，将见讨。谨归命天子。'……于是遣司农丞相里玄奖以玺书让高丽，且使止勿攻。"当相里玄奖到平壤时，莫离支已率兵侵新罗，并破其两城，高丽王高藏遣使召之，莫离支才返回高丽。"玄奖谕使勿攻新罗，莫离支曰：'昔隋人入寇，新罗乘衅侵我地五百里，自非归我侵地，恐兵未能已。'玄奖曰：'既往之事，焉可追论！至于辽东诸城，本皆中国郡县，中国尚且不言，高丽岂得必求故地'。"④唐朝使臣相里玄奖以"辽东故中国郡县"为由，来阻止高丽之攻新罗，而"莫离支竟不从"，"于是帝欲自将讨之，召长安耆老劳曰：'辽东故中国地，而莫离支贼杀其主，朕将自行经略

---

① 《旧唐书》卷六十三《裴矩传》，第2407页。
② 《旧唐书》卷六十一《温大雅传》，第2360页。
③ 《北史》卷九十四《高丽传》，中华书局1974年版，第3111页。
④ 《资治通鉴》卷一百九十七，太宗贞观十八年正月条，第6206—6207页。

之'。"①此时唐太宗已准备征伐高丽了。贞观十九年三月，太宗对侍臣说："辽东本中国之地，隋氏四出师而不能得；朕今东征，欲为中国报子弟之仇"②。因而便亲率大军大规模征伐高丽了。

第二，是为了预防后世之忧。

唐太宗时全国已大体统一，贞观十四年平高昌后，同唐王朝相抗衡者，只有高丽和吐蕃了。唐太宗又下嫁文成公主给吐蕃赞普松赞干布，通过和亲的方式，同吐蕃建立了友好关系。此时和唐王朝相抗衡者，便只有高丽了。贞观十八年唐太宗准备征伐高丽，但苦于师出无名，兵部尚书李勣说："曩薛延陀盗边，陛下欲追击，魏征苦谏而止。向若击之，一马不生返。后复畔扰，至今为恨。"帝曰："诚然。但一虑之失而尤之，后谁为我计者?"③贞观十九年二月，"帝自洛阳次定州，谓左右曰：'今天下大定，唯辽东未宾，后嗣因士马盛强，谋臣导以征讨，丧乱方始，朕故自取之，不遗后世忧也'④。其征伐高丽之目的，即"不遗后世忧"。《资治通鉴》载，唐太宗对侍臣说，其东征高丽原因很多，其中原因之一是当时"方隅大定，惟此未平，故及朕之未老，用士大夫余力以取之"。⑤ 即其东征高丽，是怕养痈遗患，滋蔓难除。金毓黻先生说，唐代对高丽"若不大张挞伐，则后日契丹、女真、蒙古之祸，不难先演于唐代"。⑥

---

① 《新唐书》卷二百二十《高丽传》，第6189页。

② 《资治通鉴》卷一百九十七，太宗贞观十九年三月条，第6217—6218页。

③ 《新唐书》卷二百二十《高丽传》，第6189页。

④ 《新唐书》卷二百二十《高丽传》，第6190页。

⑤ 《资治通鉴》卷一百九十七，太宗贞观十九年三月条，第6218页。

⑥ 金毓黻：《东北通史》上册，(长春)社会科学战线杂志社1981年翻印，第193页。

第三,海东三国关系的影响。

海东三国,即高丽、百济、新罗三国,长时期以来一直处于和战、分合等错综复杂的关系之中。在唐太宗贞观以前,高丽一直比较强大,新罗、百济比较弱小,高丽也一直侵掠新罗、百济。如唐高祖武德九年"新罗、百济遣使讼建武,云闭其道路,不得入朝。又相与有隙,屡相侵掠。诏员外散骑侍郎朱子奢往和解之"①。唐太宗贞观时期,唐王朝已大体统一,成为当时世界上的一个强大帝国,因而不能不对这一地区产生重大影响。此时,高丽统治者意识到,辽东将要被吞并,表面加紧对唐"进贡",实做抵抗的准备。百济势软力弱,国内矛盾重重,对高丽、新罗均无力取胜,只好忍痛与高丽结欢,以求在生存中伺机再起。至于新罗,则由于远隔中原,面临高丽、百济的进攻,需厚结唐朝以为外援,便积极遣使入唐朝贡,因而新罗与唐朝的关系也就日益密切。而这对高丽又增加了其侧翼的威胁,迫使高丽改变其对新罗、百济双管齐下的扩张政策,对百济蠲弃前嫌,以图联合对付新罗,因而高丽、百济便于贞观十七年(643)结成和亲②。高丽、百济和亲后,更加紧侵掠新罗。贞观十七年九月,"新罗遣使言百济攻取其国四十余城,复与高丽连兵,谋绝新罗入朝之路,乞兵救援"③。唐太宗遣使赍玺书赐高丽曰:"新罗委质国家,朝贡不乏,尔与百济各宜戢兵。若更攻之,明年发兵击尔国矣!"④而"莫离支竟不从",仍攻新罗不止。在高丽、百济的联合进攻下,新罗多次派使者入唐乞兵请援,太宗便下令征伐高丽。

第四,是为了拯救汉民。

---

① 《旧唐书》卷一百九十九上《高丽传》,第 5321 页。

② 蔡靖夫:《就〈三国史记〉评唐丽战争》,《北方论丛》1983 年第 6 期。

③ 《资治通鉴》卷一百九十七,太宗贞观十七年九月条,第 6204 页。

④ 《资治通鉴》卷一百九十七,太宗贞观十七年九月条,第 6204 页。

隋文帝一征高丽,隋炀帝三征高丽,都以失败而告终,除许多士兵战死疆场,还有许多士兵被俘或散居高丽。唐高祖武德初年,"高祖感隋末战士多陷其地,五年,赐建武书曰:'……但隋氏季年,连兵构难,攻战之所,各失其民。遂使骨肉乖离,室家分析,多历年岁,怨旷不申。今二国通和,义无阻异,在此所有高丽人等,已令追括,寻即遣送;彼处有此国人者,王可放还,务尽抚育之方,共弘仁恕之道。'于是建武悉搜括华人,以礼宾送,前后至者万数,高祖大喜"①。武德初年以双方交换的方式获得汉人万余,可见隋末滞留高丽汉人之多。贞观五年八月,唐太宗"遣使毁高丽所立京观,收隋人骸骨,祭而葬之"②,并且唐太宗还专门颁发了《收瘗征辽士卒诏》。除此之外,还有个人去高丽收骸骨者,如唐初柳奭,其父柳则,"隋左卫骑曹,因使卒于高丽,奭入蕃迎丧柩,哀号逾礼,深为夷人所慕"③。

贞观十五年,唐太宗遣职方郎中陈大德使高丽,大德"入其国,厚饷官守,悉得其纤曲。见华人流客者,为道亲戚存亡,人人垂涕,故所至士女夹道观"④。《资治通鉴》曰:大德在高丽"无所不至,往往见中国人,自云:'家在某郡,隋末从军,没于高丽,高丽妻以游女,与高丽错居,殆将半矣。'因问亲戚存没,大德给之曰:'皆无恙'。咸涕泣相告。数日后,隋人望之而哭者,遍于郊野"⑤。可见,直到贞观时期汉人留居高丽的数量也还有很多。陈大德回来后将所见情况报告了唐太宗,太宗说:"高丽本四郡地耳,吾发卒数万攻辽东,彼必倾国救之,别遣舟师出东莱,自海

---

① 《旧唐书》卷一百九十九上《高丽传》,第5320—5321页。
② 《旧唐书》卷三《太宗本纪下》,第41页。
③ 《旧唐书》卷七十七《柳亨传》,第2681—2682页。
④ 《新唐书》卷二百二十《高丽传》,第6187页。
⑤ 《资治通鉴》卷一百九十六,太宗贞观十五年条,第6169页。

道趋平壤，水陆合势，取之不难。但山东州县凋瘵未复，吾不欲劳之耳"①。胡三省注云："观帝此言，已有取高丽之心。"胡三省此言很有见地。从以上所述情况及太宗所言可知，为拯救隋末留居高丽之汉人，太宗已有了征伐高丽之意，只是由于"山东州县凋瘵未复"，没有立即出兵征伐高丽罢了。

第五，是为了声讨弑逆。

唐初，高建武为高丽王，唐与高丽关系比较融洽。贞观十六年，"营州都督张俭奏高丽东部大人泉盖苏文弑其王武。盖苏文凶暴多不法，其王及大臣议诛之。盖苏文密知之，悉集部兵若校阅者，并盛陈酒馔于城南，召诸大臣共临视，勒兵尽杀之，死者百余人。因驰入宫，手弑其王，断为数段，弃沟中，立王弟子藏为王。自为莫离支，其官如中国吏部兼兵部尚书也。"②得到盖苏文弑主建武之消息后，"亳州刺史裴行庄奏请伐高丽，上曰：'高丽王武职贡不绝，为贼臣所弑，朕哀之甚深，固不忘也。但因丧乘乱而取之，虽得之不贵。且山东凋弊，吾未忍言用兵也'③，从太宗此言可知已有取高丽之意。《新唐书·高丽传》曰："帝闻建武为下所杀，恻然遣使者持节吊祭。或劝帝可遂讨之，帝不欲因丧伐罪，乃拜藏为辽东郡王、高丽王。帝曰：'盖苏文杀君攘国，朕取之易耳，不愿劳人，若何？'司空房玄龄曰：'陛下士勇而力有余，戢不用，所谓止戈为武者'。"④《资治通鉴》载有唐太宗君臣的对话，李世民问曰："盖苏文弑其君而专国政，诚不可忍，以今日兵力，取之不难，但不欲劳百姓，吾欲且使契丹、靺鞨扰之，何如？"长孙无

---

① 《资治通鉴》卷一百九十六，太宗贞观十五年条，第6169—6170页。

② 《资治通鉴》卷一百九十六，太宗贞观十六年十一月条，第6181页。

③ 《资治通鉴》卷一百九十六，太宗贞观十六年十一月条，第6181—6182页。

④ 《新唐书》卷二百二十《高丽传》，第6188页。

忌答说:"盖苏文自知罪大,畏大国之讨,必严设守备,陛下少为之隐忍,彼得以自安,必更骄惰,愈肆其恶,然后讨之,未晚也。"上曰:"善!"①观太宗君臣的议论,可知已准备东征高丽。《新唐书·高丽传》载,唐太宗说:"去本而就末,舍高以取下,释近而之远,三者为不详,伐高丽是也。然盖苏文弑君,又戮大臣以逞,一国之人延颈待救,议者顾未亮耳。"②此时太宗已决定征伐高丽,便于贞观十八年"手诏谕天下,以高丽盖苏文弑主虐民,情何可忍!今欲巡幸幽、蓟,问罪辽、碣,所过营顿,无为劳费"③。贞观十九年三月,唐太宗对侍臣说:"朕今东征,欲为……高丽雪君父之耻耳"④。可见声讨弑逆,也是唐太宗征伐高丽的原因之一。

从以上所述可知,唐伐高丽是有多种原因的,但当时许多大臣都反对伐高丽,并有很多恳切的谏诤之词。贞观十七年,"太宗将征高丽,(姜)行本谏以为师未可动,太宗不从"⑤。张亮也"频谏不纳"⑥。谏议大夫褚遂良上疏说:"今闻陛下将伐高丽,意皆荧惑。然陛下神武英声,不比周隋之主。兵若渡辽,事须克捷。万一差跌,无以示威远方,必更发怒,再动兵众,若至于此,安危难测。"⑦当唐太宗决定亲征高丽时,褚遂良又上《谏亲征高丽疏》,认为不宜亲征。尉迟敬德也上疏说:"车驾若自往辽左,皇太子又监国定州。东西二京,府库所在,虽有镇守,终自空虚。辽东路遥,恐有元(玄)感之变。且边隅小国,不足亲劳万乘。若克胜,

---

① 《资治通鉴》卷一百九十六,太宗贞观十七年条,第 6202 页。

② 《新唐书》卷二百二十《高丽传》,第 6189 页。

③ 《资治通鉴》卷一百九十七,太宗贞观十八年条,第 6214 页。

④ 《资治通鉴》卷一百九十七,太宗贞观十九年三月条,第 6217—6218 页。

⑤ 《旧唐书》卷五十九《姜謩传》,第 2334 页。

⑥ 《旧唐书》卷六十九《张亮传》,第 2515 页。

⑦ 《全唐文》卷一百四十九,褚遂良:《谏讨高丽疏》,第 1509 页上。

不足为武，倘或不胜，恐为所笑，伏请委之良将，自可应时摧灭"①。贞观二十二年，房玄龄对其诸子说："当今天下清谧，咸得其宜，唯东讨高丽不止，方为国患。"并上书唐太宗："向使高丽违失臣节，陛下诛之可也；侵扰百姓，而陛下灭之可也；久长能为中国患，而陛下除之可也。有一于此，虽日杀万夫，不足为愧。今无此三条，坐烦中国，内为旧王雪耻，外为新罗报仇，岂非所存者小，所损者大？"②当高宗又要亲征高丽时，李君球也上疏说："彼高丽者，遐荒小丑，潜藏山海之间，得其人不足以彰圣化，弃其地不足以损天威，何至乎疲中国之人，倾府库之实，使男子不得耕耘，女子不得蚕织。……设令高丽既灭，即不得不发兵镇守，少发则兵威不足，多发则人心不安。是乃疲于转戍，万姓无聊生也。万姓怨则天下败矣，天下既败，陛下何以自安。故臣以为征之不如不征，灭之不如不灭"③。除褚遂良、房玄龄、尉迟敬德、张亮、姜行本、李君球外，还有许多人反对征伐高丽。可以说，太宗父子之征伐高丽，大臣们赞同者少，反对者多。反对者提出了许多疑问，即太宗父子为何要征伐高丽？笔者综观唐初历史，对上面所述各种原因加以分析，也认为太宗父子无必要动用如此多的兵力，花如此大的代价征伐高丽。那么太宗父子征伐高丽的真正意图是什么呢？

笔者认为，唐太宗、高宗父子之征高丽，也和隋文帝、炀帝父子征高丽一样，虽是多种因素相互作用的结果，即有多种原因，但贯穿始终的最主要一条原因，则是双方政治利益的冲突。不论隋、唐政府，或者是北魏政府，都想以中原为根据地，实现全国统

① 《全唐文》卷一百五十三，尉迟敬德：《谏亲征高丽疏》，第 1566 页下。
② 《旧唐书》卷六十六《房玄龄传》，第 2464、2466 页。
③ 《全唐文》卷一百五十九，李君球：《谏高宗将伐高丽疏》，第 1625 页上—1625 页下。

一。而高丽为了保持其政治利益,不被中原王朝政府所兼并、统一,总是千方百计地阻碍中原王朝统一全国。正如金宝祥先生所指出的,高丽和中原王朝的矛盾,并非一般的经济或婚姻关系引起的矛盾,而是因政治利害关系的不一致而引起的激烈矛盾①。

高丽所据辽东之地,本为中原王朝所有。随着高丽的不断发展壮大,再加上魏晋南北朝时期的大分裂、大动乱,高丽便脱离了中原王朝之控制。为了保持其既得利益,常常通过外交等途径,来阻碍中原王朝之统一。南北朝对峙时期,从总体上言,北方力量强于南方,北方统一的条件也优于南方。高丽为了阻碍北朝统一,便不断遣使南朝政权,而南朝各政权为了保持其一席之地,也想尽一切办法来阻挡北朝南下,统一中国。由于共同的政治利益,使高丽和南朝相互勾结,不断往来,并对北朝政权形成南北包围之势。"晋安帝义熙九年(413),高丽王高琏遣长史高翼奉表,献赭白马,晋以琏为使持节、都督营州诸军事、征东将军、高丽王、乐浪公"②。公元420年,刘裕代晋称帝,建立刘宋政权,是为宋武帝,南朝政权由此建立。刘裕为了维持其刚建立之政权,便和高丽相联系,共同制约北朝的统一。"宋武帝践阼,加琏征东大将军,余官并如故。……少帝景平二年,琏遣长史马娄等来献方物,遣谒者朱邵伯、王邵子等慰劳之"③。刘宋政权刚刚建立,就与高丽建立了如此密切之关系,除了政治利益的一致性外,还能有其他别的因素吗?

宋文帝刘义隆"自践位以来,有恢复河南之志",元嘉七年

---

① 金宝祥:《吐蕃的形成、发展及其和唐的关系》,《西北史地》1985年第1—2期。

② (唐)李延寿撰:《南史》卷七十九《夷貊传下》,中华书局1975年版,第1970页。

③ 《南史》卷七十九《夷貊传下》,第1970页。

（430）春，派到彦之等攻魏，并派使者至魏说："河南旧是宋土"，"今当修复旧境，不关河北"①，开始了宋魏争战的局面。同年北燕君主冯跋病死，其弟冯弘自立为燕天王，第二年北魏即来进攻。在北魏的连续攻击下，元嘉十三年（436）冯弘率众投奔高丽，北燕灭亡，地尽入魏。《南史·夷貊传下》说："冯弘为魏所攻，败奔高丽北丰城。"冯弘不愿在高丽久待，上表要求去宋，宋"文帝遣使王白驹、赵次兴迎之，并令高丽资遣。"高丽王高琏不愿冯弘南下，便于元嘉十五年杀了冯弘。宋文帝虽然很生气，但为了两者的共同政治利益，仍然维持着二者的亲密关系。"十六年，文帝欲侵魏，诏琏送马，献八百匹。"由此说明了高丽与北魏的对峙及与南朝关系之亲密，即高丽总是千方百计地阻挡北魏的统一。

元嘉三十年（453）宋文帝被杀，孝武帝即位。孝武孝建二年（455），"琏遣长使董腾奉表，慰国哀再周，并献方物。大明二年（458）又献肃慎氏楛矢石砮。七年，诏进琏为车骑大将军、开府仪同三司，余官并如故。明帝泰始（465—471）、后废帝元徽（473—477）中，贡献不绝"②。高琏死后，其子云立，南齐郁林王隆昌中（494），北魏发动攻齐的战争。齐与宋一样，也和高丽有密切联系，同年，齐以高丽王高云"为使持节、散骑常侍、都督营平二州、征东大将军、高丽王、乐浪公"③。

公元502年，梁代齐，"梁武帝即位，进云车骑大将军。天监七年（508），诏为抚东大将军、开府仪同三司，持节、常侍、都督、王并如故。十一年（512）、十五年（516），累遣使贡献。十七年，云死，子安立。普通元年（520），诏安纂袭封爵，持节、督营平二

---

① 《资治通鉴》卷一百二十一，文帝元嘉七年条，第3814—3815页。
② 《南史》卷七十九《夷貊传下》，第1971页。
③ 《南史》卷七十九《夷貊传下》，第1971页。

州诸军事、宁东将军。七年(526),安卒,子延立,遣使贡献。诏以延袭爵。中大通四年(532)、六年、大同元年(535)、七年,累奉表献方物。太清二年(548),延卒,诏其子成袭延爵位"①。由上叙述可知,虽然南朝政权不断改朝换代,但由于共同的政治利益,高丽一直和南朝各政权保持紧密的联系。而南朝各政权也为了自己的既得利益,防止和阻碍北朝政权的南下,总是以加封官爵等各种办法来讨高丽之欢心,使高丽成为牵制北朝政权南下的一支有力力量。当然,高丽也非常明白,南朝政权存在一天,其受北朝中原政府的威胁就相对减少一天,反之亦然。

下面再谈高丽和北朝各政权的关系。

高丽虽然和南朝各政权频繁往来,以抵制北朝的南下统一。但为了图谋自存,高丽和北朝政权也时有周旋。北魏孝文帝时,高丽王高琏"贡献倍前,其报赐亦稍加焉。时光州于海中得琏遣诣齐使余奴等,送阙。孝文诏责曰:道成亲杀其君,窃号江左,朕方欲兴灭国于旧邦,继绝世于刘氏。而卿越境外乡,交通篡贼,岂同藩臣守节之义"?② 可见高丽对北魏只是应付而已。真正联系密切的则是南朝各政权。当北魏从海上获高丽使南齐的使者时,孝文帝非常愤怒,也很清楚二者相互往来的目的,便对高丽明确表示要南下进行统一。为了免去后顾之忧,北魏便对高丽实行笼络,神龟年间(518—520),北魏"拜其(云)世子安为镇东将军、领护东夷校尉、辽东郡公、高丽王"③。但高丽和南朝为了其共同的政治利益,仍通过海路频繁往来,北魏正光(520—525)初年,"光州又于海中执得梁所授安宁东将军衣冠剑珮,及使人江法盛等,

①《南史》卷七十九《夷貊传下》,第 1971 页。
②《北史》卷九十四《高丽传》,第 3113 页。
③《北史》卷九十四《高丽传》,第 3114 页。

送京师"①。

公元534年,北魏分裂为东西魏。大统十二年(546),高丽王高成"遣使至西魏朝贡。及齐受东魏禅之岁,遣使朝贡于齐。齐文宣加成使持节、侍中、骠骑大将军,领东夷校尉、辽东郡公、高丽王如故。天保三年(552),文宣至营州,使博陵崔柳使于高丽,求魏末流人。……(崔)柳以五千户反命"②。从高丽与东、西魏、北齐的关系中也可看出,高丽的目的仍是阻挡中原统一,以图谋自存,它开始"至西魏朝贡",后来看到西魏的力量逐渐强大,便又遣使东魏。北齐代东魏之后,又"遣使朝贡于齐",而北齐文宣帝也对高丽王高成封官加爵。这种种历史迹象,显然是因为宇文泰所建立的西魏和后来又为宇文氏所篡夺而建立的北周,与东魏、北齐经过几次交锋,西魏、北周的军事力量,显然居于优胜的地位,"骎骎然有统一中原的气势,于是才有吐谷浑、高丽遣使东魏、北齐,结成与国来阻挡西魏、北周的统一中原。阻挡中原的统一,不但是高丽、吐谷浑遣使东魏、北齐的目的,同时也是遣使南朝的目的"③。虽然高丽不断遣使南朝和北朝的东魏、北齐,以阻挡中原的统一,但是中原的统一乃至南北朝的统一,是历史发展的必然趋势。隋文帝杨坚代周建隋之后,就积极准备进兵陈朝,以统一南北。开皇九年(589),隋灭陈统一南北后,使阻挡统一的高丽感到非常恐慌。《资治通鉴》曰:"高丽王汤闻陈亡,大惧,治兵积谷,为拒守之策。"④与此同时,"吐谷浑可汗夸吕闻陈亡,大惧"⑤。其所以"大惧",是因为隋灭陈统一南北后,就有力量来

---

① 《北史》卷九十四《高丽传》,第3114页。

② 《北史》卷九十四《高丽传》。第3114—3115页。

③ 金宝祥:《吐蕃的形成、发展及其和唐的关系》。

④ 《资治通鉴》卷一百七十八,文帝开皇十七年条,第5559页。

⑤ 《资治通鉴》卷一百七十七,文帝开皇十一年二月,第5534页。

对付他们了。实际情况也是如此，隋统一南北后，所遇到的问题就是对付吐谷浑、突厥和高丽了。而吐谷浑、突厥、高丽也不断遣使隋朝，表示友好，以图自存。如《隋书·高祖纪》载，开皇二年春正月"高丽、百济并遣使贡方物"，"十一月丙年，高丽遣使贡方物"①；开皇三年正月、四月、五月高丽曾三次"遣使来朝"；开皇十一年正月、五月高丽两次"遣使贡方物"；开皇十七年五月，"高丽遣使贡方物"。高丽不断地遣使隋朝，是由于高丽受到了隋朝的军事威胁，对隋王朝"恒自猜疑"，便不断遣使以访隋朝消息，试探虚实，积极图谋自存。从而更引起了隋朝对高丽的戒备，终于派大兵征伐高丽。开皇十八年（598）二月，隋王朝"以汉王谅为行军元帅，水陆三十万伐高丽"②，以失败而告终。从此，高丽对隋更加戒备。

关于隋炀帝攻打高丽的原因，炀帝与裴矩君臣的对话很有启发。大业三年（607），裴矩"从帝巡于塞北，幸启民帐。时高丽遣使先通于突厥，启民不敢隐，引之见帝。矩因奏状曰：'高丽之地，本孤竹国也。周代以之封于箕子，汉世分为三郡，晋氏亦统辽东。今乃不臣，别为外域，故先帝疾焉，欲征之久矣。但以杨谅不肖，师出无功。当陛下之时，安得不事，使此冠带之境，仍为蛮貊之乡乎？今其使者朝于突厥，亲见启民，合国从化，必惧皇灵之远畅，虑后伏之先亡。协令入朝，当可致也。'帝曰：'如何？'矩曰：'请面诏其使，放还本国，遣语其王，令速朝觐。不然者，当率突厥，即日诛之。'帝纳焉"③。炀帝在突厥启民可汗帐中见到高丽使者，非常愤怒，便对高丽使者说："归语尔王，当早来朝见。不

---

① 《隋书》卷一《高祖纪上》，第 16、18 页。
② 《隋书》卷二《高祖纪下》，第 43 页。
③ 《隋书》卷六十七《裴矩传》，第 1581 页。

然者,吾与启民巡彼土矣"①。从而积极准备征伐高丽。

前已述及,隋唐王朝三番五次的攻打高丽,是有深刻原因的。但有的学者却将隋炀帝攻打高丽的责任推给裴矩,认为"炀帝发动侵略高丽的战争虽不能由裴矩负全部的责任,但始谋之罪却是推卸不了的。"②

大业七年炀帝下诏曰:"高丽高元,亏失藩礼,将欲问罪辽左"③。并于大业八年、九年、十年三征高丽,三次失败,引起了隋末农民战争的爆发,埋葬了隋王朝。

唐王朝建立初年,由于各地农民起义还未平息,唐王朝还没有统一全国,因而与边疆各族和平往来。武德二年,高丽王建武"遣使来朝。四年,又遣使朝贡"④。高祖感隋末战士多陷其地,便于武德五年赐建武书,要求将隋末留居高丽之汉人全部放还,"建武悉搜括华人,以礼宾送,前后至者万数,高祖大喜"⑤。武德七年,"高丽王建武遣使来请班历"⑥,高祖便"遣前刑部尚书沈叔安往册建武为上柱国、辽东郡王、高丽王,仍将天尊像及道士往彼,为之讲《老子》,其王及道俗等观听者数千人。"⑦武德九年,"新罗、龟兹、突厥、高丽、百济、党项并遣使朝贡"⑧。同年,"新罗、百济遣使讼建武,云闭其道路,不得入朝。又相与有隙,屡相

---

① 《隋书》卷三《炀帝纪上》,第 70 页。

② 齐陈骏:《裴矩功过述评》,载《敦煌学辑刊》创刊号(总第四期),1983年。

③ 《隋书》卷三《炀帝纪上》,第 75 页。

④ 《旧唐书》卷一百九十九上《高丽传》,第 5320 页。

⑤ 《旧唐书》卷一百九十九上《高丽传》,第 5321 页。

⑥ 《资治通鉴》卷一百九十,高祖武德七年二月,第 5976 页。

⑦ 《旧唐书》卷一百九十九上《高丽传》,第 5321 页。

⑧ 《旧唐书》卷二《太宗本纪上》,第 32 页。

侵掠，"高祖也没有多加责备，只是派员外散骑侍郎朱子奢往"和解之"①罢了。高祖曾对群臣说："名实之间，理须相副。高丽称臣于隋，终拒炀帝，此亦何臣之有？朕敬于万物，不欲骄贵，但据土宇，务共安人，何必令其称臣以自尊大？"②并准备下诏以述此意。虽然在温彦博、裴矩等人的劝说下，高祖未下此诏，但武德一朝也没有对高丽进行征伐。

　　唐太宗即位后，全国已统一，便开始经营边疆。首先要对付的就是突厥、高昌、高丽和吐蕃。贞观二年，唐太宗派兵"破突厥颉利可汗"后，高丽王"建武遣使奉贺，并上封域图"③。

　　贞观五年，唐太宗下诏"遣广州都督府司马长孙师往收瘗隋时战亡骸骨，毁高丽所立京观。建武惧伐其国，乃筑长城，东北自扶余城，西南至海，千有余里。"④贞观十四年，侯君集率军平定高昌，执高昌王麹智盛，高丽得知后非常恐慌，便遣"其太子桓权来朝"⑤以探访唐朝消息。贞观十五年，职方郎中陈大德使高丽，回来后对唐太宗说："其国闻高昌亡，大惧，馆候之勤，加于常数。"⑥贞观十九年唐太宗亲征高丽，从辽东返回后，吐蕃赞普遣禄东赞来贺，奉表曰："圣天子平定四方，日月所照之国，并为臣妾，而高丽恃远，阙于臣礼。天子自领百万，度辽致讨，隳城陷阵，指日凯旋。夷狄才闻陛下发驾，少进之间，已闻归国。雁飞迅越，不及陛

---

① 《旧唐书》卷一百九十九上《高丽传》，第 5321 页。
② 《旧唐书》卷六十一《温大雅传》，第 2360 页。
③ 《旧唐书》卷一百九十九上《高丽传》，第 5321 页。
④ 《旧唐书》卷一百九十九上《高丽传》，第 5321 页。
⑤ 《旧唐书》卷一百九十九上《高丽传》，第 5321 页。桓权，《旧唐书·太宗纪》作"相权"。
⑥ 《资治通鉴》卷一百九十六，太宗贞观十五年条，第 6169 页。

下速疾"①。不论高丽遣使来朝,还是吐蕃遣使来贺,其起初意图都是讨好唐朝,以图谋自存。以笔者见解,高丽通过各种途径阻挡南北统一,以图自存,便是隋文帝父子、唐太宗父子征伐高丽的根本原因。

二、唐与高丽之决战

唐出兵征伐高丽,历经太宗、高宗两朝,凡二十余年,出征六次,现将唐伐高丽情况叙说如下。

第一次,贞观十八、十九年。

贞观十八年,太宗决定征高丽,七月,"敕将作大监阎立德等诣洪、饶、江三州,造船四百艘以载军粮。甲午,下诏遣营州都督张俭等帅幽、营二都督兵及契丹、奚、靺鞨先击辽东以观其势。以太常卿韦挺为馈运使,以民部侍郎崔仁师副之,自河北诸州皆受挺节度,听以便宜从事。又命太仆少卿萧锐运河南诸州粮入海。"②此次进兵,太宗并没有做好准备,只是先击辽东以"观其势"罢了。当张俭等渡辽水时,"值辽水涨,久不得济,上以为畏懦,召俭诣洛阳"③。张俭到洛阳,向太宗报告了辽东的山川险易,水草美恶等情况后,太宗始决意亲征。"于是北输粟营州,东储粟古大人城"④,并于十月幸洛阳宫。为亲征高丽,太宗还专门颁发了《亲征高丽手诏》,诏书曰:"高丽莫离支盖苏文,弑逆其主,酷害其臣,窃据边隅,肆其蜂虿。朕以君臣之义,情何可忍,若不诛翦遐秽,无以澂肃中华。今欲巡幸幽蓟,问罪辽碣。……略言必胜之道,盖有五焉·一曰以我大而击其小,二曰以我顺而讨其

---

① 《旧唐书》卷一百九十六《吐蕃传上》,第 5222 页。

② 《资治通鉴》卷一百九十七,太宗贞观十八年条,第 6209—6210 页。

③ 《资治通鉴》卷一百九十七,太宗贞观十八年条,第 6213 页。

④ 《新唐书》卷二百二十《高丽传》,第 6189 页。

逆,三曰以我安而乘其乱,四曰以我逸而敌其劳,五曰以我悦而当其怨"①。

这次战役分水陆二路并进。水军以张亮为平壤道行军大总管,常何、左难当副之,冉仁德、刘英行、张文干、庞孝恭、程名振为总管,"帅江、淮、岭、峡兵四万,长安、洛阳募士三千,战舰五百艘,自莱州泛海趋平壤"②。陆军以李勣为辽东道行军大总管,江夏王道宗副之,张士贵、张俭、执失思力、契苾何力、阿史那弥射、姜德本、麹智盛、吴黑闼为行军总管隶之,"帅步骑六万及兰、河二州降胡趣辽东,两军合势并进"③。又诏"新罗、百济、奚、契丹分道击高丽"④。贞观十九年二月,"上亲统六军发洛阳,……三月壬辰,上发定州,……四月癸卯,誓师于幽州城南"⑤,开始了亲征高丽之大战。

李勣军从柳城(即营州,今辽宁朝阳市)出发,出高丽不意,贞观十九年四月,"自通定济辽水,至玄菟。高丽大骇,城邑皆闭门自守。壬寅,辽东道副大总管江夏王道宗将兵数千至新城"。⑥然后李勣"攻盖牟城拔之,得户二万,粮十万石,以其地为盖州。"⑦攻取盖牟城(今辽宁盖州市)后,李勣便围了辽东城(今辽宁辽阳市),五月,"高丽步骑四万救辽东,江夏王道宗将四千骑逆击之……李世勣引兵助之,高丽大败,斩首千余级"。⑧此时唐

---

① 《全唐文》卷七,《亲征高丽手诏》,第 86 页上—86 页下。
② 《资治通鉴》卷一百九十七,太宗贞观十八年条,第 6214 页。
③ 《资治通鉴》卷一百九十七,太宗贞观十八年条,第 6214 页。
④ 《资治通鉴》卷一百九十七,太宗贞观十八年条,第 6215 页。
⑤ 《旧唐书》卷三《太宗本纪下》,第 57 页。
⑥ 《资治通鉴》卷一百九十七,太宗贞观十九年条,第 6218—6219 页。
⑦ 《新唐书》卷二百二十《高丽传》,第 6190 页。
⑧ 《资治通鉴》卷一百九十七,太宗贞观十九年条,第 6220 页。

太宗率大军逾辽泽、渡辽水,然后太宗亲率数百骑,至辽东城下,与李勣军攻克了辽东城,"所杀万余人,得胜兵万余人,男女四万口,以其城为辽州"。① 攻克辽东城后,便于六月进军白岩城(今辽宁辽阳市东北)。《资治通鉴》载:"六月丁酉,李世勣攻白岩城西南,上临其西北。城主孙代音潜遣腹心请降,临城,投刀钺为信,且曰:'奴愿降,城中有不从者。'上以唐帜与其使,曰:'必降者,宜建之城上。'代音建帜,城中人以为唐兵已登城,皆从之。"② "得城中男女万余口,上临水设幄受其降,……以白岩城为岩州,以孙代音为刺史。"③同时,以盖牟城为盖州。然后太宗亲率大军从辽东出发,进攻安市城(今辽宁海城市南),高丽北部耨萨(相当于都督)延寿、惠真率高丽、靺鞨兵15万救安市。太宗在山上指挥,运用诱敌深入、四周围击之战术,打败了高丽援军。延寿、惠真帅其众3.68万人请降,太宗将耨萨以下酋长3500人,授以戎秩,迁之内地,其余都释放,让还平壤。"收靺鞨三千三百人,悉坑之,获马五万匹,牛五万头,铁甲万领,他器械称是。高丽举国大骇,后黄城、银城皆自拔遁去"。④

水路大军由张亮统率,自东莱(今山东莱州市)渡海,袭卑沙城(今辽宁金县东),"其城四面悬绝,惟西门可上。程名振引兵夜至,副总管王文度先登。五月,己巳,拔之,获男女八千口。分遣总管丘孝忠等曜兵于鸭绿水"。⑤ 然后张亮军至建安城下,与营州都督张俭攻破建安城(今辽宁营口东南),斩首数千级。

七月,太宗率诸军攻安市城,经过两个月的浴血奋战,仍不能

---

① 《资治通鉴》卷一百九十七,太宗贞观十九年条,第6221页。
② 《资治通鉴》卷一百九十八,太宗贞观十九年条,第6222页。
③ 《资治通鉴》卷一百九十八,太宗贞观十九年条,第6223页。
④ 《资治通鉴》卷一百九十八,太宗贞观十九年条,第6226页。
⑤ 《资治通鉴》卷一百九十七,太宗贞观十九年条,第6220页。

克。至九月,辽东已非常寒冷,风雪满天,草枯水冻,士马难以久留。且此时所携带粮食也将尽,太宗便命班师。太宗此次亲征高丽,"拔玄菟、横山、盖牟、磨米、辽东、白岩、卑沙、麦谷、银山、后黄十城,徙辽、盖、岩三州户口入中国者七万人。新城、建安、驻跸三大战,斩首四万余级,战士死者几二千人,战马死者什七、八。上以不能成功,深悔之,叹曰:'魏征若在,不使我有是行也!'"①

第二次,贞观二十一年。

自贞观十九年太宗亲征高丽未获胜而班师后,"盖苏文益骄恣,虽遣使奉表,其言率皆诡诞;又待唐使者倨慢,常窥伺边隙。"太宗多次颁敕,"令勿攻新罗,而侵陵不止"②,因此太宗决定再伐高丽。但许多大臣认为,"高丽依山为城,攻之不可猝拔。前大驾亲征,国人不得耕种,所克之城,悉收其谷,继以旱灾,民太半乏食。今若数遣偏师,更迭扰其疆场,使彼疲于奔命,释耒入堡,数年之间,千里萧条,则人心自离,鸭绿之北,可不战而取矣"。③ 太宗分析了大臣们的意见,认为所述情况比较符合实际,就再没有派大军征伐高丽,只命偏师,出扰高丽,至高宗总章元年而灭高丽。

贞观二十一年三月,太宗以左武卫大将军牛进达为青丘道行军大总管,右武候将军李海岸为副大总管,发兵万余人,乘楼船自莱州泛海而入。又以李勣为辽东道行军大总管,右武卫将军孙贰朗等为副大总管,将兵三千人,自新城道入高丽,两军将士皆选取既善战又习水者。

李勣、牛进达军入高丽后,虽取得了一些胜利,但没有大的进

---

① 《资治通鉴》卷一百九十八,太宗贞观十九年条,第6230页。
② 《资治通鉴》卷一百九十八,太宗贞观二十年条,第6241页。
③ 《资治通鉴》卷一百九十八,太宗贞观二十一年二月条,第6245页。

展,且此次攻伐高丽兵寡将少,便于七月率军回师。

第三次,贞观二十二年。

贞观二十二年,太宗又诏右武卫将军薛万彻为青丘道行军大总管,右卫将军裴行方副之,将兵三万余人伐高丽,"万彻渡海入鸭绿水,进破其泊灼城,俘获甚众"。① 此次进军与贞观二十一年一样,都是骚扰性进攻而已,八月班师回军。

薛万彻军班师后,太宗认为高丽困弊,大规模征伐高丽的时机已到,便决定次年发兵 30 万,一举灭之。太宗命江南造大船,并"遣陕州刺史孙伏伽召募勇敢之士,莱州刺史李道裕运粮及器械,贮于乌胡岛,将欲大举以伐高丽,未行而帝崩"。② 太宗征伐高丽之壮志未酬,这一任务自然落在了太宗的继位者——高宗身上。

第四次,永徽六年。

高宗即位后,仍然执行太宗征伐高丽之政策。只是刚刚即位,内部还不够巩固,没有立即出兵罢了。永徽六年,高丽与百济、靺鞨联兵侵掠新罗,攻占新罗三城,新罗王春秋遣使求援。二月,高宗"遣营州都督程名振、左卫中郎将苏定方发兵击高丽。"五月,程名振等渡辽水,"高丽见其兵少,开门渡贵端水逆战,名振等奋击,大破之,杀获千余人,焚其外郭及村落而还"。③

显庆三年(658)六月和四年十一月,程名振和薛仁贵又率军两次自营州出师征高丽,皆无大战。

第五次,高宗显庆五年、龙朔元年。

此时百济在高丽的支持下,不断侵掠新罗,使新罗丧地失民,

---

① 《旧唐书》卷一百九十九上《高丽传》,第 5326 页。
② 《旧唐书》卷一百九十九上《高丽传》,第 5326 页。
③ 《资治通鉴》卷一百九十九,高宗永徽六年条,第 6287—6288 页。

新罗王春秋上表唐高宗求救。显庆五年三月，高宗便以左武卫大将军苏定方为神丘道行军大总管，帅左骁卫将军刘伯英等水陆十万以伐百济，并以新罗王春秋为嵎夷道行军总管，将新罗之众，与苏定方联合进军百济。

苏定方率军自成山济海，百济军队据熊津江口以拒唐兵。定方以山为阵，与之大战，百济失败，死者数千人。定方军"连舳入江，水陆齐进，飞楫鼓噪，直趣真都"。① 真都为百济之国都，当定方军离真都二十余里时，百济众倾国来拒，结果大败，被杀万余人。定方军追奔入郭，百济王义慈及太子隆逃于北境，定方围其城，义慈王次子泰自立为王，率众固守。太子隆之子文思说："王与太子虽并出城，而身见在，叔总兵马，专擅为王，假令汉退，我父子当不全矣"。② 遂率其左右逾城而降，百姓从之，泰不能止。定方令兵士登城立唐帜，泰开门请降，"其大将祢植又将义慈来降，太子隆并与诸城主皆同送款，百济悉平"。③ "百济故有五部，分统三十七郡、二百城、七十六万户，诏以其地置熊津等五都督府，以其酋长为都督、刺史"。④

平百济后，十二月高宗又以契苾何力为浿江道行军大总管，苏定方为辽东道行军大总管，刘伯英为平壤道行军大总管，程名振为镂方道总管，率兵分道击高丽。龙朔元年（661）正月，又"募河南北、淮南六十七州兵，得四万四千余人，诣平壤、镂方行营。"并"以鸿胪卿萧嗣业为扶余道行军总管，帅回纥等诸部兵诣平

---

① 《册府元龟》卷九百八十六《外臣部·征讨五》，第 11577 页下。
② 《册府元龟》卷九百八十六《外臣部·征讨五》，第 11577 页下。
③ 《册府元龟》卷九百八十六《外臣部·征讨五》，第 11577 页下—11578 页上。
④ 《资治通鉴》卷二百，高宗显庆五年条，第 6321 页。

壤",①共同进击高丽。三月,高宗与群臣及外夷宴于洛城门,"观屯营新教之舞,谓之《一戎大定乐》。时上欲亲征高丽,以象用武之势也"。②四月诏任雅相、契苾何力、苏定方军及诸胡兵共35万,"川陆分途,先观高丽之爨,帝将亲率六军以继之"。③而蔚州刺史李君球建言:"高丽小丑,何至倾中国事之?有如高丽既灭,必发兵以守,少发则威不振,多发人不安,是天下疲于转戍。臣谓征之未如勿征,灭之未如勿灭"。④恰好此时皇后武则天也苦谏高宗勿亲征,故高宗没有亲征高丽。

七月,苏定方在浿江打败了高丽兵,屡战皆捷,夺其马邑山,以山为营,遂围平壤城。苏定方围平壤后,经过多次大战,仍不能攻破,直到龙朔二年二月,才解围而还。

第六次,乾封元年。

乾封元年(666)高丽盖苏文卒,其长子男生代为莫离支。男生知国政后,便出巡诸城,让其弟男建、男产留平壤暂理国政。有人对男建、男产挑拨说:"男生恶二弟之逼,意欲除之,不如先为计,"二弟听了并不相信。又有人对男生说:"二弟恐兄还夺其权,欲拒兄不纳"。⑤男生听后便偷偷遣其心腹去平壤观察动静,而被二弟所执。男建、男产就以国王之命召男生回平壤,男生害怕不敢回。男建便自立为莫离支,发兵讨男生。男生遣其子献诚来唐求救,盖苏文之弟净土也请向唐割地投降。六月,高宗遣契苾何力为辽东道安抚大使,以献诚为向导,率兵救男生。同时派庞同善、高侃率兵同讨高丽。

---

① 《资治通鉴》卷二百,高宗龙朔元年正月条,第 6323 页。
② 《资治通鉴》卷二百,高宗龙朔元年三月条,第 6323 页。
③ 《册府元龟》卷九百八十六《外臣部·征讨五》,第 11578 页上。
④ 《新唐书》卷二百二十《高丽传》,第 6195—6196 页。
⑤ 《资治通鉴》卷二百一,高宗乾封元年五月条,第 6347 页。

九月，庞同善大破高丽兵，并与泉男生部众相会合。十二月，高宗又命李勣、郝处俊率军继发，以讨高丽。

乾封二年九月李勣拔高丽之新城(今辽宁铁岭附近)，并率军进击，沿途 16 城皆被攻破。同时，郭待封率水军也自别道趣平壤。

乾封三年二月李勣、薛仁贵率兵拔高丽之扶余城(今吉林四平市怀德一带)。接着，薛仁贵又率兵拔南苏(今辽宁西丰南)、木底(今辽宁新宾附近)、苍岩(今吉林通化)三城。

总章元年(668)九月，李勣率兵拔平壤，高丽悉平，遂虏高藏、男建、男产等以归京师。并"分高丽五部、百七十六城、六十九万余户，为九都督府、四十二州、百县，置安东都护府于平壤以统之，擢其酋帅有功者为都督、刺史、县令，与华人参理。以右威卫大将军薛仁贵检校安东都护，总兵二万人以镇抚之"①。至此，唐征高丽以胜利而告终。

总章二年(669)五月，唐"移高丽户二万八千二百，车一千八十乘，牛三千三百头，马二千九百匹，驼六十头，将入内地，莱、营二州般次发遣，量配于江、淮以南及山南、并、凉以西诸州空闲处安置"。②

三、唐征高丽之胜负评价

隋炀帝征高丽，其失败虽然有许多原因，但炀帝亲征不能不说是一主要原因。当炀帝率大军亲征高丽时，命令诸将："高丽若降者，即宜抚纳，不得纵兵"。③ 使各路带兵将领不能按实际情

---

① 《资治通鉴》卷二百一，高宗总章元年十月条，第6356—6357页。
② 《旧唐书》卷五《高宗本纪下》，第92页。
③ 《隋书》卷八十一《高丽传》，第1817页。

况指挥战争,一切军事行动都得服从于炀帝之诏令,因而使许多战机被贻误。当高丽得知这一情形后,即有了对付的办法。每当隋军将要攻破高丽城池时,高丽即请求投降,各路将领因有炀帝诏令,都不能决定军事行动,就派传令兵去奏请炀帝。当炀帝的命令传到军队时,既不符合战争的实际情况,而来去耗费时日,高丽又做好了防御的准备。正是这样多次的反复,"由是食尽师老,转输不继,诸军多败绩,于是班师"。①

　　唐太宗征高丽之失败,也是由于重蹈炀帝之覆辙,犯了亲征之大忌。当贞观十九年唐太宗亲率大军攻克白岩城后,准备乘机攻取建安,便对李勣说:"吾闻安市城险而兵精,其城主材勇,莫离支之乱,城守不服,莫离支击之不能下,因而与之。建安兵弱而粮少,若出其不意,攻之必克。公可先攻建安,建安下,则安市在吾腹中,此兵法所谓'城有所不攻'者也。"而李勣回答说:"建安在南,安市在北,吾军粮皆在辽东。今逾安市而攻建安,若贼断吾运道,将若之何? 不如先攻安市,安市下,则鼓行而取建安耳"。②由于太宗亲征,所有军事行动,首先要确保太宗之绝对安全,因而便违背了军法所谓"出其不意,攻其不备"之原则。当时太宗也认识到,攻建安是"出其不意,攻之必克"。但在李勣的劝说反对下,并没有坚持,反而说:"以公为将,安得不用公策。"遂攻安市城,但久攻不下。此时已降唐朝之高丽耨萨高延寿、高惠真对唐太宗说,现在应该先攻取乌骨城,然后鼓行而前,直取平壤。唐朝群臣也认为,张亮水军已到沙城(即卑沙城),召之两夜可以到达,水陆军合力攻取乌骨城(今辽宁凤城附近),然后渡鸭绿水,直取平壤,太宗将从之。唯独长孙无忌认为:"天子亲征,异于诸

---

①《隋书》卷八十一《高丽传》,第 1817 页。
②《资治通鉴》卷一百九十八,太宗贞观十九年条,第 6228 页。

将,不可乘危徼幸。今建安、新城之虏,众犹十万,若向乌骨,皆蹑吾后,不如先破安市,取建安,然后长驱而进,此万全之策也"。①在长孙无忌"万全之策"的劝说下,太宗放弃了这次攻取平壤的机会,失去了一次很好的战机,不久便班军回师。以后唐太宗虽再没有亲征,但也没有派大军征伐高丽,只是不断派偏师骚扰高丽罢了。

李世民当秦王时,曾勇敢善战,并多次出奇制胜。当了皇帝后,就不同于以前的秦王了,再也不敢乘危猛进,而是背上了"至尊"的包袱,并要选择"万全之策",战术也趋于保守。因而在作战中畏首畏尾,不能取胜。这正如胡三省所说:"太宗之定天下,多以出奇取胜,独辽东之役,欲以万全制敌,所以无功"。②

贞观二十年二月,太宗回到京师后问李靖:"吾以天下之众困于小夷,何也?"李靖说:"此道宗所解。"李靖没有回答,而是圆滑地把球踢给了江夏王道宗,道宗坦率地指出了当时未乘虚远袭平壤的失策。太宗听后怅然而叹:"当时匆匆,吾不忆也。"这是太宗的自我解嘲,也从一个侧面反映出太宗已承认自己亲征及未乘虚而入的错误。胡三省尖锐地指出:"是役也,不唯不用乘虚取平壤之策,乘虚取乌骨之策亦不用也"。③ 这些事实也说明,作为军事家的唐太宗,在晚年已失去了当年的勇决、明断和魄力,军事方面已产生了每况愈下的倾向。如果太宗不要亲征,而是像伐高昌、突厥一样,派大将率兵出征作战,战争的结果可能会是另外一种情况,因此我们认为,太宗亲征是此次战役失败的重要原因之一。

---

① 《资治通鉴》卷一百九十八,太宗贞观十九年条,第6229页。
② 《资治通鉴》卷一百九十八,太宗贞观十九年条,第6229页。
③ 《资治通鉴》卷一百九十八,太宗贞观二十年二月条,第6235页。

　　唐太宗征伐高丽失败之原因,从高丽方面看:首先,当时高丽没有内乱,无机可乘。虽然泉盖苏文以不正当手段夺得莫离支之位,并实际控制了军政大权。但令出一人,共同对付唐兵,因而力量也就相对强大,唐无法一时取胜。正如高宗时侍御史贾言忠说:"隋炀帝东征而不克者,人心离怨故也;先帝东征而不克者,高丽未有衅也"。[①]

　　其次,自贞观五年(631)唐太宗遣广州都督府司马长孙师毁高丽所立京观后,高丽王建武怕唐伐其国,便用十五年的时间筑成东北起扶余城,西南至渤海岸长达千余里的长城。高丽军民早有准备,全国上下团结一致,群起应战,造成了旷日持久的形势,长时间的拉锯战对高丽有利,对唐不利。

　　再次,由于前两种因素的影响,唐未能巧妙地利用辽东的地理、气候条件。正如陈寅恪先生所说:"中国东北方冀辽之间其雨季在旧历六七月间,而旧历八九月至二三月又为寒冬之时期。故以关中辽远距离之武力而欲制服高丽攻取辽东之地,必在冻期已过雨季未临之短时间获得全胜而后可。否则,雨潦泥泞冰雪寒冻皆于军队士马之进攻糇粮之输运已甚感困难,苟遇一坚持久守之劲敌,必致无功或覆败之祸"。[②] 我们知道,唐王朝继承宇文氏"关中本位政策",其武力重心即府兵主要置于西北一隅,特别是在长安附近,距辽东之高丽甚远。从辽东的地理、气候条件看,要取得征伐高丽之胜利,只能是速战速决。太宗一再放弃舍安市而攻建安、取乌骨直捣平壤的战略,不能出奇制胜,从而形成持久战。至九月,辽东寒冷,冰天雪地,士马难久留,且粮食将尽,运输

---

　　① 《资治通鉴》卷二百一,高宗总章元年二月条,第 6354 页。
　　② 陈寅恪:《唐代政治史述论稿》,上海古籍出版社 1982 年版,第 140 页。

艰难，太宗不得不下令班师。

至唐高宗时，情形已发生了变化。龙朔三年（631）百济悉平，使高丽失去了一重要同盟军。另外，乾封元年（666）高丽盖苏文卒，其长子男生代为莫离支，男生之弟男建、男产攻男生，使男生无法立足，便向唐求救。可以说，高丽内乱，为唐征伐高丽提供了一次非常有利的战机，《资治通鉴》说："今高藏微弱，权臣擅命，盖苏文死，男建兄弟内相攻夺，男生倾心内附，为我乡导，彼之情伪，靡不知之。以陛下明圣，国家富强，将士尽力，以乘高丽之乱，其势必克"。① 此外，高丽地小人少，经不起长年累月的折腾。自贞观十九年唐太宗征高丽后，二十余年间，常常有战争爆发，高丽丁壮年得全部从军，不能从事生产，可以说这种疲劳战式的战争，把高丽拖也拖垮了。《三国史记》载，高丽因连年战争，"兵戈不息，徭役无期，力竭哀惶，不胜其弊"。② 也正是由于丁壮年不能从事生产，使粮食减少，"高丽连年饥馑，妖异屡降，人心危骇，其亡可翘足待也"。③

唐朝方面，经过太宗时的"贞观之治"后，至高宗时，全国一派繁荣富饶景象，国力也非常强盛，对付高丽已不成问题。而高宗在李君球、武后等人的谏诤下，没有亲征，即未蹈炀帝、太宗之覆辙，从而使将士尽力，终于取得了征伐高丽的胜利。

附论：敦煌本《兔园策府·征东夷》产生的历史背景

敦煌本《兔园策府》保存在 S.614、S.1086、S.1722 和 P.2573 写本中，P.2721《杂抄》中也曾提及。据台湾学者郭长城先生缀合

---

① 《资治通鉴》卷二百一，高宗总章元年二月条，第 6354 页。

② 《三国史记·金庾信列传中》，转引自蔡靖夫：《就〈三国史记〉评唐丽战争》，《北方论丛》1983 年第 6 期。

③ 《资治通鉴》卷二百一，高宗总章元年二月条，第 6354 页。

校补，现存序文及卷第一之辨天地、正历数、议封禅、征东夷、均州壤。①

关于该书的性质，宋人王应麟《困学纪闻》曰："《兔园策府》三十卷，唐蒋王恽令僚佐杜嗣先仿《应科目策》，自设问对，引经史为训注。"②这与《兔园策府》序文中所说："忽垂恩教，令修新策，今乃勒成一部，名曰《兔园策府》，并引经史，为之训注"是一致的。由此可知，该书从某种意义上说，是唐代科举考试之模拟题。

《旧唐书·太宗诸子》载曰："蒋王恽，太宗第七子也。（贞观）十年，改封蒋王、安州都督，赐实封八百户。二十三年，加实封满千户。永徽三年，除梁州都督。……上元年，有人诣阙诬告恽谋反，惶惧自杀。"③由此可知，恽于贞观十年（636）改封蒋王，上元中（674—676）自杀。《兔园策府》也应产生于这一时期。

众所周知，辨天地、正历数、议封禅、均州壤，是中国各代封建王朝所关注的重大问题，因此，它们出现在科举考试之模拟题中，也是非常自然的。但在唐代前期，作为太宗之子的蒋王，在令其僚佐杜嗣先所拟策问题中，为何会出现《征东夷》这样的"问对"呢？也就是说，《征东夷》是什么历史背景下的产物呢？这就不得不使我们注意唐前期唐王朝所面临的重大问题，即与高丽的关系。这也从一个侧面反映了唐代科举考试积极的一面，即经世致用思想。

在唐太宗父子攻打高丽的过程中，尤其是要亲征时，大臣褚

---

① 参阅郭长城：《敦煌写本兔园策府叙录》，《敦煌学》第八辑，1984 年。

② ［宋］王应麟：《困学纪闻》卷十四《考史·兔园策府》，上海古籍出版社 2008 年版，第 1670 页。

③ 《旧唐书》，第 2660 页；《新唐书·太宗诸子》："上元中，……恽惶惧自杀。"第 3575 页。

遂良、房玄龄、尉迟敬德、张亮、姜行本、李君球等，都持反对态度。可以说，太宗父子攻打高丽，大臣们赞同者少，反对者多。

面对高丽的威胁，太宗父子不得不积极攻打，但又多次失败；面对大臣们的反对，太宗父子又不得不给予解释说明，但解释说明的范围毕竟有限，绝对不可能及于官僚阶层的大部分。一向以善于纳谏而著称的唐太宗，对此也的确有点无可奈何。

《兔园策府·征东夷》正是在唐太宗父子面临困境下的产物。当时，一方面攻打高丽不断失败，又没有更好的办法；另一方面，大臣们又不断反对。正是在这一历史背景下，作为太宗之子的蒋王，令其僚佐拟出《征东夷》的策问，既可以让僚佐们广泛讨论，征得各方面的意见，以便供最高统治者参考。又从一个侧面体现了唐代科举考试注重社会现实，学以致用的积极方面。

（本部分由《试论唐太宗、唐高宗父子对高丽的战争》和《敦煌本〈兔园策府·征东夷〉产生的历史背景》两文合并修改而成，前载《中国边疆史地研究》1995 年第 3 期，后载《敦煌研究》1998 年第 1 期）

第二章　敦煌寺院与社会生活

敦煌石窟是佛教石窟，敦煌艺术是佛教艺术，敦煌文献也是以有关佛教的内容为主。因此，佛教生活的许多方面，都可以在敦煌找到材料，或弥补不足，或填补空白。

佛教寺院的僧尼生活、寺院经济等，在《大藏经》、敦煌文书、房山云居寺石经及各地所藏碑石文献中均有比较详细的记载，学术界也取得了不少成绩，如姜伯勤《唐五代敦煌寺户制度》[①]，法国学者谢和耐的《中国五—十世纪的寺院经济》[②]，谢重光、白文固《中国僧官制度史》[③]，张弓《汉唐佛寺文化史》[④]，唐耕耦《敦煌寺院会计文书研究》[⑤]，郝春文《唐后期五代宋初敦煌僧尼的社会生活》[⑥]，张屦弓（即张弓）《汉传佛教与中古社会》[⑦]，谢重光《中古佛教僧官制度和社会生活》[⑧]，何兹全主编《五十年来汉唐佛教寺院经济研究》[⑨]等，就是这方面的代表作，都在各自的研究领域中取得了突出的成绩。我们仅仅以学术界研究较为薄弱的一个

---

① 中华书局 1987 年版。
② 甘肃人民出版社 1987 年版；上海古籍出版社 2004 年版。
③ 青海人民出版社 1990 年版。
④ 中国社会科学出版社 1997 年版。
⑤ （台北）新文丰出版公司 1997 年版。
⑥ 中国社会科学出版社 1998 年版。
⑦ （台北）五南图书出版股份有限公司 2005 年版。
⑧ 商务印书馆 2009 年版。
⑨ 北京师范大学出版社 1986 年版。

侧面,即佛教寺院的"唱衣"为例,来探讨佛教寺院的僧人生活,进而使我们对敦煌的寺院与中古时期民众的社会生活有一个比较明确的认识。

第一节　敦煌"唱衣"研究史叙说

P.2638 号《后唐清泰三年沙州儭司教授福集等状》①是有关沙州寺院生活的一件重要文书,全文共 88 行,为了使我们的讨论方便,现将前 25 行移录如下:

1. 儭司教授福集、法律金光定、法律愿清等状

2. 右奉处分,令执掌大众儭利,从癸巳年六

3. 月一日已后,至丙申年六月一日已前,中间三年,应

4. 所有官施、私施、疾病死亡僧尼散施及车

5. 头、斋儭兼前儭回残,所得绫锦绵绫绢缬褐布

6. 衣物盘椀卧具什物等,请诸寺僧首、禅律、老宿

7. 等,就净土寺算会,逐年破除,兼支给以应管僧尼

8. 一一出唱,具名如左:

9. 巳年:官施衣物唱得布贰阡叁伯贰拾尺;阴僧

10. 统和尚衣物唱得布玖阡叁拾贰尺;價(贾)法律衣物唱

11. 得布叁伯陆拾叁尺;阴家夫人临旷(圹)衣物唱得

12. 布捌伯叁拾尺。甲午年:官施衣物唱得布贰阡叁

13. 伯贰拾尺,又壹件衣物唱得布肆阡捌伯壹拾尺,又

---

① 文书图版见《法藏敦煌西域文献》第十七册,上海古籍出版社 2001 年版,第 36—39 页。录文见唐耕耦、陆宏基编:《敦煌社会经济文献真迹释录》(以下简称《释录》)第三辑,全国图书馆文献缩微复制中心 1990 年版,第 391—395 页。

P.2638 号《后唐清泰三年沙州僧司教授福集等状》(局部)

14. 壹件衣物唱得布伍阡伍伯捌拾尺；龙张僧政衣

15. 物唱得布肆阡柒伯柒拾陆尺；普精进衣物唱

16. 得布贰阡玖伯壹拾捌尺。乙未年：曹仆射临旷(圹)衣物

17. 唱得布叁阡伍伯肆拾尺；大王临圹衣物唱

18. 得布捌阡叁伯贰拾尺；梁马步临圹衣物唱得

19. 布伍伯壹拾尺；国无染衣物唱得布叁阡肆伯

20. 柒拾伍尺；普祥能衣物唱［得］①布贰阡伍伯捌拾

21. 尺；天公主花罗裙唱得布捌伯尺；王僧统

22. 和尚衣物唱得布陆阡叁伯捌拾贰尺；孙法律衣

23. 物唱得布贰阡贰伯陆拾陆尺。

24. 　　　　上件应出唱衣物,计得布伍

25. 　　　　万捌阡伍伯贰尺。

　　　　　　（后略）

　　这件文书,多次出现了有关"唱"的词,如"出唱"、"唱得布",其中"唱得布"出现 17 次。这里的"唱"是什么意思? 为什么"唱"与"布"紧密相连?

　　对于"唱"的探讨,经过了一个比较漫长的认识过程。众所周知,由于敦煌文献的大部分被劫往国外,早期的敦煌学者,除极个别学者有条件亲赴伦敦、巴黎阅读有关敦煌文献外,绝大部分学者仅能利用北京图书馆所藏"劫余"敦煌遗书,因此,最早对"唱"的探讨,也是从北图成字 96 号(北敦 2496 号)《目连救母变文》②背面的一段文字开始的。本件文书共20行,现移录如下:

　　1. 法律德荣唱紫罗鞋两,得布伍伯捌拾尺。支本分一百五十尺,支

　　2. 乘延定真一百五十尺,支乘政会一百五十尺,支图福

　　3. 盈一百五十尺,余二十尺。

　　　　　　（中空）

---

　　① 得,图版无,据文意补。

　　② 文书图版见《国家图书馆藏敦煌遗书》第三十四册,北京图书馆出版社 2006 年版,第 411—414 页。录文见《敦煌社会经济文献真迹释录》第三辑,第 151—152 页;郝春文:《唐后期五代宋初沙州僧尼的宗教收入(二)——儭状初探》,载《段文杰敦煌研究五十年纪念文集》,世界图书出版公司 1996 年版,第 456—457 页。

4. 法律保宣旧肆阡捌伯玖拾尺。

（中空）

5. 僧政愿清唱绯绵绫被,得布壹阡伍伯贰拾尺,旧傤壹阡尺。

6. 支图海朗一百五十尺,支图愿护一百五十尺,支智全一百

7. 五十尺,支智荣一百五十尺,支图福盛一百五十尺,

8. 支图应求一百五十尺,支图愿德一百五十尺,支图法兴

9. 一百五十尺,支图大应一百五十尺,支图应祥一百五

10. 十尺,支图应庆一百五十尺,支图大进一百五十尺,

11. 支图大愿一百五十尺,支图谈济一百五十尺,支图广

12. 进一百五十尺。

（中空）

13. 金刚唱扇,得布伍拾伍尺。支本分壹百五十尺,余九十五尺。

（中空）

14. 道成唱白绫袜,得布壹伯柒拾尺。支本分一百五十尺,支普

15. 愿法一百五十尺,余壹百叁十尺。

（中空）

16. 道明旧傤叁伯玖拾尺。

17. 法律道英唱白绫袜,得布叁伯尺;又唱黄画帔子,得布伍伯尺。

18. 支图道明一百五十尺,支本分一百五十尺,支图祥定一百五十

19. 尺,支图谈宣一百五十尺,支图谈惠一百五十尺,支

图戒

20. 云一百五十尺,支云贤惠一百五十尺,支云祥通一
百五十

（后缺）

1931 年,向达先生在《国立北平图书馆馆刊》第五卷第六号上发表了《敦煌丛钞》,其中就披露了以上资料,认为这是"僧人书在外唱小曲所得账目","紫罗鞋雨(两)"等是"所唱小曲"的名目。

1934 年,向达先生发表了《唐代俗讲考》,又过录了此文献,并以此为据立了"僧人之唱小曲"一节,对此作了专门的解说,认为这是"当时僧人书为人唱曲所得布施同分配的账目",并进而指出:"账内记有所唱各种小曲的名目,如紫罗鞋雨(两),绯绵绫被,白绫袜,黄画坡(岥)等……至于紫罗鞋雨(两)等内容若何,今无可考。"由此可见,"唐代僧人为人作法事以外,并也歌唱一种小曲,以博布施"。①

正是"因为向达先生对这则敦煌手抄资料的解说,不少学者后来纷纷采纳借鉴,并反复引用。有的甚至蹑其事而增华,将'僧侣们之唱小曲'的事情说得活灵活现,尤其治唐宋文学的人"②。

1948 年,全汉昇在《中古自然经济》中引用了此资料,认为这是"僧人唱曲账目","其中详记寺院僧人因演唱变文小曲而得的布的长短","可以见出当日西北人以布帛支付工资的情形",并认为可以此为据,"探讨当日西北实物工资盛行的情况"。③

1954 年,任二北先生在《敦煌曲初探》一书中同样引用了这个资

①　向达:《唐代俗讲考》,载《燕京学报》第 16 期,1934 年。
②　锐声:《想起了向达先生》,载《文汇读书周报》2003 年 4 月 25 日。
③　全汉昇:《中古自然经济》,载《历史语言研究所集刊》第十本,台北"中央研究院"历史语言研究所,1948 年,第 139—140 页。

料,认为它是"唐僧唱曲得酬",其中的"紫罗鞋两"等是"咏物曲子",并由此推断唐代已经有了与讲唱、歌舞、戏曲相对立的"清唱。"①

1958 年,任半塘先生在其大著《唐戏弄》中更进一步发挥了这一论点,该书第五章《伎艺》共分剧本、音乐、歌唱、舞蹈、说白、表演和化装七节,在"歌唱"一节中专列"从清唱想象演唱"一目,仍然以 1931 年《国立北平图书馆馆刊》所刊发的资料为据,对"唱"字进行了更进一步的申论:"敦煌卷子《目连变文》之背面,写法律德荣唱'紫罗鞋两',僧政愿清唱'绯绫绵被',又金刚唱扇,又道成及法律道英各唱'白绫袜',又唱'黄画帔',均各得布若干尺。……卷中曰'唱'者五,曰'清唱'者一(此清唱是指僧政愿清唱绯绫绵被),绝非他字之讹。'紫罗鞋两'等,均不似故事,宜为咏物之曲,曰'清唱',可能有三方面意义……隋唐既有女伎'清歌',及僧侣'清唱'之名,已反映同时存在者必尚有'演唱'。……僧侣于讲唱以外,虽不能有普通歌舞,却可以有俳优……僧侣唱咏物小曲,殆亦因有别于俳优,故谓之'清唱'欤?"②

1984 年,加拿大籍华人学者叶嘉莹女士发表了《论词之起

---

① 任二北:《敦煌曲初探》,上海文艺联合出版社 1954 年版,第 325—327 页。

② 任半塘:《唐戏弄》,上海古籍出版社 1984 年版,第 920—921 页。任二北原名任中敏,从 20 世纪 40 年代开始,出版著作时多用任二北一名。二北,寓意北宋词和金、元散曲。1955 年,他完成了《唐戏弄》,但书稿付梓时,他已被错划为"右派",原拟由人民文学出版社出版的《唐戏弄》,因避讳他的"政治问题",冯雪峰建议改由作家出版社出版。为避免麻烦,希望换个署名,不要署任二北。任先生说:"名字只是一个记号,只要书能出版,随便叫什么都行。曹寅在扬州搞《全唐诗》,我不敢同他比并,且这本书只论戏剧,不论俳优、百戏,只是一个'半边体',就署'半唐'吧!"这是寄寓他后半生所从事的唐代音乐文艺研究事业。而出版社在排印时又加了个'土'旁,变成了"半塘"。参阅陈文和、邓杰编:《从二北到半塘——文史学家任中敏》,南京大学出版社 2000 年版,第 11—13 页、第 121—122 页。

源》一文,其中第三部分专门用敦煌文献讨论词的起源问题,认为从"敦煌卷子中的资料来看,足可知当时之俗曲歌舞,确实曾与寺院僧徒结合有密切之关系。此种关系之形成,可以说是既有其历史之渊源,亦有其社会之因素。"从历史渊源而言,"唐代寺院僧徒之往往抄写及创作俗曲";从社会因素言之,"则唐代之寺院更曾普设戏场……而当时之观戏者,则不仅为市井百姓,亦有王公贵妇。"正是"在这种社会风气之下,则佛教僧徒之唱曲、作曲、甚至扮为俳优之戏,当然便都是一种自然的现象。在敦煌卷子《目连变文》第三种之背面,即曾写有法律德荣唱'紫罗鞋两',僧政愿清唱'绯绵绫被',又金刚唱'扇',又道成及法律道英各唱'白绫袜',又唱'黄画帔',均各得布若干尺。……寺院僧徒既与乐曲之演唱有如此密切之关系,故俗曲既可由佛寺僧徒借用演唱以流传佛法,而僧徒之佛曲乃亦有演化为俗曲之词调者。"①

叶嘉莹女士写作和发表此文时,《国立北平图书馆馆刊》发表此资料已五十多年,向达先生的《唐代俗讲考》也已发表整整五十年了,敦煌学研究已经有了长足的发展,但叶嘉莹女士仍然以《北平图书馆馆刊》所载向达先生撰《敦煌丛刊》为据,沿袭了向达先生 1934 年《唐代俗讲考》的内容。

实际上,早在 1940 年,向达先生就重新修订了《唐代俗讲考》②一文,并删除了"僧人之唱小曲"一节,放弃了以前的论点。该文前有一简短的说明:"本文初稿曾刊《燕京学报》第十六期。其后获见英法所藏若干新材料,用将旧稿整理重写一过。一九四〇年五月向达谨记于昆明。"到 1956 年整理其一生中最重要的代

① [加]叶嘉莹:《论词之起源》,《中国社会科学》1984 年第 6 期。

② 发表于《文史杂志》第三卷第九、十期,1944 年;《国学季刊》第六卷第四号,《向达先生纪念论文集》后附阎万钧编"向达先生著译系年"系于 1946 年,而《唐代长安与西域文明》所收此文后则系于 1950 年 1 月出版。

表作《唐代长安与西域文明》①时，所收入的《唐代俗讲考》也是
1940 年修订、1950 年发表的修改稿，并非是 1934 年的原稿，可见
向达先生是一位"与时俱进"的学者。

由于国外所藏敦煌文献逐渐被有的学者介绍、引用，学者们
的见闻逐渐广泛，对于"唱"的认识也就更趋深入和正确。1950
年，杨联陞教授在《哈佛亚洲学报》上发表了《佛教寺院与国史上
四种筹措金钱的制度》②一文，结合佛教寺院的有关规定，利用北
图成字 96 号文书和 P.2638 号文书，对"唱"进行了初步探讨：

> 这两件文书都是佛教寺院的财务账目。就我所知，在此
> 之前尚无人能对"唱"字提出一个令人满意的解释，就眼前
> 所呈现的，"唱"可能就是"唱衣"，即拍卖的简写。

杨先生此文，将"唱"与"唱衣"相结合，对"唱"的性质有了进
一步的认识。遗憾的是杨先生此文用英文发表，再加上众所周知
的原因，国内学者难得见到，也未见引用和介绍。

1956 年，法国学者谢和耐在其博士论文《中国五—十世纪的
寺院经济》③中，首次公布了 P.2638 号文书，并引用了北图成字
96 号文书，也对"唱衣"进行了探讨：

> 在中国佛教团体的生活中，为唱由寺院作为布施物或遗
> 产而获得的衣物、织物和其他那些微小物品的大型庙会该占
> 有多么重要的地位。

并由此指出：

---

① 生活·读书·新知三联书店 1957 年版。
② 原载《哈佛亚洲学报》第 13 卷第 2 期，1950 年；汉译本见杨联陞：《国
史探微》，辽宁教育出版社 1998 年版，第 201—209 页。
③ 汉译本由耿昇翻译，甘肃人民出版社 1987 年版。

"唱衣"在中国早就流行了,而且是根据《敕修百丈清规》中所描述的一种非常具体的仪规进行的。①

在 1987 年本书汉译本出版之前,由于语言的隔阂等原因,除极个别学者外,国内能利用此书,或了解此书的学者很少。

1975 年,张永言先生发表了《关于一件唐代的"唱衣历"》②一文,利用 P.2638 和 P.2689《僧人析唱帐》、P.3410《各寺布施及僧人亡殁后唱衣历》、P.3850 背《唱衣历》等文书,对北图成字 96 号文书中的"唱"进行了正确的阐释:

> 这个资料里的"唱"并不是一般"唱歌"、"唱曲"的唱,而是当时佛寺特殊用语"唱衣"或"估唱"的唱;"紫罗鞋两"等并不是和尚们歌唱的曲子,而是他们唱卖的具体实物。

并进一步指出:

> 在唐代寺院里,有所谓"分卖"衣物的制度……分卖的东西,主要是施主的某些"布施"品以及亡殁僧人的遗物。因为在分卖的时候要唱出所买物品的名目,而所卖的物品主要是衣着之类,所以叫做"唱衣"。

1977 年,陈祚龙发表了《关于敦煌古抄"唱衣历"》③一文,对张永言先生的论文进行了批评:

---

① 《中国五—十世纪的寺院经济》汉译本,第 113—114 页。

② 张永言:《关于一件唐代的"唱衣历"》,《文物》1975 年第 5 期;又见沙知、孔祥星编:《敦煌吐鲁番文书研究》,甘肃人民出版社 1984 年版,第 388—393 页。

③ 陈祚龙:《关于敦煌古抄"唱衣历"》,载(台湾)《民主潮》第 27 卷第 3 期,1977 年;又见同氏《中华佛教文化史散策初集》,(台北)新文丰出版公司 1978 年版,第 375—379 页。

我觉得，单从张氏的这一篇文章之中，我们皆必可以看出：

就像他这样专门研讨此种所谓"显学"——敦煌学的"文士"，虽然似已懂得厉行"批判"与"辩证"往日某些有关"行家"，对于某些敦煌卷、册文字所作的一些错释、妄释与误解、曲解，但至少他自己似乎仍不知道：就像他所加以"批"、"辩"的"玩意"，事实上，早即均经国内、海外的其他有关学者，作了一番更为缜密周详的"宣演"！譬如：张氏只知对于向达、全汉昇、任二北诸人，分别在其著述：《敦煌丛钞》和《唐代俗讲考》、《中古自然经济》、《敦煌曲初探》和《唐戏弄》之中，引用那一份现仍藏于北京图书馆的敦煌卷子（成字九六号）背面所有之文字，皆因失察，而相继造成的一些错释、妄释与误解、曲解。但他并不晓得，就像这一份卷子背面原经古人抄存的全部文字，至少早即已由我的法籍同学、同道老朋友——谢和耐教授，在其巨制（《中国五至十世纪的寺院经济》）之中，作了一番诚可够称精当、完美的考释与译注！谢教授对于向、全、任诸人的有关错释、妄释与误解、曲解，当时固已悉予"摒弃"不谈。另外，他还特将有关学术的一些问题，演绎得至为清楚。换言之，我怕张氏述"学"、求"真"，迄今实际似犹未能做到"博瞻中外"与"会通东西"的有关研究成果，而也许照常受了环境的限制，不得不继行"坐井观天"与"闭门造车"！

众所周知，在20世纪80年代以前，由于中国特殊的学术环境，当时国际交往、学术交流之路不畅，国内学者很难见到杨联陞、谢和耐的论著。就是陈祚龙先生本人，也没有提到杨联陞教授的论文，可见要真正做到"博瞻中外"是多么的不容易！当然从科学的角度看，我们应尽量做到"博瞻中外"、"会通东西"。另外，从作文的角度看，张永言先生也仅仅是从语言学的角度对"唱衣"进行了探讨，并非从敦煌学或文书学方面对该文书进行全面研究，怎能要求他的一篇小文将所有问题都谈透或解决呢？

近年来，随着敦煌文献的进一步整理刊布，促进了敦煌学向专精的方向发展，林聪明、郝春文先生在其论著中，也对此问题有所涉及。①

随后，郝春文先生又有专文《关于唐后期五代宋初沙州僧团的"出唱"活动》，利用敦煌文书及《禅苑清规》、《释氏要览》、《敕修百丈清规》等传世佛教典籍，对"唱衣"进行了更深入地探讨，指出"出唱"活动类似于近代以来的拍卖，"是唐后期五代宋初沙州僧团频繁举行的一项重要经济活动。"②

从以上关于"唱衣"的研究可见，学术研究是有继承性的，后人总是站在前人的肩上向上攀登的。但由于我们所受教育的局限，再加上学科的划分越来越细，每个人都是着力于耕好自己的三分地，不要说文史哲兼通，就是文史兼通，或对历史学各个领域都有发言权的学者也几乎没有了。这正如高克勤先生在《走近饶宗颐》中所说："令人感慨的是，当今学科越分越细，生活节奏越来越快，很难使人兼通和澹定，饶先生这样具有如此多方面巨大成就的一代学者，今后是再难以出现了。"③

任二北、叶嘉莹都是文学领域的大专家，更是戏曲和词学研

---

① 参阅林聪明：《谈敦煌学研究上的一些障碍问题》，载台湾中正大学中国文学系主编《全国敦煌学研讨会论文集》，1995 年；郝春文：《唐后期五代宋初沙州僧尼的宗教收入（二）——儭状初探》，见敦煌研究院编《段文杰敦煌研究五十年纪念文集》，第 449—461 页。

② 郝春文：《关于唐后期五代宋初沙州僧团的"出唱"活动》，载《首都师范大学史学研究》第一辑，首都师范大学出版社 1999 年版，第 108—117 页。

③ 高克勤：《走近饶宗颐》，载《文汇读书周报》2007 年 1 月 12 日。

究的顶尖高手,就是这样的大家学者,也由于对佛教典籍、敦煌文书和经济史不大熟悉,从而出现了失误,这对我们不能不说是深刻的教训。

由于敦煌文书包含的范围非常广泛,写本时代的文字又多种多样,对研究者的要求也就相对较高。"即使是某一部古籍,其涉及到的知识也不完全在一个领域里面,在整理研究某一种文献时,学者们往往在其专业范围以外出错或者考虑不周。"[1]而敦煌学又是一门综合性的学问,在研究中又会常常涉及到研究者专业以外的学问,甚至会是多学科的碰撞。因此,在以后的研究中,史学要与文学、语言学、宗教学等学科相互学习借鉴,尽量多了解一些其他学科的研究状况,从而使我们少走弯路。

(原载《社会科学战线》2008 年第 11 期)

第二节　唐五代佛教寺院的"唱衣"

对于敦煌寺院"唱衣"的探讨,经历了一个比较漫长的认识过程,向达、全汉昇、任二北、杨联陞、谢和耐、张永言、陈祚龙等先生都曾对此进行过研究。[2] 20 世纪 90 年代前,笔者在学习、阅读

---

① 荣新江:《敦煌学新论》,甘肃教育出版社 2002 年版,第 171 页。

② 向达:《敦煌丛钞》,载《国立北平图书馆馆刊》第五卷第六号,1931 年;《唐代俗讲考》,载《燕京学报》第 16 期,1934 年。全汉昇:《中古自然经济》,载《历史语言研究所集刊》第十本,第 139—140 页。任二北:《敦煌曲初探》,第 325—327 页;《唐戏弄》,第 920—921 页。杨联陞:《佛教寺院与国史上四种筹措金钱的制度》,载《国史探微》第 201—209 页。谢和耐著,耿昇译:《中国五—十世纪的寺院经济》,第 113—114 页。张永言:《关于一件唐代的"唱衣历"》,载《文物》1975 年第 5 期。陈祚龙:《关于敦煌古抄"唱衣历"》,载台湾《民主潮》第 27 卷第 3 期,1977 年。

敦煌文献时，也曾关注过其中的"唱衣"，并撰写了有关读书笔记。在随后的学习中感觉到所写读书笔记还有一些不清楚，甚至存在文献考释乃至断句方面的错误。现在，根据读书中的一些体会，对其再做进一步的探讨。

P.2638 号《后唐清泰三年沙州儭司教授福集等状》（局部）

P.2638 号《后唐清泰三年沙州儭司教授福集等状》是有关沙州寺院生活的一件重要文书，全文共 88 行。从前引本件文书的前 25 行可知，这是一件敦煌寺院的"唱衣"账目，它算会的是"从癸巳年六月一日已后，至丙申年六月一日已前，中间三年"的寺院出入账。后唐清泰三年乃公元 936 年，是年为丙申，向前推可知，933 年是癸巳、934 年是甲午、935 年是乙未，因此，从癸巳年六月一日至丙申年六月一日就是从公元 933 年 6 月到 936 年 6 月，中间整整是三年。

这件文书中多次出现了有关"唱"的词,如"出唱"、"唱得布"等,其中"唱得布"出现 17 次。这里的"唱"是什么意思?为什么"唱"与"布"紧密相连?这就是本文将要讨论的重点所在。

一、佛教典籍中有关"唱衣"的规定

敦煌文献中的"唱衣"制度,应该是来源于佛教律藏的有关规定,因为"释门的'律',犹如世俗社会的'礼'和'法'一样,是要规范僧尼的思想和行为,使之整饬有序,合于释门理念"。[①] 从早期佛教律典可知,僧侣圆寂后,其衣物等便分给别的僧众。但据唐初由义净翻译的《根本说一切有部目得迦》中可知,在印度,拍卖是用来处分这些私人所有物的办法。

"唱衣"制何时在中国寺院中施行,目前还无法得知具体的时间,但在唐初道宣的《四分律删繁补阙行事钞》[②]中,已有了分僧物的记载:

> 分比丘物者,先将亡去者,藏已送丧,僧还来至寺,取亡人物着僧前,然后如上,依法集僧分之。
>
> 将亡人轻重之物,并集僧中,若不胜举床瓮屋舍园林牛奴等,并须历帐,对僧明读,令知其多少。……后鸣钟遍召,一同僧式,不得闭门限客,假托昏夜,意遮十方。……次定轻重讫,如上分之,重者一处依名抄记,轻物一处依名抄之。[③]
>
> 若在私庄寺致死,或作僧使,在庄检校而死,若有家人及比丘守者,重物入亡者本寺,轻物随现分之,亦不得尼众分

---

① 张弓:《汉唐佛寺文化史》,第 447 页。

② (唐)道宣:《四分律删繁补阙行事钞》,见[日]小野玄妙:《大正藏》第 40 册,大正一切经刊行会,1934 年,第 1—156 页.

③《四分律删繁补阙行事钞》,《大正藏》第 40 册,第 116 页.

也。纵令近僧来摄重物,亦不须与。①

由此可知,僧人圆寂后,其遗物分为轻重两部分,床、瓮、屋舍、园林、牛、奴等重物归寺院所有,一切轻物,主要是衣物等生活用品,便由僧尼分配。

《四分律删繁补阙行事钞》中,虽然没有说到唱衣之法,但估计此时已有了唱卖的例证,或者说唱卖已经在寺院中实行了。因为当僧尼分配亡者轻物时,若遇分配不均,可能就采取竞卖的办法,将亡僧的轻物变卖,然后由僧尼均分钱财。道宣曾对其进行谴责:

> 律无卖物分法,今时分卖,非法非律,至时喧笑,一何颜厚。佛令分付,为息贪情,令各自省,今反乐笑。②

由此可见,当时寺院中已出现了"分卖"现象,只不过还未得到律藏的许可。历史上许许多多的规章制度,大多是先在民间传布、流行,然后才逐渐得到官府的默许、认可,最后才以制度、规章的形式来加以规范、约束。"唱衣"之起源,可能也走过了这样一条漫长的道路,即先在"非法非律"的状态下在某些寺院中流行,然后得到认可,最后才将其进行规范。

唐代中叶以后,伴随着禅宗的勃兴,怀海制定了《百丈清规》。"《清规》的产生是禅林制度确立的标志。"③可惜的是《百丈清规》在宋代就已失传了,南宋宗赜所编《禅苑清规》和元代德辉重编的《敕修百丈清规》,虽非怀海原貌,但它们毕竟是唐宋间寺院及其僧人生活的真实写照,由此我们可以窥见唱衣制的一些

---

① 《四分律删繁补阙行事钞》,《大正藏》第 40 册,第 117 页。
② 《四分律删繁补阙行事钞》,《大正藏》第 40 册,第 117 页。
③ 《汉唐佛寺文化史》,第 304 页。

情况。

寺院唱卖的衣物,绝大部分是亡僧生前财产。僧人的财产,分为两部分,即重物和轻物。所谓重物,主要是指田宅、园林、奴婢、牲畜、金银等等,按内律规定,这些应入常住,即归寺院所有。对于常住之物,不仅内律规定不可侵夺,而且敦煌文书中也有一些具体的反映,如 P.2187 号《河西都僧统悟真处分常住榜》[①]曰:

> 应诸管内寺宇,盖是先帝敕置,或是贤哲修成。内外舍宅、庄田,因乃信心施入,用为僧饭资粮;应是户口家人,坛(檀)越将持奉献,永充寺舍居业。世人共荐共扬,不合侵陵,就加添助,资益崇修,不陷不倾,号曰常住。

所谓"常住",本指恒久不变的意思,转意指僧伽的共有财产。从本件敦煌文书可知,由官府施入或一般檀越(施主)施入的地产和人户,就构成了称为"常住"的这种所有权。[②] 凡属寺院的常住,内律都给予保护,不许任何人侵占:

> 凡是常住之物,上至一针,下至一草,兼及人户,老至已小,不许倚形恃势之人,妄生侵夺,及知典卖。或有不依此式,仍仰所由具状申官。[③]

所谓轻物,主要是指那些"可随身资道"的,即日常生活中的必需品,其中以衣物为主。"由于禅林中没有个人不动产,《清

---

① 文书图版见《法藏敦煌西域文献》第八册,上海古籍出版社 1998 年版,第 181 页。文书定名及录文,见邓文宽《敦煌文献〈河西都僧统悟真处分常住榜〉管窥》,载《周一良先生八十生日纪念论文集》,中国社会科学出版社 1993 年版;又载同氏《敦煌吐鲁番学耕耘录》,(台北)新文丰出版公司 1996 年版,第 159—180 页。

② 姜伯勤:《唐五代敦煌寺户制度》,第 166 页。

③ P.2187 号《河西都僧统悟真处分常住榜》。

规》只对亡僧衣物处理做规定。"①这些衣物应由众僧均分。由于分配不均,才进行唱卖,然后均分唱卖后的钱财。《释氏要览》引《增辉记》云:

> 佛制,分衣本意,为令在者见其亡物分与众僧,作是思念,彼既如斯,我还若此,因其对治令息贪求故。今不能省察此事,翻于唱卖之时,争价上下,喧呼取笑,以为快乐,误之甚也,仁者宜忌之。②

按照禅门规范,当僧人病重时,便有"病僧念诵法"。当然首先念诵的是佛经,但同时还要对自己的衣物做出承诺,以便死后由寺院唱卖。由于这一规定是禅门僧徒必须进行的一道程序,故为了便于众僧,就制定了专门的念诵式样:

> 抱病僧某
>
> 右某本贯某州某姓,几岁给到某处度牒为僧,某年到某寺挂搭。今来抱病,恐风火不定,所有随身行李合烦公界抄劄,死后望依丛林清规津送。
>
> 　　　　年　　月　　日抱病僧　某甲口词③

这一念诵样式,相当于唐代之书仪,可见它具有普遍性。

所有唱卖的衣物,在亡僧病重或临死之前,都要进行清点、估价、封存。僧人有遗嘱者,还要考虑处理方式。《禅苑清规》卷七《亡僧》条载:

---

① 《汉唐佛寺文化史》,第 319 页。

② (宋)道诚集《释氏要览》卷下"唱衣"条,见《大正藏》第 54 册,第 309 页。

③ (元)德辉:《重编敕修百丈清规》卷七《大众章·病僧念诵》,见《大正藏》第 48 册,第 1148 页。

如僧人病势稍困,堂主计会维那、监院、首座、藏主、书记、知客,同共抄劄口辞,收祠部。并衣物入堂司收掌,首座封押并收掌钥匙。①

《敕修百丈清规》载,凡有僧病危:

直病者即白延寿堂主,禀维那请封行李……同到病人前抄写口词。直病者同执事人,收拾经柜函柜衣物,抄劄具单,见数一一封锁外,须留装亡衣服,合用之物并作一处包留,延寿堂主同直病者收掌。或病者不能分付,维那首座为当主行。无行李者,亦须尽礼津送。单帐锁匙封押纳首座处。所封行李……只留本房,库司差人看守。亡僧非生前预闻住持,两序勤旧,及无亲书,不可擅自遗嘱衣物。②

关于亡僧圆寂前的衣物登记、抄录情况,《百丈清规证义记》的记载更为具体、详细:

凡主持病觉沉重,监院预集班首权执等人至室(若系余人,移归病堂),监院白云:抱病堂头和尚(余人改云某某执事师),讳某甲,字某甲,年几十几岁,系某省某府某县籍,于某年某月某日,住持本寺,领众办道(余人则云,本寺安单,在众学道),于今年某月某日,偶值病缘,恐风火不测,于今某月某日,移居东堂(余人则云,入省行堂),所有随身衣钵,请书记师抄录板帐,以便后事,伏希众悉。计开某衣某衣共若干,某物某物共若干,年月日。首座某甲押,监院某甲(余

---

① (宋)宗赜:《禅苑清规》卷七《亡僧》,[日]前田慧云、中野达慧编《卍新纂续藏经》第 63 册,(台北)新文丰出版公司 1975 年版,第 541 页。
② 《重编敕修百丈清规》卷六《大众章·病僧念诵》,《大正藏》第 48 册,第 1147 页。

人则添写）省行堂主某甲押，维那某甲押，知客某甲押，知库某甲押，书记某甲押，看病某甲押。物件仍留方丈，命公谨有德人看守（余人寄存内库房），待病愈，凭众归原人，否则以俟估唱。①

这一登记入账程式，虽非《百丈清规》原文，只是清人的证义，肯定打上了当时的烙印，但它毕竟是这一制度的反映，能够从中窥见亡僧圆寂前的衣物入账情况。

僧人圆寂后，就对已入账的衣物进行估价，为唱卖做准备。据《敕修百丈清规》载，当亡僧的后事办理完毕之后：

> 维那分付堂司行者，请住持两序侍者就堂司，或就照堂对众呈过包笈，开封出衣物，排地上席内，逐件提起呈过，维那估值，首座折中，知客侍者上单，排字号就记价值，在下依号写标。贴衣物上入笈，仍随号依价，逐件别写长标，以备唱衣时用。方丈两序诸寮舍，并不许以公用为名分去物件。常住果有必得用者，依价于抽分钱内准。或亡僧衣钵稍丰，当放低估价利众，以荐冥福。②

由此可见，唱衣前的估唱是一项细致的工作，需要对亡僧的衣物进行一件件估价贴签，做好唱卖的准备。对此，《百丈清规证义记》的记载更为具体：

> 入塔后，库房齐集两序执事、监院、维那、知客、值岁、库头、知浴、衣钵等，将亡者行李（除遗命赠人物），请监院维

---

① （清）仪润：《百丈清规证义记》卷五"板帐"，《续藏经》第111册，（台北）新文丰出版公司1976年版，第701页。

② 《重编敕修百丈清规》卷六《大众章·病僧念诵》，《大正藏》第48册，第1148页。

那,每件估价(照时价七折算),书记上簿,知客编号已,值岁点数,酌留一二件犒劳看病之人。凡衣具被帐等,有四角者,应归常住,余者即写号条,第几号某件价若干,缚于本件之上,俱定价登簿已(若余人,则应白主持),客堂挂牌,牌云估唱。[①]

可见,估唱主要由寺院的执事僧,如执事、监院、维那、知客、值岁、库头、知浴等进行,他们对亡僧的衣物进行清点、登记、编号、估价,并写好标签,注明某件为某某号,价多少,贴在衣物上,以便唱衣。

关于唱衣之法,《敕修百丈清规》之大众章《亡僧·唱衣》曰:

斋罢僧堂前唱衣,仍报众挂唱衣牌。候斋下堂排办僧堂前,住持首座分手位两序对坐。入门向里横安桌凳,桌上仍安笔砚磬剪挂络合用什物,地上铺席俱毕,堂司行者覆住持两序侍者鸣钟集众。维那、知客、侍者同入堂归位向里列坐……扛包笼住持两序前,巡呈封记,于首座处请锁匙呈过。开取衣物照字号,次第排席上,空笼向内侧安。维那起身鸣磬一下,念诵云:浮云散而影不留,残烛尽而光自灭。今兹估唱用表无常,仰凭大众奉为某甲上座资助……

十号毕鸣磬一下云:夫唱衣之法盖禀常规,新旧短长自宜照顾,磬声断后不许翻悔,谨白:……某号某物一唱若干,如估一贯则从一伯唱起,堂司行者接声唱众中应声,次第唱到一贯。维那即鸣磬一下云:"打与一贯"。余号并同。或同声应同价者行者喝住云:"双破"。再唱起鸣磬为度。堂司行者问定某人名字,知客写名上单,侍者照名发标,付贴供

---

① 《百丈清规证义记》卷五"估唱",《续藏经》第111册,第706页。

行者,递与唱得人,供头行者仍收衣物入笼。一一唱毕,鸣磬
一下。……衣物过三日不取者,照价出卖。

由此可见,唱衣的程序比较严密,规定比较详细。对于每件
衣物的价格,由于先已估价,因此也比较合理。主持唱衣的维那,
本来就是参与估价者,他应知道每件衣物的新旧程度及价值,因
此戒律规定:

> 维那唱衣须知所唱衣物价例高低,新即言新,旧即言旧,
> 破即言破,声定钱陌(或足或省或是依除),如大众不肯添
> 钱,虽贱亦须打与,如添钱太过,维那即云,更须子细,后悔
> 难追。①

对于唱衣的有关细节及操作情况,《百丈清规证义记》的记
载更为具体:

> 维那……遂举佛号百声,鸣磬收佛号已,白云:"今白大
> 众,唱衣之法,用表常规,新旧短长,各宜照顾,领物缴价,各
> 照号条,磬声断后,不许反悔"。白已,监院照号取号条。唱
> 一件价,维那鸣磬一下,要者称名收号条。书记填某号某甲
> 收,知客僧值照应。或当时钱物两交,副寺照号收钱,知客给
> 物,或另日往库房缴钱取物。②

从《敕修百丈清规》的记载可知,寺院唱衣,从估价的10%起
唱,僧众应价后再唱,一直唱到估价,然后鸣磬为定。若唱到估价
后,还有两人以上应价,还可加价再唱,上不封顶。这种唱衣之
法,与现代的拍卖非常相似。

《敕修百丈清规》卷七《板帐式》载:

---

① 《禅苑清规》卷七《亡僧》,《卍新纂续藏经》第63册,第541页。
② 《百丈清规证义记》卷五"估唱",《续藏经》第111册,第706页。

今具估唱亡僧某甲称呼衣钵钞收支下项:一收钞一千贯文(系唱衣钞收到,或别有收钞名目,逐一列写);支钞九十一贯文(系板帐支行)。①

即每次唱衣完毕后,都要填造收支账目申报主持僧。根据上引"板帐式",由"收钞"和"支钞"两部分构成,"收钞"为亡僧衣物唱卖所得;"支钞"包括僧人送亡及茶毗等丧葬活动的全部支出。

凡僧亡以其所有衣物,对众估唱惩贪积也。估唱得钱必照板帐,支用外其钱作三七,抽分归常住(百贯抽三十贯,不满百贯则不抽分),余则均俵僧众。②

即丧葬支出以外的余额,30%归寺院,70%作为酬金,分给参加佛事、唱衣等劳作的三纲、知事僧、知客僧、行者等人。③ 明乎此,我们就能正确理解 P.2638 号文书第 63—66 行的支出了。这些支出,正是对参加僦司唱衣的各类僧人的酬劳,如"赏监僦和尚"、"赏支僦大德"、"赏都司三判官"、"支大众维那"、"给算日供主用"等。

二、敦煌文献中的"唱衣"

P.2638 号文书有确切的纪年,即后唐清泰三年(936)。其所唱卖的全是衣物,且来源不一,并非像戒律所说是僧人圆寂后唱卖其轻物。从内律的有关规定及敦煌文献可知,在唱卖中,还包

---

① 《重编敕修百丈清规》卷七《板账式》,《大正藏》第48册,第1149页。
② 《重编敕修百丈清规》卷七《板账式》,《大正藏》第48册,第1150页。
③ 张弓:《唐五代的僧侣地主及僧尼私财的传承方式》,见武汉大学魏晋南北朝隋唐史研究室编《魏晋南北朝隋唐史资料》第十一辑,武汉大学出版社1991年版,第204页。

括布施物。如 S.2447 号《亥年（831?）十月一日已后应诸家散施入经物色目》①：

> 亥年十月一日已后，应诸家散施入经物，一一具色目如后：僧伯明施三岁特子壹头，出唱得经纸叁拾帖。杜都督施红单绢裙壹并腰带，出唱得布壹伯叁拾尺，又施麦五斗。子年五月廿一日，僧灵修施经纸伍帖，计贰伯肆拾捌张。

另外，僧人圆寂后，其轻物也并非全由寺院唱卖，僧人若生前有遗嘱者，若符合内律，还要按遗嘱赠人等。但本文仅对僧人轻物的唱卖情况加以探讨，对其他问题暂不涉及。

从我们前引《释氏要览》、《敕修百丈清规》、《禅苑清规》、《百丈清规证义记》等可知，各寺院在唱衣时，应集合全体僧尼，并可相互竞价。从 P.2638 号《清泰三年沙州僧司教授福集等状》②亦可知，僧司唱衣所得布及其他施入物品，其用途是比较广泛的。如本件文书第42—66行所载：

（前略）

42.　　出破数：楼机绫壹匹，寄上于阗皇后用。

43.　　楼机壹匹，赎鞍上官家用。大绫壹匹，

44.　　上司空用。又楼机绫壹匹，沿大众所用。生

45.　　绢贰匹，大云、永安庆寺人事用。又生绢

46.　　贰匹，郎君小娘子会亲人事用。又生绢壹

47.　　匹，贺官鞍价用。生绢壹匹，买粗缲

48.　　玖匹，沿大众用。生绢壹匹，二月八日赏法师

---

① 文书图版见《英藏敦煌文献（汉文佛经以外部分）》第四卷，四川人民出版社 1991 年版，第 79 页。

② 文书图版见《法藏敦煌西域文献》第十七册，第 36—39 页。录文见《敦煌社会经济文献真迹释录》第三辑，第 391—395 页。

49. 用。生绢壹匹，天公主上梁人事用。绢捌

50. 尺，归文寄信用。绵绫壹匹，圣光寺庆钟用。

51. 绵绫壹匹，开元寺南殿上梁用。绵绫壹匹，安

52. 国庆寺人事用。绵绫壹匹，甘州天公主满

53. 月人事用。绵绫壹匹，二月八日赏法师用。

54. 绵绫壹匹，于阗僧鞋衣用。绵黄绫袄子壹领，

55. 三界、净土赏法事用。细缣壹拾柒匹，天公

56. 主满月及三年中间诸处人事等用。粗缣

57. 伍拾柒匹，三年中间诸处人事、七月十五日

58. 赏乐人、二月八日赏法师禅僧衣直、诸寺

59. 兰若、庆阳等用。布贰阡柒伯壹拾尺，三

60. 年中间沿僧门、八日法师、七月十五日设乐、

61. 三窟禅僧衣直、布萨、庆阳、吊孝等用；

62. 贰伯壹拾尺，申年修开永支布萨法事用；

63. 捌拾尺，赏监儭和尚用；壹伯伍拾尺，赏支

64. 儭大德三人用；玖拾尺，赏都司三判官等用；

65. 贰拾尺，支大众维那用；肆伯尺，给算日供主

66. 用；贰伯肆拾尺，折送路漆椀叁枚用。

（后略）

第49、51行"上梁"，乃指建造房屋时架梁，有专门用以表示颂祝的文体——上梁文。无论民间还是寺院，在建筑时必择吉日上梁，亲朋宾客前来道贺，同时还要犒劳匠人。目前西北农村还有这一风俗。

第50行之"归文"，乃定州（今河北省定县）开元寺僧，他于同光元年（923）奉敕西行取经，但失败而归。翌年又与德全等一

起西行求法。S.0529[①]保存有归文的牒文6件,都是西行途中他分别寄给或在当地上给沿途所经之地的和尚、令公、评事、尚书等僧俗官人的。归文到达沙州的时间不得而知,但从本件文书可知,933—936年间他仍在沙州。[②]

第48、53、58、60行之"二月八日"、"八日",指佛诞日。关于佛诞日,有二月八日和四月八日二说。据陈元靓《岁时广记》云:"我佛世尊以周昭王二十四年四月八日降生,未知孰是。然姬周之历,以十一月为正,言四月八日者,即今之二月八日也。《荆楚岁时记》云:'二月八日释氏下生,良有自也。近代以今之四月八日为佛之生日者,故徇俗云耳。'"[③]周代的四月八日,自汉代行建寅历法后,实际上是在二月八日。但流俗仍沿旧说而定为四月八日,因此遂有此两种记述的不同。[④]

在晚唐五代的敦煌地区,只有二月八日纪念日,如P.3765号《二月八日文》[⑤]曰:"法王降诞,为拯生灵。八相欢宜(怡),三身利乐。"二月八日行像日,僧俗官员齐集道场,法师、百姓临街瞻仰、散施祈福,当日还有"踏歌"、"赛天王"等活动助兴。纪念佛诞日的法事活动,要有法师主持,结束后还要赏赐出力师僧,故文

---

① 文书图版见《英藏敦煌文献(汉文佛经以外部分)》第二卷,四川人民出版社1990年版,第7—9页。

② 荣新江:《敦煌文献所见晚唐五代宋初的中印文化交往》,载李铮、蒋忠新主编:《季羡林教授八十华诞纪念论文集》,江西人民出版社1991年版,第958页。

③ (宋)陈元靓:《岁时广记》卷二十《佛日》,《丛书集成初编》本,商务印书馆1939年版,第223页。

④ 参阅徐连达:《唐朝文化史》,复旦大学出版社2003年版,第489页。

⑤ 文书图版见《法藏敦煌西域文献》第二十七册,上海古籍出版社2002年版,第337页。

书中有几笔开支为"二月八日赏法师用"。①

　　第57、60行之"七月十五日",指盂兰盆节。从敦煌文书可知,唐末五代敦煌寺院与民间均有盂兰盆节。敦煌寺院的盂兰盆节行事主要有三项:(1)造佛盆供养,由"煮盆博士"用白面和麻油,或炸(即"煮")或烤、制成各种面点食品,装饰为供养佛盆;(2)讲唱"盂兰盆经";(3)节毕"破盆"。敦煌以七月十七日、十八日两天为"供养僧破盆日",即在盆节过后,酒食犒劳为盆节出力的僧俗人等。敦煌的盆节活动,是由地方官府或都僧统司统一安排布置的,各寺照例"七月奉处分,当寺置道场",作为盆节期间接待信众、供养、讲经的场所。② 在盂兰盆节(七月十五日)的活动中,为了增加喜庆的成分,要请乐人演奏,故在文书中有"七月十五日赏乐人","七月十五日设乐"等记载。

　　第59、61行之"庆阳",有的学者在研究敦煌本斋文时提出,"庆阳"或写作"庆扬"、"庆杨"、"启阳",皆同音误笔。"庆扬"意为庆赞、宣扬佛的功德。敦煌本斋文中的"庆扬"篇,主要是庆赞新造佛堂、佛像、佛幡、佛经等斋文。③

　　除了庆赞、宣扬佛教功德外,"庆阳"应该还指"庆阳节",但由于材料限制,目前还无法确证,仅提出来,聊备一说。

　　《唐会要》卷二十九《节日》载:开成五年(840)四月:

　　　　中书门下奏请以六月一日为庆阳节,休假三日,著于令式。其天下州府,每年常设降诞斋,行香后,便令以素食宴

---

① 参阅张弓:《汉唐佛寺文化史》下册,第951—952页;谭蝉雪:《敦煌岁时掇琐》,载《九州学刊》第5卷第4期,1993年。

② 参阅张弓:《中古盂兰盆节的民族化衍变》,载《历史研究》1991年第1期;谭蝉雪:《敦煌岁时掇琐》,载《九州学刊》第5卷第4期,1993年。

③ 宋家钰:《佛教斋文源流与敦煌本〈斋文〉书的复原》,载《中国史研究》1999年第2期。

乐,惟许饮酒及用脯醢等。京城内,宰臣与百官就诣大寺,共设僧一千人斋,仍望田里借教坊乐官,充行香庆赞,各移本厨,兼下令京兆府别置歌舞,依奏。(原注:是年,文宗崩,武宗篡嗣,以诞庆日为庆阳节。)①

会昌元年(841)

六月,中书门下奏:庆阳节,准敕,其日设斋钱。

(会昌)二年(842)五月敕:今年庆阳节,宜准例,中书、门下等并于慈恩寺设斋,行香后,以素食合宴。②

《旧唐书》卷四十三《职官二》载:

凡国忌日,两京大寺各二,以散斋僧尼。文武五品已上,清官七品已上皆集,行香而退。天下州府亦然。凡远忌日,虽不废务,然非军务急切,亦不举事。③

既然庆阳节要行香设斋,歌舞庆贺,并以素食宴乐。同时宰相还要到京城佛寺——慈恩寺设斋行香。那么,作为佛教寺院的莫高窟,祝贺庆阳节也就很正常了。

唐武宗开成、会昌年间的"庆阳节",五代时是否还继续遵守呢?笔者目前还未见到有关记载。就是晚唐时代,也未见继续遵从武宗"庆阳节"的记载。但《五代会要》卷四《忌日》载:

后唐天成三年(928)又八月九日敕,尚书兵部郎中萧愿奏:每遇宗庙不乐之辰,宰臣到寺,百官立班,是日降使赐香,准案禁乐、断屠宰、止刑罚者。帝忌、后忌之辰,旧制皆有斋会,盖申追远,以表奉先。多难已来,此事久废,今后每遇大

---

① (宋)王溥:《唐会要》卷二十九《节日》,第637页。
② 《唐会要》卷二十九《节日》,第637页。
③ 《旧唐书》卷四十三《职官志二》,第1831页。

忌，宜设僧道斋一百人，列圣忌日斋僧道五十人。①

由此可知，在皇帝、皇后的忌辰，"旧制皆有斋会"，只是由于"多难已来，此事久废"，到了后唐明宗天成三年（928），才又决定继续设斋，以示追念。

《五代会要》卷五《节日》载：

> （后唐）清泰二年（935）正月，中书门下奏："每遇圣诞节辰，凡刑狱公事奏覆，候次月施行。今后伏请重系者，即候次月，轻系者节前奏覆决遣"。从之。②

这里所说"每遇圣诞节辰"，未说明是何节，但从"每遇"可知，应包括所有的"圣诞节辰"。这里是否包括"庆阳节"，并没有明确的证据。不知到后唐末帝时，唐武宗时的"庆阳节"是否还被遵从，如果遵从的话，"每遇圣诞节辰"，自然也就包括"庆阳节"了。

《五代会要》卷五《节日》又载：

> 周广顺三年（953）七月敕，内外文武臣僚，遇永寿节辰，皆于寺观起置道场，便为斋供。③

从这条敕文可知，到后周广顺三年（953），凡"遇永寿节辰"，皆于寺观起置道场。如果五代时所"斋供"的节辰，仍包括"庆阳节"的话，P.2638 号文书中的"庆阳"，就有可能指"庆阳节"。

除了这许许多多的各种支出（出破数）外，僦司唱卖所得布的最主要支出，乃是寺院内部僧尼的分配，即本件文书第74—79

---

① （宋）王溥：《五代会要》卷四《忌日》，上海古籍出版社1978年版，第61页。

② 《五代会要》卷五《节日》，第76页。

③ 《五代会要》卷五《节日》，第77页。

行所记：

（前略）

74.　应管诸寺合得儭僧计叁伯伍拾陆人，

75.　沙弥壹伯陆拾叁人，合全捌拾壹人半；合得

76.　儭大戒式叉尼计叁伯柒拾玖人，尼沙弥计

77.　柒拾壹人，合全叁拾伍人半。上件僧尼，通

78.　计捌伯伍拾贰人，人各支布陆拾尺，僧尼沙

79.　弥各支布叁拾尺。

（后略）

以上合得儭之僧、沙弥、大戒式叉尼、尼沙弥共计 852 人，所分儭布都是平均的，即僧和大戒式叉尼每人 60 尺，沙弥和尼沙弥为一半，即每人 30 尺。

本件文书所载儭布的分配方式，郝春文先生已正确指出："儭司施物的唱卖者并不是将应出布（对儭司来说是所得布）直接交给儭司，由儭司进行分配，而是依据应出布的数量，分别分发给僧人。"由于"儭司施物唱卖者自身应得儭利的份额，一般是从其应出布数额中扣出，即所谓'支本分'"[①]。

三、敦煌"唱衣"的地域特色

《敕修百丈清规》、《禅苑清规》记载的"唱衣"情况，都是一个寺院的活动。而敦煌文书记载的敦煌寺院，其"唱衣"等活动虽然遵从了律藏的规定，但又与《敕修百丈清规》、《禅苑清规》的记载不完全一致，具有鲜明的地域特色。

如"唱衣"就不是在某一个寺院中进行，而是整个敦煌教团

---

① 郝春文：《唐后期五代宋初沙州僧尼的宗教收入（二）——儭状初探》，载《段文杰敦煌研究五十年纪念文集》，第 458 页。

的集体行动。归义军时期,敦煌的寺院比较多,S.1947 号①文书中就有"(归义军)管内一十六所寺及三所禅窟",Дx.1382 号②也有"应管壹拾陆寺僧尼籍"的记载。据李正宇先生考证,晚唐五代时期,敦煌境内敕建有尼寺五所及僧寺十一所,总称十六寺。③另外还有一些窟、佛刹、佛龛、佛堂和兰若等。"站在这个庞大的教团势力顶端的,仍然是'都司'即都僧统司。……'都司'下设立掌管布施收入和分配的'僦司',由'僦司教授'及'僦司法律'掌管。"④由此可见,僦司主持的"唱衣",并非单个寺院的单独活动,而是整个敦煌教团的集体行动。

现在,我们再来看 P.2638 号文书提到的寺院:14 行"龙"即龙兴寺,15 行、20 行"普"即普光寺,19 行"国"即安国寺(51—52 行也有安国寺),45 行的大云寺、永安寺(62 行的"永"即永安寺),50 行的圣光寺,51 行的开元寺(62 行的"开"即开元寺),55 行的三界寺、净土寺,62 行的"修"即灵修寺。以上共提到寺院 10 个,另外,61 行的"三窟"指的就是莫高窟、西千佛洞和榆林窟,58—59 行的"诸寺兰若"则是对敦煌寺院兰若的泛称。

本件文书是沙州僦司的状稿,而僦司又是都僧统司的下属机构,由此也可看出,"沙州僧团是超越于一个寺院的组织"。⑤ 而本件文书上又钤有几颗"河西都僧统印",可见所谓"右奉处分令

---

① 文书图版见《英藏敦煌文献(汉文佛经以外部分)》第三卷,四川人民出版社 1990 年版,第 190 页。

② 文书图版见《俄藏敦煌文献》第八册,上海古籍出版社 1997 年版,第 128 页。

③ 李正宇:《敦煌地区古代祠庙寺观简志》,载《敦煌学辑刊》1988 年第 1—2 期。

④ 姜伯勤:《唐五代敦煌寺户制度》,第 145 页。

⑤ 姜伯勤:《敦煌社会文书导论》,(台北)新文丰出版公司 1992 年版,第 204 页。

执掌大众儭利"，也是奉河西都僧统的处分。它也证明 P.2638 号文书中儭司的"唱衣"行动，是由"河西都僧统"领导下的整个敦煌教团组织的集体行动，并非像《敕修百丈清规》、《禅苑清规》记载的那样，只是一个寺院的活动。

敦煌的佛寺，虽不能说全是禅寺，但具有禅宗的内容则是不容置疑的。由此我们可以提出这样一种假设，即《敕修百丈清规》、《禅苑清规》虽是禅门寺院的规范，但它又是在总结、继承整个佛教寺院行为准则的基础上制定的，故在非禅宗寺院中也可以看到许多与《敕修百丈清规》、《禅苑清规》相似的内容。从以上所论敦煌寺院的"唱衣"可知，它与《敕修百丈清规》、《禅苑清规》的记载也有不完全一致之处，即打上了当时当地的烙印。这也许是因为《敕修百丈清规》、《禅苑清规》的规定是佛教僧徒的最高理想，属于佛教的法规，而敦煌文书中反映的"唱衣"，则是一般僧人的活动，虽以佛教法规为指导，但又具有一定的世俗性。

从唐代开始，僧务的管理权就一直隶属于中央政府的常设官署，如鸿胪寺、祠部等，不再设专门的僧务机构了。在僧务管理上，表现为一种僧官与俗官混存共管的情况。[①] 而敦煌归义军政权，虽奉中原王朝正朔，但基本上是一个独立或半独立的地方政权，在僧务管理上也是如此。如张氏归义军时期的河西都僧统悟真，从形式上看，由朝廷任命，但实际上是由归义军节度使决定的。到"西汉金山国"及曹氏归义军时期，则干脆自行任命，有时仅仅加上一个"大唐敕授"的名义罢了。[②]

正因为敦煌教团僧官的任命权在归义军节度使，故僧官在大

---

① 参阅白文固:《南北朝隋唐僧官制度探究》，载《世界宗教研究》1984年第 1 期，又见何兹全主编:《五十年来汉唐佛教寺院经济研究（1934—1984）》，北京师范大学出版社 1986 年版，第 266—277 页。

② 谢重光、白文固:《中国僧官制度史》，第 144—145 页。

政方针上必须与归义军政权保持一致,甚至听命于归义军节度使。在曹氏归义军时期,其统辖的地盘已大不如前,并不断受到外来的侵扰,故必须加强内部统治。再加上敦煌的寺院,一般规模较小,自不能与中原、南方的一些大寺相提并论。因此敦煌佛寺的活动,并不是一个寺院的单独行动,而是由都僧统领导下的整个敦煌教团的集体行动。如根据 S.0520[①] 和 S.8583[②] 号缀合之《天福二年(937)二月十九日河西都僧统龙辩榜》[③]上有"河西都僧统印"三颗,是沙州报恩寺为举办方等道场,由"河西应管内外释门都僧统龙辩"所发之榜文,其目的是要求都僧统司下属之僧官以及敦煌十一个僧寺的禅律大德、律师等参加诸司的管理工作。敦煌佛寺的各项活动,是沙州教团的集体行动。作为佛寺活动内容之一的"唱衣",也就不是各个寺院的单独行动。

前已述及,归义军时期敦煌共有十六寺、三窟及若干兰若等,但在 P.2638 号文书中只出现了十寺、三窟,为何不是全部寺院的活动呢?对此郝春文先生认为,在当时的沙州,亡故僧尼的衣物并非全部"散施"给僟司,也不是每个疾病死亡僧尼都向僟司"散施"物品。因为僧尼施入各个寺院和"入法事"的物品都不能归入僟司,所以僟司所执掌的大众僟利似乎只是施主明言施入"合城大众"或"大众"的部分。由此就可以明白,为什么 P.2638 号文书"收入部分"所记布施衣物的人次较少了。[④] 这是有一定道

---

① 文书图版见《英藏敦煌文献(汉文佛经以外部分)》第一卷,四川人民出版社 1990 年版,第 240 页。

② 文书图版见《英藏敦煌文献(汉文佛经以外部分)》第十二卷,四川人民出版社 1995 年版,第 164 页。

③ 唐耕耦:《敦煌研究拾遗补缺二则》,载《敦煌研究》1996 年第 4 期。

④ 郝春文:《唐后期五代宋初沙州僧尼的宗教收入(一)——兼论僟司》,见柳存仁等:《庆祝潘石禅先生九秩华诞敦煌学特刊》,(台北)文津出版社 1996 年版,第 287—302 页。

理的,但还有一种可能,即僦司每次主持的"唱衣"及僦物分配,只是有关的寺院参加,并不包括所有的寺院。

另外,根据内律规定,寺院唱衣,所收一般是钱,如:

> 估唱得钱必照板帐,支用外其钱作三七。抽分归常住(百贯抽三十贯,不满百贯则不抽分),余则均俵僧众。[①]

同时还列有各种收支账目的样式。《百丈清规证义记》卷五《估唱》条亦曰:

> 唱一件价,维那鸣磬一下,要者称名收号条,书记填某号某甲收,知客僧值照应,或当时钱物两交,副寺照号收钱,知客给物,或另日往库房缴钱取物。

而敦煌文书中的唱衣历,其唱卖所得都是实物,其中绝大部分都是布,另有少部分麦、粟等,总之都是实物,目前还未发现使用货币的,这是什么原因呢?

自从"安史之乱"以后,吐蕃占领了敦煌,并将其本部的一些行政、军事、经济政策在敦煌实行,如部落、将制、突田制等,[②]唐王朝的货币被废除,主要实行物物交换,交换的媒介是实物。

归义军政权作为一个特殊的藩镇,虽然在绝大部分时间都奉中原王朝为正朔,但由于当时唐王朝自顾不暇,再加上交通的阻隔等各种原因,归义军政权实际上处于一个地方政权状态,无法得到唐王朝的有力支持,当然也就无法得到、使用唐王朝的货币。而它又是在推翻吐蕃统治的基础上建立的,也没有货币供其继承,归义军政权本身又没有铸造货币。因此,在整个归义军时期,

---

① 《重编敕修百丈清规》卷七《板账式》,《大正藏》第 48 册,第 1150 页。
② 刘进宝:《关于吐蕃统治经营河西地区的若干问题》,载《中国边疆史地研究》1994 年第 1 期。

都很难见到使用货币的记载，人们在买卖、雇工、典当、借贷时，便以麦粟、绢帛、布匹等实物计价。尤其是布匹，在当时当地便替代了货币的功能，具有价格和价值的尺度，是实物货币的主要形态。

作为社会组成部分的寺院，也自然受这一大环境和前提的影响、左右，在唱衣时，其所得也就以布匹为主了。

（本部分由《晚唐五代敦煌寺院的"唱衣"》和《从敦煌文书看唐五代佛教寺院的"唱衣"》两文合并修改而成，前文载刘进宝《敦煌文书与唐史研究》，（台北）新文丰出版公司 2000 年版，后文载《南京师大学报》2007 年第 4 期）

第三章　阶层与阶级

第一节　唐五代音声人略论

唐五代的"音声人",是一比较复杂的课题。学术界此前主要是从阶级结构或贱人、奴婢的角度有所涉及,但缺乏专门的研究。由于敦煌文书的发现,使我们对唐后期五代归义军时期的"音声人"有了比较清晰的认识。但对"音声人"的来源、地位及社会生活等等还不十分清楚。笔者拟在学术界以往研究的基础上,对此略加探讨,不当之处,请批评指正。

一、音声之前的乐户

音声之名虽然出现较晚,但它与乐户相同。乐户在史籍中的出现,应在北魏时期,据《魏书》卷一百十一《刑法志》载:

> 孝昌(525—527)已后,天下淆乱,法令不恒,或宽或猛。及尔朱擅权,轻重肆意,在官者,多以深酷为能。至迁邺,京畿群盗颇起。有司奏立严制:诸强盗杀人者,首从皆斩,妻子同籍,配为乐户;其不杀人,及赃不满五匹,魁首斩,从者死,妻子亦为乐户;小盗赃满十匹已上,魁首死,妻子配驿,从者流。①

---

① (北齐)魏收:《魏书》卷一百十一《刑法志》,中华书局 1974 年版,第2888 页。

《左传·襄公二十三年》正义云：

> 近世魏律，缘坐配没为工乐杂户者，皆用赤纸为籍，其卷
> 以铅为轴。①

项阳先生认为："乐籍是在拓跋氏入主中原，将大量的汉民
徙为奴隶的情况下，引入中原的户籍制度。"②

隋代的万宝常，也是属于罪犯配没为乐户者。《隋书》卷七
十八《艺术·万宝常》载：

> 万宝常，不知何许人也。父大通，从梁将王琳归于齐。
> 后复谋还江南，事泄，伏诛。由是宝常被配为乐户，因而妙达
> 钟律，遍工八音。造玉磬以献于齐。③

当然，乐户也并非完全是刑事犯罪者的家属，此外还有战争
中的俘虏，如《魏书》卷八十六《孝感列传》载：

> 又河东郡人杨风等七百五十人，列称乐户。皇甫奴兄
> 弟，虽沉屈兵伍而操尚弥高，奉养继亲甚著恭孝之称。④

北魏时期出现的乐籍，被后世所继承，如《周书》卷二十一
《司马消难列传》载：

> 初，杨忠之迎消难，结为兄弟，情好甚笃。隋文每以叔礼
> 事之。及陈平，消难至京，特免死，配为乐户。经二旬放免。

---

① （清）阮元校刻《十三经注疏》，中华书局1982年版，第1976页。
② 详见项阳：《山西乐户研究》，文物出版社2001年版，第4页。另外，
乔健、刘贯文、李天生：《乐户：田野调查与历史追踪》（江西人民出版社2002
年版）一书，也是对山西乐户的调查与研究。该书以山西省尤其是上党地区
的田野调查为主，亦可参考。
③ 《隋书》卷七十八《万宝常传》，第1783页。
④ 《魏书》卷八十六《孝感列传》，第1884页。

犹被旧恩，特蒙引见。寻卒于家。①

隋文帝即位后，即于开皇元年（581）四月将"太常散乐并放为百姓"②。另据《隋书》卷六十七《裴蕴传》载：

> 初，高祖不好声技，遣牛弘定乐，非正声清商及九部四舞之色，皆罢遣从民。至是（大业初），蕴揣知帝意，奏括天下周、齐、梁、陈乐家子弟，皆为乐户。其六品已下，至于民庶，有善音乐及倡优百戏者，皆直太常。是后异技淫声咸萃乐府，皆置博士弟子，递相教传，增益乐人至三万余。帝大悦，迁民部侍郎。③

从《隋书》的记载可知，隋将从周、齐、梁、陈接收过来的乐家子弟作为乐户，而将民庶中善音乐者虽也隶属太常，但不属于乐户。"由此可见，隋代在宫廷中从事音乐活动的乐人分为两类，一类是贱民为之的乐户，一类是庶民中的擅长音乐者……前者为没有社会地位的贱民，后者则是可以享有普通人社会权力的庶民。我们看到，在其后的许多朝代逐渐混淆了两者之间的界限，这一群体更多是以贱民为之。"④

开皇元年"放免乐户为民，说明其身份低于平民"；大业年间奏括天下周、齐、梁、陈乐家子弟皆为乐户，"大概是文帝时所放免的乐户原籍具存，大业时据此检括，把南北朝后期诸乐户子弟

---

① （唐）令狐德棻等：《周书》卷二十一《司马消难列传》，中华书局1971年版，第355页。

② 《隋书》卷一《高祖纪》，第15页。

③ 《隋书》卷六十七《裴蕴传》，第1574—1575页。

④ 《山西乐户研究》，第5页。

依旧括充乐户。"①总之,乐户的地位是低于平民的。

唐代建国不久,高祖李渊即发布诏书:

> (武德)四年九月二十九日诏:太常乐人,本因罪谴没入官者,艺比伶官。前代以来,转相承袭,或有衣冠继绪,公卿子孙,一沾此色,累世不改,婚姻绝于士庶,名籍异于编甿,大耻深疵,良可矜愍。其大乐鼓吹诸旧乐人,年月已久,时代迁移,宜并蠲除,一同民例。但音律之伎,积学所成,传授之人,不可顿阙,仍令依旧本司上下。若已经仕宦,先入班流,勿更追补,各从品秩。自武德元年配充乐户者,不在此例。(乐工之杂士流,自兹始也。太常卿窦诞,又奏用音声博士,皆为大乐鼓吹官僚。……自是声伎入流品者,盖以百数。)②

从此诏书我们可以得知以下信息:

第一,乐人由罪谪配充。他们"汉魏后皆以贱隶为之",③并且"转相承袭,或有衣冠继绪,公卿子孙,一沾此色,累世不改"。这与前引《魏书·刑法志》中诸强盗被斩后,"妻子同籍配为乐户"的记载是一致的。

第二,乐户的地位低于百姓。他们"婚姻绝于士庶,名籍异于编甿,大耻深疵,良可矜愍。"这与北齐灭亡后,"衣冠士人多迁关内,唯技巧、商贩及乐户之家移实州郭"④的情况是一致的。

第三,唐朝蠲免前代乐户为百姓,让其"一同民例"时,本朝

---

① 张泽咸:《唐代阶级结构研究》,中州古籍出版社 1996 年版,第 489 页。

② (宋)王溥:《唐会要》卷三十四《论乐》,第 728 页。《唐大诏令集》卷八十一唐高祖《太常乐人蠲除一同民例诏》略同,但其年代则为"武德二年八月",第 465 页。《资治通鉴》卷一百八十九则与《唐会要》一致。

③《唐会要》卷三十三《清乐》,第 713 页。

④《隋书》卷七十三《梁彦光传》,第 1674 页。

所配充的乐户则例外，即"自武德元年配充乐户者，不在此例"①。

二、音声与乐人

"音声"之名出现于唐代，如《通典》卷一百四十六曰："国家每岁阅司农户，容仪端正者归太乐，与前代乐户总名'音声人'。历代兹多，至有万数。"②对此，《唐六典》有比较具体的记载："凡初配没有伎艺者，从其能而配诸司；妇人工巧者，入于掖庭；其余无能，咸隶司农。""其余杂伎则择诸司之户教充。"并作注曰："每年十月，都官按比。男年十三已上，在外州者十五已上，容貌端正，送太乐；十六已上，送鼓吹及少府教习。"③

在唐代前期，音声人与乐户常常难以区分，如前引《通典》就说"与前代乐户总名'音声人'"。由此可见，音声人是包括乐户的。据《唐律疏议》卷三《名例·工乐杂户及妇人犯流决杖》条载："'太常音声人'，谓在太常作乐者，元与工、乐不殊，俱是配隶之色，不属州县，唯属太常。义宁（617—618）以来，得于州县附贯，依旧太常上下，别名'太常音声人'。"④

《新唐书》卷二十二《礼乐志》云：

> 唐之盛时，凡乐人、音声人、太常杂户子弟隶太常及鼓吹署，皆番上，总号音声人，至数万人。⑤

---

① 参阅张泽咸：《唐代阶级结构研究》，第488—489页。

② （唐）杜佑撰，王文锦等点校：《通典》卷一百四十六《清乐》，第3718页。《唐会要》卷三十三《清乐》（第713页）略同。

③ （唐）李林甫等修，陈仲夫点校：《唐六典》卷六《尚书刑部·都官》，中华书局1992年版，第193页。

④ （唐）长孙无忌等撰，刘俊文点校：《唐律疏议》卷三《名例·工乐杂户及妇人犯流决杖》，中华书局1983年版，第74页。

⑤ 《新唐书》卷二十二《礼乐志》，第477页。

由此可知,音声人有广义与狭义之分,上引《通典》卷一百四十六及《新唐书·礼乐志》所说的"音声人",乃是指广义的音声。这里的音声是包括乐人的,它是所有乐营使所辖乐工的总称。

音声和乐人除了相同的一面外,还有其不同之处,如"凡乐人及音声人应教习,皆著簿籍,核其名数而分番上下。"①从这一记载就可知道,音声与乐人还是有区别的,否则就不会将其并列,而应该直呼音声了。

第一,《唐律疏议》卷三《名例·工乐杂户及妇人犯流决杖》条疏议曰:"工、乐者,工属少府,乐属太常,并不贯州县";"太常音声人……得于州县附贯"。②《唐律疏议》卷十八《贼盗·杀人移乡》条疏议曰:"工、乐及官户、奴,并谓不属县贯";"其杂户、太常音声人,有县贯"。③由此可知,隋唐之际,太常音声人的户籍开始附贯于地方州县了。即音声在州县有籍贯,而乐户则只属太常,在州县无贯。

第二,《唐律疏议》卷十四《户婚·杂户官户与良人为婚》条疏议曰:"其工、乐、杂户、官户,依令'当色为婚'";"太常音声人,依令'婚同百姓',其有杂作婚姻者,并准良人"。④就是说,乐户只能"当色为婚",而音声人则与其不同,他们"依令婚同百姓"。

第三,《唐律疏议》卷十七《贼盗·缘坐非同居》条疏议曰:"杂户及太常音声人,各附县贯,受田、进丁、老免与百姓同"。⑤

当然,这只是从法律条文的角度区分的。实际上,在许多情

---

① 《唐六典》卷十四《太常寺》,第 406 页。
② 《唐律疏议》卷三《名例·工乐杂户及妇人犯流决杖》,第 74 页。
③ 《唐律疏议》卷十八《贼盗·杀人移乡》,第 342 页。
④ 《唐律疏议》卷十四《户婚·杂户官户与良人为婚》,第 271 页。
⑤ 《唐律疏议》卷十七《贼盗·缘坐非同居》,第 324 页。

况下,音声和乐人是很难区分的。

　　狭义的音声是指演唱歌曲、制作音乐的艺人。《新唐书》卷四十八《百官志三》在太常寺太乐署下注曰:"唐改太乐为乐正,有府三人,史六人,典事八人,掌固六人,文武二舞郎一百四十人,散乐三百八十二人,仗内散乐一千人,音声人一万二十七人。"①冯培红氏已指出,"这里的音声人,应是指狭义范围。"②

　　另据《旧唐书》卷十九上《懿宗本纪》载:

　　　　(咸通十三年五月)乙亥,国子司业韦殷裕于阁门进状,论淑妃弟郭敬述阴事。上怒甚,即日下京兆府决杀殷裕,籍没其家。殷裕妻崔氏,音声人郑羽客、王燕客,婢微娘、红子等九人配入掖庭。③

　　韦殷裕家中的音声,显然也是指演唱歌曲之具体人。

　　另如李肇《唐国史补》卷上载:

　　　　李令尝为制将,将军至西川,与张延赏有隙。及延赏大拜,二勋臣在朝,德宗令韩晋公和解之。每宴乐,则宰臣尽

---

　　①《新唐书》卷四十八《百官志三·太常寺》,第1244页。

　　② 冯培红:《敦煌归义军职官制度研究——唐五代藩镇官制个案研究》,兰州大学博士论文,2004年,第131页。

　　③《旧唐书》卷十九上《懿宗本纪》,第679页。

在,太常教坊音声皆至,恩赐酒馔,相望于路。①

音声的地位低于良人,与杂户相当,如前引《新唐书》卷二十二《礼乐志》云:"唐之盛时,凡乐人、音声人、太常杂户子弟隶太常及鼓吹署,皆番上,总号音声人,至数万人。"这里就明确将音声和太常杂户子弟并列。

关于杂户,据《唐六典》卷六《尚书刑部·都官》载:"凡反逆

----

① 李肇:《唐国史补》卷上《李令勋臣首》,见《唐五代笔记小说大观》,上海古籍出版社 2000 年版,第 171 页。除上述狭义的音声外,有些妓女往往也会音乐歌舞,因此音声人也可指妓女。参阅曾良:《敦煌文献字义通释》,厦门大学出版社 2001 年版,第 177 页。如李肇《唐国史补》卷上载:"德宗初复宫阙,所赐勋臣第宅妓乐,李令为首,浑侍中次之。"(《唐五代笔记小说大观》,第 170 页)这里的"妓乐"应该就是音声。德宗为勋臣赐"妓乐",与玄宗给哥舒翰"赐音声小儿十人"(《全唐文》卷二十五唐玄宗《加哥舒翰爵赏制》,中华书局 1983 年版,第 291 页)是一致的。《唐语林》卷四载"刘异赴邠宁,安平公主辞,以异侍女从。宣宗曰:'此何人也?'曰:'刘郎音声人。'上喜安平不妒,顾左右曰:'与作主人,不令与宫娃同处'。"周勋初:《唐语林校证》,中华书局 1997 年版,第 411 页。这里的"刘郎音声人",在同书卷七中也有相似记载:"[杜]晦辞亦好色,赴淮南,路经常州,李赡给事为郡守,晦辞于坐间与官妓朱娘别,因掩袂大哭。赡曰:此风声贱人,员外何必如此?"周勋初先生校证:"风声贱人,原书作'风声妇人。'案:《金华子》卷上王昭辅尝话故钟陵平江西一条,内有收拾一风声妇人为歌姬之句,周广业注:案:裴廷裕《东观奏记》:驸马刘异上安平公主,主左右皆宫人。一日,以异姬人从入宫,上问:'为谁?'主曰:'刘郎声音人。'自注云:'俗呼如此。'然则'风声妇人'亦'声音人'之类也。"(周勋初:《唐语林校证》,第 623 页)从本条上下文及同书卷四可知,这里的"声音人"似是"音声人"之误。

另外,音声还可指音乐,如《太平广记》卷二百一十四《杂编》曰:"有别画者,与人同游寺,看壁画音声一铺(原注:铺原作幅),曰:'此凉州第几遍?'不信,召乐官奏凉州,至画处,用指更无差异。"(李昉等:《太平广记》,中华书局 1986 年版,第 1643 页。)王锳先生注曰:"'一铺'为量词,'音声一铺'意犹'音乐一幅'或'一壁'。"参阅王锳:《唐宋笔记语辞汇释》,中华书局 2001 年版,第 210 页。

相坐,没其家为官奴婢。一免为番户,再免为杂户,三免为良人。"①可见,杂户与音声地位相当。这正如前引《唐律疏议》所言:"杂户及太常音声人,各附县贯,受田、进丁、老免与百姓同"②;"其杂户、太常音声人有县贯。"③可见他们的地位相当,略低于良人,经再次放免后才能成为良人。

《唐六典》卷六《尚书刑部·都官》载:"番户、杂户,则分为番。"关于番期,《唐六典》注解曰:"番户一年三番,杂户二年五番,番皆一月。十六已上当番请纳资者,亦听之。"④

据唐律规定,杂户的地位高于番户(官户),低于平民。类似杂户之音声,若再度放免,就可成为平民了。他们被放免的主要途径是"征讨得勋",即因战功受勋而放免,这正如《唐会要》卷三十四《杂录》载:"又音声人得五品已上勋,依令应除簿者,非因征讨得勋,不在除簿之列。"⑤

音声虽属杂户,其政治地位较低,但其经济地位可能与一般百姓略同,因他们不仅"受田、进丁、老免与百姓同。"而且既可以给侍也可以充侍。据《唐会要》载:"乾封元年五月敕:音声人及乐户,祖[父]母老病应侍者,取家内中男及丁壮好手者充。若无所取中丁,其本司乐署博士,及别教子弟应充侍者,先取户内人及近新(亲)充。"⑥正因为如此,音声中还出现了一些富有者。据

---

① 《唐六典》卷六《尚书刑部·都官》,第 193 页。

② 《唐律疏议》卷十七《贼盗·缘坐非同居》,第 324 页。

③ 《唐律疏议》卷十八《贼盗·杀人移乡》,第 342 页。

④ 《唐六典》卷六《尚书刑部·都官》,第 193 页。关于番户、杂户的详情,请参阅张泽咸《唐代阶级结构研究》第十四章《官户、杂户及其他》。

⑤ 《唐会要》卷三十四《杂录》,第 734—735 页。

⑥ 《唐会要》卷三十四《杂录》,第 733 页。其中应补之"父","新"应为"亲",乃按李锦绣《唐代制度史略论稿》(中国政法大学出版社 1998 年版,第 364 页)补改,特此说明。

《隋书》载：

> 凡(宇文)述所荐达，皆至大官。赵行枢以太常乐户，家
> 财亿计，述谓为儿，多受其贿。称其骁勇，起家为折冲
> 郎将。①

这里的"赵行枢以太常乐户"，《北史》则直接写为"本太常乐
户"②，可见赵是"以太常乐户"的身份起家的。作为"太常乐户"
的赵行枢，能有"家财亿计"，并通过大量的贿赂而"起家为折冲
郎将"。另如 P.2040 背净土寺某年《粟破》中有："粟一斗，安老
宿车团于南沙张音声庄折木用。"③

从隋代乐户赵行枢"家财亿计"到归义军时期的张音声已有
庄田，俨然为一地主可知，"个别音声人上层已成为富有者"④。

三、音声的设置及地位

唐中期又设置了专门从事俗乐的教坊。《新唐书》卷四十八
《百官志三》载：

> 开元二年(714)，又置内教坊于蓬莱宫侧，有音声博士、
> 第一曹博士、第二曹博士。京都置左右教坊，掌俳优杂技。
> 自是不隶太常，以中官为教坊使。⑤

对此，《资治通鉴》的记载更为明确：

---

① 《隋书》卷六十一《宇文述传》，第 1468 页。
② 《北史》卷七十九《宇文述列传附赵行枢》，第 2653 页。
③ 文书图版见《法藏敦煌西域文献》第三册，上海古籍出版社 1994 年
版，第 20—56 页。录文见《释录》第三辑，第 401—436 页，第 251—252 行。
④ 姜伯勤：《敦煌艺术宗教与礼乐文明》，中国社会科学出版社 1996 年
版，第 524 页。
⑤ 《新唐书》卷四十八《百官志三·太常寺》，第 1244 页。

> 旧制，雅俗之乐，皆隶太常。上精晓音律，以太常礼乐之司，不应典倡优杂伎，乃更置左右教坊以教俗乐，命右骁卫将军范及为之使。又选乐工数百人，自教法曲于梨园，谓之"皇帝梨园弟子"。又教宫中使习之。又选伎女，置宜春院，给赐其家。①

除中央设有"梨园弟子"外，唐后期五代的藩镇，也有乐营之设。《唐会要》卷三十四《杂录》载：

> 宝历二年(826)九月，京兆府奏：伏见诸道方镇，下至州县军镇，皆置音乐，以为欢娱。岂惟夸盛军戎，实因接待宾旅。伏以府司每年重阳、上巳两度宴游，及大臣出领藩镇，皆须求雇教坊音声，以申宴饯。今请自于当已钱中，每年方图三二十千，以充前件乐人衣粮。伏请不令教坊收管，所冀公私永便。从之。盖京兆尹刘栖楚所请也。②

从宝历二年(826)奏文可知，藩镇中有专门的乐舞机构，这应该就是乐营。因据《旧唐书》卷一百四十五《陆长源传》载，贞元十五年(799)汴州节度判官孟叔度"多纵声色，数至乐营与诸妇人嬉戏，自称孟郎，众皆薄之。"③这里的"乐营"显然就是军中的乐舞机构。

乐营的主管官员就是乐营使。这从崔致远《桂苑笔耕集》④

---

① (宋)司马光等：《资治通鉴》卷二百一十一，玄宗开元二年春正月条，第6694页。

② 《唐会要》卷三十四《杂录》，第736页。

③ 《旧唐书》卷一百四十五《陆长源传》，第3938页。

④ [新罗]崔致远撰，党银平校注：《桂苑笔耕集校注》，中华书局2007年版，第463—465页。党银平在校注中提出，唐代藩镇皆设乐营，负责迎来送往事务，安排食宿宴饯。同时还兼管"艳丽"或营妓。

卷十四所载《客将哥舒珝兼充乐营使》就可得到证明：客将哥舒珝"久委宾司，既见与言之可使；俾兼乐职，必期饰喜之克谐。尔其有礼为先，无荒是诚，迎送于燕台郑驿，指踪于回雪遏云"。故被高骈奏请为"兼充乐营使"，即本藩镇乐营的主管官员。

另外，据《唐故东畿汝防御使都押衙兼都虞候正议大夫检校太子宾客上柱国南阳张府君墓志铭并序》载：张季戎因"博习典坟，洞明音律"，于会昌五年十月"又加乐营使。"①

乐营使又称为乐营将，宋人程大昌在《演繁露》卷六《乐营将弟子》中，记述玄宗开元二年设置教坊、备"皇帝梨园弟子"后紧接着说："至今谓优女为弟子，命伶魁为乐营将者，此其始也。"②

五代时期，乐工的地位似有所提高。《五代会要》卷七《杂录》有：

> 晋开运二年八月，中书舍人陶谷奏："臣前任太常少卿，伏见本寺见管教坊二舞，本户州县居民，若不尽免差徭，无缘投名鼓舞。况正殿会朝，已久停废，其见管人数等每有沦亡，皆拟填补，既不曾教习，但虚免差徭，伏乞且议停废。"……其年十一月，太常丞刘涣奏："当寺全少乐工，或正、冬朝会，郊庙行礼，旋差京府衙门首乐官权充，虽曾教习，未免生疏，兼又各业胡部音声，不闲太常歌曲。伏乞宣下所司，量支请给，据见阙乐师添召，令在寺习学"。敕："太常寺见管两京雅乐节级乐工共四十人外，更添六十人。内三十八人，宜抽教坊贴部乐官兼充；余二十二人，宜令本寺招召充填。仍令

① 周绍良主编：《唐代墓志汇编》下册，上海古籍出版社 1992 年版，第 2292 页。

② （宋）程大昌：《演繁露》卷六《乐营将弟子》，《丛书集成初编》（第 293 册），中华书局 1991 年版，第 65 页。

三司定支春冬衣粮，月报闻奏。其旧管四十人，亦量添请。"[1]

从晋开运二年（945）的这一奏敕可知，五代时期的音声人，其身份仍然相对低下，类似杂户，并由官府"定支春冬衣粮"。但户口属于"州县居民"，若在官府上番执役，则需"尽免差徭"。因为若没有"尽免差徭"的优待，就无人肯"投名"为音声人。即只有免除全部的差科徭役，他们才愿意"投名鼓舞"，为官府上番执役。

另据前引《唐会要》卷三十四《杂录》曰："伏见诸道方镇，下至州县军镇，皆置音乐，以为欢娱。"由此表明，"在县、镇一级可能也设有乐营，负责本县乐舞之事。"[2]冯培红氏的这一推论应是正确的，据《大慈恩寺三藏法师传》卷第九载：

> （显庆元年）夏四月八日，帝书碑并匠镌讫，将欲送寺，法师惭荷圣慈，不敢空然待送，乃率慈恩徒众及京城僧尼，各营幢盖、宝帐、幡华，共至芳林门迎。敕又遣太常九部乐，长安、万年二县音声共送。幢最卑者上出云霓，幡极短者犹摩霄汉，凡三百余事，音声车千余乘。[3]

从"长安、万年二县音声"可知，唐代县一级是有音声的。同样的情况，敦煌文书也得到了证明，据 S.4453《宋淳化二年（991）十一月八日归义军节度使帖》载："右奉处分，今者官中车牛载白㯡去，令都知将头随车防援，急疾到县日，准旧看待，设乐支供粮

---

① 《五代会要》卷七《杂录》，第 124 页。

② 《敦煌归义军职官制度研究——唐五代藩镇官制个案研究》，第 131 页。

③ （唐）慧立、彦悰著，孙毓棠、谢方点校：《大慈恩寺三藏法师传》卷九，中华书局 2000 年版，第 189 页。

料。其都知安永成一人，准亲事例，给料看待。"①此帖是发给寿昌县的，可见归义军节度使下辖的寿昌县是有乐舞机构的，并能"设乐"助兴。

据《旧唐书》卷四十三《职官志二》载："凡差卫士征戍镇防，亦有团伍……其居常则皆习射，唱大角歌"。从此记载可知，军中日常训练科目中有教习军歌一项。在军中教习军歌者，应当属于军队中的乐营人员。我们知道，唐代中期，音声人就要上番服役。唐代音声人虽在州县受田，但"仍各于本司上下，不从州县赋役者。"②他们主要是以上番的形式到太常寺执役，据《唐六典》卷十四《太常寺·太乐署》载："凡乐人及音声人应教习，皆著簿籍，核其名数，而分番上下，皆教习检察，以供其事。"关于番上，《唐六典》注曰："短番散乐一千人，诸州有定额。长上散乐一百人，太常自访召。关外诸州者分为六番，关内五番，京兆府四番，并一月上；一千五百里外，两番并上"。由此可知，音声上番，番期为一月。一千五百里外，为节省来回路途，"两番并上"。

在唐代实行均田制时期，音声人也受田，"其受田、进丁、老免与百姓同。"但免征徭役杂科。因为其上番设乐就相当于执役。《唐会要》卷三十三《散乐》载："神龙三年(707)八月敕：太常乐鼓吹散乐音声人，并是诸色供奉，乃祭祀陈设，严警卤簿等用，须有矜恤，宜免征徭杂科。"③又《唐会要》卷三十四《杂录》载：开元二十三年(735)敕："音声内教坊博士，及曹第一、第二博

---

① 文书图版见《英藏敦煌文献（汉文佛经以外部分）》第六卷，四川人民出版社1992年版，第80页。录文见《释录》第四辑，第306页。

② （唐）长孙无忌等撰，刘俊文点校：《唐律疏议》，中华书局1983年版，第342页。

③ 《唐会要》卷三十三《散乐》，第714页。

士房,悉免杂徭,本司不得驱使。"①到了吐蕃时期,仍然如此。如P.3730《酉年乐人奉仙等牒》中云:"奉仙等虽沾乐人,八音未辩,常蒙抚恤,频受赏荣,突课差科,优矜至甚。"②据姜伯勤先生研究,奉仙等被"优矜"(减免)的"差科"(力役)和"突课"(地租),原是一般寺户所必须负担的"重科",只是因为他们演出了音乐,才被寺院放免。由此可见,敦煌的寺属乐人,是附着于土地,参加劳动的寺户,但其上番设乐,则作为其应交纳的力役地租的替代物。③

音声上番执役时其衣粮由官府供给,但当其下番后,则需自行解决。因此,作为杂户之音声,就需要占有、耕种土地,以供其下番时生活。

音声的户口既然属"州县居民",就应该占有土地。在唐代前期实行均田制时,音声与州县百姓一同受田。但在归义军时期的晚唐五代至宋初,土地的占有原则是谁有能力耕种,就可请占土地。我们见到 P.4525 的这件文书,音声、吹角、牧子都有土地20 亩,不知是其占有土地的全部,还是一部分。从这些身份的人都有土地 20 亩估计,这是他们最低的生活标准,即除上番执役时由官府供给衣粮外,这些土地就是其平时生活的源泉。由于其上番执役,因此才免除了其地税中的官布。

至于"音声人"的身份,姜伯勤先生在研究 P.4525(8)号背文书时指出:"音声、牧子、吹角俱属杂户。"④张泽咸先生认为:"太

---

① 《唐会要》卷三十四《杂录》,第 734 页。
② 文书图版见《法藏敦煌西域文献》第二十七册,上海古籍出版社 2002年版,第 165 页。
③ 《敦煌艺术宗教与礼乐文明》,第 516 页。
④ 《敦煌艺术宗教与礼乐文明》,第 522 页。

常音声人的地位比诸杂户是略高一筹。"①

据天一阁藏《天圣令》所保存的宋已废弃不用的唐令载：

> 诸官户皆在本司分番上下，每年十月，都官案比。男年十三以上，在外州者十五以上，各取容貌端正者，送太乐(其不堪送太乐者，自十五以下皆免入役)；十六以上送鼓吹及少府监教习，使有工能，官奴婢亦准官户例分番(下番日则不给粮)。愿长上者，听。其父兄先有技业堪传习者，不在简例。杂户亦任本司分番上下。②

《天圣令》所保存的这一唐令，在《唐六典》注文中也有记载，只不过略有不同。为便于说明，现转引如下：

> 官户皆在本寺分番，每年十月，都官按比。男年十三已上，在外州者十五已上，容貌端正，送太乐；十六已上，送鼓吹及少府教习。有工能官奴婢亦准此。业成，准官户例分番。其父兄先有伎艺堪传习者，不在简例。③

从唐令中官户"各取容貌端正者送太乐"、"送鼓吹及少府监教习，使有工能"可知，这是从官户中挑选有乐舞才能者加以培训，待其习乐"业成，准官户例分番"。这正如《唐律疏议》卷三《名例·工乐杂户及妇人犯流决杖》所载："工乐及太常音声人，皆取在本司习业，依法各有程式。所习之业已成，又能专执其事"；"工、乐及太常音声人，习业已成……皆不配役。若习业未成，依式配役。如元是官户及奴者，各依本法"。即经过业务培

---

① 《唐代阶级结构研究》，第490页。

② 天一阁博物馆、中国社会科学院历史研究所天圣令整理课题组校证《天一阁藏明钞本天圣令校证：附唐令复原研究》，中华书局2006年版，第378页。

③ 《唐六典》卷六《尚书刑部·都官》，第193页。

训后,按官户进行番役。由此可见,"音声人"似属官户。而据前引《唐律疏议》所言:"杂户及太常音声人,各附县贯,受田、进丁、老免与百姓同";"其杂户、太常音声人有县贯。"可见"音声人"似乎又和杂户的地位相当。

当然,这仅仅是依据令文中的有关条文分析的。实际上,音声人的情况比较复杂,可能既有官户的成分,也有杂户的成分,但既不是官户,也不是杂户,而是有独立户籍的,且其身份比较低。如据《唐律疏议》载:"还依本色者,工、乐还掌本业,杂户、太常音声人还上本司"①;"'避本业',谓工、乐、杂户、太常音声人,各有本业,若回避改入他色之类,是名避本业"②;"太常音声人,州县有贯,诈去音声人名者,亦同工、乐之罪"③;"诸杀人应死会赦免者,移乡千里外。其工、乐、杂户及官户、奴,并太常音声人,虽移乡,各从本色。"④可见音声人作为单独的一类,与官户、杂户是有区别的,其地位绝对低于良人,否则就不会要求其"各从本色","还依本色",并强调不能"诈去音声人名"、"避本业"。由于音声人的身份低于平民,在藩镇军队中就有专门的簿籍,如开元二十三年敕:"又音声人得五品已上勋,依令应除簿者,非因征讨得勋,不在除簿之列。"⑤

到了唐后期,竟出现了"京畿诸县太常乐人及金吾角子,皆是富饶之户,其数至多。今一身属太常金吾,一门尽免杂差役"⑥

---

① 《唐律疏议》第 75 页。

② 《唐律疏议》第 97 页。

③ 《唐律疏议》第 471 页。

④ 《唐律疏议》第 341 页。

⑤ 《唐会要》,第 734—735 页。

⑥ (宋)李昉等编:《文苑英华》卷四百二十三《会昌二年四月二十三日上尊号赦文》,中华书局 1966 年版,第 2144 页;《全唐文》卷七十八武宗《南郊改元赦文》,第 355 页。

的情况。以至于政府不得不下令申明:"今后只免正身一人差使,其家丁并不在影庇限"①。"京畿诸县的富户竟然去挂名充当乐人,借以免除繁重害民的差役,乐工原由罪隶配充转而为某些富户乐意投充,其间揭示着唐后期社会里已蕴藏着深刻的变化。"②

音声人既然与百姓一样受田,那就应该承担赋役。但关于音声人承担赋役的情况又比较复杂。据《唐律疏议》载:"其杂户、太常音声人,有县贯,仍各于本司上下,不从州县赋役者。"③由此可知,音声人虽在州县有籍,但不在州县承担赋役,只在本司承担番役。但据唐中期张九龄于开元二十一年五月所撰《皇太子纳妃敕》曰:"长安、万年两县百姓,及今月当上骁骑、卫士、杂匠、掌闲、幕士、驾士、工人、乐人、供膳、官马、主角手,并免其家今年地税。"④从这一诏令却又看到,这些轮番就役的乐人,其家是有一定的田地的,并且还要承担赋税,否则"免其家今年地税"的优待就无法理解了。当然,这些"乐人"是包括音声还是特指,并不清楚。与百姓一同受田的音声人,为何不与百姓一样承担赋役呢?这还有待于我们更进一步地探讨。

按规定,太常音声人应上番服役,"若有故及不任供奉,则输资钱以充伎衣、乐器之用。"⑤《唐六典》卷六《尚书刑部·都官》载:"番户、杂户,则分为番。"关于番期,《唐六典》注解曰:"番户一年三番,杂户二年五番,番皆一月。十六已上当番请纳资者,亦听之。"即音声人若因故不能上番服役,是允许纳资代役的。其

---

① 《唐会要》第 737 页。
② 张泽咸:《唐代阶级结构研究》,第 493—494 页。
③ 《唐律疏议》,第 342 页。
④ 《唐大诏令集》,第 120 页。
⑤ 《唐六典》,第 406 页。

纳资标准："音声人纳资者岁钱二千。"①另外,史籍文献中还提到散乐的纳资标准,如《唐会要》卷三十三《散乐》:散乐"随月当番,遇闰月六番,人各征资钱一百六十七文。"《新唐书》卷四八《百官志三》:"散乐,闰月人出资钱百六十,长上者复徭役。"其中的区别,由于文献记载的阙如,目前还无法得知详情。

从以上唐律中关于音声人的记载可知,其身份地位高于奴婢,低于良人。正如唐长孺先生所指出:《唐六典》中的番户、杂户,《通典》中没有,却多出了部曲、客女,而部曲的地位比奴婢较高。"杂户与部曲既可互称,当然也比奴婢较高。"②

四、归义军时期的音声人

敦煌文书 P.4525(8)《官布籍》③前残后缺,现存 15 行,其中第 1—6 行为据地征收官布的《官布籍》,第 7—15 行,虽有田亩数,但没有纳税数。从其笔迹、字体可知,应为一人书写,但从其内容分析,应属同一文件的两个方面。关于 1—6 行的内容,我们在探讨官布征收时,已对其进行了引录分析,并确定其与 P.3236 号《壬申年敦煌乡官布籍》④原为一件,年代为公元 972 年,都是每 250 亩地纳布一匹。⑤

---

① (宋)欧阳修、宋祁等:《新唐书》,第 1243 页。
② 唐长孺:《拓跋国家的建立及其封建化》,见《魏晋南北朝史论丛》,生活·读书·新知三联书店 1978 年版,第 231—232 页。
③ 文书图版见《法藏敦煌西域文献》第三十一册,上海古籍出版社 2005 年版,第 368 页。录文见唐耕耦、陆宏基《敦煌社会经济文献真迹释录》第二辑,全国图书馆文献缩微复制中心,1990 年,第 454 页。
④ 文书图版见《法藏敦煌西域文献》第二十二册,上海古籍出版社 2002 年版,第 265 页。录文见《释录》第二辑,第 452—453 页。
⑤ 参阅刘进宝:《P.3236 号〈壬申年敦煌乡官布籍〉时代考》,载《西北师大学报》1996 年第 3 期。

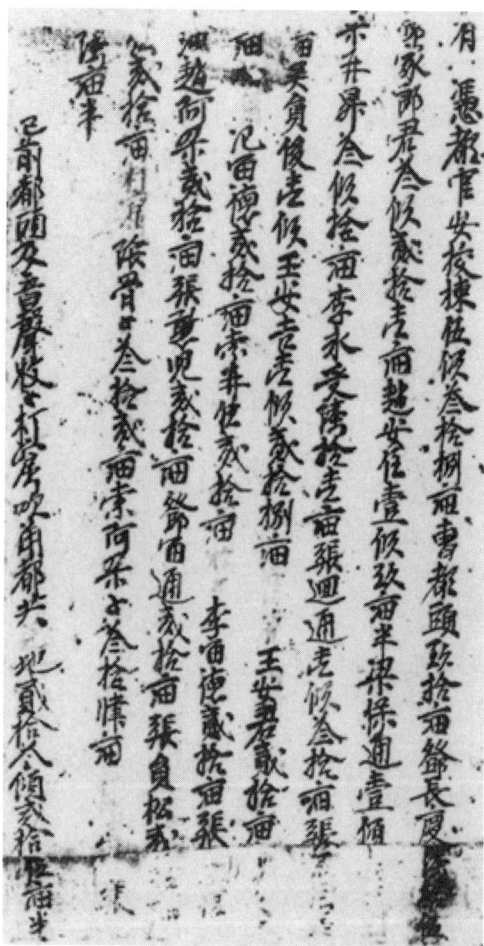

P.4525《官布籍》(部分)

该件文书的 7—15 行，与 1—6 行虽为同一件文书，但性质不同，为便于探讨，现将该文书转录如下：①

———————

① 参阅唐耕耦等：《敦煌社会经济文献真迹释录》第二辑，第 454 页；姜伯勤：《敦煌艺术宗教与礼乐文明》，第 521—522 页。

（前略）

7. ⬚有凭。都官安校栋（练）伍顷叁拾捌亩，曹都头玖拾亩，邓长庆陆拾伍

8. ⬚邓家郎君叁顷贰拾壹亩，赵安住壹顷玖亩半，梁保通壹顷⬚

9. ⬚宋再昇叁顷拾亩，李永受陆拾壹亩，张回通壹顷叁拾亩，张⬚

10. ⬚亩，吴员俊壹顷，王安吉壹顷贰拾捌亩。音声：王安君贰拾亩⬚

11. ⬚亩，吹角：氾富德贰拾亩，索再住贰拾亩。牧子：李富德贰拾亩，张

12. ⬚亩，赵阿朵贰拾亩，张憨儿贰拾亩，邓富通贰拾亩，张员松贰拾亩，

13. ⬚住贰拾亩。打窟：阴骨子叁拾贰亩，索阿朵子叁拾肆亩，□□张⬚

14. ⬚陆亩半。

15.　已前都头及音声、牧子、打窟、吹角都共并地贰拾叁顷贰拾伍亩半。

（后缺）

本件文书第 10 行的"音声"、11 行的"吹角"、"牧子"、13 行的"打窟"在图版上看不清楚。《敦煌社会经济文献真迹释录》第二辑注释说："本件的音声、吹角、牧子、打窟等字为朱笔"，"其性质待考"。①

这里所说"音声"的身份性质如何？为何只占有土地 20 亩？其上番执役与承担差科徭役之间的关系如何？为有助于这些问

---

① 《释录》第二辑，第 454 页。

题的更进一步研究,我们拟对归义军时期音声人的有关问题略作探讨。

敦煌归义军政权是一个特殊的藩镇,它也与唐后期五代的其他藩镇一样设置有乐营使及有关队伍。因此,我们可以利用敦煌文书的零碎记载,并吸收学术界的研究成果,[①]对归义军时期的乐营及音声略加探讨。也就是说,通过解剖麻雀的方式,从特殊的藩镇——敦煌归义军政权的乐营及音声,可以对晚唐五代时期各藩镇的乐营及音声有一大致的了解。

在归义军政权建立前的吐蕃时期,敦煌的乐人及其设乐活动也没有停止。如 P.3730《酉年乐人奉仙等牒》中有:"奉仙等虽沾乐人,八音未辩,常蒙抚恤,频受赏荣,突课差科,优矜至甚。"[②]据姜伯勤先生研究,奉仙等被"优矜"(减免)的"差科"(力役)和"突课"(地租),原是一般寺户所必须负担的"重科",只是因为他们演出了音乐,才被寺院放免。由此可见,敦煌的寺属乐人,是附着于土地,参加劳动的寺户,但其上番设乐,则作为其应交纳的力役地租的替代物。[③]

最早对归义军乐营进行研究者当推姜伯勤先生。1988 年,姜先生在《敦煌研究》第 4 期发表了《敦煌音声人略论》一文,首次引用榆林窟第 6 窟西壁洞口题记"乐营石田奴三十余人□□年每载于榆林窟上烧香燃灯"和 P.4640 号背面文书的有关记载,指

---

① 参阅姜伯勤:《敦煌音声人略论》,载《敦煌研究》1988 年第 4 期,又见同氏《敦煌艺术宗教与礼乐文明》,第 509—526 页。李正宇:《沙州归义军乐营及其职事》,载《敦煌吐鲁番研究》第五卷,北京大学出版社 2001 年版,第 217—225 页;《归义军乐营的结构与配置》,载《敦煌研究》2000 年第 3 期。

② 文书图版见《法藏敦煌西域文献》第二十七册,上海古籍出版社 2002 年版,第 165 页。

③ 《敦煌艺术宗教与礼乐文明》,第 516 页。

出"敦煌归义军时期,我们还得见一种称为乐营的机构。……乐营的官员称为乐营使。"

姜先生的研究已为敦煌发现的文书所证明,如写于后唐天成三年(928)的P.3490《于当居创造佛刹功德记》[1]载:"厥今有清信弟子押衙兼当府都宅务知乐营使张某乙。"可见在曹议金掌归义军时期,张姓乐营使是一兼职,他是以"押衙兼当府都宅务"的身份充当"乐营使"的。

另如P.3882《□元清邈真赞》曰:

> 府君讳元清,字大静,即前河西一十一州节度使承天托西大王曹公之亲外甥也……先任太常乐部,勾当不失于公方;教习伶伦,训诲广能于指示。专心奉上,推忠以助于国君。[2]

此元清为曹议金的外甥,他的活动主要在曹议金死(935)后。从其"任太常乐部"推测,曹氏归义军时期,虽奉中原王朝正朔,但其官职的设置似仿照中原王朝。如中原王朝有"太常寺太乐署",归义军则有"太常乐部"。当然,元清"任太常乐部"也可能不是实指,而只是《邈真赞》常用的夸张笔法,意即担任乐营之博士职,即归义军只有"乐营"之设,并没有"太常乐部"之官署。

李正宇先生认为,沙州归义军乐营,由乐营使、乐营副使、都史组成乐营的行政班子,其演艺人员就是音声。[3]

---

① 文书图版见《法藏敦煌西域文献》第二十四册,上海古籍出版社2002年版,第328页。

② 文书图版见《法藏敦煌西域文献》第二十九册,上海古籍出版社2003年版,第82页。录文参阅姜伯勤、项楚、荣新江:《敦煌邈真赞校录并研究》,(台北)新文丰出版公司1994年版,第304页。

③ 李正宇:《归义军乐营的结构与配置》,载《敦煌研究》2000年第3期。

在归义军政权建立之初的大中年代,就已有乐营之设了。因为据 P.2962《张议潮变文》载:在大中十年(856)前后,张议潮率众征讨退浑部族时,"决战一阵,蕃军大败……生口细小等活捉三百余人,收夺得驼马牛羊二千头匹。然后唱《大阵乐》而归军幕。"①"余度归义军中教习军歌者,自当属乐营人员。"②

关于归义军时期音声人的上番执役,敦煌文书 P.2842 背(5)《归义军乐营都史严某转帖》③提供了绝好的材料,现转引如下:

> 奉处分,廿九日毬乐,切要音声。不准常时,故须鲜净。应来师(狮)子、水出(饰)、零(铃)剑、杂物等,不得缺少一事。帖至,今月廿九日平明于毬场门前取齐。如不到者,官有重罚。其帖立递相分付。如违,准上罚。
>
> 五月廿八日都史严宝□(帖)。
>
> 张苟子、石太平、白德子知、安安子、安和平知、张□□、张禄子、张再子、尹再晟、张再兴知、申骨仑、□□□、□史老、刘驿驿、曹收收、安藏藏、张安多、谈□□、姚小俊。

本件文书为归义军乐营都史严某所发转帖,内容是通知乐营音声人张苟子等 19 人备齐道具,务于指定时间、地点集合,前往应役的通知。其中部分音声的名后写有一小字"知",表明此人已经知道。从其前后文书可知,"本件《转帖》为公元 889—897

---

① 文书图版见《法藏敦煌西域文献》第二十册,上海古籍出版社 2002 年版,第 259 页。

② 李正宇:《沙州归义军乐营及其职事》,载《敦煌吐鲁番研究》第五卷,第 217—225 页。

③ 文书图版见《法藏敦煌西域文献》第十九册,第 83 页。录文参阅李正宇、李新:《中国唐宋硬笔书法——敦煌古代硬笔书法写卷》,上海文化出版社 1993 年版,第 82—83 页。

年间乐营文书。"①由此可见,音声上役是强制性的,"如不到者,官有重罚"。它有助于我们对音声上番执役的理解。

关于归义军时期音声人的上番执役,P.3054(2)《乐营杨某转帖》②也有记载:

> 今月七日,衙内案舞设。所要借色:牙十一□,花毡五□,白叠五分。次差头氾擒搥、张保安、马庆、索小儿、索保保、阴定德、索再子。缘人作养,指须还报安住者。限七日寅时于衙内齐□集。不得怠慢者。
>
> 九月五日杨□□。

据李正宇先生研究,"本件《转帖》当在天福五年之后不远,约为曹元深或曹元忠执政时期乐营遗物。"从帖中的"衙内案舞设"、"于衙内齐□集"可知,它"应是乐营都史通知乐营有关人员赴归义军衙府供奉的转帖"。③

音声在上番执役时,由官府提供其衣粮。据《唐六典》卷六《尚书刑部》载:"凡配官曹,长输其作;番户、杂户,则分为番。……乃甄为三等之差,以给其衣粮也。"衣粮的具体数目,《唐六典》自注曰:"春衣每岁一给,冬衣二岁一给……其粮:丁口日给二升,中口一升五合,小口六合;诸户留长上者,丁口日给三升五合,中男给三升。"④

关于音声在上番执役期间,由官府提供食粮的情况,敦煌文

① 李正宇:《沙州归义军乐营及其职事》,载《敦煌吐鲁番研究》第五卷,第217—225页。

② 文书图版见《法藏敦煌西域文献》第二十一册,上海古籍出版社2002年版,第192页。录文参阅李正宇:《归义军乐营的结构与配置》,载《敦煌研究》2000年第3期。

③ 李正宇:《归义军乐营的结构与配置》,载《敦煌研究》2000年第3期。

④ 《唐六典》卷六《尚书刑部·都官》,第193—194页。

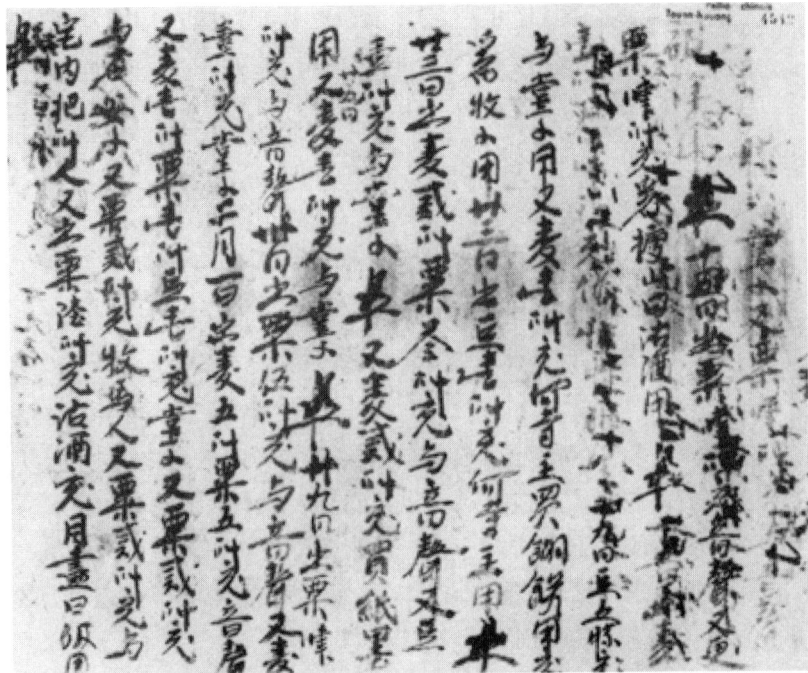

P.4542 号《年代不明某寺粟麦豆破用历》（局部）

书 P.4542 号《年代不明（公元十世纪）某寺粟麦豆破用历》①的记载有助于我们的认识，现转引如下：

（前缺）

1. _____堂子。又粟肆斗，充与音声_____

2. 硕壹斗（押）。十五日，出粟壹斗充音声。又更

3. 粟肆斗，充看□山日沽酒用（押）。十五日，出麦

① 文书图版见《法藏敦煌西域文献》第三十二册，上海古籍出版社 2005 年版，第 36—37 页。录文参《释录》第三辑，第 231 页。关于本件文书的录文及音声、堂子、牧子上番免役的情况，详见刘进宝：《唐宋之际归义军经济史研究》第三章《徭役》，中国社会科学出版社 2007 年版。

4. 壹斗看□□□充□□□□用。十九日,豆五胜(升)充

5. 与堂子用。又麦壹斗,充何寺主买餬饼用,充

6. 看牧子用。廿三日,出豆壹斗,充何寺主用(押)。

7. 廿三日,出麦贰斗、粟叁斗,充与音声。又豆

8. 壹斗充与堂子(押)。又麦贰斗充买纸墨

9. 用。廿五日,又麦壹斗充与堂子(押)。廿九日,出

粟肆

10. 斗充与音声。卅日,出粟伍斗充与音声。又麦

11. 壹斗充堂子。二月一日,出麦伍斗、粟伍斗充音声;

12. 又麦壹斗、粟壹斗充堂子;又粟贰斗,充

13. 与石安子;又粟贰斗充牧马人;又粟贰斗充与

14. 宅内把斗人;又出粟陆斗充沽酒充月尽日破用(押)。

由于本件文书前残,第 1 行的具体日期不清楚,但从一月十五日开始到二月一日共半个月的时间,音声所得到的口粮最少也有 25 斗,即"十五日,出粟壹斗充音声";"廿三日,出麦贰斗、粟叁斗,充与音声";"廿九日,出粟肆斗充与音声。卅日,出粟伍斗充与音声";"二月一日,出麦伍斗、粟伍斗充音声"。

作为杂户之音声,在上番期间,由官府提供衣粮。官给其粮的标准是:"丁口日给二升,中口一升五合"。据此推算,这批上番执役的音声,大约在 8 人上下。

关于音声上番执役期间由官府支付衣粮的情况,敦煌文书中还有一些零星记载,为便于说明,现转引几条:

S.5800《唐光化三年(900)正月一日已后讲下破除数》①中有:

---

① 文书图版见《英藏敦煌文献(汉文佛经以外部分)》第九卷,四川人民出版社 1994 年版,第 155 页。录文见《释录》第三辑,第 252 页。

粟叁斗,算讲物日与音声用。

P.4640 背《己未年—辛酉年(899—901)归义军衙内破用纸布历》①中有:

又支与乐营使张怀惠助葬粗布两匹……支与音声张保昇造胡腾衣布贰丈四尺。

P.3156(4)《庚寅年十月一日已后破缲数》②中有:

音声粗缲一疋。

S.4705《年代不明诸色斛斗破历》③(4)中有:

又音声麦粟二斗。

音声在上番执役期间,由官府提供衣粮。那么,其纳资代役的资课从何而来?其下番后的生活来源又在哪里?

唐前期实行均田制时,按律文的规定,音声受田与百姓相同,但从敦煌吐鲁番文书得知,均田令的规定只是一个最高的限额,绝大多数民户都未能按标准受足土地。由于材料的限制,我们还未见到唐前期音声受田的实例,但应该和普通民户一样未能足额受田。而在实际受田中,是否与普通民户一样,目前还不得而知。但音声占有一定量的土地则是肯定的,因为音声上番执役时其衣粮由官府供给,但当其下番后,则需自行解决。因此,就需要占有、耕种土地,以供其下番时生活,否则就无法维持其下番后的生

① 文书图版见《法藏敦煌西域文献》第三十二册,第259—267页。录文见《释录》第三辑,第255页。

② 文书图版见《法藏敦煌西域文献》第二十二册,上海古籍出版社2002年版,第61页。录文见《释录》第三辑,第288页。

③ 文书图版见《英藏敦煌文献(汉文佛经以外部分)》第六卷,四川人民出版社1992年版,第245页。录文见《释录》第三辑,第289页。

活,更无能力缴纳资课。

唐代前期色役的主要特征是分番供役,不役纳资。两税制建立后,色役一词成为见役杂徭、差科的代用语,即建中元年(780)两税法施行后所见的色役都是见役。^① 从我们的探讨可知,归义军时期的都官、都头、音声、牧子、打窟、单身、酒户、烽子、门子、厅子和堂子,都是分番执役的,他们都是见役,并不见纳资代役的记载。在其上番执役期间,便由官府提供衣粮,并免除其赋税。^②

前已述及,五代时乐工的地位已有提高,并开始从州县居民中"添召",甚至还出现了京畿诸县的富户挂名充当乐人的事例。但在归义军时期的晚唐五代至宋初,土地的占有原则是谁有能力耕种,就可请占土地。

归义军政权初建时,对无地或少地的民户,一般授予每人七八亩的土地,很少见到占有土地百亩以上者。而到了归义军政权晚期,即五代宋初,地权已比较集中,占有一二百亩土地的民户已较多,占有三四百亩甚至更多者也在文书中出现。

前引 P.4525《官布籍》的年代为公元 972 年,属于归义军政权晚期。此时中原地区的大土地所有制发展较快,归义军政权的地权也比较集中,而本件文书中的音声与吹角、牧子一样,只占有土地 20 亩。与同件文书中占有土地一二百亩,甚至五百多亩的人相比,他们占有的土地实在太少,这也从一个侧面反映出其身份地位较低,并非像中原王朝一样。到了唐后期五代,音声的地位已有所提高,从而出现了一些富户挂名充当乐人的情况。

从这些身份的人都有土地 20 亩估计,这是他们最低的生活

① 参阅唐长孺:《唐代色役管见》,收于同氏《山居存稿》,中华书局 1989 年版。

② 详见刘进宝:《唐宋之际归义军经济史研究》,第 234—238 页。

标准,即除上番执役时由官府供给衣粮外,这些土地就是其平时生活的来源。由于其上番执役,因此才免除了其地税中的官布。

通过对唐五代音声的探讨,使我们看到,敦煌归义军政权,虽在大政方针及发展趋势上与中原王朝保持一致,但也有自己的特点,或曰地方特色。其音声的地位并没有随中原王朝的提高而提高,仍然保持着较低的身份。

此外,唐五代的敦煌是一个佛教社会,当时的敦煌有许多寺院,寺院也有寺属音声人。① 但其地位、身份、法律待遇等,可能与各级官府乐营中的音声人不同。此当别论。

(本部分由《唐五代"音声人"论略》和《归义军时期的"音声人"》两文合并修改而成,前文载《南京师大学报》2006 年第 2 期,后文载《敦煌研究》2006 年第 1 期)

第二节　唐五代"随身"考释

在阅读史籍文献和敦煌文书时,会遇到"随身"一词,但其含义则模糊不清,尚未见对"随身"的专文探讨。② 现利用敦煌文书,并结合史籍文献的有关记载,对唐宋之际的"随身"作一考

---

① 参阅姜伯勤:《敦煌音声人略论》,载《敦煌研究》1988 年第 4 期,又见同氏《敦煌艺术宗教与礼乐文明》,第 509—526 页;张弓:《汉唐佛寺文化史》,第 859—865 页。

② 虽然没有对"随身"的专题研究论著,但有些学者在其论著中曾有提及,对本文的研究有一定的启发与帮助。参见张泽咸:《唐代阶级结构研究》,中州古籍出版社 1996 年版,第 351、471 页;杨廷福:《唐律初探》,天津人民出版社 1982 年版,第 57 页;李季平:《唐代奴婢制度》,上海:上海人民出版社 1986 年版,第 110 页;刘俊文:《唐律疏议笺解》,中华书局 1996 年版,第 1328、1733 页,等等。

辨。不当之处,请方家批评指正。

一、类似部曲的随身

1996 年,朱雷先生在研究唐律中的"部曲"时曾涉及"随身",从《唐律疏议》卷二十五《诈伪》"妄认良人为奴婢部曲"条载"问曰:妄认良人为随身,妄认随身为部曲,合得何罪? 答曰:依别格:随身与他人相犯,并同部曲法。即是妄认良人为部曲之法。其妄认随身为部曲者,随身之与部曲,色目略同,亦同妄认部曲之罪"[①]出发,指出从"随身之与部曲,色目略同"可知,"唐之'随身'……应是依附于主人、'元无户贯'的、受主人驱使之类者。因而在法律身份上,与部曲'略同'"。[②]朱雷先生的推测,对于探讨"随身"的身份有很大启发。据《南齐书》卷二十七《李安民传》载:"宋泰始(465—471)以来,内外频有贼寇,将帅已下,各募部曲,屯聚京师,安民上表陈之,以为'自非淮北常备,其外余军,悉皆输遣,若亲近宜立随身者,听限人数'。"[③]由此看来,早在南朝宋以来就有"随身"之谓,而从"各募部曲……若亲近宜立随身"看,"部曲"与"随身"已经等同或相类。

《唐律疏议》卷十八《贼盗》载:"若子孙于祖父母、父母,部曲、奴婢于主冢墓燻狐狸者,徒二年;烧棺椁者,流三千里;烧尸者,绞。"疏议曰:"部曲、奴婢者,随身、客女亦同。"[④]前面说"随身

---

① 《唐律疏议》卷二十五《诈伪》,第 467 页。

② 朱雷:《〈唐律疏议〉中有关"部曲"法律条文的现实意义》,载武汉大学中国三至九世纪研究所编:《中国近代史理论国际学术研讨会论文集》,湖北人民出版社 1997 年版;收入氏著:《敦煌吐鲁番文书论丛》,甘肃人民出版社 2000 年版,第 199 页。

③ 《南齐书》卷二十七《李安民传》,中华书局 1972 年版,第 507 页。

④ (唐)长孙无忌等撰:《唐律疏议》卷十八《贼盗》,第 344—345 页。

之与部曲，色目略同”，这里则是“部曲、奴婢者，随身、客女亦同”，即“随身”与“部曲”略同。这里与“部曲”相类的“随身”，是一种封建依附者。《唐律疏议》卷十一《职制》“役使所监临”条载：“监临之官，私役使所部之人，及从所部借奴婢、牛马驼骡驴、车船、碾硙、邸店之类，称奴婢者，部曲、客女亦同，各计庸、赁之价，人、畜、车计庸，船以下准赁，以受所监临财物论。强者，加二等。其借使人功，计庸一日绢三尺。人有强弱、力役不同，若年十六以上、六十九以下，犯罪徒役，其身庸依丁例；其十五以下，七十以上及废疾，既不任徒役，庸力合减正丁，宜准当乡庸作之价。”①《宋刑统》卷十一《职制律》“所受监临赃”条完全照抄《唐律疏议》的内容，只是将《唐律疏议》中的“称奴婢者，部曲、客女亦同”加“随身”二字，变成“称奴婢者，部曲、客女、随身亦同”。② 从“随身”与部曲、客女相类同，而且是监临官所借部领奴婢之属可知，“随身”是“随主属贯”、“别无户籍”的封建依附者。

《宋刑统》卷十九《贼盗律》“强盗窃盗”在记录唐建中三年（782）“捉获窃盗，赃满三匹以上者”条后，有北宋建隆三年（962）的敕节文：“今后犯窃盗，赃满五贯文足陌，处死。不满五贯文，决脊杖二十，配役三年。不满三贯文，决脊杖二十，配役二年。不满二贯文，决脊杖十八，配役一年。一贯文以下，量罪科决。其随身并女仆偷盗本主财物，赃满十贯文足陌，处死。不满十贯文，决脊杖二十，配役三年。不满七贯文，决脊杖二十，配役二年。不满五贯文，决脊杖十八，配役一年。不满三贯文，决臀杖二十。一贯文以下，量罪科决。”③这里所规定“随身”盗本主财物的处罚，比

---

① （唐）长孙无忌等撰：《唐律疏议》卷十一《职制》，第224—225页。

② （宋）窦仪等：《宋刑统》卷十一《职制律》，吴翊如点校，中华书局1984年版，第181页。

③ （宋）窦仪等：《宋刑统》卷十九《贼盗律》，第303页。

一般的盗窃罪减轻了一倍。这可能正是因为"随身"是"随主属贯"的依附者,其盗窃本主财物,也与"主人"管教不严有关。

元代王元亮重编之《唐律释文》卷二十二《斗讼》指出部曲、奴婢、客女、随身"此等律有明文,加减并不同良人之例。然时人多不辨此等之目。若依古制,即古者以赃没为奴婢,故有官、私奴婢之限……此等并同畜产。自幼无归,投身衣饭,其主以奴畜之,及其长成,因娶妻,此等之人,随主属贯,又别无户籍,若此之类,名为部曲。婢经放良,并出妻者,名为客女。二面断约年月,赁人指使,为随身。"①元人徐元瑞《吏学指南》也说:"随身,断约年月,赁人指使者。古为随身,即今典产身良人也。"②

从以上史料分析可知,随身之与部曲虽然"色目略同",但《唐律》又说:"妄认随身为部曲者……亦同妄认部曲之罪",即按律要徒二年。由此可以推测:随身的身份,应比部曲略高。这是因为部曲主要是由继承、掠卖而来,而随身则主要是雇佣而来。

二、作为亲兵、军将的随身

除了与部曲相类的"随身"外,还有一种随从将校的"随身",此类"随身"类似于亲兵、军将。③据《宋书》卷八十三《宗越传附武念传》:"武念,新野人也。本三五门,出身郡将。萧思话为雍州,遣土人庞道符统六门田,念为道符随身队主。后大府以念有

---

① 王元亮:《唐律释文》卷二十二《斗讼》,(唐)长孙无忌等撰:《唐律疏议》,附录,第642—643页。

② 徐元瑞:《〈吏学指南〉外三种》,杨讷点校,浙江古籍出版社1988年版,第104页。

③ 唐刚卯:《封建法律中同居法适用范围的扩大——略论唐宋时期"随身"、"人力"、"佃客"、"雇工人"的法律地位》,载《中国史研究》1989年第4期。

健名,且家富有马,召出为将。"①同卷《黄回传》也有:"明宝寻得
原赦,委任如初,启免回,以领随身队,统知宅及江西墅事。"②"凡
诸将,给亲兵外,不得更于诸队抽拣勇士为随身防卫",③就是随
身即亲兵的明证。据《旧唐书》卷二百《史思明传》载:安史叛军
史思明之子史朝义筑三角城,以贮军粮。"朝义筑城毕,未泥,思
明至,诟之。对曰:'缘兵士疲乏,暂歇耳'。(思明)又怒曰:'汝
惜部下兵,违我处分。'令随身数十人立马看泥,斯须而毕。"④这
里的"随身"显然就是随从亲兵。另如李锜"乃增置兵额,选善弓
矢者聚之一营,名曰'挽硬随身';以胡、奚杂类虬须者为一将,名
曰'蕃落健儿'。"⑤这里的"挽硬随身"也显然是时任润州刺史兼
盐铁使李锜的随从亲兵。⑥

随身是亲兵之一,如《唐会要》卷七十九《诸使下》载会昌三
年(843)五月敕:

> 比来节将移改,随从将校过多,非唯妨夺旧人职员,兼亦

---

① (南朝梁)沈约:《宋书》卷八十三《宗越传附武念传》,中华书局1974
年版,第2112页。

② 《宋书》卷八十三《黄回传》,第2122页。

③ 曾公亮等撰:《武经总要前集》卷十五,《文渊阁四库全书》,上海古籍
出版社1987年版,第726册,第461页。

④ 《旧唐书》卷二百《史思明传》,中华书局1975年版,第5381页。

⑤ 《旧唐书》卷一百十二《李国贞传附子锜传》,第3341页。

⑥ 《天一阁藏明钞本天圣令校证》"仓库令"所附唐令第21条有"其出
使外蕃,典及傔人、并随使、杂色人有职掌者,量经一时以上,亦准此"。(中
华书局2006年版,第286页)此之"随使",在《唐六典》则写为"随身杂使",
即"其出使外蕃及傔人并随身杂使、杂色人有职掌者,量经一府已上,亦准
此"。(李林甫等撰:《唐六典》卷三《金部郎中》,第82页)可见,此处的"随
身杂使"乃是与"杂色人有职掌者"相类的"随使",与随从亲兵的"随身"
不同。

费用军资钱物。节度使移镇，军将至随身不得六十人，观察使四十人，经略都护等三十人，宜委监察军使，及知留后判官具名闻奏。如违此数，知留后判官，量加惩罚，监军使别有处分。自今以后，节度使等如罢镇赴阙，应将官吏将健随赴上都者，并随使停解，纵有带宪官充职，亦勒停。①

由此可知，亲兵除随身外，还有军将等。另据《宋史》记载：

　　凡任宰相、执政有随身，太尉至刺史有元随，余止傔人……文武群臣奉使于外，藩郡入朝，皆往来备饔饩，又有宾幕、军将、随身、牙官，马驴、橐驼之差：节、察俱有宾幕以下；中书、枢密、三司使有随身而无牙官、军将随；诸司使以上有军将、橐驼。（余皆有牙官、马驴，惟节、察有宾幕）。诸州及四夷贡奉使，诸司职掌祗事者，亦有给焉。（四夷有译语、通事、书状、换医、十券头、首领、部署、子弟之名，贡奉使有厅头、子将、推船、防授之名，职掌有傔。）②

《唐会要》所述节度使的"随身将校"有"军将至随身"等，从有关敦煌文书可知（详后），军将包括押衙、兵马使、教练使、宅官等。

由于"军将至随身"都属节度使的"随从将校"，其统领官可能就是"随身官"，因此又可以将其统称为"随身"。如《旧唐书》卷十八上《武宗本纪》载：会昌三年"五月，敕诸道节度使置随身不得过六十人，观察使不得过四十人，经略、都护不得过三十

---

① 王溥：《唐会要》卷七十九《诸使下》，第 1714 页。这里的"六十人"等，是规定的最高限额，《旧唐书》中就是"不得过六十人"。

② 《宋史》卷一百七十二《职官十二·奉禄制下》，中华书局 1997 年版，第 4143、4145 页。

人。"①这里的"随身"显然就是《唐会要》所说的"军将至随身"。《旧五代史》卷七十六《晋书·高祖纪》载：天福二年八月乙巳诏："应自张从宾作乱以来，有曾被张从宾及张延播胁从染污者，及符彦饶下随身、军将等，兼安州王晖徒党，除已诛戮外，并从释放，一切不问。"②

唐中后期军队将领中的"随身、军将"，应该与唐前期和中期的别奏、傔人略同。《旧唐书》卷四十三《职官二》载："凡诸军镇大使、副使已下，皆有傔人、别奏以从之。"③《唐六典》卷五《尚书兵部》的记载更为具体：

> 诸军各置使一人，五千人已上置副使一人，万人已上置营田副使一人……凡镇皆有使一人，副使一人……凡诸军、镇大使·副使已下皆有傔人、别奏以为之使：大使三品已上，傔二十五人，别奏十人（四品、五品傔递减五人，别奏递减二人）；副使三品已上，傔二十人，别奏八人（四品、五品傔递减四人，别奏递减二人）；总管三品已上，傔十八人，别奏六人（四品、五品傔递减三人，别奏递减二人）；子总管四品已上，傔十一人，别奏三人（五品、六品傔递减二人，别奏递减一人）。若讨击、防御、游奕使·副使，傔准品各减三人，别奏各减二人；总管及子总管，傔准品各减二人，别奏各减一人。若镇守已下无副使，或隶属大军、镇者，使已下傔、奏并四分减一。④

史籍中所记唐代军、镇中的傔人，在出土文献中也可找到证

---

① 《旧唐书》卷十八上《武宗本纪》，第 595 页。

② 《旧五代史》卷七十六《晋书·高祖纪》，中华书局 1976 年版，第 1006 页。

③ 《旧唐书》卷四十三《职官二》，第 1835 页。

④ 李林甫等撰：《唐六典》卷五《尚书兵部》，第 158—159 页。

据,如吐鲁番文书阿斯塔那191号墓《唐军府名籍》第3行缺名下注:"傔,前天山府果毅魏善行入京使未回,申州请申省,未报,样人高欢绪。"唐长孺先生指出:这里的"傔人"应该是卫士。唐西州军府卫士的主要任务当然是差充镇戍防人,另外还差充捉道、烽子、望子、门子、仗身、傔人等。前引《唐六典》卷五《尚书兵部》在叙述军、镇各级的傔人、别奏人数后紧接着说:"所补傔、奏皆令自召以充。"其注又说"若府·镇·戍正员官及飞骑、三卫卫士、边州白丁,皆不在取限",但"折冲、果毅给傔必仍取之本府卫士"。"傔不是一般随从如仗身、白直之类,地位较高,是一种上升的阶梯,注文所以有此限制,恰正反映原先诸军使等的傔人多取于这一些人,而这些人也乐于充傔。"[1]他们"乐于充傔",是因为"别奏、傔人是唐代军人谋求出身进入仕途的重要途径之一。"[2]如封常清就是一个很好的例子,他的外祖由于犯罪而流安西,他也随之到了安西。"外祖死,常清孤贫,年三十余,属夫蒙灵詧为四镇节度使,将军高仙芝为都知兵马使,颇有材能,每出军,奏傔从三十余人,衣服鲜明。常清慨然发愤,投牒请预一傔。"但由于"常清细瘦目颣,脚短而跛,仙芝见其貌寝,不纳"。后在封常清的一再坚持下,才被高仙芝补为傔人。[3]

另如王君㚟"为郭知运别奏,骁勇善骑射,以战功累除右卫副率",最后官至河西节度使;[4]鲁炅"天宝六年,陇右节度使哥舒翰

① 唐长孺:《吐鲁番文书中所见的西州府兵》,《唐长孺文存》,上海古籍出版社2006年版,第689页。
② 孙继民:《唐代瀚海军文书研究》,甘肃文化出版社2002年版,第71页。
③ 《旧唐书》卷一百四《封常清传》,第3207页。
④ 《旧唐书》卷一百三《王君㚟传》,第3191页。

引为别奏"，最终官至"右领军大将军同正员，赐紫金鱼袋"①。唐中后期，官至山南西道节度使的裴玢"初为金吾将军论惟明俅"。② 官至昭义镇节度留后的刘从谏也是别奏出身。③ 正是由于别奏、俅人是一个晋升的阶梯，所以他们是"乐于充俅"的。

别奏和俅人的关系，《唐六典》叙俅人在前，别奏在后；《通典》和《神机制敌太白阴经》叙别奏在前，俅人在后。至于两者的地位，从别奏人数少于俅人，"可以推断出别奏地位高于俅人"。④ 日本有邻馆文书 39 号《唐都司牒阴副使衙为别奏史帝赊被解退事》（以下简称《解退牒》）提供了更明确的证据，现将其转引如下：

1. 都司牒阴副使衙

2. 副使阴前别奏上柱国史帝赊

3. 牒得上件人牒称：先是副使别奏，近被曹司□

4. □未出身人，遂被解退。帝赊见有上柱国勋

5. 即合与格文相当，请乞商量处分。依检案

6. 内者，今月四日得总管程元珪别奏姜元庆等

7. 连状诉称：准格式敕，合充别奏，请商量

8. 处分者。曹判：姜庆等身带勋官，先充别奏，据 式 ?

9. 解退后补健儿，矜其诉词，改补为俅，谨详 式 ?

10. 例别奏不取勋官，恭称敕文 [   ]⑤

---

① 《旧唐书》卷一百十四《鲁炅传》，第 3361 页。

② 《旧唐书》卷一百四十六《裴玢传》，第 3969 页。

③ 《新唐书》卷二百十四《刘从谏传》，第 6014 页。

④ 孙继民：《唐代瀚海军文书研究》，第 72 页。

⑤ 本件文书的录文及研究，详见孙继民：《唐代瀚海军文书研究》，第 58—73 页。

此《解退牒》有助于"对唐代军队中别奏、傔人、健儿三者等级地位的认识,从而勾画出了由健儿、傔人、别奏这样一个进身链条"。据文书载:"曹判:姜庆等身带勋官,先充别奏,据 式 ?解退后补健儿,矜其诉词,改补为傔,谨详 式 ?例别奏不取勋官,恭称敕文[　　　]"由此可知,姜元庆原以勋官充任别奏,被解退后补为健儿,曹司因受姜元庆"诉词"感动,于是又改补他为傔人。"这说明别奏地位高于傔人和健儿,傔人地位又高于健儿",①即从高到低为别奏、傔人、健儿。

《唐六典》中只说唐代军队中有别奏、傔人,这是指唐代前期的情况。唐后期的史籍文献中基本不见别奏、傔人(宋代又有了傔人),而出现了随身、军将,即随身、军将代替了别奏、傔人。

唐前中期的别奏、傔人是一种晋升的阶梯,唐中后期的随身、军将也同样是一种晋升的阶梯。由于"随身"是将帅的随从亲兵,容易与将帅结成既得利益集团,因而也容易得到将帅的重用,升迁也快。唐前中期的别奏、傔人如此,唐中后期的随身也是如此。如《武经总要前集》卷十四载:"将士得功,主将即时对定,明具姓名申奏,不得以随身牙队亲识移换有功人姓名,致抑压先锋、远探及临阵效命之人。如士卒显有功状,为人移易抑压者,许经随处官司自言"。②

据敦煌文书S.6010《归义军时期衙前第六队转帖》载:

1. 衙前第六队转帖。押衙王通信银镟;兵马使李海满、

2. 宅官马苟子银碗;吴庆子、张员子、吴善集、程进贤、令狐昌信、

———————

① 孙继民:《唐代瀚海军文书研究》,第72页。

② 曾公亮等撰:《武经总要前集》卷14,见《文渊阁四库全书》,第726册,第455页。

3. 贺简儿、康义通、高和子，右件军将、随身，人各

4. 花毡一领、牙盘一面、踏床一张，帖至，限今月九日卯时

5. 于衙厅取齐。如有后到及全不来者，重有科

6. 罚。其帖，各自署名递过者。

7. 九月七日副队索留(?)□

8. 队头押牙□□□①

从本件文书第 3 行的"右件军将、随身"可知，"军将"包括押衙、兵马使、宅官。另如 P.3324 背《唐天复四年(904)衙前押衙兵马使子弟随身等状》载：

随身官刘善通

1. 应管衙前、押衙、兵马使、子弟、随身等状。

2. 右伏缘伏事在衙已来，便即自办驼马驱驱，不谏

3. 三更半夜，唤召之，继声鼓亦须先到，恐

4. 罪有败阙身役本无处身说□驼商量

5. 更亦无一人贴，递针草自便，典家买(卖)舍□

6. 置鞍马，前使后使见有文凭，

7. 复令衙前、军将、子弟、随身等

8. 判下文字，若有户内别居兄弟者则

9. 不喜(许)沾掉。如若一身，余却官布、地子、

10. 烽子、官柴草等大礼(例)，余者知杂

11. 役次，并总矜免，不喜差遣。文状

12. 见在。见今又乡司差遣车牛艾芦

13. 芟者。伏乞

14. 司空阿郎仁恩照察，伏请公凭，

---

① 唐耕耦、陆宏基：《敦煌社会经济文献真迹释录》(以下简称《释录》)第四辑，全国图书馆文献缩微复制中心 1990 年版，第 484 页。

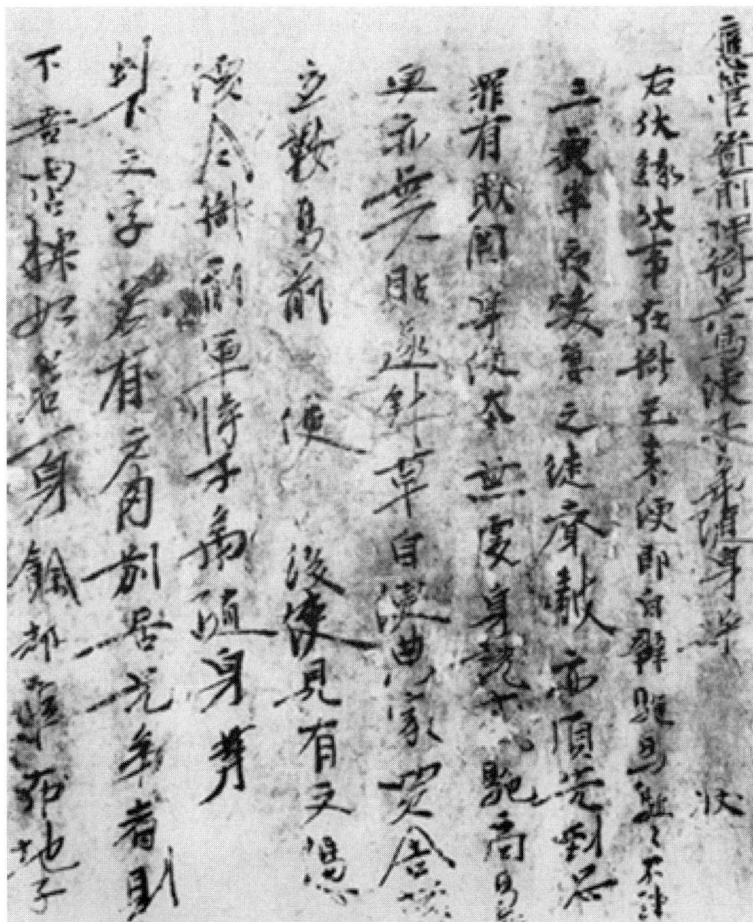

P.3324背《唐天复四年衙前押衙兵马使子弟随身等状》（局部）

15. 裁下处分。

16. 牒件状如前，谨牒。

17. 　　　　　　　天复四年甲子八月八日①

---

① 《释录》第二辑，第450页。《法藏敦煌西域文献》，上海古籍出版社
2002年版，第23册，第190—191页图版。

本件文书第一行的"衙前、押衙、兵马使、子弟、随身"，第 7 行又写成了"衙前、军将、子弟、随身"，即"军将"代替了"押衙、兵马使"。由此可知，"军将"的范围广，包括押衙和兵马使。再如 P.3547《沙州上都进奏院上本使状》载：

> 当道贺正专使押衙阴信均等，押进奉表函一封，玉一团，羚羊角一角，犛牛尾一角。十二月廿七日晚到院，廿九日进奉讫。谨具专使上下共廿九人，到院安下及于灵州勒住人数分析如后：一十三人到院安下：押衙阴信均、张怀普、张怀德；衙前兵马使曹光进、罗神政、刘再昇、邓加兴、阴公遂、阴宁君、翟善住；十将康文胜；长行王养养、安再晟。一十六人灵州勒住：衙前兵马使杨再晟，十将段英贤、邓海君、索赞忠、康叔达，长行一十一人。……贺正专使押衙阴信均、副使张怀普等二人，正月廿五日召于三殿对设讫，并不赴对及在灵州勒住军将长行等各赐分物锦彩银器衣等：押衙三人，各十五匹，银椀各一口，熟线绫绵衣各一副。军将十三人各一十四，银屈厄各一枚，杨绫绵衣各一副。长行十三人各五匹，绁绵衣各一副。①

从以上记载可知，本次贺正使团共 29 人，到达进奏院的 13 人，其中押衙 3 人、衙前兵马使 7 人、十将 1 人、长行 2 人。停在灵州的 16 人，其中衙前兵马使 1 人，十将 4 人、长行 11 人。以上 29 人中，押衙 3 人，衙前兵马使 8 人、十将 5 人、长行 13 人。而在赐物人数中，有押衙 3 人，军将 13 人，长行 13 人。即"军将"包括衙前兵马使和十将。而从"军将长行等各赐分物锦彩银器衣等"看，"军将"还包括押衙，只不过他们由于是贺正专使和副使，才分开专列。

---

① 《释录》第四辑，第 367—369 页。

傅图 15 号背 4《辛酉年二月刘善通牒稿》(局部)

P.3324 背《唐天复四年（904）衙前押衙兵马使子弟随身等状》中的"随身官刘善通"，在台北"中央研究院"傅斯年图书馆所藏敦煌卷子《佛说无量寿经残卷》背也有，即傅图 15 号背 4《辛酉年二月刘善通牒稿》，现将其转录如下：

1. 都押衙曹光嗣

2. 奉处分：差令遣递天使领镇押衙朗

3. 神达、押衙陈海归，押

4. 押衙银青光禄大夫兼教

5. 都押衙曹光嗣、教练使高神政。

6. 右奉差马骑、军将具名申上。射排肆人，押衙索

7. 仁进、押衙慕容落三到立（之？）人，兵马使张近。

8. 右件军将、马骑，谨依署定，不敢不申，伏请处分。

9. 牒件状如前，谨状牒。辛酉年二月廿二日兵马使

10. 衙前判官刘善通等

11. 十五日天使入城来也，好事本身。

12. 刘善通辛酉年二月二日入衙前者记之也，本是（后缺）①

从此文书第8行的"右件军将、马骑"可知，"军将"包括都押衙、押衙、教练使、兵马使。

光化三年（900），刘善通是兵马使判官，901年（辛酉年）就成了"衙前"，而到904年又成了"随身官"。兵马使判官、衙前都属于军将，他们通过升迁才能达到"随身"，因此，随身的地位应该高于军将。另外，据代宗大历十一年《炉神颂》所载，承天军（属河东节度使）设有节度随身官、经略副使、游奕副使、都虞候、判官、节度逐要官等。② 由此可知，随身官与副使、经略副使、游奕副使、都虞候、判官、节度逐要官等并列，其地位显然较高，属于领

---

① 图版见方广锠主编：《中央研究院历史语言研究所傅斯年图书馆藏敦煌遗书》第137—138页，（台北）"中央研究院"历史语言研究所2013年。录文参阅杨秀清《光化二年（900）张承奉领节事钩沉》，载《敦煌研究》2005年第1期。

② （清）陆增祥：《八琼室金石补正》卷六十四《炉神颂》，文物出版社1985年版，第442页。

导阶层。据《旧唐书》卷一百六《杨国忠传》载:天宝十载(751)"国忠权知蜀郡都督府长史,充剑南节度副大使,知节度事"①。而《旧唐书》卷一百五《王铁传》则有:"国忠为剑南节度使,有随身官以白国忠曰……"②

在归义军时期(848—1036)的敦煌文书中,未见到"随身"出使和参加其他活动的记载,"随身"似乎不离开军府将领。而"军将"作为亲兵,还参加出使等其他活动。从前引 P.3547《沙州上都进奏院上本使状》可知,"军将"是参与出使论节的重要力量。S.1156《光启三年(887)沙州进奏院上本使状》所载沙州归义军赴京论节的使团,共有 60 余人,其中既有专使押衙,又有军将官健。③ 另如 P.2992v《朔方军节度使检校太傅兼御史大夫张状》中有"当道至八月廿二日专差军将袁知敏,却赍书牒,往方渠镇谘报军前"的记载;④P.3750《归义军时期肃州某守官与瓜州家属书》也有货物并家口"在沙州,不肯停住,于官非常不益,汝切须依旧名目并家口差军将一二人押领,限七月廿八日已来,并到肃州"的记载。⑤ 再如 S.389《肃州防戍都状》载:"右当都两军军将及百姓,并平善,堤备一切仍旧。自十月卅日崔大夫到城家,军将索仁安等便将本州印与崔大夫。其大夫称授防御使讫,全不授其副使,索仁安今月六日往向东"。⑥ 这些都是军将参与军事活动的证据。

---

① 《旧唐书》卷一百六《杨国忠传》,第 3243 页。
② 《旧唐书》卷一百五《王铁传》,第 3231 页。
③ 《释录》第四辑,第 370—373 页。
④ 《释录》第四辑,第 393—394 页。
⑤ 《释录》第五辑,第 32 页。
⑥ 《释录》第四辑,第 487—488 页。

三、作为"禄力"的随身

除此之外,唐代的"随身"还有另外一含义,即是官员"禄力"的一种。

唐刚卯先生曾以敦煌文书 P.3324 背《唐天复四年(904)衙前押衙兵马使子弟随身等状》为据,指出随身"当为有独立户籍的'良人'……仍归'乡司'管辖,应为'乡管百姓'"。[①]《唐律疏议》中将随身与部曲、奴婢等同视之,那是因为"随身的地位卑微是相对于其主而言的。"实际上,随身的含义有二,唐刚卯是将二者放在一起看待的。

唐代官员的俸禄中有手力、杂色役等现役,或纳资代役。如京官有防阁、庶仆,州县官有白直、执衣,府卫及镇戍官有杖身。此外还有亲事、帐内、士力、手力等。[②]

作为官员俸禄的"随身"出现于安史之乱后,即实行两税法时期,《新唐书》卷五十五《食货志》载:"建中三年,复减百官料钱以助军。李泌为相,又增百官及畿内官月俸,复置手力资课,岁给钱六十一万六千余缗,文官千八百九十二员,武官八百九十六员。左右卫上将军以下又有六杂给:一曰粮米,二曰盐,三曰私马,四曰手力,五曰随身,六曰春冬服。私马则有刍豆,手力则有资钱,随身则有粮米、盐,春冬服则有布、绢、絁、绸、绵,射生、神策军大将军以下增以鞋,比大历制禄又厚矣。州县官有手力杂给钱,然俸最薄者也。"[③]《旧唐书》卷一百三十《李泌传》也载:李泌任宰

---

① 唐刚卯:《封建法律中同居法适用范围的扩大》,载《中国史研究》1989 年第 4 期。

② 参见黄惠贤、陈锋主编:《中国俸禄制度史》,武汉大学出版社 1996 年版,第 5 章。

③《新唐书》卷五十五《食货志》,第 1401 页。

相后"加百官俸料,随闲剧加置手力课"。①

"随身"既然作为军队将领的六杂给之一,并且有明确的规定:即"随身则有粮米、盐"。张泽咸先生将随身与手力、土力、白直、执衣、防阁、庶仆、陵户等都作为色役看待,指出"左、右金吾及十六卫将军,在唐后期仅存虚名而无卫士,唐政府仍给他们增加禄秩,每人每月分配手力三至七人,随身八至十八人。这些手力、随身、土力都是供官驱使,形成官僚俸禄的组成部分"。② 这是很有启发的。

"随身则有粮米、盐",其具体数量是粮米从三石六斗到九石,盐从一斗一升三合五勺到九升。可见各级将领所属随身的"粮米、盐"也不等。由此可知,军队将领按规定享有的"随身"可以用"粮米、盐"充替,实际上已变成他们俸禄的一部分。《旧唐书》卷十二《德宗本纪上》载贞元二年九月诏:

> 左右金吾及十六卫将军,故事皆择勋臣,出镇方隅,入居侍从。自天宝艰难之后,卫兵虽然废阙,将军品秩尤高。此诚文武勋臣出入转迁之地,宜增禄秩,以示优崇。并宜加给料钱及随身粮课,仍举故事,置武班朝参,其廊下食亦宜加给。其十六卫各置上将军一人,秩从二品。左右金吾上将军,俸料次于六统军支给。③

这次增加官员禄秩及随身粮课的时间,《旧唐书》卷十二《德宗本纪上》和《唐会要》卷九十一《内外官料钱上》都系于贞元二年(786),《旧唐书》卷十二《德宗本纪上》还直接系于贞元二年九月。但《新唐书》卷五十五《食货志》则说:"李泌为相,又增百官

---

① 《旧唐书》卷一百三十《李泌传》,第 3622 页。

② 张泽咸:《唐五代赋役史草》,中华书局 1986 年版,第 351 页。

③ 《旧唐书》卷十二《德宗本纪上》,第 354 页。

及畿内官月俸，复置手力资课……左右卫上将军以下又有六杂给。"关于李泌为相的时间，《旧唐书》本传无载，《旧唐书》卷十二《德宗本纪上》载：贞元三年六月，"以陕虢观察使李泌为中书侍郎、平章事"。①《资治通鉴》也系于贞元三年六月："以陕虢观察使李泌为中书侍郎、同平章事"。②《新唐书》卷一百三十九《李泌传》亦载："贞元元年，拜（李泌）陕虢观察使"，"三年，拜中书侍郎、同中书门下平章事，累封邺县侯"。③

王曾瑜先生在研究宋朝的军俸时指出：禁兵各级军官，"月给傔粮自十人以至一人"。"宋朝的高官有'傔人衣粮'，即仆人衣粮，但各级军官和部分禁兵军士却有粮而无衣。"④即说军队将领所享有的"傔人"是其俸禄的组成部分，这是正确的。但宋代除傔人外，还有"随身"等，据《宋史》卷一百七十二《职官十二·奉禄制下·增给》载：

> 禄粟及随身、傔人：宰相，一百石，随身七十人。知枢密院事，参知政事，枢密副使，同知枢密院事，一百石，随身五十人。太师，太傅，太保，少师，少傅，少保，一百石，随身一百人。太尉，一百石，随身五十人。节度使，元随五十人……诸州刺史，元随二十人……殿前诸班直都虞候，诸军都指挥使遥郡刺史，二十五石，傔五人。诸学士添支米已附于前，今载：观文殿大学士，傔二十人。观文殿学士，资政、保和殿大学士，傔十人……凡任宰相、执政有随身，太尉至刺史有元随，余止傔人。⑤

---

① 《旧唐书》卷十二《德宗本纪上》，第357页。
② 《资治通鉴》卷二百三十二，德宗贞元三年六月条，第7488页。
③ 《新唐书》卷一百三十九《李泌传》，第4635页。
④ 王曾瑜：《宋朝兵制初探》，中华书局1983年版，第219页。
⑤ 《宋史》卷一百七十二《职官十二·奉禄制下·增给》，第4142—4143页。

由此可知,宋代的中央官员根据职位高低拥有从一百至五十人的"随身"。而官员的俸禄也由禄粟及随身、傔人组成,因此这里的"随身"已经成为官员俸禄的组成部分,即根据官员应拥有"随身"的数量来享受一定的禄粟,其标准是:"随身、元随、傔人粮,每斗折钱三十文,衣绸绢每匹一贯,布每匹三百五十文,绵每两四十文"。①

唐代官员的俸禄有手力、随身,宋代则有随身、元随和傔人。作为亲兵的"随身"和作为官员俸禄的"随身",实际上是一个问题的两个方面。即由于官员职务、地位的不同,其具体需求也不一样,根据其职品所配备的"随身"可以在亲兵和俸禄之间转化。

综上所述,唐后期五代的"随身"与唐中前期的傔人、别奏相类同,它有两种含义:第一种属于贱口阶层,类似于部曲,是"随主属贯"、"别无户籍"的封建依附者;第二种是节度使将帅的随从亲兵,同时又是官员的"禄力"即俸禄。作为"随从亲兵"的随身和"禄力"的随身是可以根据实际需要转化的。

(原载《历史研究》2010 年第 4 期)

第三节 唐五代的"单身"及其赋役征免

阅读唐五代史籍文献时,常会遇到"单身"一词,但对其具体内涵则不大清楚,现结合敦煌吐鲁番文书,对"单身"一词略加考释,并对其赋役免征作初步探讨。

---

① 《宋史》卷一百七十二《职官十二·奉禄制下·增给》,4143 页。

一、"单身"与"一身"

从现有文献及出土文书可知，"单身"也可以称"一身"，它与"一身"既有联系又有区别，具有以下含义：

第一，指一人一户者。如吐鲁番阿斯塔那42号墓所出《唐永徽元年（650年）严慈仁牒为转租田亩请给公文事》①云：

1.　　常田四亩　　东渠

2. 牒：　慈仁家贫，先来乏短，一身独立，

3. 更无弟兄，唯租上件田，得子已供喉命。

4. 今春三月，粮食交无，逐（遂）将此田租与安横

5. 延。立卷（券）六年，作练八匹。田既出赁，前人从

6. 索公文，既无力自耕，不可停 田 受饿。谨以

7. 牒陈，请裁， 谨□ 。

8.　　　　　永徽元年九月廿　日云骑尉严慈仁

这里明确指出，严慈仁"一身独立，更无弟兄"，从其内容可知，他应是一人一户。

敦煌所出《养男契样文》也提供了证据。如S.5647《养男契样文》②曰："百姓吴再昌先世不种，获果不圆，今生孤独壹身，更

---

① 唐长孺主编：《吐鲁番出土文书》录文本第六册，文物出版社1985年版，第223页；图录本第三册，文物出版社1996年版，第117页。

② 文书图版见《英藏敦煌文献（汉文佛经以外部分）》第九卷，四川人民出版社1994年版，第27—28页。录文见唐耕耦、陆宏基：《释录》第二辑，第172—174页；又见沙知《敦煌契约文书辑校》，江苏古籍出版社1998年版，第362—363页。

无子息,忽至老头,无人侍养。"S.5700《养男契样文》①说:"百姓
厶专甲先世不种,获[果]不圆,今生孤独壹身,更无子息,忽至老
头,无养人侍(无人侍养)。"这里的"孤独壹身",显然是指户内只
有老者本人一人。

阿斯塔那178号墓所出《唐开元二十八年(740年)土右营下
建忠赵伍那牒为访捉配交河兵张式玄事》②中,有关于一身的记
载,现摘录如下:

(一)

(前略)

3. 牒得上件人妹阿毛经军陈辞:前件兄身是三千军
兵名,

4. □今年 三 □ 配 交 河 车坊上,至今便不回,死活不
分。阿

5. □兄别籍,又不同 居 , 恐 兄更有番役,浪有牵挽。
阿毛孤

6. □一身,有(又) 无 夫 犎(婿),客作佣力,日求升合
养姓(性)命,请乞处分者。

(后略)

(二)

1. 土右营　　　牒建忠赵伍那

2. 　兵张式玄

---

① 文书图版见《英藏敦煌文献(汉文佛经以外部分)》第九卷,第86—87
页。录文《敦煌契约文书辑校》,第365—366页。
②《吐鲁番出土文书》录文本第八册,文物出版社1987年版,第385—
387页;图录本第四册,文物出版社1996年版,第184—185页。

3. 右被都司牒,得状称:得上件人妹阿毛经军陈辞,前
件兄身是三千军

4. 兵名,当今年三月配交河车坊上,至今便不回,死活
不分。阿毛共兄别

5. 籍,又□□□□兄更有番役,浪有牵挽。阿毛孤独
一身,有(又)无夫 壻(婿),

(后缺)

这里明确说明,作为“一身”的阿毛,她不仅“共兄别籍”,也
就是独立生活,分家析财,各为户籍,“又无夫婿”,即没有嫁人,
为“孤独一身”,是典型的一人一户。

阿斯塔那 42 号墓所出《唐郭默子等差科簿?》①中,也有一些
关于“单身”的记载,现将该文书第二、三件转引如下:

(二)
(前缺)

1. 第(弟)海□□

2. 曹阿榄盆年卅四□□

3. 第(弟)阿知年廿九

4. 杨隆海年廿一　父亡　单身

5. □海 德年卅四　父亡　一丁中

6. □□□□　父亡　单身

(后缺)

---

① 《吐鲁番出土文书》录文本第六册,第217—222页;图录本第三册,第
114—116页。

（三）

（前缺）

1. □□智年廿八　<small>母亡　单身</small>

2. 曹守洛年廿一　<small>母亡　单身</small>

3. 周海护年廿八　<small>母亡　一丁一老</small>

4. ⎣＿＿＿＿＿⎦　<small>母亡　单身</small>

（后缺）

　　这里所说的"单身"应指一人一户，其中有些原为父子二人，有些原为母子二人，当其父或母亡后，就变成了一人一户，即单身或一身。因本文书中有些虽父或母亡，但不是"单身"者，也都予以注明。如第二件第五行□海德，其父亡后，家庭中有一丁中，但还有其他成员，故不是"单身"。第三件第三行周海护，其母亡后，家庭中还有一丁一老，故也不是"单身"。

　　第二，指家无兼丁的丁男，这正如《唐律疏议》卷十六《擅兴》"丁夫差遣不平"条曰："差遣之法，谓先富强，后贫弱；先多丁，后少丁。凡丁分番上役者，家有兼丁，要月；家贫单身，闲月之类。"据刘俊文先生笺解，"要月者，忙月也，即农忙季节。"因唐前期行租庸调制，规定每丁每年服役二十日，有事须加役者，全年合计也不得超过五十日。其征发顺序为"先富强，后贫弱；先多丁，后少丁"，即"农忙有役征兼丁，农闲有役征单丁"。[①]

　　据此可知，单身指家无兼丁的丁男，并按规定要服役，这在吐鲁番文书中也得到了证明。如吐鲁番阿斯塔那 42 号墓所出《唐

<hr />

　　① 刘俊文：《唐律疏议笺解》卷十六《擅兴·丁夫差遣不平》，中华书局 1996 年版，第 1224—1225 页。

令狐鼠鼻等差科簿》①是唐太宗贞观后期的文书，内列应役、免役丁中，其中多处提到"单身"，现将该文书第一件转录如下：

（前缺）

1. ☐☐☐ 十 八 年请送妹入京未 还

2. ☐☐☐ ☐ 廿六　父相怀年五十二　白丁　中下户

3. ☐☐☐ 见在应过

4. ☐☐☐ 卅五人杂色

5. 八　人　勋　官

6. 二人昆丘道征给复

7. 武骑尉令狐鼠鼻廿七　兄智达年卅二　外侍　下上户

8. 武骑尉张智觉年廿八　智相年卅六　白丁　下上户

9. 六　人　不　行

10. 入后　武骑尉石服屯年卅五　男贺婆年十九　中男　下中户

11. 云骑尉魏隆护年廿八　第(弟)隆柱年廿四　白丁　下上户

12. 云骑尉田海进年 卅 第(弟)海德年卅四　前庭府卫士　中下户

13. 武 骑 ☐☐☐☐☐ 终制

（中缺）

14. 五☐☐

15. 王文才☐☐☐☐☐年廿一　白☐☐

16. 史☐☐☐年廿九　第(弟) 智 匠年 廿 五　烽帅　下上户

17. 张柱海年廿九　单身　中下户

18. 张士行年廿七　单身　中中户

---

① 《吐鲁番出土文书》录文本第六册，第212—216页；图录本第三册，第111—113页。

19. 张士亮年卅　　父欢伯年七十一　下上□

20. 七　人　　里　正

21. 王善会年廿八　　单身　下上户

22. 氾文信年廿八　　父绍喜年六十八　老　下上户
　　　　　已　　兑　　讫

23. 氾欢伯年卅九　　单身 中中户
　　　　　　　（后缺）

此"差科簿"中,"单身"与其他人户一起承担杂役,并按唐代的户等制度划分户等。此件文书中的四位"单身",两个是"中中户",一个是"中下户",一个是"下上户"。

另外,吐鲁番阿斯塔那 61 号墓所出文书中有唐麟德二年(665)的纪年文书,同时还出《唐咸亨四年(673)海生墓志》,故该墓属唐前期。在阿 61 号墓所出文书中,《唐郭阿安等白丁名籍》①也对我们探讨"单身"很有价值,现转引如下:

（一）
（前缺）

1. 郭□□□□□

2. 　弟阿安廿□　□□□□□

3. 王欢伯五十七　　白丁 □□□□

4. 延守卅九　　　　白丁 单 □□□□

5. 令狐洛逴廿六　　白丁 单 □□□□

6. 安拽武五十八　　白丁 单 □□□□

7. 张小苟廿六　　　白丁 单 □□□□

---

① 《吐鲁番出土文书》录文本第六册,第 480—484 页;图录本第三册,第 247—249 页。

8. 范正子廿二　　白丁　单□□
9. 牛进欢卌八　　白丁　单□□

(后缺)

(二)

(前缺)

1. □□□□　　白丁　一男马夫
2. □□卌五　　白丁　单身
3. □□洛卅六　　白丁　单身
4. □福埵廿三　　白丁　父老
5. □住住廿七　　白丁　父卫士西行
6. 赵佑海五十九　白丁　单身
7. 赵士君廿三　　白丁　一中
8. 赵埵埵五十二　白丁　单身
9. 张守仁廿七　　白丁　父卫士　一中
10. 范寅贞廿四　　白丁　父老　一卫士　一中
11. □僧奴五十九　白丁　一卫士
12. □□□□□　　白丁□□□□

(后缺)

(三)

(前缺)

1. 张驴耳廿四　　白丁　父马夫　一中
2. 串善相五十九　白丁　单身
3. 刘隆(?)达

4. 　　　　　　　　　下下户

5. 张洛丰卅九　　白丁　单身

6. 张海达廿六　　白丁　单身

7. 范默奴廿一　　白丁　单身

8. 龙□祜□□　　白丁　单身

（后缺）

（四）

（前缺）

1. 田恩□□□□□□□

2. 杨头德□□　　□□　单身

3. 赵移跋□□　　□□　单身

4. 张幼洛廿□　　白丁　单身

5. 张酉埴□一　　白丁　单身

6. 赵拽鼠卅六　　白丁　单身

7. 袁住欢卅八　　白丁　单身

8. 张米埴卅八　　白丁　单身

9. □洛□（袁欢庆）廿八　白丁　单身

10. 王□□廿二　白丁　父终制

11. 　　　　　残　　疾

12. □□□□□□　白　丁　□□□

（后缺）

　　本件文书共著录白丁41人，其中5人缺身份注记。在有身份注记的36人中，"单身"就有23人。为何有这样多的"单身"呢？冻国栋先生指出："所谓'单身'大抵指未娶妻者或者妻已经死亡者。"这样多的"单身"，既不是因残疾未娶妻者，也不是因财力微薄而无力娶妻者，更不是由于男女性比例失调的结果。其原因"可能有二种情况，一种是真正的单身，家贫无力娶亲，一种是出于赋役的原因，在户籍上注为单身，否则，无故单身，是难得解释的"。①

冻先生的研究对我们更进一步探讨这一问题有很大的启发。但如果我们将"单身"的范围放宽，即除了未娶妻或妻已死亡者外，还包括一人一户和家无兼丁的丁男两种情况，那我们就更好理解本件文书中"单身"多的原因了。

除以上两类"单身"外，还有另外一种含义，即指独自一人、本人。如《旧唐书》卷八十八《苏瓌传》载：长安年间苏瓌任扬州大都督府长史，"扬州地当冲要，多富商大贾，珠翠珍怪之产，前长史张潜、于辩机皆致之数万，唯瓌挺身而去"。② 这里的"挺身"就是单独一人的意思，如《汉书》卷六十六《刘屈氂传》曰："屈氂挺身逃，亡其印绶。"③对此《新唐书》卷一百二十五《苏瓌传》则直接写为"瓌单身幧被自将"。④ 另如《新唐书》卷一百六十四《殷侑传》曰：文宗时，以殷侑为"义昌军节度使。于时疧荒之余，骸骨蔽野，墟里生荆棘，侑单身之官，安足粗淡，与下共劳苦，以仁惠为治"。⑤《旧唐书》卷一百六十五《殷侑传》的记载基本相同："时大兵之后，满目荆榛，遗骸蔽野，寂无人烟。侑不以妻子之官，始至，空城而已。"⑥《新唐书》中的"侑单身之官"，《旧唐书》

---

① 冻国栋：《唐代人口问题研究》，武汉大学出版社 1993 年版，第 385—387、422 页。

② 《旧唐书》卷八十八《苏瓌传》，第 2878 页。

③ （汉）班固：《汉书》卷六十六《刘屈氂传》，中华书局 1964 年版，第 2880 页。

④ 《新唐书》卷一百二十五《苏瓌传》，第 4397 页。

⑤ 《新唐书》卷一百六十四《殷侑传》，第 5053—5054 页。

⑥ 《旧唐书》卷一百六十五《殷侑传》，第 4321 页。

中则为"侑不以妻子之官",可见这里的"单身"就是不包括妻子家属。再如《旧唐书》卷一百九十三《列女·孝女王和子传》载："孝女王和子者,徐州人。其父及兄为防秋卒,戍泾州。元和中,吐蕃寇边,父兄战死,无子,母先亡。和子时年十七,闻父兄殁于边上,被发徒跣缞裳,独往泾州,行丐取父兄之丧,归徐营葬。"①这里说的王和子"独往泾州",《新唐书》卷二百五则写为"单身被发徒跣缞裳抵泾屯"②,可见"单身"指独自一人。

我们说"单身"、"一身"指本人,《唐会要》卷八十八《榷酤》所载会昌六年九月敕提供了证据:

> 如闻禁止私酤,过闻严酷,一人违犯,连累数家,间里之间,不免咨怨。宜从今已后,如有人私酤酒及置私麹者,但许罪止一身,并所由容纵,任据罪处分,乡井之内,如不知情,并不得追扰。③

另外,唐僖宗乾符二年(875)诏书亦提供了绝好的材料,该诏书曰:

> 所州县除前资、寄住,实是衣冠之外,便各将摄官文牒及军职赂遗,全免科差,多是豪富之家,致苦贫下。准会昌中敕:家有进士及第,方免差役,其余只庇一身。就中江南富人,多一武官便庇一户,致使贫者转更流亡。从今后,并依百姓一例差遣,仍委方镇,各下诸州,准此检点。④

唐代的"五品家当免差科"⑤,即五品以上的官员,便可免除

①《旧唐书》卷一百九十三《列女·孝女王和子》,第5152页。
②《新唐书》卷二百五《列女·孝女王和子》,第5827。
③《唐会要》卷八十八《榷酤》,第1907页。
④《唐大诏令集》卷七十二僖宗《乾符二年南郊赦》,第402页。
⑤(唐)刘肃:《大唐新语》卷十一《惩戒》,中华书局1984年版,第168页。

全户的徭役。唐后期主要以科举途径出身的衣冠户,也可免除徭役。① 我们从上引唐僖宗乾符二年赦文可知,"家有进士及第,方免差役",即家中若有进士及第者,才能免除全户的差役,"其余只庇一身"。而一些江南富人,"多一武官便庇一户"。"一户"和"一身"相对称,"一户"指全家,"一身"指本人,这是很明确的。

此后不久,杨夔在上宰相书中说:

> 盖侨寓州县者,或称前资,或称衣冠。既是寄住,例无徭役。且敕有进士及第,许免一门差徭,其余杂科,止于免一身而已。②

这里的"许免一门差役",显然是免除一户的徭役;"免一身而已",则是指只免除本人的一些杂差科。"一门"与"一身"对称,亦可知"一身"是指有资格免赋者本人。

二、归义军时期"单身"的赋役征免

"单身"为什么受优待呢? 因为在一般情况下,不论何种原因,"单身"、"一身"都是贫穷困难的,他们常常与贫、老、弱并列,即"单贫老弱"。有时则只称"单贫"。如 S.6417 背《年代不详(公元十世纪前期)孔员信女三子为遗产纠纷上司徒状》③载,孔员信临终之时,只有一幼女,名叫三子,便托付给三子的阿姨二娘子照管,所有资产,"并一仰二娘子收掌",三子长大后,要求阿姨分割父财,但阿姨不与,故三子上状司徒:"其三子……至今一身,

---

① 参阅张泽咸:《唐代的衣冠户和形势户——兼论唐代徭役的复除问题》,《中华文史论丛》1980 年第 3 辑。

② 《文苑英华》卷六百六十九杨夔《复宫阙后上执政书》,第 3442 页。

③ 文书图版见《英藏敦煌文献(汉文佛经以外部分)》第十一卷,四川人民出版社 1994 年版,第 66 页,录文见《释录》第二辑,第 299 页。

随阿姊效作,如此不割父财,三子凭何立体,伏望司徒鸿造,照察单贫。"从此状文可看出,三子"一身"就是"单贫"。

另如 S.4489 背《宋雍熙二年(985)六月慈惠乡百姓张再通牒》①曰:张再通父母亡后,被其兄张富通质卖与贾丑子。几年后,张再通从甘州回来,"收赎本身",并"诤论父祖地水屋舍。其养男贺通子不肯割与再通分料舍地",故再通便上牒,"伏望 大 王阿郎高悬宝镜,鉴照苍生,念见再通单贫",下令分给再通父祖地水。从 P.2504《年代不详(公元十世纪)龙勒乡百姓曹富盈牒》②可知,曹富盈"小失慈父",只与寡母相依为命,"久受单贫而活"。曹富盈虽不是"一身",但其和老母生活,亦属"单贫"之列,这与宪宗元和元年的敕文是一致的。

当然,"单贫"并不全部指"单身"、"一身"。有些贫寒微贱的人,虽不是"单身",但也属"单贫"之列,如唐代宰相牛僧孺"居宛、叶之间,少单贫,力学,有倜傥之志"。③ 又如"海陵民黄寻先,居家单贫,尝因大风雨散钱……拾而得之,寻后巨富,钱至数千万,遂擅名于江表"。④ 有些老弱贫寒之人,也可称"单贫",如敦煌本《燕子赋》曰:"燕子单贫,造得一宅,乃被雀儿强夺,仍自更着恐吓"⑤,由于燕子夫妇老来无人赡养,迁徙来到新的地方,属

① 文书图版见《英藏敦煌文献(汉文佛经以外部分)》第六卷,四川人民出版社 1992 年版,第 112 页,录文见《释录》第二辑,第 307 页。

② 文书图版见《法藏敦煌西域文献》第十四册,上海古籍出版社 2001 年版,第 364 页,录文见《释录》第二辑,第 313 页。

③ (五代)孙光宪:《北梦琐言》卷一"牛僧孺奇士"条,中华书局 2002 年版,第 25 页。

④ (宋)李昉等编:《太平御览》卷八百三十六《资产部·钱下》引《幽明录》,第 3735 页。

⑤ 黄征、张涌泉校注:《敦煌变文校注》卷三《燕子赋(一)》,中华书局 1997 年版,第 376 页。

"单贫老弱"之类，故称"单贫"。

"单身"虽然按规定要服役，但也可以享受一定的优待。如天宝"五年制：天下百姓单贫交不存济者租庸，每乡通放三十丁。"①另如"其天下百姓，有灼然单贫不存济者，缘租庸先立长行，每乡量放十丁，犹恐编户之中，悬磬者众，限数既少，或未优洽。若有此色，尚轸于怀，特宜每乡前放三十丁，仍准旨条处分。待资产稍成，任依恒式。其所放丁，委县令对乡村一一审定，务须得实……其家内应合更差防及诸杂差科，一切放免。"②

唐代的色役本来是现役，后来逐渐出现纳资代役，色役所纳之资称为"资课"，《全唐文》卷二十四玄宗《委刺史县令劝课制》中曰："其今月诸色当番人，有单贫老弱者，所司即拣择量放营农，至春末已来并宜准此。"③天宝三年（744）正月令："诸色当番人，应送资课者，当郡具申，尚书省勾覆，如身至上处，勿更抑令纳资，致使往来辛苦。从闰二月至六月已来，其当上人中有单贫老弱者，委郡县长官与所由计会，便放营农。"④由此可知，在农忙时节，当番上役之单身百姓与贫、老、弱一起享受优待，可免役务农。

唐代实行府兵制时，其卫士"皆取六品已下子孙，及白丁无职役者点充"。"若有差行上番，折冲府据簿而发之。凡差卫士征戍镇防……若父兄子弟，不并遣之。若祖父母老疾，家无兼丁，免征行及番上。"⑤

---

① （唐）杜佑撰，王文锦等点校：《通典》卷六《食货六·赋税下》，第110页。

② （清）董诰等编：《全唐文》卷二十五元宗《安养百姓及诸改革制》，第284页。

③ 《全唐文》卷二十四玄宗《委刺史县令劝课制》，第278—279页。

④ （宋）王钦若等编：《册府元龟》卷八十六《帝王部·郝宥五》，第1018页。

⑤ 《旧唐书》卷四十三《职官二》，第1834页。

我们知道,卫士不上番时,在本乡从事农业等劳动,每逢上番或教阅时,才集中于京师或所在地执勤。① 因此,对于"家无兼丁"的卫士,"免征行及番上",就算是一种优待了。因为其"祖父母老疾",再加上"家无兼丁",若派其征行上番,就无法保证其家庭中的农业劳动了,故"免征行及番上"。

《唐会要》卷七十二《军杂录》载唐宪宗元和元年(806)六月十三日敕:

> 单身百姓,父年七十以上,及无父其母年六十以上,并不得差征镇。②

由唐宪宗的这一敕文可知,凡单身百姓,若其父在七十以上,或其父已亡,而其母在六十以上者,"并不得差征镇"。

敦煌文书 P.3324 背《唐天复四年(904)衙前押衙兵马使子弟随身等状》③中,我们见到了"一身"免役的实例。该状文曰:

> 如若一身,余却官布、地子、烽子、官柴草等大礼(例),余者知杂役次,并总矜免,不喜(许)差遣。文状见在,见今又乡司差遣车牛艾芦荽者。伏乞司空阿郎仁恩照察,伏请公凭,裁下处分。

P.3324 号文书所反映的史事与唐宪宗的敕文一脉相承,即如果是一身的话,其一切"知杂役次,并总矜免,不许差遣"。这一规定是有文状证明的,但现在乡司又要"差遣车牛艾芦荽者",即赶上牛车去砍伐树木,刈割白刺,这是违反归义军政权规定的。

---

① 参阅张泽咸:《唐五代赋役史草》,第 399 页。
② 《唐会要》卷七十二《军杂录》,第 1301 页。
③ 文书图版见《法藏敦煌西域文献》第二十三册,上海古籍出版社 2002 年版,第 190—191 页。录文见《释录》第二辑,第 450 页。

因此，他们便上书"司空阿郎"，要求以公凭即文状为准，"裁下处分"。

P.2595 背《乙未年前后赤心乡百姓令狐宜宜等状》①曰：

1. 赤心乡百姓令狐宜宜、氾贤集等。

2.   右宜宜等总是单身，差着烽子。应着忙时，不与

3.   贴户。数诮乡官，至与虚户。总是势家取近。不敢（甘）屈苦

4.   至甚，免济单贫。伏请处分。

（后缺）

本件文书中"不与贴户"的"贴"与"帖"同，它在唐代文书中可以互用。"贴"有"裨"、"副佐"、"依附"之意，可引申为"兼管"。在敦煌文书中，"贴"、"帖"具有"兼管"、"协助"、"辅助"的意思。② 同时，"贴"还有黏附、附着之意。③ 而令狐宜宜、氾贤集等，虽是"单身"，却被"差着烽子"。由于烽燧都在边境地区，离家较远，故当他们在远处承担烽子，"应着忙时，不与贴户"，即无法照顾家庭。具体说，就是令狐宜宜等都是"单身"，即家庭成员只有他们自己一人，再无别人。若被派去充当"烽子"，就无法从事农业生产。因此，虽户籍尚存，实际则成了"虚户"。这种将"单身"派往远处承担"烽子"，无法从事家庭劳动的作法是不符合有关政策规定的，故他们上状要求"免济单贫"。

---

① 文书图版见《法藏敦煌西域文献》第十六册，上海古籍出版社 2001 年版，第 174 页。录文见《释录》第二辑，第 309 页。

② 参阅王永兴：《唐天宝敦煌差科簿研究——兼论唐代色役制和其它问题》，见王永兴：《陈门问学丛稿》，江西人民出版社 1993 年版；姜伯勤：《唐五代敦煌寺户制度》，第 88—89 页。

③《汉语大字典》缩印本，湖北辞书出版社、四川辞书出版社 1993 年版，第 1512 页。

为什么"单身"令狐宜宜等要上状申诉呢？因为"大中二年(848)正月制：诸州府县等纳税，只合先差优长户车牛。近者多是权要及富豪之家，悉请留县输纳，致使单贫之人，却须雇脚搬载。从今已后，其留县并须先饶贫下、不支济户。如有违越，节级官吏，量加科殿。"[①]即政府要求地方官让单贫之人交纳赋税，不许长途搬运。相对而言，这就是对"单身"的一点优待。而令狐宜宜等为单身，应属照顾之列，却被远派承担烽子，近处较轻的色役，"总是势家"优先，这是不符合制度规定的。

关于"单身"在赋役方面的优待，Дх.2149 号《欠柴人名目》[②]也有所反映。为便于说明问题，下面将 Дх.2149 中出现的单身、一身列表如下：

身份	人数	姓　　名	备　注
一身病	1	杜留定	第1行
单身	1	董年仵	第1行
一身厅子	6	游再象、董不儿、赵进怀、赵留住、安海顺、梁再子	第2行
单身门子	16	阴衍奴、李富君、陈保实、李员庆、薛群山、何善儿、何富君、岳闰成、曹神达、王顺子、王员住、□□友、王富文、张富通、张善子、令狐庆住	第6—8行
一身于阗	12	孟留三、崔祐住、孔富德、薛紧胡、薛痴子、薛粉堆、何富定、索盈信、□□住、李义成、马留德、令狐保升	第9—11行
单身病	2	赵阿朵、史怀友	第13行
单身于阗	1	曹粉德	第14行
合　计	39		

---

① 《唐会要》卷八十四《租税下》，第1828页。
② 文书图版见《俄藏敦煌文献》第九册，上海古籍出版社1998年版，第49页。录文见《释录》第二辑，第446页。

本件文书共载欠柴人 87 人，除第 15—16 行的 6 人由于文书残缺，不知其身份外，在身份明确的 81 人中，就有单身、一身 39 人，几乎占了一半。

前已述及，"单身"、"一身"在服役方面有所优待，那我们对敦煌文书中的"单身"、"单身门子"、"单身于阗"、"单身病"、"一身厅子"、"一身于阗"、"一身病"就好理解了。即若是单身，或有病，或承担"厅子"、"烽子"、"门子"、"堂子"等杂徭、差科，或出使于阗等，就可免除其正役的全部或部分。因为税柴虽以地为本，据地征纳，但纳柴者要外出为归义军柴场司砍伐树枝、刈割白刺。从这个意义上说，税柴又具有"役"的性质。①

从唐宪宗敕文中对"单身"的优待到归义军时期单身可免纳税柴、保证家庭农业生产的规定，说明晚唐五代地处西陲的归义军政权，虽然作为特殊的藩镇，是一个地方政权，但其赋役制度仍然受中原王朝的影响，与中原王朝保持着千丝万缕的联系。或者说，它仍然将自己看作是中原王朝的一部分，并根据自己的实际情况，还在执行着中原王朝的某些政策。

（原载《中华文史论丛》总第 79 辑，上海古籍出版社 2005 年版）

第四节　试释敦煌文献中的"指拟"

阅读敦煌文献，每每见到"指拟"一词，但在所有敦煌文献的录文、校注本中，都不见对该词的解释。就是许多很专门的词典，

---

① 参阅刘进宝：《归义军政权税柴征收试探》，载《第五届唐代文化学术研讨会论文集》，(高雄)丽文文化事业有限公司 2001 年版；《唐宋之际归义军经济史研究》，第 155—174 页。

如蒋礼鸿《敦煌变文字义通释》①、蒋礼鸿主编《敦煌文献语言词典》②、江蓝生、曹广顺《唐五代语言词典》③、张涌泉《敦煌俗字研究》④等，也没有收录"指㧑"一词。现以敦煌文献为主，并结合有关史籍及前人著述，对"指㧑"一词略加阐释，不当之处，请批评指正。

从有关字书可知，"㧑"与"挥"同，而"指㧑"与"指挥"也可以混用。如台湾版《中文大辞典》"指㧑"条注曰："与指挥同。……[注]㧑，即麾字，古通用。"⑤《辞源》列有"指㧑"一词，解释为：同"指挥"、"指麾"，并作注曰："㧑即'麾'字，古通用"，但又未列"指麾"一词。⑥ 在《汉语大词典》"指挥"条下，有一说明，即"亦作'指麾'、'指㧑'"。⑦

不仅各种文书、词书将"㧑"、"挥"等同，而且敦煌文献中也有实例，如 P.2049 号背《后唐同光三年（925）正月沙州净土寺直岁保护手下诸色入破历算牒》⑧第 71—72 行有"麦伍硕叁斗，曹指㧑换黄麻入"；第 341—342 行有"油贰胜（升），就仓看曹指㧑及众僧后坐用"；第 392—393 行有"面肆斗，就仓看指㧑及众僧后坐等用"，第 430—431 行有"黄麻伍硕叁斗，曹指挥入麦换将用"。本件文书中，"指㧑"与"指挥"通用，可见它们相同。

---

① 上海古籍出版社 1981 年版。
② 杭州大学出版社 1994 年版。
③ 上海教育出版社 1997 年版。
④ 上海教育出版社 1996 年版。
⑤ 林尹、高明主编：《中文大辞典》第四册，（台北）华冈出版有限公司 1979 年修订版，第 564 页。
⑥《辞源》第二册，商务印书馆 1979 年版，第 1254 页。
⑦《汉语大词典》第六册，汉语大词典出版社 1990 年版，第 580 页。
⑧ 文书图版见《法藏敦煌西域文献》第四册，上海古籍出版社 1994 年版，第 234—243 页。录文见《释录》第三辑，第 347-366 页。

从敦煌文献可知，"指拟"有以下意义：

第一，作为动词使用，乃指示、批示、批复、指挥的意思。

如 P.3989 号《唐景福三年(894)五月十日立社条件凭记》①是一件社人结社的社条，规定结社以后，社人"若有凶祸之时，便取主人指拟，不问车辇，便虽(须)营办，色物临事商量"。这里的"指拟"，显然是作为动词使用的，是指示的意思。S.3879 号《乾祐四年(951)四月四日应管内外都僧统为常例转念限应有僧尼准时云集帖》②，在规定了僧尼集合的时间、地点、所带物品后，还专门提醒："右仰准此指拟，不得违犯。"这里的"指拟"也相当于指示。P.2187 号《河西都僧统悟真处分常住榜》③是一件保护寺院常住物、常住户不受侵犯的文帖。因为当时敦煌寺院的常住户遭到了部分侵犯，"今既二部大众，于衙恳诉，告陈使主"，因此河西都僧统便"帖牒处分事件，一一丁宁(叮咛)，押印指拟"，发布了这一文帖。P.4044 号《吏部尚书兼御史大夫曹公帖》④是乾宁六年(899 年、实为光化三年)十月廿日任命右一将第一队副队的帖文，该帖文曰："右奉处分，前件人仍以队头同勾当一队……当

---

① 文书图版见《法藏敦煌西域文献》第三十册，上海古籍出版社 2003 年版，第 320 页。录文见《释录》第一辑，书目文献出版社 1986 年版，第 273 页。

② 文书图版见《英藏敦煌文献(汉文佛经以外部分)》第五卷，四川人民出版社 1992 年版，第 192—193 页。录文见《释录》第四辑，第 151—153 页。

③ 文书图版见《法藏敦煌西域文献》第八册，上海古籍出版社 1998 年版，第 181 页。录文见《敦煌社会经济文献真迹释录》第四辑，第 158 页，定名为《保护寺院常住物常住户不受侵犯帖》。本件文书的定名及录文还见邓文宽《敦煌文献〈河西都僧统悟真处分常住榜〉管窥》，载《周一良先生八十生日纪念论文集》，中国社会科学出版社 1993 年版，第 217—232 页；又见同氏《敦煌吐鲁番学耕耘录》，(台北)新文丰出版公司 1996 年版，第 159—179 页。

④ 文书图版见《法藏敦煌西域文献》第三十一册，上海古籍出版社 2005 年版，第 30 页。录文见《释录》第四辑，第 289 页。

便给与队头职牒,仍须准此指扬者。"这里的"指扬"显然是指挥的意思。S.4453 号《宋淳化二年(991)十一月八日归义军节度使牒》①,是由于归义军的官中车牛载白柽,便"令都知将头随车防援",需沿途粮料供应、安排的一件牒文,最后亦专门说明:"仍仰准此指扬者。"以上三件文书中的"指扬",也都是作为动词使用的,即指示、指挥。

S.1156 号《光启三年(887)沙州进奏院上本使状》②是归义军张淮深向唐王朝求授旌节的官文书。当时唐僖宗正由于黄巢起义而逃亡兴元、凤翔一带。张淮深的使臣们便到了兴元驾前,求授旌节:"本使一门拓边效顺,训袭义兵,朝朝战敌,为国输忠,请准旧例建节。廿余年朝廷 不 与 指扬,今固遣闰盈等三般六十余人论节……军容宰相处分,缘驾回日近,专使但先发于凤翔祇候,待銮驾到,即与指扬者。"到了凤翔后,又几次送状,"见数日不得指扬"。这件文献的三个"指扬",也显然是动词,其意义相当于批示。

P.2945 是一组有关曹氏归义军与中原关系的重要文献,③李

---

① 文书图版见《英藏敦煌文献(汉文佛经以外部分)》第六卷,四川人民出版社 1992 年版,第 80 页。录文见《释录》第四辑,第 306 页。

② 文书图版见《英藏敦煌文献(汉文佛经以外部分)》第二卷,四川人民出版社 1990 年版,第 241—242 页。录文见《释录》第四辑,第 370—373 页。

③ 文书图版见《法藏敦煌西域文献》第二十册,上海古籍出版社 2002 年版,第 188—189 页。录文见《释录》第五辑,全国图书馆文献缩微复制中心,1990 年,第 326—329 页。

正宇、赵和平先生已对此卷文书进行过录研究。① 在这一组状稿的《又别纸》中有："相关厚颜，关津不滞行程，实则？以荷负，赡礼望日，专持指拟，庶基（机）孤孽，全有济托。更有情怀审细，并在使人口中。亲驰面拜之间，伏垂一一具问。"在第四件《又别纸》中有："切以东西路遥，云霄有隔蓬宫，昆兄季弟等伦。望企相公神旨，瞻风向日，专牒指拟，孤军全有倚托。更有情怀审细，并在使人口中。亲驰面拜之间，伏垂一一具问，伏惟照察，谨状。"这件文书中出现的两个"指拟"，也显然是批示、指示的意思。

第二，作为名词使用，同"指挥"，指官名。

S.1153《诸杂人名一本》②列有各种僧俗官员，现将其转录如下：

翟使君	索指拟	暮（慕）容都衙	韩衙推
陈县令	邓作坊	张司马	阴都知
安校练	曹库官	宋镇使	米帐使
氾目孔（孔目）	阳员外	吴押衙	僧　统
僧　录	唐僧正	郭法律	阚碑魁
仍夜盂	掷蔓鸡	朱游弈	孟乡官

---

① 李正宇：《曹仁贵归奉后梁的一组新资料》，载《魏晋南北朝隋唐史资料》第 11 期，武汉大学出版社 1991 年版。赵和平：《敦煌表状笺启书仪辑校》，江苏古籍出版社 1997 年版，第 342—352 页；又同氏《晚唐五代灵武节度使与沙州归义军关系试论》，载中国唐代学会编辑委员会编：《第三届中国唐代文化学术研讨会论文集》，（台北）乐学书局 1997 年版，第 539—550 页；又见同氏《赵和平敦煌书仪研究》，上海古籍出版社 2011 年版，第 303—316 页。

② 文书图版见《英藏敦煌文献（汉文佛经以外部分）》第二卷，第 240 页。

价(贾)将头	康讹儿	阎瘦筋	窦彦贞
邦紧吒	冯愿定	卢富盈	桑阿宁
石清忽	祝再昌	吉衍奴	侯山胡
何什德	申怀恩	杜饱子	令狐章午
贺江进	裴狂拙	孙	

（后缺）

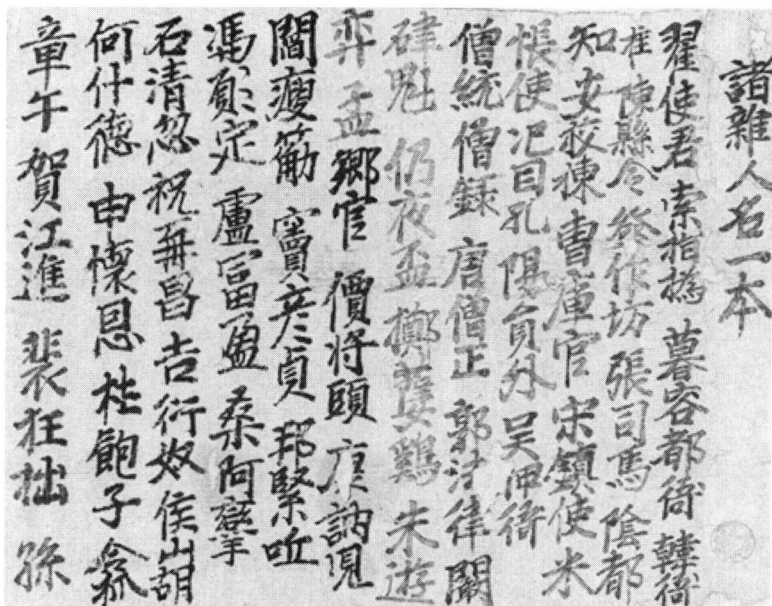

S.1153《诸杂人名一本》

　　荣新江先生在《唐五代归义军武职军将考》①中摘引了这一文书，并以其所记军将的序列，考察了军将的职级，并对指挥使、都押衙、都知兵马使、校练使、押衙、游奕使、将头进行了重点研

────────────

① 荣新江：《唐五代归义军武职军将考》，载《中国唐史学会论文集（1993 年）》，三秦出版社 1993 年版，第 78—82 页。

究。在此文书中,荣先生将 S.1153《诸杂人名一本》所记第二个人名"索指抝"径录为"索指挥",并以此为据探讨了敦煌文献中的"都指挥使",指出唐后期都指挥使已取代了过去都知兵马使的地位,是仅次于节度使的归义军内外诸司及马步兵的总管,任此职的有两人,一为节度使曹议金的兄长曹仁裕(良才),一为其妹夫罗盈达。后来冯培红先生又指出,曹氏末期,节度使曹宗寿任命其子贤顺为"检校兵部尚书衙内都指挥使"。①

关于晚唐五代的"都指挥使"一职,杜文玉先生的《晚唐五代都指挥使考》②已作了比较详细的研究,认为都指挥使并非取代了都知兵马使,因为有两者在同时同一节镇设置的情况存在。同时,都指挥使的情况比较复杂,从中央到地方的各级军职多有设置。"从军事体制大体分为四个层次:一是州镇之都指挥使,二是方镇之都指挥使,三是中央禁军系统之都指挥使,四是作为行军统帅之都指挥使。每个层次内的都指挥使又有地位高下与职权轻重的区别。"因本文只是对敦煌文献中的"指抝"进行探讨,故对"都指挥使"一职不作辨析,读者可参考上引荣新江、杜文玉先生论文及张国刚先生的《唐代官制》③一书。

从目前已有资料可知,归义军时期"都指挥使"可简称为"都指挥"。如 S.8665《某年正月四日归义军应管内外都指挥知都押衙曹仁裕与都押张保山状》④和 S.8683《知左马步都押衙曹仁裕

---

① 冯培红:《晚唐五代宋初归义军武职军将研究》,载《敦煌归义军史专题研究》,兰州大学出版社 1997 年版,第 116 页。

② 杜文玉:《晚唐五代都指挥使考》,载《学术界》(合肥)1995 年第 1 期。

③ 张国刚:《唐代官制》,三秦出版社 1987 年版。

④ 图片见《英藏敦煌文献》第十二卷,四川人民出版社 1995 年版,第 181 页,定名为《都押衙曹仁裕、张保山征敦煌诸乡器物牒》。荣新江:《英国图书馆藏敦煌汉文非佛教文献残卷目录(S.6981—13624)》,(台北)新文丰出版公司 1994 年版,第 107 页。

为算会敦煌十一乡及通颊退浑所收物状》①这两卷文书中曹仁裕的衔名，一为"都指扷"，一为"都指扷使"。

这里有一点值得注意，即"指挥"与"指扷"相同并可以混用，如以上敦煌文书中绝大多数都是"指扷"，但也有写作"指挥"者，如P.4638《曹良才画像赞》中记述曹良才（即曹仁裕）"荣加五州都将，委任一道指挥"时就是"指挥"而不是"指扷"。尤其是P.2482号的《罗盈达邈真赞》和《墓志铭》，其全称是《晋故河西应管内外诸司马步军都指挥使银青光禄大夫检校工部尚书兼御史大夫上柱国豫章郡罗府君邈真赞并序》，内容完全一致，但一篇是"马步军都指挥使"的衔名，另一篇则是"马步军都指扷使"的衔名。

"都指挥使"、"指挥使"还可简称"指挥"。如前引 S.1153《诸杂人名一本》中的人名依次为：翟使君、索指扷……P.2916《癸巳年十一月十二日张马步女师迁化纳赠历》②中的纳赠人名单依次为：司徒、索指扷、韩都衙、安校练、翟衙推、罗镇使、翟水官、祐顺都头、曹库官、丑挞阎都头、丑子邓都头、平都头、宋文秀。S.4700《甲午年五月十五日阴家婢子小娘子荣亲客目》③中也有"索指扷"。在一般情况下，人名都是按官职高低排列的。这里的"索指扷"，一排在"翟使君"之后，一排在"司徒"之后，可见其地位较高，似乎是"都指挥使"或"指挥使"的简称。如果这一推理成立，那么我们就可得知：在归义军时期，起码还有一姓索的

---

① 图片见《英藏敦煌文献》第十二卷，第 195 页。荣新江《英国图书馆藏敦煌汉文非佛教文献残卷目录（S.6981—13624）》第 111 页定名为《某年归义军应管内外诸司都指挥知左马步都押衙曹仁裕等状》。

② 文书图版见《法藏敦煌西域文献》第二十册，第 63 页。录文见《释录》第一辑，第 371 页。

③ 文书图版见《英藏敦煌文献（汉文佛经以外部分）》第六卷，四川人民出版社 1992 年版，第 241 页。录文见《释录》第四辑，第 10—13 页。

"都指挥使"。

关于这一点，我们还可找到一些例证，P.3224《行城文》①曰："又持胜福，复用庄严，则我河西节度使令公贵位……又持胜福，次用庄严，管内释门僧统大师贵位……又持胜福，复用庄严，总管、都指挬、都衙贵位……又持胜福，次用庄严，都僧录、都僧政已下和尚贵位……"P.3461《斋文一篇》②有："又持是福，次用庄严，当今帝王贵位……又持是福，次用庄严，刺史厶官贵位……又持是福，次庄严，小娘子郎君贵位……又持是福，次用庄严，指挥、都衙等贵位……又持是福，次用庄严，僧录、僧政等贵位……"另如 S.1181《发愿文》③先赞颂天龙八部等，然后为："又持胜福，次用庄严，我河西节度使大王贵位……又持胜福，次用庄严，我河西都僧统和尚贵位……□□胜福，次用□□，指挬尚书贵位……又持胜福，次用庄严，阎都衙、董都衙，诸都头贵位……"P.2049 背《后唐长兴二年（931）正月沙州净土寺直岁愿达手下诸色入破历算会牒》④第 238—241 行有："粟肆斗，卧酒就仓看指挬、尚书、乡官、众僧等用。粟两硕，充砲课用。粟叁斗，送路令公及回迎尚书等用。"此段文字不论标点为"指挬、尚书、乡官"还是"指挬尚书、乡官"，都能证明指挬的地位较高，是"都指挥使"或"指挥使"的简称。由此可见，指挥使应是节度使下的重要官职。

《旧唐书》卷一百八十一《乐彦祯传》载，彦祯先为"马步军都

---

① 文书图版见《法藏敦煌西域文献》第二十二册，上海古籍出版社 2002 年版，第 200 页。

② 文书图版见《法藏敦煌西域文献》第二十四册，上海古籍出版社 2002 年版，第 277 页。

③ 文书图版见《英藏敦煌文献（汉文佛经以外部分）》第二卷，第 253 页。

④ 文书图版见《法藏敦煌西域文献》第三册，第 234—254 页。录文见《释录》第三辑，第 347-366 页。

虞候,转博州刺史",后又授其"检校工部尚书,知魏博留后。俄加户部尚书,充节度观察处置等使。中和四年(884),累加至尚书左仆射、同平章事。僖宗自蜀回,加开府仪同三司,册拜司徒"。① 彦祯还命其子从训"为六州都指挥使"。

这一材料,不仅能反映出地方节镇的加官程序,而且可反映出,"指挥使"是仅次于节度使的重要人物,且常常由节度使的子弟或亲信担任,这也与敦煌文献反映的归义军节度使的情况吻合。

在都指挥使(指挥使)下,可能还有"指扐"一职,它与"都指挥使"、"指挥使"简称的"指挥"不同,应是较低一些的一种官职。如 S.6981《辛酉至癸年入破历》②第 11—12 行有"粟十八石,翟指扐施入"。同卷所载施入者还有邓法律、张法律、米都头、阴押衙、氾判官等。与这些法律、判官、都头、押衙等僧侣官职相提并论的指挥,似不是位高权重的"都指挥使"、"指挥使",而是比较低的一种官职。这样的例子还有一些:P.3490《辛巳年某寺诸色斛斗破历》③第 40—41 行有"油捌胜(升),与乐法律、翟指扐转经僱用";第 49 行有"油伍胜(升),与龙法律、翟指扐转经僱用"。与僧官法律并提的"指挥",其地位也不会太高。S.6452 号第三件文书为《壬午年净土寺常住库酒破历》④,其第 23—24 行有"廿二日酒贰斗,又沽酒粟四斗,指扐、孔目、僧正三人,老宿、法律等吃

---

① 《旧唐书》卷一百八十一《乐彦祯传》,第 4689 页。

② 文书图版见《英藏敦煌文献(汉文佛经以外部分)》第十二卷,第 1—8 页。录文见《释录》第三辑,第 140—141 页。

③ 文书图版见《法藏敦煌西域文献》第二十四册,上海古籍出版社 2002 年版,第 333—334 页。录文见《释录》第三辑,第 186—191 页。

④ 文书图版见《英藏敦煌文献(汉文佛经以外部分)》第十一卷,四川人民出版社 1994 年版,第 76 页。录文见《释录》第三辑,第 224—226 页。

用"。P.3713《粟破历》①第 3 行有"八月五日粟二斗，指拗就寺淘麦用"。P.2049 背《后唐长兴二年正月沙州净土寺直岁愿达手下诸色入破历算会牒》②第 168—170 行有"麦肆斗，卧酒就仓看指拗及乡官，众僧等用"；第 302—303 行有"油叁胜（升），就仓看指拗、乡官及众僧等用"；第 373—374 行有"面柒斗，就仓看指拗、乡官，众僧等用"。这些与"乡官"相提并论的"指挥"，其地位似乎不该是"都指挥使"、"指挥使"，而是地位较低的"指挥"。

除翟指拗外，还有张指拗。S.8426A-H《归义军酒破历》③已残成 10 片，"其中多记招待南山事，当为十世纪曹氏归义军文书"。其中提到的官名有赤书宰相、石判官、石兵马使、张指拗、南山宰相、程押牙、张兵马使、阎都知、瓜州张都衙、贾僧政。④

另外还有荣指拗，S.2472 背/4《辛巳年十月廿八日荣指挥葬巷社纳赠历》⑤后有一段文字："辛巳年十一月一日因为送指挥众社商量：自后三官则破油一般，虞候破粟壹斗。其赠粟分付凶家，饼更加十枚，斋麦两硕，黄麻八升。每有纳赠之时，须得斋纳一般，不得欠少，自后长定。"其纳赠人有李社官、龙社长、氾宅官、

---

① 文书图版见《法藏敦煌西域文献》第二十七册，上海古籍出版社 2002 年版，第 44 页。录文见《释录》第三辑，第 236 页。

② 文书图版见《法藏敦煌西域文献》第三册，第 234—254 页。录文见《释录》第三辑，第 347–366 页。

③ 文书图版见《英藏敦煌文献（汉文佛经以外部分）》第十二卷，第 121—127 页。

④ 荣新江：《英国图书馆藏敦煌汉文非佛教文献残卷目录（S.6981—13624）》，（台北）新文丰出版公司出版，1994 年版，第 83—85 页。

⑤ 文书图版见《英藏敦煌文献（汉文佛经以外部分）》第四卷，第 85 页。录文见《释录》第一辑，第 373 页，其定名中将"荣指挥"误录作"营指挥"。本件文书录文又见宁可、郝春文：《敦煌社邑文书辑校》，江苏古籍出版社 1997 年版，第 442—446 页。

孔押衙、高虞候、高团头、李团头、龙押衙等俗官、社官及百姓。

第三,"指拗户"提供的启示。

P.3935 号文书①是一件请地文书,《敦煌遗书总目索引》将其定名为《请求地亩之文件(两面书)》②,《敦煌宝藏》定名为《请求地亩文件》③,唐耕耦等《敦煌社会经济文献真迹释录》第二辑第486 页收录了此文书,定名为《翟员子户等请田簿稿》,姜伯勤先生《唐五代敦煌寺户制度》④第 182—183 页引录了该文书前 7 行,并定名为《五代宋初指拗户等请田簿》。我反复研读此件文书,并多次向朱雷师请教,承朱雷师教示,应定名为《五代宋初指拗等户请田簿》。现将该文书转引如下:

(前缺)

指拗户:请北阜渠上口地一段并园舍一伯三十六畦共三顷三十亩,东至大道,西至河及韩寺,南至龙兴寺厨田,北至仍末河及韩寺地并自田。又渠西地一段三畦共四亩,东至仍末河,西至赵长盈,南至仍末河,北至韩章儿。又地一段并园舍三十一畦共八十亩,东至大道,西至仍末河,南至韩寺地及自田,北至张衍子。

孔山进户(户索子全):请榆树渠上口地一段十九畦共三十三亩,东至道,西至大道,南至道,北至圣光寺厨田及李师。又地两畦共二亩。东至河,西至子渠,南至子渠,北至河。

---

① 文书图版见《法藏敦煌西域文献》第三十册,上海古籍出版社 2003 年版,第 250 页。

② 商务印书馆 1962 年版,第 473 页。

③ 黄永武主编:《敦煌宝藏》第一百三十二册,(台北)新文丰出版公司1986 年版,第 355 页。

④ 中华书局 1987 年版。

索子全,妻娘子陈氏,男须崇,奴保德,婢定连。

礼□受田,请城西八尺瓦渠下尾地一段并园十二畦共四十二亩,东至大道,西至贞女道,南至大户地,北至河。又请北府榆

（后缺）

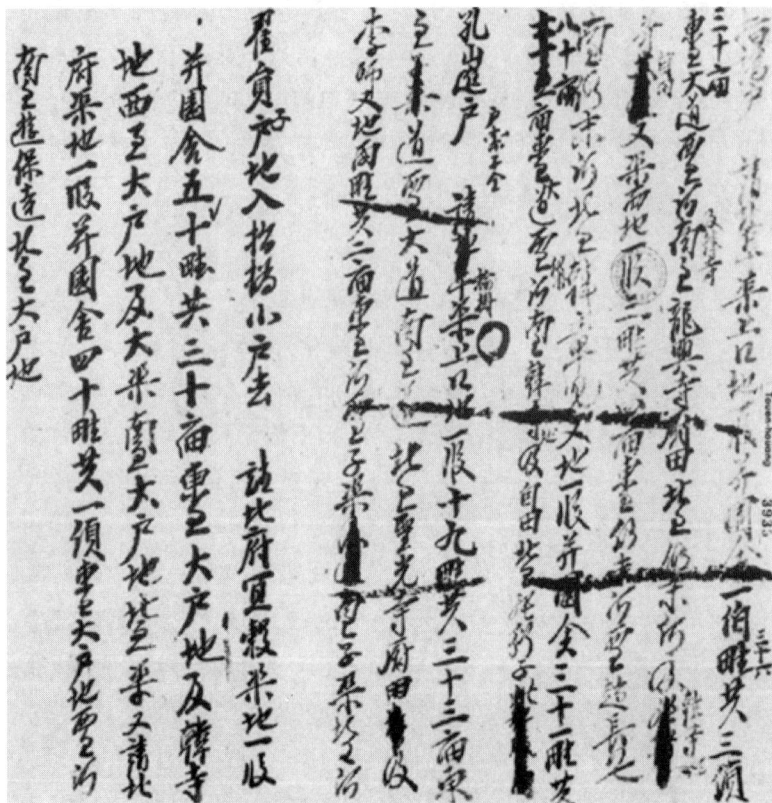

P.3935《五代宋初指㧑等户请田簿》

其中索子全书于纸背,并倒书,正面孔山进户下有一行小字:"户索子全",且索子全户的笔迹、墨迹与指㧑户、孔山进户也一样,故我们将其录在一起。

本件文书提到的"指㧑户",不知是泛称,还是仅仅指一户,即官职为"指㧑"的一户人。我们通过对"指㧑户"的三段土地划图标示,由于四至中的"自田"互相吻合,再证以其他请田簿中四至的记载,可以确认,P.3935 号文书中的"指㧑户"为专指,有可能指官职为"指㧑"的一户人,由于尊重等原因,只称官衔而不称其姓名。

另外,在 P.3935 号文书孔山进户后,还有一段文字,墨迹与"指㧑户"、"孔山进户"、"索子全户"不同,字体也略有差别,现录文如下:

> 翟员子户地入指㧑小户去,请北府宜谷渠地一段并园舍十五畦共三十亩,东至大户地及韩寺地,西至大户地及大渠,南至大户地,北至渠。又请北府渠地一段并园舍四十畦共一顷,东至大户地,西至河,南至游保达,北至大户地。

这段文字是翟员子户的土地由于被"指㧑小户"占去,翟员子另请田地的记载。关于归义军时期请地的有关情况,拙稿《归义军土地制度初探》①已略有涉及。值得注意的是,这里的"指㧑小户"是泛称,还是特指?为什么有优先占有土地的权利?这里的"小户"又作何解释?在翟员子所请的土地四至中,出现了 5 个"大户地",这里的"大户"又是什么意思,它与"小户"是什么关系?这些问题都还有待于我们更深入地思考和研究。但由于笔者学识有限,见闻不广,目前还无法回答这些问题,因此,只能说是"指㧑户"给我们提供的启示,还需要更广泛地挖掘资料,以期比较圆满地回答这些问题。

综上所述,敦煌文献中的"指㧑"一词,当作为名词使用时,它相当于职官名的"指挥",如都指挥、指挥使、指挥等;当作为动

---

① 刘进宝:《归义军土地制度初探》,载《敦煌研究》1997 年第 2 期。

词使用时,它则是另外一个意思,即指示、批示、批复、指挥。至于"指拟户"、"指拟小户"的确切含义,由于笔者学识有限,目前还无法给予明确回答。

（原载《魏晋南北朝隋唐史资料》第17辑,武汉大学出版社2000年版）

附录：避讳在史学研究中的重要作用

——兼评《敦煌文献避讳研究》

历史学家邓广铭先生曾提出治史入门的四把钥匙，即职官制度、历史地理、年代学、目录学，一直受到史学界的重视。随着历史文献的整理，尤其是以敦煌文献为代表的出土文献在历史研究中的广泛运用，除了一般要掌握目录、年代、职官、地理外，避讳也是非常重要的。

所谓避讳，就是"文字上不得直书当代君主或所尊之名，必须用其它方法以避之"①，同时这种"避之"又需要尽可能地不妨碍语言的顺畅交流和文字的正常使用。为了达到这种效果，就有了各种各样的避讳方法。如秦始皇讳"正"，就将"正月"改为"端月"；汉高祖名刘邦，就将"邦"改为"国"；汉惠帝讳盈，就将"盈"字改为"满"；东汉光武帝讳"秀"，就将"秀才"改为"茂才"；唐世祖名李昞，就将"昞"、"秉"、"炳"、"丙"皆改为"景"，"甲乙丙丁"也成了"甲乙景丁"；唐高祖名李渊，就将"渊"改为"泉"；唐太宗讳世民，就将"世"改为"代"、"民"改为"人"、"百姓"等；武则天名"曌"，为了避嫌名，将"诏书"改为"制书"。

当然，避讳也有特殊性，即有些地方不能避。如康熙皇帝名玄烨，为避"玄"字，写时要缺最后一点，写为"玄"，但牲畜的畜字，上面的"玄"字不能缺点，如果缺了，岂不骂皇帝是"畜生"。同样，宋高宗名赵构，其"构"字的同音几十个字都要避讳，但就是没有"狗"。如果"狗"也避，岂不是说宋高宗与狗同类吗？②

以上的避讳案例只是传统史学学习和研究中遇到的，并且是

---

① 陈垣：《史讳举例·序》，上海书店出版社1997年版，第1页。

② 参阅崔文印：《缅怀启功先生》，载《书品》2005年第5辑。

比较通用的，如果我们认真学习熟悉陈垣先生的《史讳举例》，再备上一册《历代避讳字汇典》等方面的工具书，一般来说还是可以对付的。

一

敦煌文献的绝大部分是没有年代题记的，避讳是确定其年代（或时代）的重要方法之一。利用避讳搞清楚敦煌文献的时代，具有重要的学术价值。如1983年，马世长先生利用避讳考察了S.3326《敦煌星图》的年代，即本卷中避唐太宗"李世民"之"民"，但不避唐睿宗"李旦"之"旦"，即未将"旦"改为"晓"，"从避讳上看，S.3326号卷本的抄绘，当在睿宗之前，即不晚于公元710年"。进而结合其他因素，将"S.3326号卷本的抄绘年代进一步推定在唐中宗李显时期，即公元705—710年之间"。这就比李约瑟推定的公元940年早了230年左右，更加显示了该卷在天文学史上的重要价值①。

这是一个比较成功的案例。但是，要真正搞清楚没有年代题记的敦煌文献，又是非常困难的。众所周知，敦煌文献绝大多数是没有纪年的，有明确纪年的卷子不多，利用避讳是确定纪年的重要方法之一。但如果不了解敦煌文献各时代的避讳及其特点，尤其是避讳字与俗字的关系，就可能断代错误。如有些宋代敦煌文献中没有避宋朝帝王的讳，反而避唐代帝王之讳，如果不是题记的话，我们可能就将其定为唐代的写本了。因此，"仅仅根据个别避讳字形来对敦煌文献进行断代，而忽略其他的鉴定信息，

---

① 参阅马世长：《〈敦煌星图〉的年代》，载敦煌文物研究所编：《1983年全国敦煌学术讨论会文集（文史遗书编上）》，甘肃人民出版社1987年版，第371页。

容易得出错误的时间结论"①。

　　敦煌文献的内容非常丰富且庞杂,涉及的避讳问题也更为复杂多样,许多都是传世文献中没有的,但又是阅读敦煌文献和从事有关研究时无法绕开的。虽然从敦煌文献发现、研究之始,其中的避讳就引起了学者们的关注。但由于敦煌文献分散各处,阅读不易,再加上学者们只是在各自的研究中,对涉及的避讳文字进行考释、阐述,即为了研究各自的问题而利用或研究避讳,并没有将避讳作专门学问予以研究和探讨。

　　随着敦煌文献的全面刊布,使我们有可能不到伦敦、巴黎、圣彼得堡、北京四大敦煌文献收藏中心及世界各国、各地的收藏机构,就可以比较容易地看到几乎所有的敦煌文献,从而为全面深入研究敦煌文献及有关的学问提供了可能。正是在这种背景下,浙江大学的青年学者窦怀永副教授经过多年的潜心研究,完成了《敦煌文献避讳研究》一书,作为《敦煌讲座》书系之一,已由甘肃教育出版社于2013年出版。

　　《敦煌文献避讳研究》由五章组成:

　　第一章是绪论,简明扼要地介绍了宋以前的避讳概观、古代避讳研究情况和敦煌文献避讳研究。作者通过对敦煌文献的爬梳,并利用传统史籍的材料,简明勾勒了敦煌文献所反映的避讳史。

　　根据敦煌文献避讳的时代特点,作者推测,"唐之前的敦煌文献避讳极为松弛,甚至无避讳可言"(57页)。唐高宗显庆二年(657)十二月十六日,下诏全面规避太宗名讳,即改涉及"世"、"民"等字。从敦煌文献可知,"至迟在显庆三年六月,敦煌地区

①　窦怀永:《敦煌文献避讳研究》,甘肃教育出版社2013年版,第105页。以下凡引用该书时只在文中注明页码。

已经开始有意识地规避唐代帝王名讳，或者说，唐代避讳制度已经在敦煌发挥效用。这个时间与中原几乎是同步的"（58 页）。吐蕃占领敦煌后，唐代建立的避讳制度失去了其存在的基础，"这个时期敦煌文献中的避讳字形实际上是书写习惯的留存，或者说已经转为俗字而继续使用"（62 页）。归义军时期的情况与吐蕃相似，并不规避唐代帝王的名讳，"即使到了五代、宋初，敦煌文献的避讳也没有因为朝代的替换而发生变化，仍旧不避讳"（63 页）。

第二章"敦煌文献避讳的特点和影响因素"，归纳敦煌文献避讳的特点：一是阶段性，即唐之前的敦煌文献避讳极为松弛，甚至无避讳可言。唐代建立了严格的避讳制度，并在高宗时达到了巅峰，缺笔、改字的避讳方法已经在敦煌普遍使用。二是宽松性，即敦煌文献避嫌名甚宽、不避太子讳、避正讳较宽。三是个体性，即同一文献不仅在不同阶段有不同的避讳情况，就是在同一阶段也有不同的避讳情况，同一内容的文献由不同书手抄写就有不同的避讳情况，与之相应，同一书手抄写的不同内容，甚至相同内容的文献也有不同的避讳情况。四是通俗性，即敦煌文献避讳的方法浅显易懂，并包含了当时社会的所有阶层。五是承沿性。另外还指出，不同类型的文献避讳的情况也不同：儒家典籍相对较为严格，佛教典籍较为松弛，道教典籍不严格，通俗类文献一般不避讳。

第三章"敦煌文献避讳的方法"，总结敦煌文献最常见的避讳方法是缺笔、换字和改形。那这三种方式的使用频率如何，或以哪种方法最常用？作者经过统计后发现：缺笔避讳使用范围最广，包括了敦煌文献的大部分种类，这与缺笔避讳理解容易、操作简单有关；改形避讳在敦煌社会经济文书中使用最为普遍，这是因为社会经济文书主要属于晚唐五代，这时改形避讳的字形已经稳定并在流传中逐渐增加了俗字的属性,基本达到与俗字等同的地位,因而被普遍使用;改字避讳主要应用于以《论语》为代表的儒家经典文献中,这类写卷基本上是由当地的学童等根据前代抄本抄写而成,而前代抄本又可溯源到唐代颁布的《五经》定本,因而这些改字大抵是在《论语》等流传到敦煌之前就已经改定的,敦煌文献只是传抄而已(174 页)。

虽然敦煌文献避讳的方法主要是缺笔、换字和改形,但作者认为各时代仍有其特点,如唐以前的避讳方法相对单一,以换字为主。唐代避讳重在字形,这是缺笔和改形避讳大行其道的背景,再加上使用避讳最多的两个字——“世”、“民”,笔划相对较少,字形简单,使用频率高,容易成为其他汉字的构字部件,具有良好的扩展能力。宋以后避讳的侧重点则由字形转为字音,规避嫌名成为重要内容,字形的禁忌弱化了很多,从而使改形避讳失去了存在的背景。另外,宋代以后帝王名讳用字逐渐表现出冷僻的倾向,生冷、偏僻的汉字常用于皇帝的名讳,使改形避讳所需要的“扩展性”完全丧失,同时也间接加强了嫌名避讳的力度(164 页)。

第四章“敦煌文献避讳字形的探讨”,主要研究了避讳字与俗字的关系,避讳字既可能来源于前代俗字,又可能转变为后代俗字,它们之间还有交叉。在探讨避讳字与俗字关系的基础上,对敦煌文献俗字的避讳现象作了概括:“一个汉字在形体上本不触唐代帝王名讳,但由于其俗写字形的某个构件恰恰与帝王的讳字字形相同或相近,于是这个俗写字形也必须采取相应的方法避讳。这种‘间接性’的避讳现象正是俗字避讳的一个重要内容。”(201 页)俗字避讳主要发生在唐代,尤其是唐太宗李世民的“世”、“民”和唐睿宗李旦的“旦”字,其本身的扩展能力很大,更契合俗字避讳产生的条件。

唐代的避讳重字形,到了宋代,避讳则更重视的是字音。"宋代以后,皇帝取名多选用较为冷僻、少用的汉字,大约含有尽量减少避讳给日常生活、社会交际等带来负面影响的意识,也在很大程度上抑制了俗字避讳基本条件的发生。"(217页)

本章的"敦煌文献避讳字形举隅",以书证和学术界的研究成果为例,列举了敦煌文献中常见的避讳字形,作者的个人见解则以"永按"的方式列出。这些避讳字形对研读敦煌文献很有帮助。

第五章"敦煌文献避讳与断代",主要讨论了敦煌文献的断代原则,即如果文献中出现某个皇帝的避讳字形,就可以断定此文献出自该皇帝执政之后。但这仅仅是一个大的原则,各个文献的创作、流传,乃至抄写人、抄写时间不同,其中的避讳也就不一样。由于敦煌文献的抄写和避讳复杂,绝对不能仅仅依据出现某个皇帝的避讳字形就断定必然出自该皇帝在位时期。同样,如果文献中某个唐朝的皇帝名讳不规避,也不能完全断定此文献就出自该皇帝之前。另外,如果文献中唐朝皇帝的名讳都不规避,也不能完全断定此文献就不出自唐代。

作者提出的敦煌文献断代原则,仅仅是一个大的框架,如果完全以此来处理敦煌文献的避讳,似乎容易使人感觉无法适从。因此又在此基础上提出了断代的辅助原则,即针对不同的文献内容,采取各不相同的避讳宽严标准,同时还要考虑文献的内容、纸张、字迹、来源等因素。

二

综上所述,本书对敦煌文献的避讳进行了全面研究,其内容与敦煌文献一样十分庞杂,涉及的知识面非常广泛。仅从敦煌文献整理和史学研究的角度,我认为该书有以下几个特点:

（一）是阅读、研究敦煌文献的重要参考书。

敦煌文献分为有纪年文献和无纪年文献两部分。"有纪年文献"是指文献本身题写了相关的时间信息：或为抄写题记，或在正文内容中有所反映。"无纪年文献"则是指没有任何明确的时间信息。敦煌文献中的绝大多数是没有年代题记的，即没有明确的时间。没有年代题记，就降低了文献资料的利用价值，因此确定文献的年代是深入研究的基础和前提，在没有年代题记可供借鉴时，利用避讳确定年代（或时代）就成了一个不可缺少的重要手段。

本书作者窦怀永长期从事敦煌文献整理研究，甘于坐冷板凳，他在逐一翻检约 60000 件敦煌文献后，搜集到近 2000 件有纪年的文献，并对这些文献时间信息（特别是题记）的有效性进行了甄别，最后搜罗出 608 件有明确纪年且时间可靠的敦煌文献作为考察对象[①]，细致地对这些文献的避讳情况进行了梳理，对各文献的避讳与否做了判断，进而尝试对避讳的特点和影响因素做了归纳，是学术界第一部全面、系统的敦煌文献避讳研究著作。

如果我们学习、研读、整理敦煌文献，手上就应该备一册，以便随时翻检。

（二）提出了一些有启发性的意见。

本书在研究中有综述，在综述中又有许多个人的见解。如关于避讳字"承沿性"即避讳字转变为俗字的论述，对我们认识敦煌文献的时代有重要的启发。例如开宝九年（976）十月二十九日，宋太宗赵光义下诏避其名讳，改"归义军"为"归化军"[②]，而在

---

① 有关这些写卷的具体情况，可以参阅作者的同名博士学位论文，浙江大学 2007 年。

② （宋）李焘：《续资治通鉴长编》卷一七，中华书局 2002 年版，第 383 页。

宋初的敦煌文献中我们见到的仍然是"归义军"，并不是诏令所要求的"归化军"。反而有许多仍在使用唐代的避讳字，这也体现了敦煌文献避讳的承沿性。

S.2973《节度押衙知司书手马文斌牒》写于宋开宝三年（970），本件文书使用了北宋的开宝年号，说明敦煌已经知道了中原改朝换代。但文书中并未见到宋代讳字，而是将"牒"字中的"世"改为"云"，似乎是在避唐代之讳。如何解释这种现象呢？作者认为"这只不过是继承和沿用了前朝的避讳字形而已"，并将这种现象归纳为敦煌文献避讳的"承沿性"，认为这是避讳字转化为俗字的表现。因为"唐代避讳字在流传一段时间、逐渐为普通百姓使用和掌握后，俗字的属性会逐渐增加，即这个字形渐渐会被默认为约定俗成的写法，而原有的避讳属性会逐渐减少"（100页）。

另外，敦煌社会经济文献的主体部分属于归义军时期，前已述及，吐蕃和归义军时期的敦煌文献并不避唐代帝王之讳，那又如何理解此时期的敦煌文献中所出现的避讳情况？如写于咸通十一年（871）的P.3962《论语集解学而篇》中"民"字的缺笔或改写为"人"；S.3905《唐天复元年（901）十二月十八日金光明寺造窟上梁文》中"但"字的缺笔；尤其是社会经济文书中的"牒"，多将其中的"世"改为"云"。对此种现象，作者认为，这只是照抄以前的旧本或书写习惯的留存。综观吐蕃和归义军对敦煌的统治，由于特殊的历史背景，敦煌地区的避讳仍然停留在陷蕃以前，即使到了避讳"苛严"的宋代，敦煌文献也根本不避相应帝王的名讳。据统计，敦煌陷蕃以后至宋初，即吐蕃和归义军统治敦煌时期（848—1036），有纪年的文献共350件，其中有避讳痕迹的是132件。经过考察可知，"这些唐代避讳字形在陷蕃以后已经沦为俗字而继续流通使用，丧失了它的本意"（64页）。

敦煌文献的内容繁杂，可以说应有尽有，《敦煌文献避讳研究》所使用的例证材料以传统经部文献为主,社会经济方面文献等为辅,本书最重要的贡献或特色之一就是将避讳字与俗字有机结合,有助于解决相当一部分写卷的疑难问题。

（三）遵守学术规范,尊重前人成果。

细读本书,可以说每一条资料都有出处,注释详细明确,由于客观条件限制,个别未能亲见的资料也注明了转引自何处。如第17页注4所引刘殿爵主编《风俗通义逐字索引》,就注明转引自王建《中国古代避讳史》第57页。这种实事求是的学风在今天是应该大力提倡和弘扬的。

学术研究是薪火相传的,后人总是站在前人的肩上向上攀登的,尤其是像敦煌文献避讳这样复杂高深的学问,更是需要经过几代人的努力。本书对前人成果的引用、借鉴以至评述,总体上是比较客观的。如有些敦煌文献中可能会有两个甚至更多的年代,即有底本与抄本的区别,有些在流传过程中还有添加修改,通过避讳也可以判定其时代。例如 P.2572,就引用了黄正建先生《敦煌占卜文书与唐五代占卜研究》的断代结论:"此卷有'景寅'、'景子'等字样,其底本应属唐代,但其中又有'丙午'、'丙申'等,故应是五代时抄本。"[1]作者引用后进而评述道:"这样的推断应当比较契合当时占卜文献流传的实际情况。"（第43页）

在敦煌文献中,有时会有同一件文献中既有避讳又有不避讳的情况,这如何解释呢? 张涌泉先生以 S.6691（甲卷）和 P.3429+P.3651（乙卷）《楞严经音义》为据,对写卷中出现的或避或不避唐讳的情况进行了考察,即"丙"、"秉"、"世"、"旦"等字不避唐讳,而"緤"、"愍"字则将其中的"世"、"民"缺笔或改写,显然是

---

[1] 参阅黄正建:《敦煌占卜文书与唐五代占卜研究》,学苑出版社 2001年版,第59页。

避唐讳，"葉"字既有写原字的（不避讳），也有将中间的"世"改写的（避唐讳）。在考察的基础上张涌泉推测："从多数唐代讳字不避的情况来看，这两个卷子有可能是五代以后的抄本。至于出现个别避唐讳的字，一是可能所据音义底本（或即作者稿本）为唐代人所抄，二是可能所据经本为唐代写本，这少数避唐讳的字，不过是唐人写本中留下的孑遗而已"①。

作者在引述了张氏的结论后指出："应当说，S.6691 和 P.3429+P.3651 的避讳情况在敦煌文献中具有很大的普遍性，反映了敦煌文献避讳的复杂性，而张氏的分析则指出了这种复杂性背后的普遍原因，对其他类似情况的合理分析具有借鉴价值。"（45—46 页）

充分尊重前人的成果，既是学术规范的要求，也是有学术自信心的表现。

三

本书的特色或作者成绩的取得，愚以为有两方面的原因，一方面作者长期学习、工作在浙江大学古籍研究所，而该研究所又有汉语史和汉语俗字研究的优良传统，是国际上汉语史研究的重镇，早年有姜亮夫、蒋礼鸿先生，后来又有郭在贻、张金泉先生，作者跟随许建平、张涌泉先生攻读硕士、博士学位，可以说得到了他们的真传。另一方面是作者本人善于学习，长期坚持本课题的研究，能够抵制浮躁，做自己喜欢并热爱的事业，已经在敦煌文献避讳方面发表了系列论文，可以说已经占领了敦煌文献避讳研究这块阵地。

---

① 参阅张涌泉：《敦煌本〈楞严经音义〉研究》，载《敦煌吐鲁番研究》第八卷，中华书局 2005 年版，第 289 页。

由于学术研究是不断向前发展的，一本优秀的论著也可能会有一些这样那样的不足，本书也不例外。现将笔者阅读中的两点不同看法列出，供作者参考。当然，这些不同意见仅是笔者的一孔之见，不一定正确。

（一）避讳字与俗字的关系，尤其是避讳字转化为俗字的论述，是本书的亮点，本书的论述和时段划分也很有说服力。但在具体的敦煌文献中，同一个字的同一种写法，有时是避讳字，有时又成了俗字。对于研读、使用敦煌文献的学者来说如何区分，仍然是有一定困难的，似乎使人有雾里看花之感。如果作者能够以更明确、简易的方法予以阐述更好。

（二）个别章节题目和内容间的一致性有待继续优化。如第二章第二节"敦煌文献避讳的因素影响"，有"敦煌政权的更替"、"文献残损的程度"、"文献书手的阶层"、"敦煌文献的内容"四个部分，其中"敦煌文献的内容"主要是讲文献内容即不同的敦煌文献，如儒家经典、佛教、道教和通俗类文献对避讳的影响，由于性质和用途不同，避讳的宽严程度不一样。其内容与标题或可再行斟酌为善。

第五章第一节是"敦煌文献断代的重要意义"，本节只有约一千字，其内容也不是谈意义，似乎文不对题，单独成一节似无必要。

3. 本书的校对已经很不错了，但还有个别的笔误或失校，希望以后再版时予以改正。

总之，《敦煌文献避讳研究》既是一部有较高学术价值的科学著作，又是一部比较实用的敦煌文献避讳工具书，是我们阅读、整理、研究敦煌文献的重要参考资料。

（原载《社会科学战线》2015 年第 6 期）

第四章　经济与社会

第一节　晚唐五代的"地子"

作为归义军赋税之一的"地子"，学术界已有了一些探讨。如姜伯勤先生《一件反映唐初农民抗交"地子"的文书——关于〈牛定相辞〉》①，虽主要研究唐前期的"地子"，但对我们探讨归义军时期的"地子"也有启发。冷鹏飞先生《唐末沙州归义军张氏时期有关百姓受田和赋税的几个问题》②、雷绍锋先生《唐末宋初归义军时期之"地子"、"地税"浅论》③、陈国灿先生《略论唐五代的各类"地子"及其演变》④、堀敏一先生《中唐以后敦煌地区的税制》⑤、池田温先生《论九世纪敦煌的土地税役制度》⑥等都对归义军时期的"地子"进行了探讨。现在，我们在前贤研究的基础上，

① 载《考古》1978年第3期。

② 载《敦煌学辑刊》1984年第1期。

③ 载《魏晋南北朝隋唐史资料》第十五辑，武汉大学出版社1997年版，第133—140页。

④ 载《中国古代社会研究——庆祝韩国磐先生八十华诞纪念论文集》，厦门大学出版社1998年版，第163—182页。

⑤ 原载《东亚古代的国家和地区》（唐代史研究会报告第Ⅷ集），刀水书房1999年版。汉译文载《敦煌研究》2000年第3期。

⑥ 载《东亚古文书的历史学研究》（唐代史研究会报告第Ⅶ集），刀水书房1990年版。

结合传统史籍与敦煌文献,对归义军时期的"地子"再作探讨。

一、"地子"与地税

关于唐后期五代的"地子",姜先生指出:"至于唐代后期以及五代,即当'两税法'成立之后的'地子'已变成两税法中'地税'的别名,与《牛定相辞》作为'义仓'税的'地子'的含义不尽相同。"[①]在这里,姜先生将"地子"等同于地税。

1979年,法国学者谢和耐发表《敦煌写本中的一项缓税请状》[②],通过对 P.3155 号写本的探讨,指出敦煌写本中的"'地子'是'地税'的另一种叫法,意指一种土地收获税。"认为"地子"就是"地税"。

1987年,鲍晓娜发表《唐代"地子"考释》[③]一文,认为宪宗元和元年正月制文中的"地子"和敦煌文书《唐天复四年(904)贾员子租地契》中的"地子"都是指地税。

通过阅读敦煌文献,我们发现晚唐五代,"地子"与地税虽然有非常密切的关系,但二者之间并不能划等号。如 P.3214 号背《唐天复七年(907)高加盈出租土地充折欠契》[④]载:

---

① 姜伯勤:《一件反映唐初农民抗交"地子"的文书——关于〈牛定相辞〉》,载《考古》1978 年第 3 期。

② [法]谢和耐:《敦煌写本中的一项缓税请状》,原载 1979 年日内瓦——巴黎出版的《敦煌学论文集》第一卷。译文见谢和耐著,耿昇译:《中国 5—10 世纪的寺院经济》新版附录,上海古籍出版社 2004 年版,第 373—375 页。遗憾的是,笔者在撰写《从敦煌文书谈晚唐五代的"地子"》(载《历史研究》1996 年第 3 期)、《再论晚唐五代的"地子"》(载《历史研究》2003 年第 2 期)时未能参阅。

③ 载《社会科学战线》1987 年第 4 期。

④ 文书图版见《法藏敦煌西域文献》第二十二册,上海古籍出版社 2002 年版,第 182 页。录文见唐耕耦、陆宏基:《敦煌社会经济文献真迹释录》第二辑,全国图书馆文献缩微复制中心,1990,第 27 页。

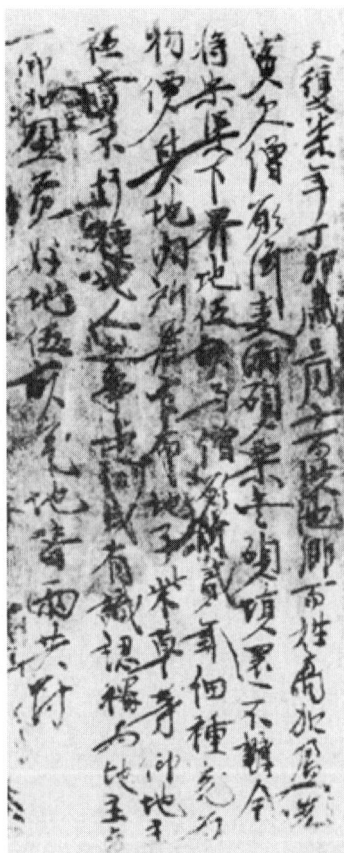

P.3214 背《唐天复七年高加盈出租土地充折欠契》(局部)

天复柒年丁卯岁三月十一日,洪池乡百姓高加盈先寅①

---

① "先寅",唐耕耦《释录》录为"先负",沙知《敦煌契约文书辑校》录为 "光寅"。"先"者,前也,"先寅"指前一个寅年。订立契约的 907 年是丁卯 岁,前一年即 906 年是丙寅岁。"由此可知,原句意谓:高加盈在先寅年 (906)欠僧愿济麦两硕、粟壹硕,因不能偿还,故于丁卯岁(907)立契,将宋渠 下界地五亩给愿济耕种,充抵物价。"张小艳:《敦煌社会经济文献词语论 考》,上海人民出版社 2013 年版,第 126 页。

欠僧愿济麦两硕、粟壹硕，填还不办。今将宋渠下界地伍亩，与僧愿济贰年佃种，充为物价。其地内所着官布、地子、柴、草等，仰地主祇当①，不忏种地人之事。中间或有识认称为地主者，一仰加盈觅好地伍亩充地替。两共对

（下缺）

从本件文书可知，唐末五代归义军时期，其地税主要包括四个部分，即官布、地子和柴、草等。由此亦可证明，晚唐五代时期的地子，虽然与两税法时期的地税有密切关系，但还不能在地子与地税之间划等号。因为据有的学者研究，两税法时期的地税就是指的田亩税。②

田亩税是按地亩征课的，其内容既包括斛斗（粮食），还包括钱帛等。由此可知，地子只是地税的重要组成部分，地税的范围要比地子广，即不仅包括地子，而且还包括官布、柴、草等。P.3324号背《唐天复四年（904）衙前押衙兵马使子弟随身等状》③中"如若一身，余却官布、地子、烽子、官柴草等大礼（例），余者知杂役次，并总矜免"的记载，也将官布、地子、官柴草、烽子并列。由此也可说明，地税中包含有地子，其范围要比地子广。另外，有些徭役，如烽子、役夫、渠河口作等也是附着在土地上的，按土地的多少，根据不同年代的不同需要征发。

雷绍锋先生认为，归义军时期的"地税"并非"地子"，更不包括"地子"，它们当属不同类型且无多大联系的两种税目，其中的

----

① "祇当"即"知当"，"祇"为"知"的音近借字。"知当"为同义连文，"知"犹"当"，即承担。参阅张涌泉：《〈吐鲁番出土文书〉词语校释》，载《新疆文物》1990 年第 1 期。

② 参阅张泽咸：《唐五代赋役史草》，第 129 页。

③ 文书图版见《法藏敦煌西域文献》第二十三册，上海古籍出版社 2002 年版，第 191 页。录文见《释录》第二辑，第 450 页。

"地子"是田地税的一种，它与"官布"、"官柴草"等并列，依一定税率计亩征收。而此时期敦煌文书中的"地税"，如 P.2814 背《归义军曹氏时期悬泉镇百姓某乙等乞请缓收税债状稿》中所说"每户著地税两硕伍斗"及 P.3451 号、P.3155 号背文书所说的"地税"，当为依据田地面积划定户等之产物。由于户税同土地关系紧密，所以，归义军统治下的百姓就径称"户税"为"地税"了。简言之，"地税"为"户税"之变称，归义军时期的地税为户税之代称，地税等于户税。①

随后，陈国灿先生也著文同意雷绍锋氏的意见，认为"地税"是与"地子"完全不同的一种税目，"地子"是以田亩多少按亩征收，因之各家的征收数量均不相同，而"地税"是按户征收，每户税额相同。由此看"地税"实际上是一种户税。简言之，"地子"与"地税"属两税中的两种不同构成，不可混同看待。"地子"实为两税法下的田亩税，"地税"为以户等高下征收的两税钱，即户税，只因归义军治下的沙州，铜币奇缺，多以实物代钱，故按户征收的两税钱，在这里也以粮食斛斗来计值。②

认为"地税"并不包括"地子、布、草"等，而是另外一种税目即户税的学者，主要依据的是 P.3155 背《唐光化三年（900）神沙乡令狐贤威状》③，现将该文书转引如下：

神沙乡百姓令狐贤威

右贤威父祖地壹拾叁亩，请在南沙上灌进渠，北临大河，

① 见前揭雷绍锋：《唐末宋初归义军时期之"地子"、"地税"浅论》，载《魏晋南北朝隋唐史资料》第十五辑，第 133—140 页。

② 见前揭陈国灿：《略论唐五代的各类"地子"及其演变》，载《中国古代社会研究——庆祝韩国磐先生八十华诞纪念论文集》，第 163—182 页。

③ 文书图版见《法藏敦煌西域文献》第二十二册，第 54 页。录文见《释录》第二辑，第 293 页。

年年被大河水漂,寸畔不贱(残)。昨蒙 仆射阿郎给免地税,伏乞与后给免所着地子、布、草、役夫等,伏请　公凭,　　裁下　　处分。

　　　　　　　光化三年庚申岁十二月二日金光明

　　需要说明的是,由于本件文书的图版不大清楚,故各家录文略有出入,如在"年年被大河水漂"和"寸畔不贱(残)"之间还有"并入大河"四字,从图版看,已明显被抹去,唐耕耦等《敦煌社会经济文献真迹释录》第二辑第 293 页收有本件图版录文,并加注曰:"'并入大河'似已涂",故我们的录文未录此四字。尤其是一些关键性的字词,如"伏乞与后给免所着地子、布、草、役夫等"中的"免所"二字,唐耕耦录为"多少",雷绍锋录为"充所"。谢和耐将"给免地税"录为"令充地税",将"伏乞与后给免所着地子、布、草、役夫等"录为"伏乞与后给充所着地子布等数夫等"。①

　　同时,"伏乞与后"应读为"伏乞以后",这是因为在唐五代河西方音中,由于止摄与鱼摄混同互通,因此"以""与"混用。②

　　论者多认为,由于令狐贤威祖传下来的 13 亩耕地被河水漂没,已蒙"仆射阿郎"免去了"地税"。地税已免,但还有依地所出的地子、布、草、役夫等,因此才又上状,请求免除这些由地所出的负担。由此可见,"地税"与"地子"是两种名目,"地税"并不包括"地子、布、草、役夫"。

　　关于令狐贤威的这一状文,我们是这样理解的:一般情况下,每年七八月秋收之时,就应缴纳地税,由于令狐贤威的 13 亩耕地

　　① [法]谢和耐:《敦煌写本中的一项缓税请状》,载《中国 5—10 世纪的寺院经济》新版附录,第 373 页。

　　② 参阅邵荣芬:《敦煌俗文学中的别字异文和唐五代西北方音》,载《中国语文》1963 年第 3 期;邓文宽:《敦煌邈真赞中的唐五代河西方音通假字例释》,载《出土文献研究》第七辑,上海古籍出版社 2005 年版,第 310—314 页。

被河水漂没,应该免除这 13 亩耕地的地税。但有关部门并未从户状上勾划掉令狐贤威的这 13 亩土地,因此,负责征收地子、草、柴等的机构,如仓司、草场司、柴场司等,也就要求令狐贤威缴纳这 13 亩耕地上的地税。但令狐贤威由于并没有这 13 亩地可耕种,就一直推拖不缴,一直到了年底,即十二月二日,令狐贤威得知:"昨蒙仆射阿郎给免地税",即免除了当年(光化三年)的地税,贤威希望(伏乞)以后(与后)也永久地免除他祖传下来、被河水所淹没的 13 亩耕地上的地税,具体来说,就是"地子、布、草、役夫等",才写了此状文。

谢和耐氏认为,在贤威的这份请地状中,还可从侧面看出:"在粮食收获物季节里,行政当局要向纳税人发出命令其纳税的预告,其中肯定也记载了每块土地所应缴纳的数量"。而"贤威的请状,肯定是在他刚刚收到纳秋收税的时候,才撰写的。"[①]

为何令狐贤威上状不直接要求免除地税,而要具体为"地子、布、草、役夫"呢?前已述及,地税主要包括地子、官布、柴、草等,此外还有一些附着于土地上的劳役,如烽子、渠河口作及其他役夫等。地税所包含的这些内容,并非任何时间都全部缴纳和征发,而是根据不同的情况和需要,进行征收或征发。如烽子需轮流上烽;渠河口作,也是当需要修治水渠时才征发;刺柴,也是根据需要由"刺头"、"枝头"带领去砍伐或刈割。而有关部门在光化三年给令狐贤威这 13 亩耕地所划定的地税缴纳内容为"地子、布、草、役夫",故令狐贤威上状要求所免的就不能笼统称为地税,而是上级给他下达的具体内容,即地子、布、草、役夫。明乎此,我们就可以得出结论,地税包括地子、官布、柴、草等,即地税

---

① [法]谢和耐:《敦煌写本中的一项缓税请状》,载《中国 5—10 世纪的寺院经济》新版附录,第 375 页。

是大概念,地子是小概念,但并非是两种不同名目的税种。

如果将地税理解为户税,地子就是地税的话,那就会得出如下结论:即令狐贤威由于耕地被河水漂没,便免除了其户税,而被河水漂没之土地上的地税反而依然存在,这在任何时代都是无法解释的。

没有了耕地,就该免除地税,这在 P.3501 背《后周显德五年(958)押衙安员进等牒》第 5 件文书中①也有反映:

> 平康乡百姓菜幸深
>
> 右幸深有地壹户子计额请在南沙上灌进渠地壹顷叁拾亩。去三月官中开河道,用地拾亩,至今未有支替。伏乞令公鸿造,特赐矜免地税,伏请处分。

本件文书明确记载,菜幸深的 10 亩耕地因官府开河被使用后,菜幸深所要求的只是“矜免地税”。为何这里所要求免除的是笼统的“地税”,而没有具体内容?就是因官府使用其耕地后,还未下达其地税应缴纳和征发的内容,故只上书要求“矜免地税”。

我们说地税的范围广,除土地上的收获物地子(斛斗)外,还有草,另外还有附着于土地上的官布、柴及烽子等。因此,当遇到意外的情况时,官府有时只免除其中的一部分,并不是整个地税。如 P.3193 号背《年代未详有关土地税收纠纷牒及判》②曰:

> (前缺)
>
> 1. □□□新城南,请受地六十亩

---

① 文书图版见《法藏敦煌西域文献》第二十四册,上海古籍出版社 2002 年版,第 365 页。录文见《释录》第二辑,第 303 页。

② 文书图版见《法藏敦煌西域文献》第二十二册,第 118 页。录文见《释录》第二辑,第 316 页。

2. ▆▆□遂共同乡百姓张海全

3. ▆▆□□□皆总吃却,升合

4. ▆▆□冬粮颗粒并无交□

5. ▆▆□□□▆▆岁地子始免

6. ▆▆裁下处分

（下略）

本件文书虽然残缺较多,但从其内容可以推测:某百姓请受地六十亩后,由于某种原因,或人手少,或由于贫穷,没有耕牛等,遂与同乡百姓张海全共同耕种,但由于文书残缺,不知遇到了什么灾难,便上牒要求免除当年的"地子"。由此亦可证明,地子的范围比地税小,只是土地上的收获物——粮食。

归义军时期"地子"的内容,应是吐蕃占领敦煌时期赋税制度的延续。如 P.2858 号背《酉年(829?)二月十三日索海朝租地帖》①曰:

索海朝租僧善惠城西阴安渠地两突,每年价麦捌汉硕,仰海朝八月末已前依数填还了。如违不还,及有欠少不充,任将此帖掣夺家资,用充麦直。其每年地子,三分内二分亦同分付。酉年二月十三日索海朝立帖。身或东西不在,仰保填还。（下略）

这里的"每年地子",自然是每年土地上的收获物——粮食。其中的"三分内二分亦同分付",据笔者理解,应是所纳地子的三分之二,由租佃人索海朝负担,另三分之一由土地所有者僧善惠

---

① 文书图版见《法藏敦煌西域文献》第十九册,上海古籍出版社 2001 年版,第 146 页。录文见《释录》第二辑,第 23 页。

负担。关于吐蕃时期的"地子"征纳，S.5822《杨庆界寅年地子历》①有明确记载，现转引如下：

> 杨庆界寅年地子历
>
> 青麦肆驮半玖斗，小麦肆拾驮贰斗，粟柒驮伍斗，糜两驮，豆肆驮半伍斗，计伍拾玖驮壹斗。
>
> 曹兴国小贰斗。徐游岩粟贰斗。田福子小半驮贰斗。杜邑小陆斗，豆壹斗，粟五斗。赵隆隆小陆斗。王光俊小半驮伍斗，青伍斗，粟半驮伍斗。董元忠青贰斗，小半驮贰斗。王孝义小伍斗，豆壹斗。吴琼小半驮，豆伍斗。曹进玉（后缺）

据池田温先生研究："突税是对突田的田地所课的谷物税，或即土地税。"②姜伯勤先生指出，吐蕃时期的"地子"就是"突税"的汉称。这是沿用了两税制改革前夜以"地子"称"地税"的成法。③ 陈国灿先生亦认为："这种据亩征收的土地税，当与唐地税相似，民间亦有将其径称为'地子'者。"④"突税"或称为突课，它是地税中缴纳粮食的部分。因为地税除"地子"即缴纳"突税"外，还有其他差科，相当于归义军时期的柴、烽子等。如 P.3774 号《丑年（821）十二月沙州僧龙藏牒》⑤第 27 行载："齐周身充将头，当户突税差科并无"，即在齐周充当将头的几年内，免除了其

---

① 文书图版见《英藏敦煌文献（汉文佛经以外部分）》第九卷，四川人民出版社 1994 年版，第 166 页。录文见《释录》第二辑，第 407 页。

② ［日］池田温：《论九世纪敦煌的土地税役制度》，载《东亚古文书的历史学研究》（唐代史研究会报告第Ⅶ集）。

③ 姜伯勤：《上海藏本敦煌所出河西支度营田使文书研究》，载《敦煌吐鲁番文献研究论集》第二辑，北京大学出版社 1983 年版，第 344—345 页。

④ 陈国灿：《略论唐五代的各类"地子"及其演变》。

⑤ 文书图版见《法藏敦煌西域文献》第二十八册，上海古籍出版社 2004 年版，第 10—11 页。录文见《释录》第二辑，第 283—286 页。

突税差科。这里的"突税"相当于"地子"，"差科"就是附着于土地上的力役，主要有身役、知更、远使等。

《唐会要》卷八十八《仓及常平仓》载："元和元年正月制……应天下州府，每年所税地子数内，宜十分取二分，均充常平仓及义仓。"①从元和制文中可知，唐前期作为义仓税的"地子"，已演变为唐后期地税中的"地子"了。作为地税中的"地子"自不能和作为义仓税的"地子"相提并论，但也不能在地税和"地子"之间划等号。因为地税中既包括"地子"（斛斗），也包括钱、帛等等。

二、"地子"的征纳方式

上面我们讨论了"地子"一词与地税的联系与区别，下面我们再看看"地子"的征纳方式。

唐前期的地税，是据地出税的。唐后期，作为地税重要组成部分的"地子"，也应是据地出税的，可惜史书中没有明确的记载，而敦煌文书则提供了明确的证据，如 P.3451 号《甲午年（994）洪润乡百姓氾庆子请理枉屈状》②曰：

> 洪润乡百姓氾庆子
>
> 伏以庆子去癸巳年，于远田为犁牛主，共人户唐奴子合种。秋收之时，先量地子，后总停分，一无升合交加。是他怠慢，不纳地税王宅，官夺将庆子家资刀一口，□□追寻不得，理当有屈，枉劫贫流，伏望□□□□阿郎鸿慈，详照枉劫之理。伏请处分。
>
> 五日

---

① 《唐会要》卷八十八《仓及常平仓》，第 1615 页。
② 文书图版见《法藏敦煌西域文献》第二十四册，第 256 页。录文见《释录》第二辑，第 320 页。

从氾庆子的这一状文可知,唐奴子出地,氾庆子出牛并负责耕种,即唐奴子是地的主人。因为"地子"是据地出税,即在户状上土地属谁,就由谁缴纳"地子"。因此,"秋收之时,先量地子",即先将应缴纳的赋税——"地子"量出,然后才"停分"即平均分配,谁也没有多占一升一合。由于唐奴子是地的主人,应由其缴纳"地子",故分配前量出的"地子"就由唐奴子保管、缴纳,但由于唐奴子"怠慢,不纳地税",即到了缴纳地税的最后期限时,唐奴子还没有缴纳。可能由于唐奴子做了手脚,或对官府说,其地是与氾庆子共有;或由于其地购买或请射后,还未过户状(户状并非随时可改,必须要到官府更改的时候才能填补新的内容。有时可能几年后才能改动),因此,官府就追究土地的耕种者氾庆子,并将其家资"刀一口"夺去。氾庆子认为,他本人只是作为"牛主"与唐奴子共同耕种某一段地,而地的主人是唐奴子。根据归义军政权的法律,"地子"是由地主缴纳的,况且,秋收之时,已将"地子"量出,由唐奴子负责缴纳,而现在官府却将氾庆子的家资夺去。他认为"理当有屈",因此便上状归义军政权最高当局,要求"详照枉劫之理",并给予"处分"。

通过对这一状文的分析,可以得知,"地子"是据地征收的。

在封建社会,农民常常租种官府或地主的土地。就是农民本人,由于意外的灾难或创伤,也常常把自己的部分,甚至全部土地租给别人耕种。在这种情况下,作为地税重要组成部分的"地子",由谁交纳呢?是土地拥有者(地主),还是租耕人交纳呢?对此史书没有明确的记载,而敦煌文书为我们提供了明确的答案。如 S.3905 背《年代不详奴子租口分地与王粉堆契抄》[1]云:

---

[1] 文书图版见《英藏敦煌文献》第五卷,四川人民出版社 1992 年版,第199 页。录文见沙知:《敦煌契约文书辑校》,第 332 页。

1. 奴子为阙少所须,遂将口分孟受南支渠地壹畦柒亩租与

2. 同乡百姓王粉堆壹周年,限断作价值两硕五斗,内

3. 麦贰分,粟壹分。其□□□当日交相分付讫,一无

4. 悬欠。其地内所□作草、布、地子、差科

5. □物,一仰本地主□,不忏王粉堆之事。

6. □定已后,不许休□罚□叁石,充入不

7. □(悔)之人。恐人无信,□用后凭检(验)。

虽然本件文书残破不全,但其内容基本完整,即奴子因家庭困难,将其土地7亩出租与王粉堆耕种一年,租价为两石五斗。出租以后,其地应纳地子、布、草、差科等,仍由土地拥有者奴子承担,"不忏王粉堆之事"。另如P.3214背《唐天复七年(907)高加盈出租土地充折欠债契》①明确提出,土地租佃后,"其地内所着官布、地子、柴、草等,仰地主祗当,不忏种地人之事"。

关于据地交纳"地子",在敦煌文献中还能找到一些证据。如S.3877背《唐天复九年(909)安力子卖地契》②,乃是"洪润乡百姓安力子及男擖㧖等,为缘阙少用度,遂将今户口分地出卖与同乡百姓令狐进通",并规定:"自卖已后,其地永任进通男子孙息侄,世世为主记。中间或有回换户状之次,任进通抽入户内。地内所着差税河作,随地祗当。"再如P.3257《甲午年(934)二月十九日索义成分付与兄怀义佃种凭》③记载:"甲午年二月十九

① 文书图版见《法藏敦煌西域文献》第二十二册,第182页。录文见《释录》第二辑,第27页。

② 文书图版见《英藏敦煌文献(汉文佛经以外部分)》第五卷,第191页。录文见《释录》第二辑,第8页。

③ 文书图版见《法藏敦煌西域文献》第二十二册,第317页。录文见《释录》第二辑,第29页。

日,索义成身着瓜州,所有父祖口分地叁拾贰亩,分付与兄索怀义
佃种。比至义成到沙州得来日,所着官司诸杂烽子、官柴草等小
大税役,并总兄怀义应料,一任施功佃种。若收得麦粟,任自兄
收,颗粒亦不论说。义成若得沙州来者,却收本地。渠河口作税
役,不忏□兄之事。"

从上所论可知,归义军时期,土地的出租是个体农民之间的
私事,政府并不多加干预。政府所关注的主要是赋税征收,而土
地在户籍上属谁,即在政府的档案中土地属谁,政府就向谁征收
地子。即使在土地出租以后,地子也只是土地所有者(即地主)
承担,租佃人只向所有者(即地主)负担租价。

归义军时期,敦煌土地租佃中由地主承担赋税的情况,远在
麴氏高昌到唐西州时期的吐鲁番文书中也有相似的反映,现举例
说明如下:

《高昌延昌二十四年(584)道人智贾夏①田券》②曰:智贾租
种别人的常田一亩,租价为"银钱五文",契中约定:"秖(赀)租百
役,更(耕)田人悉不知;渠破水(讁),田主不知。"③

---

① 蒋礼鸿主编:《敦煌文献语言词典》释文曰:夏,通"假",租赁。《释名
·释天》:"夏,假也。""夏"、"假"二字古通用。同时还引用吐鲁番文书作
了说明。杭州大学出版社 1994 年版,第 341 页。

② 《吐鲁番出土文书》录文本第五册,第 154 页;图录本第二册,第 250 页。

③ 讁,同谪。据朱雷解释:在麴氏高昌立国到唐代之西州时期,但凡土
地租佃契约中,除规定佃户交租外,皆有一项规定有关用水浇灌的责任,即
"渠破水谪,仰耕田人了"。由于租佃人取得所租耕地,就应保证该段土地之
渠道的完整。若有损坏,因渠水流散,所造成损失,官中必然要责罚。"谪"
字,诸字书所引诸类古籍,皆作"责"、"罚也"。参阅朱雷:《P.3964 号文书
〈乙未年赵僧子典儿契〉中所见的"地水"》,载同氏《敦煌吐鲁番文书论丛》,
甘肃人民出版社 2000 年版,第 325 页。"知"为管、承担之义,"不知"即不
管、不承担。参阅张涌泉:《〈吐鲁番出土文书〉词语校释》,载《新疆文物》
1990 年第 1 期。

《高昌某人从寺主智演边夏田券》①乃某人从寺主智演处租种常田三亩的契约，其租价为"小麦贰(斛)五斗"，并规定："若渠破水(讁)，仰耕田[人]了，若紫(赀)租百役，仰寺主了。"

《唐贞观二十二年(648)索善奴佃田契》②是索善奴租佃别人土地的契约。该契约规定，索善奴租种土地，除付给地主租价外，"田中租课，仰田主；若有渠破水讁，仰佃□□"。虽然该件文书残缺，但内容仍完整，即租佃的土地，其应缴纳的赋税由田主承担。

《唐贞观二十三年(649)傅阿欢夏田契》③曰：武城乡人傅阿欢租佃范酉隆常田贰亩，租价为银价十六文。契中约定："田中租殊(输)佰(百)役，仰田主承了④；渠□□讁，仰傅自承了。"从该契可知，租种土地有租价，而随土地缴纳的赋役，则由田主承担。

《唐永徽二年(651)孙客仁夏田契》⑤也规定，租佃的土地，"租殊(输)伯(百)役，仰田主了；渠破水讁，仰佃田人了"。

《唐龙朔元年(661)孙沙弥子夏田契》⑥为武城乡人孙沙弥子租种顺义乡人李虎祐常田贰亩的租佃契，其租价为麦，契约规定："祖(租)殊(输)佰(百)役，仰田主了；渠破水□，仰更(耕)田仁(人)承当。"

---

① 《吐鲁番出土文书》录文本第五册，第159页；图录本第二册，第252页。

② 《吐鲁番出土文书》录文本第五册，第18—19页；图录本第二册，第177页。

③ 《吐鲁番出土文书》录文本第五册，第76—77页；图录本第二册，第207页。

④ "承了"义与"知"同，即管、承担之义。

⑤ 《吐鲁番出土文书》录文本第五册，第20页；图录本第二册，第178页。

⑥ 《吐鲁番出土文书》录文本第五册，第87页；图录本第二册，第213页。

从以上所引吐鲁番文书可知，从麹氏高昌到唐代西州，所有土地租佃契中，承佃人都要向田主交纳租价（钱或粮食）。另外，还明确规定："租输百役，仰田主承了；渠破水滴，仰耕田人承了。"即据地交纳的赋役，由土地拥有者承担。这与归义军时期土地租佃契中的约定"其地内所着官布、地子、柴、草等，仰地主祇当，不忏种地人之事"是一脉相承的。

同在西北偏远地区的吐鲁番，早在麹氏高昌时期，其"田赋是计田输租，徭役是计田承役"。当民户的田地出租时，"佃田人只向田主交纳地租，其它全不管，国家赋役由田主承担。"①

不仅佃田契中如此规定，就是佃菜园契中也是这样规定的，如《唐某人佃菜园残契》②规定："租殊（输）伯役，壹仰菜园主承了；渠破水谪，仰佃菜人承了。"

《唐龙朔元年（661）左憧憙夏菜园契》③规定："园中渠破水谪，仰治园人了；祖（租）殊（输）伯役，仰园主了。"

《唐总章三年（670）左憧憙夏菜园契》④曰："祖（租）殊（输）伯役，仰园主；渠破水谪，仰佃人当。"

当然由于特殊的情况，在土地租佃契中，也有由佃地人承担地子的，如敦煌文书 P.3155 背《唐天复四年（904）令狐法性出租土地契》⑤载：

---

　① 程喜霖：《吐鲁番文书中所见的麹氏高昌的计田输租与计田承役》，载《出土文献研究》，文物出版社 1985 年版，第 172 页。

　②《吐鲁番出土文书》录文本第六册，第 584 页；图录本第三册，第 296 页。

　③《吐鲁番出土文书》录文本第六册，第 406 页；图录本第三册，第 210 页。

　④《吐鲁番出土文书》录文本第六册，第 428 页；图录本第三册，第 222 页。

　⑤ 文书图版见《法藏敦煌西域文献》第二十二册，第 53 页。录文见《释录》第二辑，第 26 页。

　　天复四年岁次甲子捌月拾柒日立契,神沙乡百姓僧令狐法性,有口分地两畦捌亩,请在盂受阳员渠下界。为要物色用度,遂将前件地捌亩,遂共同乡邻近百姓贾员子商量,取员子上好生绢壹匹,长□□□□□;捌综壹匹,长贰仗(丈)五尺。其前件地,祖(租)与员子贰拾年佃种,从今乙丑年至后丙戌年末,却付本地主。其地内,除地子一色,余有所著差税,一仰地主祗当。地子逐年于官,员子逞纳。渠河口作,两家各支半。从今已后,若有恩赦行下,亦不在论说之限。更[有]亲姻及别[人]称认主记者,一仰保人祗当,邻近觅上好地充替。一定已后,两共对面平章,更不休悔。如先悔者,罚□□□□纳入官。恐后无凭,立此凭验。

地主僧令狐法姓(性)

见人吴贤信

见人宋员住

见人都司判官氾恒世

见人衙内判官阴再盈

见人押衙张

都虞候卢

　　据本件文书记载,令狐法性将其口分地捌亩租与贾员子耕种22年。在贾员子耕种的22年中,"其地内,除地子一色,余有所著差税,一仰地主祗当",并明确规定:"地子逐年于官,员子逞纳。"在这里,"地子"又是由租佃人交纳的。这一结论,似乎与"据地税子"的原则不一致。这种由租佃人缴纳地子的情况,并不符合国家法令,而是土地拥有者和耕种者"私勒契书"的个别事例。第一,令狐法性出租土地是先取贾员子的绢、缲,而非以后交租;第二,租期为22年,年限过长,在敦煌租佃契中,还从未见过这样长时间的租期;第三,"渠河口作"由"地主"和"佃人"各支半。所以,"地子"由租佃人交,而非由土地所有者交纳。这是一种特殊情况下的"典押",而非正常情况下的租佃关系。因为据大中四年(850)制文规定:"又青苗两税,本系田土。地既属人,税合随去。从前赦令,累有申明。豪富之家,尚不恭守,皆是承其急切,私勒契书。自今已后,勒州县切加觉察,如有此色,须议痛惩。"①从大中四年制文可知,按规定"地既属人,税合随去",即应由土地拥有者承担地子。

三、"地子"的税率

关于"地子"的征纳税率,史籍文献没有明确记载。但从各种文献的字里行间分析,地税中的"地子"的确是有一定税率的。

穆宗长庆初年,同州刺史元稹针对"百姓税额已定,皆是虚额征率",即贫民失去了土地仍要依旧课税。为此他采取了均税措施,令"百姓自通手实状",又派里正、书手等加以审核,除逃荒及沙掩等地外,"其余见定顷亩,然取两税元额地数,通计七县沃瘠,一例作分抽税"。② 这是根据土地买卖、田地换主的现实情况,重新审定各户顷亩数,兼顾土地肥瘠等情况,新定田税额。长庆四年(824)三月敕称,今后"州府所申户帐及垦田顷亩,宜据见征税案为定后,与户部类会,具单数闻奏"。③ 由此可见,各地征税的确是有一定税额为依据的。④

这个税额,就是大历十四年(779)各地的征税数,如陆贽《均

---

① 《唐会要》卷八十四《租税下》,第 1829 页。
② (唐)元稹撰,冀勤点校:《元稹集》卷三十八《同州奏均田状》,中华书局 1982 年版,第 435 页。
③ 《册府元龟》卷九十《帝王部九十·赦宥九》,第 1080 页。
④ 参阅张泽咸:《论田亩税在唐五代两税法中的地位》,载《中国经济史研究》1986 年第 1 期。

节赋税恤百姓六条》其一"论两税之弊须有厘革"条云:"复以创制之首,不务齐平,但令本道本州各依旧额征税。"①《通典》卷六《食货六·赋税下》载:建中元年(780)制定两税法时,就规定两税"其应税斛斗,据大历十四年见佃青苗地额均税"。②《旧唐书·食货志》也说:两税之"田亩之税,率以大历十四年垦数为准。"③

据《唐会要》卷八十四《租税下》载:"开成二年(837)二月敕节文,诸州府或遇水旱,有欠税额,合供钱物斛斗";"会昌元年(841)正月制,租敛有常,王制斯具。征率无艺,齐民何依?内外诸州府百姓,所种田苗,率税斛斗,素有定额。如闻近年长吏,不守法制,分外征求,……自今已后,州县每县所征科斛斗,一切依额为定,不得随年检责。"④这些制文说明,"地子"是有一定定额的,既不能随年增加,更不许"分外征求。"

五代后梁开平三年(909)八月规定:"今岁秋田,皆期大稔,仰所在切如条流本分纳税及加耗外,勿令更有科索。"⑤这里的"切如条流本分纳税",就是地税有个定额。后唐天成元年(926)四月敕节文:"应纳夏秋税子,先有省耗,每斗一升,今后止纳正税数,不量省耗。"⑥从"止纳正税数"可知,地税是有定额的。后唐天成三年(928)正月敕:"诸道秋、夏苗,只取天成二年旧额征理。"⑦天成四年(929)规定:"百姓今年夏苗,委人户自通供手状,

---

① (唐)陆贽撰,王素点校:《陆贽集》卷二十二《均节赋税恤百姓六条》,中华书局2004年版,第723—724页。

② (唐)杜佑撰,王文锦等点校:《通典》卷六《食货六·赋税下》,第108页。

③ 《旧唐书》卷四十八《食货志上》,第2093页。

④ 《唐会要》卷八十四《租税下》,第1542—1543页。

⑤ 《旧五代史》卷四《后梁太祖纪》,第72页。

⑥ (宋)王溥:《五代会要》卷二十五《租税》,第400页。

⑦ 《册府元龟》卷四百八十八《邦计部六·赋税二》,第5840页。

具顷亩多少,五家为保,委无隐漏,攒连手状送于本州,本州具状送省,州县不得迭差人检括。如人户隐欺,许令陈告,其田倍令并征。"[1]后唐的人户手状即手实,虽然主要是申报土地顷亩,但其最终目的,还是为了征纳地税,并可推知,地税是按亩征收,并有一定税率的。

后汉乾祐三年(950)有人上书云:"窃以久不检田,且仍旧额。"[2]后周世宗声称:"朕以近代已来,赋租不等,贫者抱虚而无告,富者广植以不言,州县以旧额为规,官吏以相承为准,须行均定,用致苏舒。"[3]从"且仍旧额"、"旧额为规"可知,历代征收地税都是有定额的。

由于两税法时期的田亩税在全国没有统一的税额,[4]那么,作为田亩税重要内容的"地子"也不可能有统一的税率。下面我们仅仅根据敦煌文书的零星记载,以敦煌地区为例,对"地子"征收税率略作初步探讨。S.2214《年代不明纳支黄麻地子历》[5]共存23行,现将有关部分录文如下:

(前缺)

黄麻官计十一驮半二斗,外支设司一驮。

(中间略,不录)

苏贤贤五亩;张郎郎八十亩,纳在本户脚下;张飐飐卅亩,纳粟一石四斗五升;郝章仵卅亩,纳麦壹石三斗,粟壹硕柒斗

---

① 《旧五代史》卷一百四十六《食货志》,第1946页。

② 《册府元龟》卷四百九十五《邦计部十三·田制》,第5933页。

③ 《册府元龟》卷一百五十八《帝王部·诫励三》,第1916页。

④ 参阅张泽咸:《论田亩税在唐五代两税法中的地位》,载《中国经济史研究》1986年第1期。

⑤ 文书图版见《英藏敦煌文献(汉文佛经以外部分)》第四卷,四川人民出版社1991年版,第45—46页。录文见《释录》第二辑,第421—422页。

足;孟什德卅亩,在当户脚下纳了;孟安安卅亩,纳粟壹硕六斗,在当户脚下;唐孝敦廿亩,白游弈粟两石;曹三郎廿七亩,王虞候纳粟一石四斗;索力力廿亩,索诸儿种,纳粟壹石玖斗。

S.2214《年代不明纳支黄麻地子历》(局部)

计二顷七十二亩

（下略）

该文书背面还有 5 行，即

十月廿八日贷便粟四䭾，入地子数内。
付信通、郝苟苟粟两石二斗。
　黄麻地亩数目
石判官、吴安吉地子三䭾，贷便半䭾。氾仓曹地子一䭾，贷便一䭾。
高师两䭾吴判官。田悉枪枪地子一䭾，贷便一䭾。

本件文书带有浓厚的吐蕃色彩，如吐蕃时期的量词"䭾"的多次使用等。但"设司"又是归义军的机构，另如"白游弈"、"王虞候"、"石判官"、"吴判官"等，也是归义军时期的职官名称，由此估计，该件可能属于张氏归义军早期的文书。

本件文书所记五户交纳"地子"的种类，只有一户是麦、粟并纳，其余四户都是只纳粟，没有麦，更没有麻。其纳税率，每亩纳麦约4.3升，每亩纳粟则大都在 5 升上下，只有一户较高，每亩9.5升。而唐孝敦 20 亩地共纳两石；郝章仵的三十亩，纳麦 1.3 石、纳粟 1.7 石，合计也是三石。据此推测，归义军政权早期，其地子率是麦粟合计每亩一斗。

关于交纳"地子"的文书，在俄罗斯科学院东方学研究所收藏的敦煌文书中也有部分记载，如 Дх.1453（a）《丙寅年八月二十四日关仓见纳地子历》[①]载：

丙寅年八月廿四日关仓见纳地子

---

① 文书图版见《俄藏敦煌文献》第八册，上海古籍出版社 1997 年版，第180 页。录文见［俄］丘古耶夫斯基著，王克孝译：《敦煌汉文文书》，上海古籍出版社 2000 年版，第110 页；又见《释录》第二辑，第 423 页。

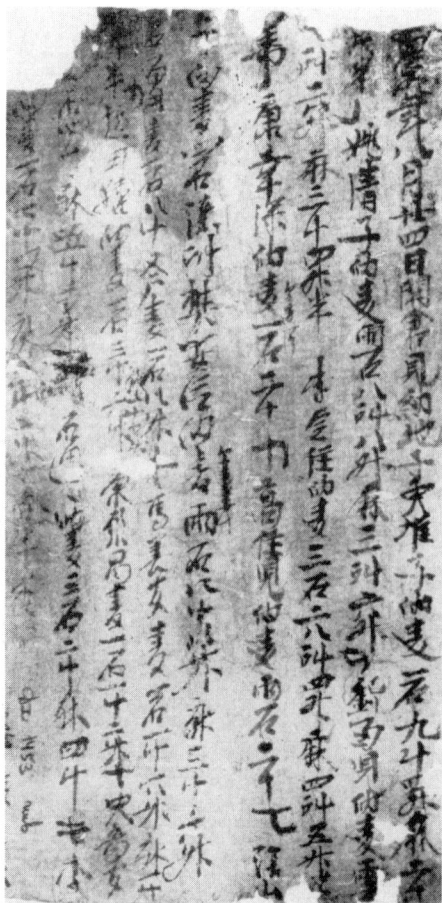

Дх.1453《丙寅年八月二十四日关仓见纳地子历》(局部)

史堆子纳麦一石九斗四升,麻二斗□升半(押)。姚清
子纳麦两石八斗八升,麻三斗六升(押)。刘苟儿纳麦两石
□斗六升,麻三斗四升半。李定住纳麦三石六斗四升,麻四
斗五升半。康幸深纳麦一石二斗,欠麦一斗(押)。高住儿
纳麦两石二斗(押)。阴山子纳麦四石陆斗。樊安信纳麦两
石八斗八升,欠麦三斗,麻三斗六升。石富通麦一石八斗,又

户麦一石八升(押)。马善友麦一石一斗六升,麻一斗□升半(押)。赵丑[达]纳麦一石三斗六升,麻一斗七升。索愿昌麦一石一斗二升(押)。史章友纳麦一石四斗,麻五斗□升(押)。石通子纳麦三石二斗,麻四斗(押)。李□住纳麦一石七斗四升,麻□斗三升

(下缺)

整理这份文书的丘古耶夫斯基认为,这是一份有关据地亩面积出税的文书。"这件写本的年代是丙寅年,毫无疑问应是966年,因为所载的三个纳税人名字我们在同这一年代相近的文书中也遇到过。其中两人阴山子和石富通在958年的P.3379写本和大约同一年编制的Дх.2149b写本中也有记载。Дх.2149b写本我们认为是莫高乡欠税人名目,也有高住儿的名字,本件里记有他纳麦2石2斗。可惜的是缺少各地段交纳何种农作物税的资料,因而无法推算出税率。"[①]日本学者堀敏一认为,本件与其他记载着有关应交小麦、麻等税率的地子籍相一致,它是核实向官仓交纳地子数额的簿籍,记录了仓吏从农民那里实际受纳的地子数额,并带有纳税者的印记。[②]

本件文书中没有纳粟,全是纳麦、麻的记录。但在俄藏Дх.1453(b)《地子历》[③]中却有纳麦、粟、麻的记载:

杜盈粟一斗。胡家地子麦两石二斗五升,粟一石二斗五升。□□纳麻三石六斗。史什子□□麦一石五斗,纳地子麦

---

① 《敦煌汉文文书》,第110页。

② [日]堀敏一:《中唐以后敦煌税法的变化》,载《中国社会经济史研究》1990年第1期。

③ 文书图版见《俄藏敦煌文献》第八册,第180页。录文见《敦煌汉文文书》,第111页;又见《释录》第二辑,第424页。

七石一斗二升。□郎君粟一斗付再盈麦三石，龙盈德粟▢▢▢▢

（下残）

丘古耶夫斯基整理本件文书后写道："这件文书的编制时间大概也应是 966 年"。"写本左半截（即我们这里所引文书）可能是此文书正面（即前引 Дх.1453a）见纳地子历的延续。写本右半截除记载粮食数量外，还有新的内容，即指出每人的土地数"。①

这些文书，虽然记载了交纳麦、粟、麻的大略情况，但还无法得知据地交纳"地子"的确切税率。

在 S.4060 背《己酉年（949）二月十四日龙良晟等便麦豆历》②后有一段类似交纳"地子"的记载，即：

再升地五十三亩半，著粟一石九斗。兵马使地六十二亩，著粟两石二斗。保实地四十二亩，著粟一石五斗。

S.4060 背还有一段文字，录文如下：③

大郎子六十四只，[丘]□养七十六只，保实五十一只，押衙七十只，庆宗四十六只。

尸都额一顷五十七亩半。大郎子五十三亩半，著粟一石六斗二升半。兵马使地六十二亩半，两石七升。保实四十二亩，粟一石四斗七升。

我们通过对以上三户田亩数与交纳粟的数量换算，得知每亩纳粟约 3.5 升，但没有记载纳麦和麻的情况。

关于"地子"税率比较详细的资料，目前所见为 S.8655《归义

---

① 《敦煌汉文文书》，第 111 页。

② 文书图版见《英藏敦煌文献（汉文佛经以外部分）》第五卷，四川人民出版社 1992 年版，第 237 页。文书录文见《释录》第二辑，第 226 页。

③ 文书图版见《英藏敦煌文献（汉文佛经以外部分）》第五卷，第 238 页。

军时期王道员等户地子籍》①，该件文书首尾俱残，现存 6 行：

> 户王道员，受田陆拾贰亩半，纳麦两石五斗，粟两石一斗八升七合半，麻三斗一升两合半。
>
> 户邓义成，受田拾柒亩，纳麦六斗八升，粟五斗九升半，麻八升半。
>
> 户王进员，受田贰拾贰亩，纳麦八斗八升，粟七斗七升，麻一斗一升。
>
> 户王顶定，受田一顷拾贰亩，纳麦四石四斗八升，粟三石九斗六升，麻五斗六升。
>
> 户王山子，受田肆拾玖亩，纳麦一石九斗六升，粟一石七斗一升半，麻二斗四升半。
>
> 户田义信（朱笔：音声），受田伍拾捌亩。（后缺）

本件文书共记载了六户的田亩数及纳麦、粟、麻的数量，除田义信户残缺外，通过对其他五户受田数及纳麦、粟、麻数量的换算得知，其纳税率是每亩 4 升小麦、3.5 升粟、0.5 升麻。

池田温先生在《论九世纪敦煌的土地税役制度》②一文中引用了本件文书，并定名为《年代未详（约十世纪）户王道员等地子

---

① 文书图版见《英藏敦煌文献（汉文佛经以外部分）》第十二卷，四川人民出版社 1995 年版，第 174 页，编者定名为《王道员、邓义成等户地子籍》。录文引自［日］堀敏一：《中唐以后敦煌税法的变化》，载《中国社会经济史研究》1990 年第 1 期。标题取自荣新江：《英国图书馆藏敦煌汉文非佛教文献残卷目录（S·6981—13624）》，（台北）新文丰出版公司 1994 年版，第 104 页。据荣新江目录称："田义信"名下有朱笔"音声"二字，与本文无关，或许与背面《五更转》有关。池田温先生在《论九世纪敦煌的土地税役制度》（载《东亚古文书的历史学研究》，唐代史研究会报告第Ⅶ集）中指出："田义信"后的"音声"二字是表示其艺人身份，从而具有了免税的特权。

② 载《东亚古文书的历史学研究》（唐代史研究会报告第Ⅶ集）。

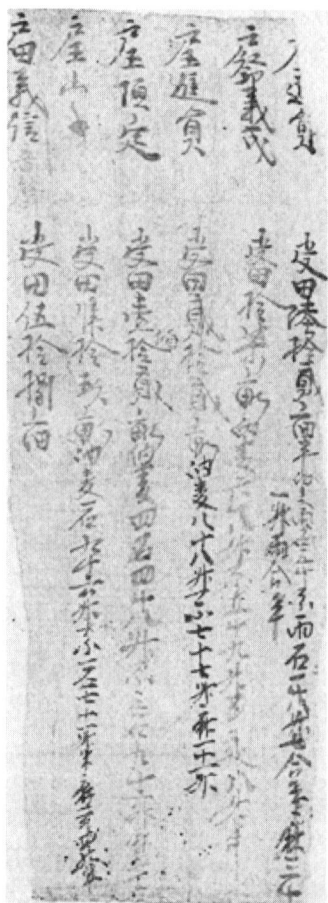

S. 8655《归义军时期王道员等户地子籍》

籍》。同时根据堀敏一氏的推算,将每亩地纳麦、粟、麻的数量相加,指出"地子额共计八升"。

从 S.8655 号文书所揭示的地子额可知,晚唐五代的归义军政权,虽地处西北,有自己的一套制度、措施,但在总体上仍执行着中原王朝的政策,是晚唐五代的一个特殊藩镇。

前述 S.2214 号文书所载,归义军政权初期的地子率是每亩一斗,而据 S.8655 号文书所载,其地子额是亩税麦粟麻共计 8 升。当然,这只是两件文书的反映,而归义军政权统治敦煌长达 180 余年,这些数据还不能使我们对归义军时期地子的税率作出全面的探讨,但毕竟为我们更深入地研究提供了启示。

由于直接文献资料的缺乏,我们还无法明确得知晚唐五代时期"地子"的征税率。即就敦煌地区而言,因为晚唐五代归义军统治的时期较长,政治、经济情况比较复杂,再加上资料的限制,目前还不可能得出一个明确的税率。但从以上探讨可知,"地子"的确是有一定税率的。至于税率不一,可能是不同时期有不同的税率,它与统治者的政策,生产力发展状况以及战争等,都有一定的关系。

(本部分由《从敦煌文书谈晚唐五代的"地子"》和《再论晚唐五代的"地子"》两文合并修改而成。前载《历史研究》1996 年 3 期,后载《历史研究》2003 年 2 期)

第二节 P.3236 号《壬申年官布籍》时代考

敦煌文献中的绝大部分没有纪年,从而使其史料价值打了折扣。通过有纪年的文书及传世史料,并从内容、书法、纸张等各方面入手,就可以判定某些没有明确纪年文书的时代。

P.3236 号《壬申年三月十九日敦煌乡官布籍》①是目前所见敦煌文献中最完整的一份官布籍。它对于研究晚唐五代归义军时期的赋税制度有着重要的参考价值。我们拟利用敦煌文书的记载和学术界的研究成果,考证《壬申年官布籍》这一文书的确

---

① 文书图版见《法藏敦煌西域文献》第二十二册,上海古籍出版社 2002 年版,第 265 页。

切时代，以期把归义军赋税制度的研究引向深入。

一、文书录文与说明

本件文书共40行，虽然后面残缺，已不完整，但基本上能反映有关情况，故先根据图版，并参照前贤学者的研究，将本件文书录文如下：

1. 壬申年三月十九日敦煌乡官布籍

2. 布头阴善友柒拾捌亩，阴保升叁拾陆亩半，阴保住壹拾玖亩，张富通

3. 　　贰拾柒亩，安憨儿贰拾亩，安友住叁拾捌亩半，桥贤通拾柒亩，

4. 　　张欺中壹拾伍亩。计地贰项伍拾亩，共布壹匹。

5. 布头张衍奴壹项柒拾柒亩，张灰灰贰拾叁亩，张万子肆拾肆亩半，

6. 　　赵通子肆亩。计地贰项伍拾亩，共布壹匹。

7. 布头罗山胡壹项伍拾亩，罗友友壹项，邓进达叁拾亩，冯进达拾伍

8. 　　亩。计地贰项伍拾亩，共布壹匹。

9. 布头张友全壹项陆拾亩，孟定奴肆拾柒亩，阴富晟拾捌亩，曹友

10. 　　子贰拾伍亩。计地贰项伍拾亩，共布壹匹。

11. 布头唐粉子壹项陆拾亩，安友恩伍拾叁亩，张怀满叁拾柒亩。计地

12. 　　贰项伍拾亩，共布壹匹。

13. 布头张友子壹项贰拾亩，索善友叁拾伍亩半，索保子贰拾柒亩，

14. 　　史富通伍拾玖亩，宋安久玖亩。计地贰项伍拾

亩,共布壹匹。

15. 布头氾盈达壹项伍拾壹亩,张员宗陆拾玖亩,张奴奴叁拾亩。计地贰

16. 项伍拾亩,共布壹匹。

17. 布头邓像通壹项陆拾伍亩,安庆达肆拾亩,董住儿肆拾肆亩。

18. 计地贰项伍拾亩,共布壹匹。

19. 布头王清昇壹项玖拾陆亩,邓文德伍拾肆亩。计地贰项伍拾亩①,共布壹匹。

20. 布头刘再松壹项拾肆亩半,令狐善儿叁拾伍亩,康恩子陆拾亩,张再

21. 住拾玖亩,索怀员拾伍亩,张奴奴伍亩。计地贰项伍拾亩,共布壹匹。

22. 布头康全子叁拾陆亩,康保清壹项伍拾柒亩半,董赤头拾壹亩,

23. 吕神友肆拾肆亩,邓文德壹亩。计地贰项伍拾亩,共布壹匹。

24. 布头黑善兴壹项陆拾捌亩,曹阿堆肆拾肆亩,田员保拾捌亩,张

25. 住儿贰拾亩。计地贰项伍拾亩,共布壹匹。

26. 布头赵索二壹项叁拾亩,阴儒受玖拾叁亩,张意顺贰拾陆亩。计地

27. 贰项伍拾亩,共布壹匹。

28. 布头贺清儿壹项贰拾柒亩半,冯常安捌拾捌亩,冯神德贰拾壹

---

① 文书图版中此"亩"字脱,兹据文义补。

29. 亩半,史骨子拾壹亩,张幸成贰亩。计地贰顷伍拾亩,共布壹匹。

30. 布头索少清叁拾捌亩,王全子陆拾伍亩,王丑胡肆拾伍亩,罗安定

31. 壹顷贰亩。计地贰顷伍拾亩,共布壹匹。

32. 布头张盈昌肆拾壹亩,张幸德壹顷玖亩,张定奴伍拾柒亩,张幸成

33. 肆拾贰亩半。计地贰顷伍拾亩,共布壹匹。

34. 布头李保山壹顷叁亩,李善德叁拾壹亩半,李粉堆捌拾亩,田

35. 安住叁拾贰亩半,张幸成贰亩。计地贰顷伍拾亩,共布壹匹。

36. 布头李富盈柒拾亩半,高粉堆肆拾叁亩,安佛奴柒拾亩,邓再通

37. 贰拾叁亩,石庆子贰拾亩,阴岜多贰拾叁亩。计地贰顷

38. 伍拾亩,共布壹匹。

39. 布头李像奴玖拾壹亩,李再住壹顷拾叁亩,宋昌盈贰拾柒亩,

40. 冯王三拾亩,吴保住肆亩,冯友友肆亩。计地贰顷伍拾亩,共布壹匹。

(后缺)

本件文书在池田温《中国古代籍帐研究》[①]第 615—616 页、唐耕耦《敦煌社会经济文献真迹释录》第二辑[②]第 452—453 页均

---

① 东京大学东洋文化研究所,1979 年。

② 全国图书馆文献缩微复制中心,1990 年。

P. 3236 号《壬申年三月十九日敦煌乡官布籍》(1)

有录文。文书中"布头"之"布"和"计地"之"计"全为朱笔。

笔者用微缩胶卷与唐耕耦、池田温录文对校,发现唐耕耦先生少录两字,即第 8 行、10 行之"计地"的"地",并且将第 23 行"邓文德"之"邓"误录为"郭"。当然,这也可能为排校所致。

本件文书共载"布头"19 人,纳布人 79 人(包括"布头"在内),其中张奴奴、邓文德两见,张幸成三见,这样,共有 83 人次分布在 19 个"布头"名下。每位"布头"名下由若干户组成。按文书,每位"布头"名下,都是"计地贰顷伍拾亩,共布壹匹"。由此可知,"布"也是赋税之一,且按亩而税。为了使纳布整齐,不致太零碎,便指定"布头"代为收缴,其标准是每 250 亩,纳布 1 匹。当然,250 亩是大约数,不可能几家之地刚好是 250 亩。在本件

P. 3236 号《壬申年三月十九日敦煌乡官布籍》(2)

文书所载 19 个"布头"名下，只有 8 个"布头"名下刚好是 250 亩；1 个是 250.5 亩，多 0.5 亩；一个是 251 亩，多 1 亩；9 个都是 250 亩以下，只不过差别不大，都在 248.5—249.5 亩之间。为了不至于让农民少交税，基本上都是按 250 亩纳布一匹。这样，就将有些农民的土地分配在两个、甚至三个"布头"名下纳布。如第 19、23 行都有邓文德，即将邓文德的地分为两部分，分别列在"布头"王清升和康全子名下；另如第 15、21 行都有张奴奴，即将张奴奴的地分为两部分，分别列在"布头"氾盈达和刘再松名下；再如第 29、32、35 行都有张幸成，即将张幸成的地分为三部分，分别列在"布头"贺清儿、张盈昌、李保山名下。

二、研究中的有关问题辨析

《壬申年三月十九日敦煌乡官布籍》无疑是归义军时代的文书。在归义军时期(848—1036)壬申年共有 4 个,即公元 852、912、972 和 1032 年。经过近三十年的探讨,目前学者们已将 852 年和 1032 排除,但还不能确定是 912 年还是 972 年。以研究敦煌文献而著名的日本学者池田温先生,在 1979 年出版之《中国古代籍帐研究》"诸种文书"中将此件定名为《壬申年(912 或 972)三月十九日沙州敦煌乡官布籍》,对于壬申年,谨慎地注为 912 或 972 年。1987 年,池田温先生在《东亚古代籍帐管见》一文附录中,又将此件定名为《壬申年(912?)三月敦煌乡官布籍》。①

由此可见,池田温先生对本件文书年代的确定,从 912 或 972 年,变为"912 年?",从其前后变化看,虽没有最后确定,但更倾向于 912 年了。

1990 年,唐耕耦先生在《敦煌社会经济文献真迹释录》第二辑中,过录了 P.3236 号文书,将其定名为《壬申年(公元九七二年或九一二年)三月十九日敦煌乡官布籍》,对于壬申年,究竟是 972 年还是 912 年,也没有完全确定。②

1984 年,冷鹏飞先生在《唐末沙州归义军张氏时期有关百姓受田和赋税的几个问题》一文中,将本件文书的年代定为 912 年,其理由主要是:972 年为宋开宝五年,沙州此时当曹元忠之世(944—974)。其时属开宝年号的文书甚多,如 P.2943 背、P.2985 背、P.2804 背、S.5973 等文书。应该说这些都能证明制定《壬申年

---

① ［日］池田温:《东亚古代籍帐管见》,载林天蔚、黄约瑟主编:《古代中韩日关系研究——中古史研讨会论文集之一》,香港大学亚洲研究中心 1987 年版,第 117 页。

② 《释录》第二辑,第 452 页。

官布籍》的沙州官府不在开宝年间。如在此时，它不可能明知年号而不署，仅以干支纪年。而912年乃后梁乾化二年，是时当张承奉之世。张承奉既然自立为西汉金山国，就不会再用中原王朝年号，而用自己的纪年方法。检阅西汉金山国的文书，如P.2594、2864背《白雀歌》、P.3633《辛未年沙州百姓上回鹘天可汗书》、S.1563《西汉敦煌国圣文神武王敕》，末署都为干支纪年。由这些所属年代可知，张氏西汉金山国官方纪年方法就是用干支纪年。此《壬申年官布籍》用干支纪年，正是西汉金山国官方的标志。①

我们认为，冷先生将P.3236号《壬申年官布籍》定为912年，仅仅是推论，其证据似不充分。况且，通过检索敦煌文献可知，曹元忠之世（944—974）的文献也并非全用年号，而没有用干支纪年的。我们以池田温著《中国古代写本识语集录》②为据，查阅曹元忠之世用干支纪年的卷子有：

S.3880《二十四节气诗李庆君题记》为"甲辰年夏月上旬写记"。此甲辰年为公元944年。③

P.3792背《晋释门法律张和尚写真赞题记》为"于晋岁乙巳正月廿六日记"。本题记中，既有晋，又有干支纪年，是最直接的证据。后晋乙巳年为公元945年。④

S.1163《太公家教永安寺学仕郎张顺进题记》为"庚戌年十二月十七日"。此庚戌年为公元950年。⑤

---

① 冷鹏飞：《唐末沙州归义军张氏时期有关百姓受田和赋税的几个问题》，载《敦煌学辑刊》1984年第1期。

② ［日］池田温：《中国古代写本识语集录》，东京大学东洋文化研究所，1990年。

③《中国古代写本识语集录》，第484页。

④《中国古代写本识语集录》，第485页。

⑤《中国古代写本识语集录》，第490页。

北图始字 22《妙法莲华经普门品比丘谈远题记》为"辛亥年二月卅日"。此辛亥年为公元 951 年。①

P.3919B《大威仪经请问说戒轮等题记》为"己未年三月廿八日戒轮书"。此己未年为公元 959 年。②

S.4378 背《大悲启请、佛顶尊胜陀罗尼在江陵府比丘惠鎏题记》为"时己未岁十二月八日"。此己未岁为公元 959 年。③

P.2515《辩才家教比丘愿成题记》为"甲子年四月廿五日"。此甲子年为公元 964 年。④

P.3582《杨满山咏孝经十八章三界寺学士题记后录诗》为"戊辰年十月卅日"。此戊辰年为公元 968 年。⑤

北 0701《金光明最胜王经卷八题记》为"丙寅至戊辰三年"。此丙寅至戊辰三年为公元 966 至 968 年。⑥

S.4295 背《佛经杂咒背押衙知三司书手吴达恒题记》为"开宝五年壬申岁四月六日。"既有开宝五年，又有壬申岁，此壬申岁为公元 972 年。⑦

另外，郝春文先生《敦煌写本社邑文书年代汇考》⑧，充分吸收了学术界的已有研究成果，对敦煌社邑文书的年代进行了详细

---

① 《中国古代写本识语集录》，第 490 页。
② 《中国古代写本识语集录》，第 496 页。
③ 《中国古代写本识语集录》，第 496—497 页。
④ 《中国古代写本识语集录》，第 498 页。
⑤ 《中国古代写本识语集录》，第 501 页。
⑥ 《中国古代写本识语集录》，第 501 页。
⑦ 《中国古代写本识语集录》，第 503 页。
⑧ 郝春文：《敦煌写本社邑文书年代汇考》（一）、（二）、（三），分别载《首都师范大学学报（社会科学版）》1993 年第 4、5 期，《社科纵横》1993 年第 5 期。

考察，其中就有部分曹元忠时期使用干支纪年的文书，如：

P.4960《甲辰年（944）五月廿一日窟头修佛堂社再请三官凭约》。①

P.2032背《乙巳年（945）净土寺诸色入破历算会牒稿》。②

S.8516《丙辰年（956）六月十日社司转帖》。③

P.3555B＋P.3288（4）《丁巳年（957）裴富定妇亡转帖》。④

P.4063《丙寅年（966）四月十六日官健社春座局席转帖》。⑤

S.5632《丁卯年（967）二月八日张憨儿母亡转帖》。⑥

P.2484《戊辰年（968）十月七日东园算会群牧驼马牛羊见行籍》。⑦

S.3450《庚午年（970）正月廿五日社长王安午等修窟凭》。⑧

S.2894背（2—4）为《壬申年（972）十二月氾再昌妻亡转帖抄》等6件社司转帖。这6件中间有"开宝五年正月廿日辛延晟、曹愿长结会记"，而开宝五年的干支恰好为壬申，即

---

① 郝春文：《敦煌写本社邑文书年代汇考》（一）。
② 郝春文：《敦煌写本社邑文书年代汇考》（一）。
③ 郝春文：《敦煌写本社邑文书年代汇考》（一）。
④ 郝春文：《敦煌写本社邑文书年代汇考》（一）。
⑤ 郝春文：《敦煌写本社邑文书年代汇考》（二）。
⑥ 郝春文：《敦煌写本社邑文书年代汇考》（一）。
⑦ 郝春文：《敦煌写本社邑文书年代汇考》（一）。
⑧ 郝春文：《敦煌写本社邑文书年代汇考》（一）。

972 年。①

P.3231(11)《甲戌年(974)五月廿九日平康乡官斋籍》。②

从以上摘录的有关干支纪年的文书可知,曹元忠时期不仅有许多使用中原王朝年号的文书,而且还有一些以干支纪年的文书。甚至有些文书中,既有中原王朝年号,又有干支纪年,更是最确凿的证据。因此,不能以干支纪年为据,将 P.3236《壬申年官布籍》为公元 972 年排除在外。

至于说,张承奉西汉金山国时期,不再用中原王朝年号,而有自己的纪年方法,即干支纪年,据此而将《壬申年官布籍》定为912 年,也似不能使人信服。

关于张承奉西汉金山国的建国年代,学术界目前还有不同看法,有 905 年③、906 年④、908 年⑤、909 年⑥、910 年⑦建国说。我们见到的 912 年的文书也都是干支纪年,但敦煌文献中已发现了天复五年至十年(实际上为晚唐天祐二年至后梁开平四年,公元

---

① 郝春文:《敦煌写本社邑文书年代汇考》(一)。

② 郝春文:《敦煌写本社邑文书年代汇考》(一)。

③ 王重民:《金山国坠事零拾》,原载《北平图书馆馆刊》第 9 卷第 6 期,1935 年。此据王重民《敦煌遗书论文集》,中华书局 1984 年版。

④ 李正宇:《关于金山国和燉煌国建国的几个问题》,载《西北史地》1987 年第 2 期;《谈〈白雀歌〉尾部杂写与金山国建国年月》,载《敦煌研究》1987 年第 3 期。

⑤ 王冀青:《有关金山国的几个问题》,载《敦煌学辑刊》总第 3 期,1982 年。

⑥ 杨宝玉:《金山国成立时间再议》,载《敦煌学辑刊》2008 年第 4 期;杨宝玉、吴丽娱:《归义军政权与中央关系研究——以入奏活动为中心》,中国社会科学出版社 2015 年版,第 48—58 页。

⑦ 卢向前:《金山国立国之我见》,载《敦煌学辑刊》1990 年第 2 期;荣新江:《金山国史辨正》,载《中华文史论丛》第五十辑,上海古籍出版社 1992 年版;《归义军史研究——唐宋时代敦煌历史考索》,第 214—219 页。

905—910 年)的文书。我们先仅将 908—910 年的有关文书排列如下:

  P.2646《新集吉凶书仪》题记:"天复八年岁次戊辰二月廿日,学郎赵怀通写记。"①

  P.2094(1)《持诵金刚经灵验功德记》题记:"于唐天复八载岁在戊辰四月九日,布衣翟奉达写此经。"②

  S.2174(1)为《天复九年己巳岁闰八月十二日敦煌神沙乡百姓董加盈兄弟分家书》。③

  S.3877 背(7)为《天复九年己巳岁十月七日敦煌洪润乡百姓安力子卖地契》。④

  Дх.295a《时食咒愿》题记:"天复十年庚午岁三月十五日。"⑤

  斯坦因敦煌所获绢画《观音像》题记:"时天复拾载庚午岁七月十五日毕功记。"⑥

以上所引天复八年至十年(908—910)的敦煌文书及其题记说明,似不能以干支纪年作为证据,将《壬申年官布籍》定为912 年。

---

① 文书图版见《法藏西域敦煌文献》第十七册,第 90 页。

② 文书图版见《法藏西域敦煌文献》第五册,第 143 页。

③ 文书图版见《英藏敦煌文献(汉文佛经以外部分)》第四卷,第 35 页。

④ 文书图版见《英藏敦煌文献(汉文佛经以外部分)》第五卷,第 191 页。

⑤ 文书图版见《俄藏敦煌文献》第六册,第 202 页,定名为《礼忏文一本》。

⑥ 转引自荣新江:《金山国史辨正》,载《中华文史论丛》第五十辑,第72—85 页。

三、壬申年应为 972 年

上面我们对 P.3236《壬申年官布籍》的著录、研究情况进行了考察辨析，认为将本件文书定在 912 年，仅仅属于推论，证据似不充分。根据我们掌握的材料，P.3236《壬申年官布籍》应定为 972 年，下面试申述之：

1. "索铁子"提供的信息

P.4525（8）也是一件征收布匹的《官布籍》①。本件文书残缺，现存 6 行，为便于研究，先将 P.4525（8）《官布籍》录文如下：

1. □□张定长拾捌亩，菜丑奴捌拾伍亩，张王三叁拾亩，张回德贰拾□□□□□

2. 叁拾捌亩，杨千子拾陆亩半，张保定肆拾贰亩。计地贰项伍拾亩，□□□□②

3. □头索员宗陆亩，曹闰成柒拾叁亩，阴彦思捌拾玖亩，张闰国柒拾叁亩，

4. □保定壹拾壹亩。计地贰项伍拾亩，共布壹匹。

5. □□索安住肆拾陆亩半，王再盈拾柒亩，武愿昌叁拾肆亩半，张会兴

6. 贰拾亩，索铁子叁拾亩，张再住肆亩半。计地壹项伍拾贰亩半□□□□

上录文书中第 2 行之叁和第 6 行之贰是笔者根据上下文内容增补的。该段文书后面还有 9 行，因与本节无关，故略而不录。

P.4525（8）《官布籍》的笔迹、内容、形式与 P.3236《壬申年官

---

① 文书图版见《法藏西域敦煌文献》第三十一册，第 368 页。
② 据《官布籍》书写习惯，此处所缺四字应补"共布壹疋"。

P.4525《官布籍》(部分)

布籍》相似。唐耕耦先生《敦煌社会经济文献真迹释录》第二辑第454页有 P.4525(8)《官布籍》录文，并注释说："此件属归义军时期，其年代当与壬申年官布籍相近。"这一看法是正确的。需要补充的是，P.4525(8)《官布籍》第6行和P.3236《壬申年官布籍》第20—21行同时出现了"张再住"。因此，两件文书不仅年代相近，而且有可能原来就是一件，由于各种原因而一折为二了。

既然P.4525(8)《官布籍》与P.3236《壬申年官布籍》时代相近，因此，我们通过对P.4525(8)《官布籍》时代的探讨，就可为确定P.3236《壬申年官布籍》的年代提供间接的证据。

P.4525(8)《官布籍》中有"索铁子"一人。S.6123《戊寅年六月渠人转帖》[1]中也有"索铁子"，而S.6123号文书又与P.5032《甲申年(984)渠人转帖》[2]的格式一致，故该两件文书的时代应该相近。既然P.5032之甲申年为984年，那么，与之时代相近的S.6123之戊寅年就是978年。该件文书与壬申年(972)只差6年，其所记"索铁子"当为同一人。由此亦可证明，P.3236《壬申年官布籍》之"壬申年"应为972年。

另外，P.3231《乙亥年(975)九月廿九日平康乡官斋历》[3]和S.3978《丙子年(976)七月一日司空迁化纳赠历》[4]中也有"索铁子"。它们应与同出现"索铁子"一名的P.4525(8)《官布籍》、S.6123《戊寅年(978)六月渠人转帖》的时代相近。而P.4525(8)《官布籍》与P.3236《壬申年官布籍》的时代又相近，因此，P.3231、S.3978号文书与P.3236号文书的时代也应相近。既然三件文书年代相近，P.3231之乙亥年为975年，S.3978之丙子年为976年，那么，P.3236之壬申年就应为972年。

此外，"索铁子"在上海博物馆藏敦煌文书8958(2)号文书中

---

① 文书图版见《英藏敦煌文献(汉文佛经以外部分)》第十卷，第90页。

② 文书图版见《法藏西域敦煌文献》，第三十四册，第103页。

③ 文书图版见《法藏西域敦煌文献》，第二十二册，第214—215页。

④ 文书图版见《英藏敦煌文献(汉文佛经以外部分)》第五卷，四川人民出版社1992年版，第225页。

也有,即《索铁子牒》①。唐耕耦先生《敦煌社会经济文献真迹释录》第二辑也收录了本件文书,定名为《年代不明平康乡索铁子牒及判》。② 朱雷先生《敦煌所出〈索铁子牒〉中所见归义军曹氏时期的"观子户"》③一文,通过文书形式的排列对比和文书内容,已将《索铁子牒》定为曹元忠时期的文书。沙知先生《跋上博藏敦煌平康乡百姓索铁子牒》④一文,将索铁子牒的年代定为975—980 年。两件文书中都出现了"索铁子",应为同一时代的文书,因此,P.4525(8)《官布籍》也应该是曹元忠时代的文书。而P.4525(8)《官布籍》又和 P.3236《壬申年官布籍》时代相近。曹元忠时代(944—974)只有一个"壬申年",即公元 972 年。因此,P.3236《壬申年官布籍》应为 972 年。

2. 文书本身的启示

为了使我们的研究建立在更加科学的基础上,我们将 P.3236《壬申年官布籍》中出现的纳布人全部排列出来,共 79 人,以便在阅读敦煌文献时,注意他们在其他文献中出现的情况,并进而由其他文献的年代来反证 P.3236《壬申年官布籍》的年代。

由于笔者阅读敦煌文献有限,手头记录也不全面,但就是在这些有限的记录中,也收集了一些 P.3236《壬申年官布籍》中出现的人名。为了便于说明,现列表如下:

---

① 文书图版见《上海博物馆藏敦煌吐鲁番文献》第一册,上海古籍出版社 1993 年版,第 189 页。

②《释录》第二辑,第 319 页。

③ 载《武汉大学学报(社会科学版)》1993 年第 6 期;又见同氏《敦煌吐鲁番文书论丛》,甘肃人民出版社 2000 年版,第 294—305 页。

④ 载《段文杰敦煌研究五十年纪念文集》,第 234—238 页。

壬申年官布籍中纳布人姓名	其他文献	年代	文书出处
张员宗	P.4003《壬午年十二月十八日渠社转帖》	982	《敦煌社会经济文献真迹释录》(以下简称《释录》)第一辑第 409 页
	P.2049 背《长兴二年正月沙州净土寺直岁愿达手下诸色入破历算会牒》	931	《敦煌写本社邑文书年代汇考》(三)(以下简称《年代汇考》)。《释录》第三辑第 374 页
	P.3889 背《社司转帖》	不明	《释录》第一辑第 342 页
	P.3889《社人贺宝新身故转帖》	931—973	《年代汇考》(一)
张友子	S.4472 背《辛酉年十一月廿日张友子新妇身故聚赠历》	961	《年代汇考》(三)
	P.3231《甲戌年十月十五日平康乡官斋历》	974	(年代汇考)(三)
李粉堆	S.4472 背《辛酉年十一月廿日张友子新妇身故聚赠历》	961	《年代汇考》(三)
	P.4991《壬申年六月廿四日社司转帖》	972	《年代汇考》(一)
阴保升	S.6198《纳赠历》	十世纪后半叶 981	《年代汇考》(三)
	S.2472 背《辛巳年十月三日州司仓公廨斛斗交割凭》		《年代汇考》(三)
阴保住	P.3889 背《社司转帖》	不明	《释录》第一辑第 342 页
冯友友	P.2032《乙巳年净土寺诸色入破历算会牒稿》	945	《敦煌吐鲁番学研究论文集》中唐耕耦文,汉语大辞典出版社,1990 年。
唐粉子	S.5632《丁卯年二月八日亲情社转帖》	967	《释录》第一辑第 354 页

汜盈达	P.2032《乙巳年净土寺诸色入破历算会牒稿》	945	《敦煌吐鲁番学研究论文集》中唐耕耦文
	S.5632《丁卯年二月八日张憨儿母亡转帖》	967	陈国灿《敦煌所出诸借契年代考》，载《敦煌学辑刊》1984 年第 1 期。
张奴奴	P.2680《丙申年汜恒安等纳绫绢等历》	归义军曹氏时期	《释录》第三辑第 135 页
	S.4812《天福六年二月廿一日麦粟算会》	941	《年代汇考》（二）
	P.2726 背《年支社斋转帖抄》	941 年前后	《年代汇考》（二）
张万子	P.3889 背《社司转帖》	不明	《释录》第一辑第 342 页
阴善友	P.5032《社司转帖》	984？	《释录》第一辑第 403 页
张富通	P.5032《甲申年四月十二日渠人转帖》	984	《释录》第一辑第 408 页
	P.5032(12)《甲申年九月廿一日渠人转帖》	984	《释录》第一辑第 405 页
	P.5302《甲申年十月四日渠人转帖》	984	《释录》第一辑第 407 页
	P.3379《后周显德五年二月社录事都头阴保山等牒》	958	IDP 彩图
	Дх.2149《欠柴人名目》	不明	[苏]丘古耶夫斯基《敦煌汉文文献》，(苏联)科学出版社 1983 年
张再往	Дх.1344《辛亥年二月九日张再往等便黄麻历》	951？	《释录》第二辑第 263 页
	P.4525(8)《官布籍》	曹元忠时代	本书考释
张定奴	P.5032《甲申年二月廿日渠人转帖》等 8 件有张定奴	984	《释录》第一辑第 404 页至 408 页
曹友子	P.2817《辛巳年前后社司转帖》	981	《释录》第一辑第 325 页

续表

壬申年官布籍中纳布人姓名	其他文献	年代	文书出处
邓像通	P.3991 背《丁酉年正月春秋局席转帖稿》	937	《年代汇考》（二）
	P.5032《某年六月索押牙妻身亡转贴》	937年前后	《年代汇考》（一）
石庆子	Дx.1418《年代不明吴留德等便豆历》	不明	《释录》第二辑第266页
吴保住	P.3579《宋雍熙五年十一月神沙乡百姓吴保住牒》	988	《释录》第二辑第308页

上表所列18人，是《壬申年官布籍》中的一部分，约占《壬申年官布籍》总数79人的1/4。这18人在其他文献中都有不同程度的反映，有的甚至出现在好几种文献当中。当然，不可否认，上表中的18人，可能有同名同姓的其他人，但绝对不会全是同名同姓者。

从上表分析，出现有 P.3236《壬申年官布籍》中纳布人的敦煌文献，其年代绝大部分是十世纪中后期，由此说明，P.3236《壬申年官布籍》也应属于十世纪中后期。因此，将"壬申年"定为972年，正好属于这一时代范畴。

以上所讨论的 P.3236《壬申年三月十九日敦煌乡官布籍》明确标明是敦煌乡的官布籍，但在我们上表讨论的18人中，有3人却明显不属于敦煌乡：吴保住、石庆子属于神沙乡，张友子属于平康乡。这是什么原因呢？据笔者推论，可能与以下原因有关：

第一，他们原来居住在敦煌乡，后来分别迁居到神沙乡和平康乡；或原来分别居住在神沙乡和平康乡，后来都迁居到敦煌乡。

第二，由于敦煌、神沙、平康三乡紧密相连，平康乡在敦煌乡北面，神沙乡在敦煌乡南面。他们3人本来就居住在敦煌乡，但户籍分别列在平康乡和神沙乡。或者说，他们的居住地和户籍分别在平康乡与神沙乡，但由于种种原因，如土地分配、买卖、请射、继承等，使他们的耕种地位于敦煌乡界内。依据归义军政权据地出税的原则，他们的耕地在哪里，就应在哪里纳税，尤其是官布的征收是整匹的。这样就要将好几户共250亩的土地作为一个整体来对待，而他们中某一位的耕地又恰好在这250亩之中，因此，虽然户籍在神沙乡或平康乡，但其据地出税的布疋就要和敦煌乡百姓一起交纳了。

第三，也有可能是同名同姓的其他人。

（原载《西北师大学报》1996年第3期）

第三节　敦煌归义军的土地问题

一、土地过户的法律标志——户状

归义军时期，民户土地所有权的变动，并非在每次的请射、卖买、对换时及时变动，而是待政府有计划地进行土地调整时才能进行所有权的更换，其更换、变动在法律上得以实现的标志性文件就是"户状"。在政府变更"户状"前，土地的卖买只是土地卖买者双方及有关证人、邻人、保人等知道、认可，即造成了事实上的变更，但从法律上说，还需要政府的承认，这就是"户状"。如P.4974《唐天复年代神力为兄坟田被侵陈状并判》①有："故尚书阿郎再制户状之时，其曹僧宜承户地，被押衙朗神达请将。"即押衙朗神达乘"再制户状之时"，通过请射获得了原属曹僧宜的土地。

① 文书图版见《法藏西域敦煌文献》第三十三册，上海古籍出版社2005年版，第325页。录文见唐耕耦、陆宏基：《释录》第二辑，第292页。

另如 S.3877 背《天复九年己巳(909)洪润乡百姓安力子卖地契》①有:"自卖已后,其地永任进通男子孙息侄世世为主记。中间或有回换户状之次,任进通抽入户内。"由此可见,进通购买了安力子的土地以后,就可以使用这块土地了,也在实际上拥有了这段地。但这时进通只有实际上的使用权,还没有法律上的所有权。只有在政府"回换户状之次",进通才能将其"抽入户内",即才能得到法律上的承认或政府的实际认可。

归义军时期的"户状"要写明土地的面积、方位、四至等,如P.3384 与罗振玉旧藏缀合之《唐大顺二年(891)正月沙州翟明明等户状》②载:

(前缺)

1.   大顺二年辛亥岁正月一日百姓翟和胜户

2. 户翟明明 年三十五,男安和 年廿七,妻阿马 年廿,男再成 年八岁。

3. 都受田肆拾亩半。请南沙阳开南支渠地壹段两畦共陆亩。

4.   东至子渠,西至氾鞠子并荒沙,南至氾鞠子并翟定君,北至

5.   道。又地壹畦五亩,东至道,西至翟和胜,南至翟和胜及再盈,

6.   北至翟德盈。又地肆畦共捌亩,东至子渠,西至翟再盈并阎政□

---

① 文书图版见《英藏敦煌文献(汉文佛经以外部分)》第五卷,四川人民出版社 1992 年版,第 191 页。录文见《释录》第二辑,第 8 页。

② 文书图版见《法藏西域敦煌文献》第二十四册,上海古籍出版社 2002 年版,第 47 页。录文见《释录》第二辑,第 474 页。

7.　　　　及翟定君,南至河,北至翟和胜园。又舍壹所,东边壹分,

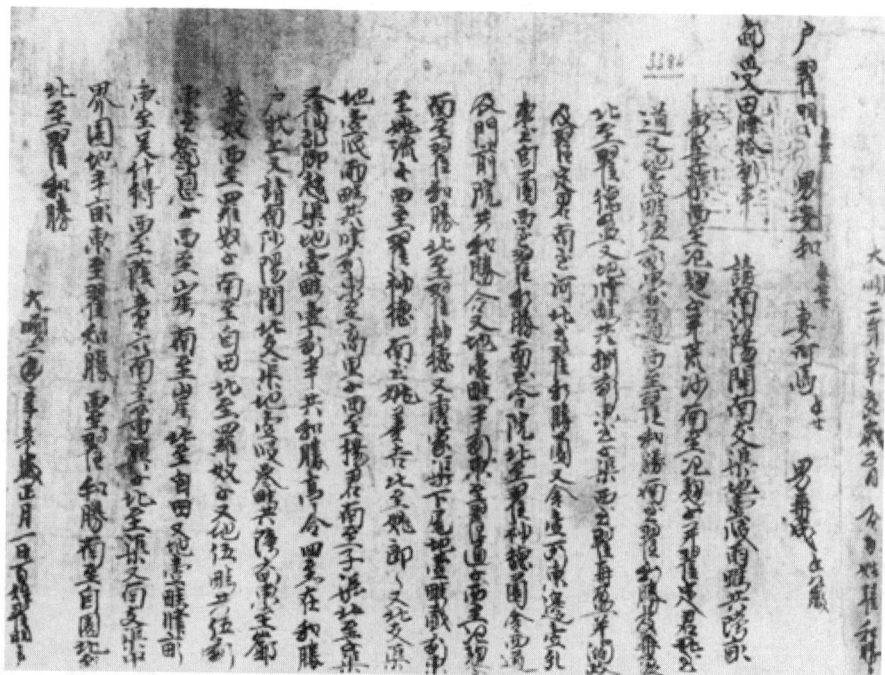

P.3384《唐大顺二年正月沙州翟明明等户状》(局部)

8.　　　　东至自园,西至翟和胜,南至合院,北至翟神德;园舍西道

9.　　　　及门前院,共和胜合。又地壹畦半亩,东至翟通子,西至氾鞠子,

10.　　　　南至翟和胜,北至翟神德。又唐家渠下尾地壹畦貳亩,东

11.　　　　至姚流子,西至翟神德,南至姚善吉,北至姚郎郎。又北支渠

12.　　　　地壹段两畦共肆亩,东至高黑子,西至杨君,南

至子渠,北至子渠。

13.　　又请都乡赵渠地壹畦壹亩半,共和胜亭合,四至在和胜

14.　　户状上。又请南沙阳开北支渠地壹段叁畦共陆亩,东至邓

15.　　菜奴,西至罗奴子,南至自田,北至罗奴子。又地伍畦共伍亩,

16.　　东至邓恩子,西至崖,南至崖,北至自田。又地壹畦肆亩,

17.　　东至吴什得,西至阴章六,南至董兴子,北至渠。又南支渠中

18.　　界园地半亩,东至翟和胜,西至翟和胜,南至自园,

19.　　北至翟和胜。

20.　　　　大顺二年辛亥岁正月一日百姓翟明明户

（中略）

1.　户杜常住 年卅,妻阿张 年卅三,女咄子 年十一。

2.　都受田三十七亩。请城东第一渠中界地壹段玖畦共贰拾叁亩,东至泽

3.　并周什德,西至尹子英,南至渠,北至泽。又第一渠下界地壹段

4.　陆畦共拾亩,东至宋骨骨,西至道,南至张从武,北至李文子。又地

5.　壹畦共肆亩,东至道,西至康苟员及田曹九,南至田曹九,北至朱

6.　骨畬。

7.　　　　大顺二年 ▢▢▢▢

从以上所录大顺二年(891)户状可知,户状上首先是户主及

全户的人名、年龄,然后是"总受田数",接着书写各地段土地、园舍的位置、畦数、亩数、四至等。从本件文书上的"沙州观察处置使之印"看,这是归义军政权的正式官文书,它应是乡里基层胥吏整理后的"户状"定本。从残存第一行的"大顺二年辛亥岁正月一日百姓翟和胜户"可知,上面已残缺的正是翟和胜的户状。翟和胜与翟明明应是兄弟关系,这不仅因为他们的好几段土地相连在一起,而且第8—9行的"园舍西道及门前院,共和胜合",第13—14行的"又请都乡赵渠地壹畦壹亩半,共和胜亭合,四至在和胜户状上",都是很好的说明。

本件文书中的翟明明户"都受田肆拾亩半",共分为11段,其中第13—14行所载"都乡赵渠地壹畦壹亩半",因已登录在和胜户状上;第17—18行的"南支渠中界园地半亩"属于园宅地。如果将此二段地不算,其余的9段相加,恰好是40.5亩,与"都受田肆拾亩半"相吻合。

杜常住户"都受田三十七亩",共分为3段,即23亩、10亩、4亩,合计恰好37亩。

又如 Дх.2954《后周广顺二年(952)正月一日百姓索庆奴户状》[①]载:

　　1. 户索庆奴,妻阿令狐、男延昌、男延德、男小儿子、男秃⬚⬚⬚⬚⬚⬚⬚

　　2. 都受田肆拾捌亩。　　请宜秋东支渠地壹畦壹亩半,东至子渠,西至索住子,南至子渠,北

　　3. 至索住子。又地壹段两畦共拾亩,东至索怀弁及索

　　① 文书图版见《俄藏敦煌文献》第十卷,上海古籍出版社1998年版,第140页。录文见[俄]丘古耶夫斯基:《敦煌汉文文书》第一卷,(苏联)科学出版社1983年版,第518页;《释录》第二辑,第477页。

摛攡,西至泻水沟,南至索住

Д х.2954《后周广顺二年正月一日百姓索庆奴户状》

4. 子及索怀弁,北至索摛攡及沟。又地壹段两畦共肆亩,东至索住子及索文俊,西

5. 至渠，南至索文俊及渠，北至索万□及索住儿。又地壹段肆畦共拾亩，东至石

6. 洞道，西至子渠，南至索住子，北至岳石住。又地壹段叁畦共捌亩，东至子渠，西至

7. 索清子，南至子渠，北至索住儿。又地壹段捌畦共壹拾陆亩，东至石洞道，西

8. 至氾音九及索住子，南至索辛宗及道，北至索住子。又园半亩，东至佛堂地，

9. 西至索辛宗园，南至合舍坑，北至合场地。又舍及场准兄弟房数有分。

10. 　　　　广顺二年壬子岁正月一日百姓索庆奴　户

再如羽敦28《后周广顺二年（952）正月沙州百姓赵盐久户状》①载：

1. 户赵盐久，妻阿氾，弟富庆，新妇阿索，侄富通，侄富德、保德、

2. 男清奴、男残奴、男黑头。

3. 都受田肆拾柒亩。请都乡解渠地段并园舍叁畦共柒

4. 亩，东至孔加盈及郭住娘，西至左义宗及孔加盈，南至鞠南

① 本文书图版见[日]武田科学振兴财团杏雨书屋《敦煌秘笈》影片册一，武田科学振兴财团，2009年，第206页。录文参阅[日]山本达郎等：《敦煌吐鲁番社会经济史文书集》第五卷《补遗》，东洋文库2001年版，第38页。据原录文注："本文书首行前下方钤[李印盛铎]、[敦煌石室秘笈]两朱印。又末行后下方钤[李滂]朱印。"本件文书还见于[日]池田温《李盛铎旧藏敦煌归义军后期社会经济文书简介》，载潘重规等《庆祝吴其昱先生八秩华诞敦煌学特刊》，(台北)文津出版社2000年版，第35页。

羽敦 28《后周广顺二年正月沙州百姓赵盐久户状》

5. 山，北至令狐德子。又地壹段陆畦共拾壹亩，东至张温温，西至岳再盈，

6. 南至道,北至渠。又地两畦共贰亩,东至令狐再安,西至氾苟苟,南至令狐

7. 再安,北至子渠。又地壹畦陆亩,东至张鹊儿,西至自田,南至道,北至子渠。

8. 又地壹畦肆亩,东至令狐万盈,西至马像德,南至子渠,北至解渠。又地两畦共

9. 叁亩半,东南至杨宗子,西至自田,北至解渠。又地壹畦叁亩,东至杨宗子,西至索

10. 建成,南至渠,北至孔不勿。又壹段叁畦共拾叁亩,东至自田,南至自田,西北至河。

11. 又薛家渠地两畦共贰亩,东至道,西至渠并氾憨子,南刘贠通,北至王贠庆。

12. 　　　　　　广顺二年壬子岁正月一日百姓赵盐久户

广顺二年(952)户状与大顺二年户状的格式基本相同,只是在各户户主及人名后,少了年龄的登录。这可能是大顺二年(891)还是唐朝,此时均田制虽已瓦解,也不按黄、小、丁、中、老受田,但均田制时代的影响依然存在,因此登录了人口年龄。到了广顺二年(952),唐已灭亡四五十年,唐朝的影响更加淡薄,所以只登录了人口的姓名。

广顺二年户状的索庆奴户"都受田肆拾捌亩",分为 7 段,但若将各段的土地数相加,总数是 50 亩,其中 49.5 亩耕地、0.5 亩园地,比"都受田肆拾捌亩"多 2 亩。赵盐久户"都受田肆拾柒亩",共有 9 段,若将各段土地相加,其总数为 51.5 亩,比"都受田肆拾柒亩"多 4.5 亩。

从广顺二年的两件户状可知,归义军时期的敦煌百姓,其不动产主要有耕地、住宅、宅地和园地(菜园、果园)等组成,其中宅地和园地往往合并统计,称为"居住园宅"。

前已述及，索庆奴户"都受田肆拾捌亩"，而各地段累计则为50 亩，赵盐久户"都受田肆拾柒亩"，而各地段累计则为51.5 亩，为什么各地段的累计比"都受田"分别多 2 亩和 4.5 亩呢？据池田温先生推测："都受田亩数即请田耕地，除外舍宅园地之类。赵氏之首段中园舍分 4 亩半及索氏之首段 1 亩半和园半亩，俱为元来赵、索两家之世袭舍、园地，不属请田所受者。"①陈国灿先生认为，这些差别，如果不是户主，也是乡官"上报时做的手脚，或是疏漏"，在总数上少登录了。②

笔者认为，各段土地累计与总受田的差别，并非由于部分土地是世袭，而不属请田所受者，也不是户主或乡官做的手脚，而是"总受田"只是耕地，并不包括园宅地。因为归义军政权实行据地出税的政策，一切赋税均以土地为据征收，而征收赋税的土地自然是耕种地，并不包含园宅。如前录翟明明户"总受田肆拾亩半"，若将各段土地相加，除去半亩园地，恰好相符。另如 P.4989《年代未详沙州安善进等户口田地状》③上，安善进户"受田壹拾伍亩半"，但各段土地累计则为 16.5 亩；傅兴子户"受田柒拾亩"，各段土地累计为 70.5 亩。再如前引 P.3384 与罗振玉旧藏缀合之《唐大顺二年（891）正月沙州翟明明等户状》上的第三件，由于文书前残，不知道户主的姓名，但其"都受田叁拾捌亩"和后面各段的面积、四至则完整地保留下来了，如果将各段土地相加也是39.5亩。

由此可以说，户状上的"总受田数"或"都受田数"与各段土

---

① ［日］池田温：《李盛铎旧藏敦煌归义军后期社会经济文书简介》，载《庆祝吴其昱先生八秩华诞敦煌学特刊》，第 39 页。

② 陈国灿：《敦煌学史事新证》，甘肃教育出版社 2002 年版，第 314 页。

③ 文书图版见《法藏西域敦煌文献》第三十三册，上海古籍出版社 2005 年版，第 339 页。录文见《释录》第二辑，第 471—472 页。

地累计的面积不符，主要原因是"总受田数"只是指耕地，亦即缴纳赋税的土地。除此之外，还有居住园宅若干亩，是不缴纳赋税的。当然，这类土地不多，大多在 0.5—2 亩之间，目前所见最多为 4.5 亩。据《天圣令》所保存的唐"田令"载："诸应给园宅地者，良口三口以下给一亩，每三口加一亩；贱口五口给一亩，每五口加一亩，并不入永业、口分之限。"①最有说服力的是 P.3121《年代未详（公元九世纪末或十世纪）沙州万子胡子宅舍田园图》②，此图上既有耕地，又有"门前圈"、"东园"、"园场"等，其中的耕地一目了然。据朱雷先生研究，这里的"园场"是秋收后用以粮食脱粒、扬尘之场所，"门前圈"是畜养羊群及牛马等家畜之地，"园"即种植菜园、果园之地，这些显然不包括在耕地之内。③

由以上文书可知，归义军时期的户状除注明各户人口情况外，还注明了各户土地亩数与分布情况，这些都和唐前期的户籍基本相同。只不过由于租庸调制的破坏，两税法的实行，国家赋税的征收并非按丁，而是按地征收，谁种地，就由谁承担赋税。土地的授予也不像均田制时期那样严密了，因此在户状上登录各户人口、土地时，再没有像唐前期的差科簿那样严格的人口分类，也没有与均田制相关的已受田、应受田等项目。当然，这里的"授田"仅仅是沿用了均田制时期的名称而没有均田制时代的还授之意。其中的"都受田"是指民户的总受田，即一户所占有土地

---

① 天一阁博物馆、中国社会科学院历史研究所天圣令整理课题组校证：《天一阁藏明钞本天圣令校证——附：唐令复原研究》，中华书局 2006 年版，第 256 页。

② 文书图版见《法藏西域敦煌文献》第二十一册，上海古籍出版社 2002 年版，第 338 页。录文见《释录》第二辑，第 487 页。

③ 朱雷：《敦煌所出〈万子、胡子田园图〉考》，见同氏《敦煌吐鲁番文书论丛》，甘肃人民出版社 2000 年版，第 311—312 页。

的全部或总和。

S.4125《宋雍熙二年邓永兴户状》（部分）

"户状"上登录户主姓名、全户人口、授田总数、各地段亩数、四至的情况，延续了好长时间，如 S.4125《宋雍熙二年（985）邓永兴户状》①共有二件，现转录一件如下：

1. 户邓永兴，妻阿，弟章三，弟会进，弟僧会清。
2. 都受田　　　请千渠小第一渠上界地壹段玖畦共贰
3. 拾亩，东至杨阇梨，西至白黑儿及米定兴并杨阇梨，南至
4. 米定兴及自田，北至白黑儿及米定兴。
5. 　　　　雍熙二年乙酉岁正月一日百姓邓永兴户

另如《宋端拱三年（990）沙州邓守仁等户状》②共保存邓守仁、陈长晟等三户的"户状"残篇，现将陈长晟的"户状"残篇转引如下：

（前　缺）

1. 户陈长晟，妻小娘子
2. 　　　奴善祐，奴金山，奴
3. 　　　婢善眼，婢胜子，婢
4. 都受田肆顷柒拾亩
5. 　　大道，西至横道。又地壹段伍畦共
6. 　　壹畦叁亩，东至韩章住，西至□□
7. 　　住，西至子渠，南至韩章住，北至韩再
8. 　　自田，南至河及索邹儿，北至泽。又地壹
9. 　　舍肆拾畦共捌拾亩，东至渠，西至石再成及
10. 　　　渠道。又地壹段捌畦共壹拾伍亩，东至自

---

① 文书图版见《英藏敦煌文献（汉文佛经以外部分）》第五卷，四川人民出版社 1992 年版，第 255 页。录文见［日］池田温《中国古代籍帐研究》，第 663 页；《释录》第二辑，第 479—480 页。

② 文书录文见《中国古代籍帐研究》，第 665—666 页；《释录》第二辑，第 481—482 页。

园□□□□

11. 陆畦共拾壹亩,东至道及左阿朵,西□□□□□

12. 上又地伍畦共捌拾亩,东至自园及□□□□□

13. 安定,南至渠及左阿朵,北至沟□□□□□

（后　缺）

这种"户状"登录方式,端拱三年后就发生了变化,没有了全户人口姓名,只保留了户主姓名、受田总数、各地段亩数及四至,由 P.3290(2)和 S.4172 缀合之《宋至道元年(995)正月沙州曹妙令等户状》①就明显地反映了这种变化。为便于说明,现转录如下:

> 户曹妙令
>
> 都受田陆拾亩。请□渠地壹段共陆拾亩,东至阴富全,西至沙堰及曹子全,南至大河,北至阴富全及曹子全。
>
> 至道元年乙未岁正月一日人户曹妙令户。
>
> 户陈残友
>
> 都受田伍拾柒亩。请东河鹊渠地壹段共伍拾柒亩,东至道,西至小户地,南至姚丑儿,北至张宁儿。
>
> 至道元年乙未岁正月一日人户陈残友户。
>
> 户陈残友
>
> 都受田肆拾亩。请东河鹊渠地壹段叁拾亩,东至大户地,西至渐坑,南至姚丑儿,北至李富进;又两枝渠地壹段拾亩,东至董流定,西至大渠(后缺)
>
> 户刘保定

① 文书图版见《法藏西域敦煌文献》第二十三册,上海古籍出版社 2002 年版,第 87—88 页;《英藏敦煌文献(汉文佛经以外部分)》第五卷,第 261 页。录文见《释录》第二辑,第 483—485 页。

都受田陆拾亩。请东河灌进渠地壹段共陆拾亩，东至子渠及景愿富，西至大渠，南至董进盈，北至大渠。

至道元年乙未岁正月一日人户刘保定户。

户景愿富

都受田伍拾伍亩。请东河灌进渠地壹段伍拾伍亩，东至官荒，西至子渠及刘保定，南至卤，北至大渠。

至道元年乙未岁正月一日人户景愿富户。

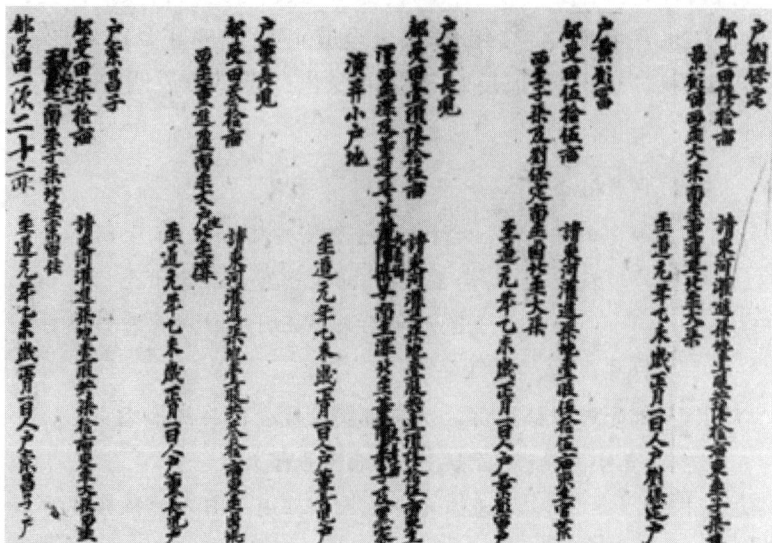

P.3290《宋至道元年正月沙州曹妙令等户状》(局部)

户董长儿

都受田壹顷陆拾伍亩。请东河灌进渠地壹段共壹顷陆拾伍亩，东至泽，西至沟及董进盈并史善富，南至沟，北至史善富及黑家潢并小户地。

至道元年乙未岁正月一日人户董长儿户。

户董长儿

都受田叁拾亩。请东河灌进渠地壹段共叁拾亩，东至卤坑，西至董进盈，南至大户地，北至沟。

至道元年乙未岁正月一日人户董长儿户。

户索昌子

都受田柒拾亩。请东河灌进渠地壹段共柒拾亩，东至大渠，西至高安三，南至子渠，北至索富住。

至道元年乙未岁正月一日人户索昌子户。

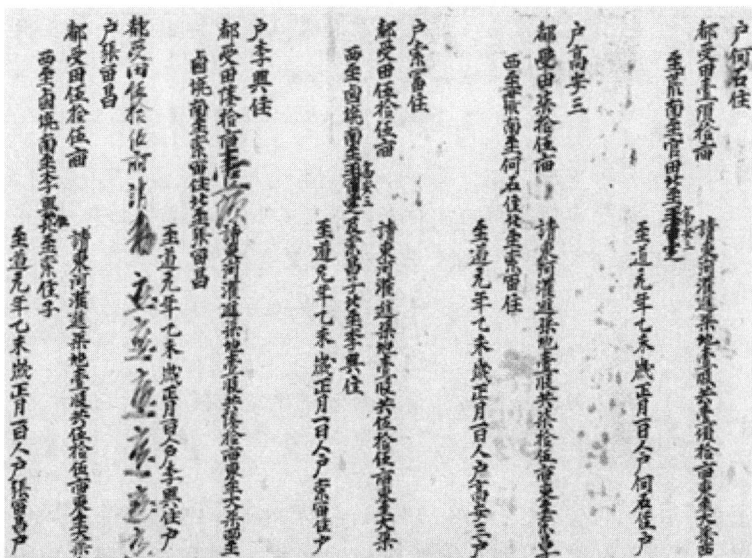

P.3290《宋至道元年正月沙州曹妙令等户状》(局部)

户何石住

都受田壹顷拾亩。请东河灌进渠地壹段共壹顷拾亩，东至大渠，西至荒，南至官田，北至高安三。

至道元年乙未岁正月一日人户何石住户。

户高安三

都受田柒拾伍亩。请东河灌进渠地壹段共柒拾伍亩，东至索昌子,西至荒,南至何石住,北至索富住。

　　　　　　至道元年乙未岁正月一日人户高安三户。

　户索富住

　都受田伍拾伍亩。请东河灌进渠地壹段共伍拾伍亩,东至大渠,西至卤坑,南至高安三及索昌子,北至李兴住。

　　　　　　至道元年乙未岁正月一日人户索富住户。

　户李兴住

　都受田陆拾亩。请东河灌进渠地壹段共陆拾亩,东至大渠,西至卤坑,南至索富住,北至张富昌。

　　　　　　至道元年乙未岁正月一日人户李兴住户。

　户张富昌

　都受田伍拾伍亩。请东河灌进渠地壹段共伍拾伍亩,东至大渠,西至卤坑,南至李兴住,北至索住子。

　　　　　　至道元年乙未岁正月一日人户张富昌户。

　户索住子

　都受田伍拾伍亩。请东河灌进渠地壹段共伍拾伍亩,东至大渠,西(后缺)

"户状"的登录形式及其变化,既反映了唐宋之际经济法律的逐渐规范和严密,如土地所有权的转移,"到官府办理过户手续是必不可少的程序"。① 又是晚唐五代宋初土地制度变化的真实写照,这正如王国维在《宋初写本敦煌县户籍跋》中所说:

　　雍熙二年籍,邓永兴户下尚注妻与弟姓名,而不注年岁。至道元年籍,则但有户主姓名。盖沙州此时纯就田课税,不就丁课税矣。所请之田,亦无定制。邓永兴受二十亩,何石

---

① 郑显文:《唐代律令制研究》,北京大学出版社 2004 年版,第 124 页。

住受一项十亩，高安三受七十五亩，盖视力之所能耕者受之。至是而后，周隋唐以来之旧制，并其名而亦亡之矣。[1]

归义军时期，赋税制度发生了重大变化，即主要是据地而税。正是由于据地而税，因此归义军政权对民户土地的变动不再多加干预，而更加关注土地所有权的转移。因土地拥有者将要承担赋役，"户状"就是其土地所有权转移的法律标志。

由于要按"户状"登录的土地征收赋税，归义军政权就格外重视"户状"的制定和保管，但"户状"并不是每年制定或改写。为了使占有土地与承担赋役相一致，归义军政权还在两次制定或改写"户状"之间，检查"户状"，如 S.6330《年代不明（十世纪）诸色斛斗入破历算会牒残卷》[2]中就有"粟贰斗，宋孔目检户状来看用"的记载。这种检查，既保证了土地占有与缴纳赋税的一致，又为下一次制定或改写"户状"做好了准备。

民户的土地，不论是原有，还是通过请射、卖买或交换所得，只要经过归义军官府的认可，即登录到"户状"上，就有了合法性，也就是文书上所说的"入官措案为定"。

（原载《中国历史文物》2006 年第 3 期，略有增补修改。孙继民先生的《唐宋之际归义军户状文书演变的历史考察》，载《中国史研究》2012 年第 1 期，对"户状"进行了比较全面的探讨，请参阅）

二、请田中的"于官纳价"

关于归义军时期（848—1036）的土地制度，国内外学者已作

---

① 王国维：《观堂集林》卷二十一《宋初写本敦煌县户籍跋》，中华书局 2004 年版，第 1033 页。

② 文书图版见《英藏敦煌文献（汉文佛经以外部分）》第十一卷，四川人民出版社 1994 年版，第 13 页。录文见《释录》第三辑，第 562 页。

了一些有益的探讨,笔者也曾给予关注,曾认为归义军政权实行的是请田制度,这一制度是均田制的延续,或者说请田制取代了均田制,从而将请田作为与均田一样的一种制度来看待。①

在拙著出版后,偶然读到郑学檬先生的大作《关于"均田制"的名称、含义及其和"请田"关系之探讨》②一文,郑先生对均田和请田提出了一些颠覆性的论点。如认为我们一般所说的"均田制",北魏时人并不叫"均田制",而是叫"地令";武德七年、开元二十五年所谓的"均田令",其实都叫"田令"。从《册府元龟》卷四九五《田制》记北魏李安世上疏后称"后均田之制起于此矣"可知,宋人最早把北魏以来的"地令"、"田令"冠以"均田制"之名,宋人是"均田制"冠名权的拥有者。"从恢复历史真实而言,最好取消'均田制'的提法,恢复《田令》的原来名称。"

"均田制"的误区就在于北齐到唐有丁男口分田 80 亩的规定,因为有这个数额,于是就有授田足与不足及"均田制"是否实行的争论。实际上,"均田"并不是平均分配土地,"均"也不是平均的意思,"均"是指在一个地区实行"各得其分"的土地政策,即该多的多,该少的少,但都该有。一丁百亩是均,一丁十亩也是均,不必按一个标准去求"制"的统一。

郑先生指出,"请田制度是历代处理官荒地的一种办法,而不是兴于唐宋的一种重要的土地管理制度。"请田"是秦汉以来官、民获得土地应履行的程序或者手续"。"执行请田手续后取得的土地是合法的,不执行请田手续而取得的土地是不合法的,叫'兼并'。""在'均田制'实施时期,请田和给田、退田一样是口

---

① 参阅刘进宝:《唐宋之际归义军经济史研究》,第 18—40 页。
② 载方行主编:《中国社会经济史论丛:吴承明教授九十华诞纪念文集》,中国社会科学出版社 2006 年版。

分田还受的一项手续,也是其程序之一。请田不是'均田制'破坏以后才出现的。"

郑先生的研究让笔者很受启发,一些以前似是而非或心有疑虑之处,有了更加清醒的认识。即请田是一种方式,而不是一种制度,它既存在于均田制瓦解后,也存在于均田制实行时期,甚至在均田制实行前就有请田。

关于归义军政权的请田,学术界已进行了一些初步探讨,①对请田的过程、范围等已有了一些比较一致的看法,但有一点大家都没有涉及,即请田需向官府缴钱。

请地不仅要得到官府的批准,而且不是无偿的,而是有偿的。如 P.3501 背《后周显德五年(958)押衙安员进等牒》②第三件文书:

1.　　　　　押衙安员进　　右员进

2. 户口繁多,地水窄少,昨于千渠下尾道南有荒地两曲子,

3. 欲拟员进于官纳价请受佃种,恐怕官私搅扰,及水司把勒,

4. 伏乞令公鸿造,特赐判印。伏听凭由,裁下处分。

"于",据先秦典籍文献记载:"又往也"。《故训汇纂》也引用

---

① 唐刚卯:《唐代请田制度初探》,载《敦煌学辑刊》1985 年第 2 期;杨际平:《唐末宋初敦煌土地制度初探》,载《敦煌学辑刊》1988 年第 1、2 期合刊;陈国灿:《德藏吐鲁番出土端拱三年(990)归义军"都受田簿"浅释》,载敦煌研究院编:《段文杰敦煌研究五十年纪念文集》,第 226—233 页;陈国灿:《从归义军受田簿看唐后期的请田制度》,见同氏《敦煌学史事新证》,第 301—326 页。

② 文书图版见《法藏西域敦煌文献》第二十四册,上海古籍出版社 2002 年版,第 365 页。录文见《释录》第二辑,第 302 页。

《尚书》、《诗经》等文献，指出："于，往也。"①因此，"于官纳价"即"往官纳价"，也就是向官府缴钱。由此亦可知道，安员进欲请射荒地，需"于官纳价"，即向官府缴纳一定数量的钱，才能"请受佃种"。

这里的"荒地"自然是无主的，它就属于政府，故需向"官纳价"才能佃种。可见耕地是需"于官纳价"的，而宅舍更需"于官纳价"。如本号文书第四件②：

1. 押衙安_{员进}　右_{员进}屋舍窄狭，居止不宽。今欲_{员进}自舍

2. 西勒有空闲官地壹条，似当不碍之人，东西壹仗，南北伍

3. 拾尺，欲拟_{员进}于官纳价请受修饰。伏乞　令公鸿造惠照，

4. _{员进}屋舍窄狭，支与空闲舍地，伏请判验，裁下处分。

5. 牒件状如前，谨牒。　显德伍年四月　日押衙安_{员进}牒

可见，安员进欲占有"空闲官地"，自造宅舍，也需"于官纳价"，即请受地、宅舍，均不是无偿的。

同类的文书还有 S.3876《宋乾德六年（968）九月释门法律庆深牒》③：

1. 释门法律_{庆深}

2. 　右_{庆深}祖业教（较）少，居止不宽，于儒风坊巷张祐子院

---

① 宗福邦等主编：《故训汇纂》，商务印书馆 2003 年版，第 56 页。

② 文书图版见《法藏西域敦煌文献》第二十四册，第 365 页。录文见《释录》第二辑，第 302—303 页。

③ 文书图版见《英藏敦煌文献（汉文佛经以外部分）》第五卷，四川人民出版社 1992 年版，第 186 页。录文见《释录》第二辑，第 305 页。

3. 　中有张清奴绝嗣舍两口，今庆深于

4. 　官纳价讫。伏恐后时，再有搅扰。特乞

5. 　台造判印

6. 　凭由，伏听　　处分。

7. 　牒件状如前，谨牒。

8. 　　乾德六年九月　　日释门法律庆深牒

从此件文书可知，张清奴因绝嗣，即没有继承人，故其户绝后，其宅舍也就由官府所有了。因此庆深欲占有这两口舍地，就于官纳价。当向"官纳价讫"后，怕以后再有搅扰，故要求官府给予凭由。可见，纳价、给凭由是请射地、舍的两个主要环节。

请地需出价，P.4974《唐天复年代神力为兄坟田被侵陈状并判》①也从侧面为我们提供了启示。该文书虽未能明确提到请地需"于官纳价"，但从字里行间却可以反映出来，为便于说明，现转引如下：

（前　　缺）

1. ☐

2. 右神力去前件回鹘贼来之时，不幸家兄阵上身亡。

3. 缘是血腥之丧，其灰骨将入积代坟墓不得，伏且

4. 亡兄只有女三人，更无腹生之男，遂则神力兼侄女，依

5. 故曹僧宜面上，出价买得地半亩，安置亡兄灰骨。后

6. 经二十余年，故尚书阿郎再制户状之时，其曹僧

7. 宜承户地，被押衙朗神达请将。况此墓田之后，亦无言语。

8. 直至

---

① 文书图版见《法藏西域敦煌文献》第三十三册，上海古籍出版社2005年版，第325页。录文见《释录》第二辑，第292页。

9. 司空前任之时，曹僧宜死后，其朗神达便论前件半

10. 亩坟地。当时依衙陈状，蒙判鞫寻三件，两件凭

11. 由见在，稍似休停。后至京中尚书到来，又是浇却，再

12. 亦争论，兼状申陈。判凭见在，不许校（搅）扰，更无

啾唧。

13. 昨来甚事不知，其此墓田被朗神达放水澜浇，连根耕

14. 却。堂子灰骨，本末不残。如此欺死劫生，至甚受

屈。凡为

15. 破坟坏墓，亦有明条。况此不遵判凭，便是白地天子

16. 浇来五件此度全耕，搅乱幽魂，拟害生众。伏望

17. 司空仁恩照察，请检前后凭由，特赐详理，兼

18. 前状，谨连呈过，伏听　裁下　处分。

19. 牒件状如前，谨牒。

20. 　　　　　　天复▢▢▢▢▢▢

21. 　付都▢▢▢▢▢▢▢▢▢

（后　缺）

从此文书可知，在二三十年前，神力家兄死亡，神力与侄女便在曹僧宜的一大块土地中"出价买得地半亩，安置亡兄灰骨。"二十多年后，当"故尚书阿郎再制户状之时"，即重新调查户口、分配土地之时，不知什么原因，朗神达便请得曹僧宜的承户地，并可能"于官纳价"。由于是整块地请得，再加上曹僧宜要退地，归义军政权收地，朗神达请地，三者各有心思，或者说都没有认真过细地对待，因此当时并未明确此地中的半亩坟地该如何界定。但当曹僧宜死后，已没有证人，朗神达便因其"请地"是"于官纳价"并经官府同意的，在户籍上整块地请得，即占有曹僧宜完整的一块"承户地"，故来论说此地中的半亩坟地。在这里，不排除朗神达凭借其"押衙"即地方官员的身份欺人的可能，但请地时"于官纳

价"、在户籍上整块地都属于自己可能是最主要的原因。

我们说"请地"是有偿的,要"于官纳价",即向官府缴钱,不仅仅是归义军时期敦煌的特例。因为在其它史籍文献中也有相似的记载,如前蜀在公元908年,改唐天复八年为蜀武成元年,在其春正月壬午的改元赦文中曰:

> 今年正月九日已前应在府及州县镇军人百姓,先因侵欠官中钱物,或保累填赔官中收没屋舍庄田,除已有指挥及有人经管收买外,余无人射买者,有本主及妻儿见在无处营生者,并宜给还却,据元额输纳本户税赋。[①]

由此可知,被官府没收的"庄田",除"已有指挥"即由政府直接经营和"有人经管收买外",其"余无人射买者",即没有人出钱购买。[②]

从"经管收买"和"无人射买"可知,请射田土要向官府缴钱,即"于官纳价"。

从归义军政权的请田不是无偿的,而是需向官府缴钱,到前蜀政权的"经管收买"和"射买"可知,地处西北边陲的敦煌归义军政权,虽然其历史发展有一定的特殊性,但在发展趋势上却与中原王朝相一致。

(本部分主体曾以《归义军政权请田中的"于官纳价"》为题,发表于韩国《东西文化交流研究》第6辑,韩国星星出版社2003年版)

---

① (清)吴任臣撰,徐敏霞、周茨点校:《十国春秋》卷三十六《前蜀二·高祖本纪下》,中华书局1983年版,第506页。

② 武建国:《五代十国土地所有制研究》,中国社会科学出版社2002年版,第61页。

三、"不办承料"别解

据敦煌文书 P.2222 背(1)《唐咸通六年(865)正月张祇三请地状》①记载:

1. 敦煌乡百姓张祇三等　　状
2. 　　　僧词荣等北富(府)鲍壁渠上口地六十亩。
3. 　　右祇三等,　司空准　敕矜判入乡管,未
4. 　　请地水。其上件地主词荣口云:其地不办承料。
5. 　　伏望
6. 　　将军仁明监照,矜赐上件地,乞垂处　分。
7. 牒件状如前,谨牒。
8. 　　　　咸通六年正月　日百姓张祇三谨状

本件文书是说,词荣等有口分地六十亩,但由于本人说"其地不办承料",张祇三就可以提出请射。那么,何为"不办承料"?为什么"不办承料",别人就可以请射?

论者大都认为,"不办承料"就是不为国家承担赋税。在封建社会中,绝不允许耕种土地而不为国家承担赋税,故别人可以请射。如唐刚卯先生在《唐代请田制度初探》②一文中,利用本件文书和 S.3877 背文书,认为"敦煌归义军时期的土地私有权是以承担赋税为前提条件的,如果不承担赋税,便可以由别人请射这块土地。"陈国灿先生指出:"归义军时期,即使有主的土地,如果

---

① 文书图版见《法藏敦煌西域文献》第九册,上海古籍出版社 1999 年版,第 229 页。录文见《释录》第二辑,第 468 页。
② 载《敦煌学辑刊》1985 年第 2 期。

'不办承料',即不缴纳官府赋税差科,也可以作为请占的对象。"①谢重光先生认为:"不办承料"就是"指百姓负担不起官府沉重的赋税徭役",并以 P.2222 背《唐咸通六年(865)正月张祗三请地状》为例作了说明,指出张祗三的 60 亩地"因不办承料而被迫放弃。"同时认为,"承料役次"就是"指百姓向官府承担赋役"。② 笔者以前也是这样理解的。③

现在看来,这种理解可能是不正确的。这里的"不办承料",应该是无力耕种,即"不办营种"。由于土地所有者词荣说,由于各种原因(人力少等),"其地不办承料",即无力耕种,故有能力耕种,且"未请地水"的张祗三便提出请射这一段土地。

同样的情况,在 S.3877 背《戊戌年令狐安定请地状》④中反映的更为明确,现转引如下:

1. 洪润乡百姓令狐安定

2. 　右安定一户,兄弟二人,总受田拾伍亩,非常地少

3. 　窄窘。今又同乡女户令狐什伍地壹拾伍亩,

4. 　先共安定同渠合宅,连畔耕种。其

---

① 陈国灿:《从归义军受田簿看唐后期的请田制度》,见陈国灿:《敦煌学史事新证》,第 307 页;又见陈国灿:《唐代的经济社会》,(台北)文津出版社 1999 年版,第 80 页。

② 见季羡林主编:《敦煌学大辞典》,上海辞书出版社 1998 年版,第 406 页。

③ 刘进宝:《归义军土地制度初探》,《敦煌研究》1997 年第 2 期。

④ 文书图版见《英藏敦煌文献(汉文佛经以外部分)》第五卷,四川人民出版社 1992 年版,第 191 页。录文见《释录》第二辑,第 469 页。本件文书中的"戊戌年",池田温、唐耕耦定为 878 年,荣新江定为 938 年,因为 878 年沙州无称"司空"者,而 938 年曹元德已用"归义军节度副使检校司空"的称号。见荣新江:《归义军史研究》,上海古籍出版社 1996 年版,第 108 页。文书第 4 行的"不辞"即不能,相当于不办。参阅江蓝生等:《唐五代语言词典》,上海教育出版社 1997 年版,第 30 页。

5. 　　　地主今缘年来不辞(办)承料,乏(恐)后别

6. 　　　人搅扰,安定今欲请射此地。伏望

7. 司空照察贫下,乞公凭,伏请　处分。

8. 　　　　　　　　戊戌年正月　日令狐安定

本件文书是说:令狐安定有兄弟二人,可说是有足够的劳动力,但只有土地15亩,"非常地少窄窘"。同时,其同乡女户令狐什伍有地15亩。从"女户"可知,令狐什伍家没有男劳动力,凭一女户,要耕种15亩土地是很困难的。因此,同乡令狐安定与令狐什伍"同渠合宅,连畔耕种",即他们两家的土地相连,①使用同一渠水灌溉。在修渠灌溉、种田、犁地、收割等方面互相照顾,实际上就是令狐安定帮助令狐什伍,将两家30亩土地在一起耕种。甚至可以说,令狐什伍的15亩土地实际上由令狐安定耕种,即令狐什伍有户籍上的所有权,令狐安定有实际上的使用权。但毕竟令狐安定没有这15亩土地的所有权,故当令狐什伍"今缘年来不办承料",即无力耕种后,令狐安定"恐后别人搅扰",即怕其他人来论说这15亩土地的所有权,故"欲请射此地",即将此15亩土地的所有权归己所有。

从此件文书所反映的实际情况来看,这里的"不办承料"就是无力耕种。与"不办承料"有关的,还有 P.2222 背(2)《唐咸通六年(865)前后僧张智灯状》②:

1. 僧张智灯　　状

---

① S.466《后周广顺三年(953)龙章祐、祐定兄弟出典土地契》(《释录》第二辑,第 30 页)乃章祐兄弟将其土地"只(质)典己莲畔人"耕种,可见"连畔"即土地相连者。

② 文书图版见《法藏敦煌西域文献》第九册,第 229 页。录文见《释录》第二辑,第 289 页。

2.　　右智灯叔侄等，先蒙　　尚书恩赐造，令

3.　　将鲍壁渠地回入玉关乡赵黑子绝户地，永为口

4.　　分，承料役次。先请之时，亦令乡司寻问实虚，两重判命。其

5.　　赵黑子地在于涧渠下尾，碱卤荒渐，佃种

6.　　不堪。自智灯承后，经今四年，总无言语，车牛人力，不离田畔，沙粪除练，似将

7.　　堪种。昨通频言：我先请射，忏客苗麦，

8.　　不听判凭，虚效功力，伏望（以下空白）

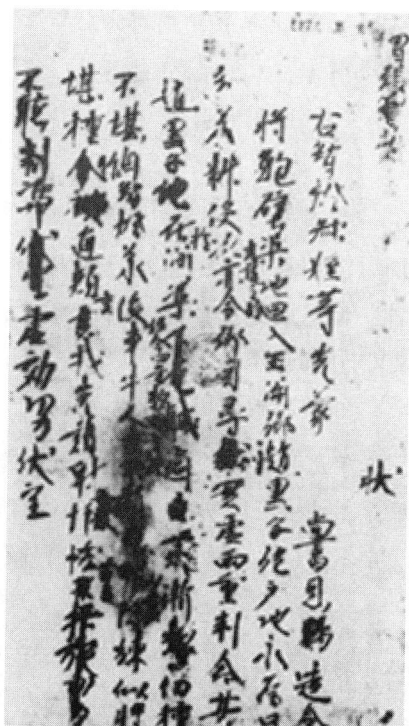

P.2222 背《唐咸通六年前后僧张智灯状》（部分）

从本件文书可知,张智灯经乡司同意,请了赵黑子绝户地"永为口分,承料役次。"即作为自己的份地,施功佃种。这里的"承料役次",也并非是指承担官府的赋税徭役,而是指耕种其土地,即"施功佃种",也就是因赵黑子的地"碱卤荒渐,佃种不堪。自智灯承后,经今四年,总无言语,车牛人力,不离田畔,沙粪除练,似将堪种。"

敦煌文书中的"不办承料",应类似于吐鲁番文书中的"不办营种"。如《唐广德四年(766)正月西州高昌县周思温还田凭》[①]曰:

1. □发者仪北渠口分部田一段贰亩。

2. 　　右件地,比年长是周思温佃种,今年无人力,不辨(办)营种,今还

3. 　　本主收领,恐临时失计。　　　广德四年正月 日

领田人凭

（余　白）

由此可知,周思温租种别人的土地已好几年,但由于"今年无人力,不办营种",便退还地主,不再租佃。这里的"无人力,不办营种",与敦煌文书中的"不办承料"应是一致的。

另如《唐□□二年曹忠敏租田契》[②]曰:

1. □□二年九月八日,曹忠敏于知田朱进明处取尊

2. 思廉等上件地。进明先于尊廉等边散于人处租

3. 得。今不亲(办)营种,遂转租与前件人。(后略)

---

① ［日］池田温:《中国古代籍帐研究》,第445页。

② 唐长孺主编:《吐鲁番出土文书》录文本第九册,第154—155页;图录本第四册,第345页。编者根据文书中的缺笔,将其定为乾元二年(759)或上元二年(761)。

从此件文书可知,朱进明从思廉处租佃29亩土地耕种,后可能由于朱进明家劳动力减少或从事其他劳务,对租佃的土地"不亲(办)营种,遂转租与前件人",即曹忠敏。由此可见,"不办营种"就是自己不能或无力耕种,也即"不办承料",故转租于他人。

关于本人无法耕种又转租的情况,吐鲁番文书中还有反映,如《唐邓光□佃田契》①:

1. _____ 堂 南壕 北道
2. _____ □ _____ 为无□□
3. _____ 四年 营 种,春□还
4. _____ 壹斗,其麦粟立契□付
5. _____ 不还,即 _____ 掣 _____
6. _____ 麦粟直,春秋税子并仰
7. _____ 事,租 渠□役,寺家不知。
8. _____ 先悔者,罚钱贰佰文
9. _____ 章,画指 为 □
10. _____ □寺
11. _____ 地人邓光□年 _____
12. _____ 保人妻张年廿五

从此契看,邓光实从某寺(马寺)租得土地耕种,租期为四年,即"四年营种"。但租期未到,他又将该地转租于别人,《唐邓光实转租田亩契》②曰:

_____

① 《吐鲁番出土文书》录文本第十册,第307—308页;图录本第四册,第583页。

② 《吐鲁番出土文书》录文本第十册,第309—310页;图录本第四册,第584页。

1. ⬜☐亩 东道　西佛堂　南壕　北道
2. ⬜☐日,客邓光实先于马
3. ⬜☐种不办,今转 租 与
4. ⬜☐依元契⬜☐壹
5. ⬜☐田税并佃人知。
6. ⬜☐渠百 役 寺家知。
7. ⬜☐仰依时
8. ⬜☐身家具将
9. ⬜☐或污文☐依
10. ⬜☐经如佃种
11. ⬜☐与营种。恐人
12. ⬜☐指为验。

可见,作为佃客的邓光实从马寺租种土地后,不知由于什么原因,未能等到四年期满,由于"营种不办,今转租与"别人。可见"营种不办",即"不办营种",类似于敦煌文书中的"不办承料",即无力耕种。

吐鲁番文书中的"不办营种"、敦煌文书的"不办承料",应该相当于"无力耕佃",如后晋天福七年(942年)晋高祖下诏曰:

> 邓、唐、随、郢诸州管界,多有旷土,宜令逐处晓喻人户,一任开垦佃莳。仍自开耕后,与免五年差徭。兼仰指挥,其荒闲田土本主,如是无力耕佃,即不得虚自占客,仍且与招携到人户,分析以闻。①

_____

① (清)董诰等编:《全唐文》卷一百一十六后晋高祖《令开垦旷土敕》,第1183页。

"办"的基本含义是料理、处置。① "不办"也就是不能、不胜任,这一意义在魏晋以来的佛经及中土文献中非常普遍。② 敦煌文书中的"不办",一般也是指不能。如伯希和藏文文书 1297 背《子年二月二十三日孙清便粟契》③曰:孙清借粟后:

> 如身有东西不在,及依限不办填还,一仰保人等,依时限还足。

这里的"不办填还",即是无力填还、不能填还的意思。

S.2589《中和四年(884)十一月一日肃州防戍都营田索汉君等状》④有:

> 淮诠郎君拟从嗢末使发来,缘装束不办,发赴不得。

这里的"装束不办"就是"不办装束",即没有或无力办理上路的行装。

P.3214 背《唐天复七年(907)高加盈出租土地充折欠债契》⑤曰:高加盈因欠麦两硕、粟壹硕"填还不办",才出租土地,"充为物价",即充折欠债。这里的"填还不办",就是"无力填还",那"不办承料"也就是"无力耕种"。

---

① 王云路、方一新:《中古汉语语词例释》,吉林教育出版社 1992 年版,第 10—12 页。

② 江蓝生:《魏晋南北朝小说词语汇释》,语文出版社 1988 年版,第 21 页;王云路、方一新:《中古汉语语词例释》,第 51—52 页。

③ 文书录文见《释录》第二辑,第 78 页。

④ 文书图版见《英藏敦煌文献(汉文佛经以外部分)》第四卷,四川人民出版社 1991 年版,第 111 页。录文见荣新江:《归义军史研究》,第 303—304 页。

⑤ 文书图版见《法藏敦煌西域文献》第二十二册,上海古籍出版社 2002 年版,第 182 页。文书录文见《释录》第二辑,第 27 页。

P.3649 背《后周显德四年(957)吴盈顺卖田契》①曰：吴盈顺"伏缘上件地水，佃种往来，施功不便"，才出卖这块土地。这里的"佃种"、"施功"相当于"承料役次"。

关于赋税的缴纳，出土文书和史籍文献都有含义明确的记载，如 S.1475 背《酉年十一月行人部落百姓张七奴便麦契》②载：

> 行人部落百性(姓)张七奴为纳突不办，于灵图寺僧海清处便佛麦陆硕。

本件文书中的"突"是指"突税"。吐蕃占领敦煌后，实行突田制，其一"突"约相当于唐代的 10 亩。耕种其土地所缴纳的赋税就是"突田"、"突税"。③"缴纳突税"可简称为"纳突"。这里的"纳突不办"，就是"不能纳突"、"无力纳突"。

另外，S.1475《未年(827)十月三日上部落百姓安环清卖地契》④曰：

> 未年十月三日，上部落百姓安环清，为突田债负，不办输纳，今将前件地出买(卖)与同部落人武国子。

这里明确说，安环清由于"突田债负，不办输纳"，即无力缴纳"突税"才不得不出卖其土地。

---

① 文书图版见《法藏敦煌西域文献》第二十六册，上海古籍出版社 2002 年版，第 232 页。文书录文见《释录》第二辑，第 11 页。

② 文书图版见《英藏敦煌文献(汉文佛经以外部分)》第三卷，四川人民出版社 1990 年版，第 75 页。录文见《释录》第二辑，第 84 页。本件文书唐耕耦定作 817 年(?)，沙知定作 829 年(?)，见沙知：《敦煌契约文书辑校》，第 113—114 页。

③ 参阅姜伯勤：《突地考》，载《敦煌学辑刊》1984 年 1 期。

④ 文书图版见《英藏敦煌文献(汉文佛经以外部分)》第三卷，第 74 页。文书录文见《释录》第二辑，第 1 页。

由此可见,吐蕃时期的缴纳赋税称为"纳突","纳突"也即"输纳",不能缴纳赋税为"不办输纳"。

再如 P.3774《丑年(821)十二月沙州僧龙藏牒》①中有"当户突税"、"纳突每年廿驮"、"突田大家输纳"等记载。

同样的情况,在史籍文献中也有记载,如《唐会要》曰:

> 会昌元年(841)正月制……诸道频遭灾沴,州县不为申奏,百姓输纳不办,多有逃亡。长吏惧在官之时,破失人户。或恐务免正税,减克料钱,只于见在户中,分外摊配。亦有破除逃户桑地,以充税钱。逃户产业已无,归还不得,见在户每年加配,流亡转多。②

这里的"输纳不办",就是指不缴纳赋税。而从前后文可知,乃是由于灾难严重,百姓无力缴纳。其意义与上引敦煌文书中的"纳突不办"、"不办输纳"是一样的。

认为"不办承料"就是不缴纳赋税的学者,主要是将"承料"理解为赋税,那么"承料"应是何意呢?

敦煌文书中的"承"并没有特别的意义,一般是指"承受"、"承载"、"承担",如某某"承地"、"承户"等,这里就是某某的"地"、某某这一户。"承地"即地的主人,"承户"即户主。如P.3257《后晋开运二年(945)寡妇阿龙等口分地案牒》③云:"其地佛奴承受",这里的"承"也就是"受"④,"承受"为同义复合,即佛

① 文书图版见《法藏敦煌西域文献》第二十八册,第 10 页。录文见《释录》第二辑,第 283—286 页。

② (宋)王溥:《唐会要》卷八十五《逃户》,第 1856 页。

③ 文书图版见《法藏敦煌西域文献》第二十二册,第 317—318 页。文书录文见《释录》第二辑,第 296 页。

④ 宗福邦等主编:《故训汇纂》,第 308、806 页。

奴得到了这段土地，成了该地的主人。又如 P.4974《唐天复年代神力为兄坟田被侵陈状并判》①中云"其曹僧宜承户地，被押衙朗神达请将"，就是指曹僧宜是这一块土地的主人。

另如唐开元二十五年(737)田令第六条曰："诸永业田，皆传子孙，不在收授之限。即子孙犯除名者，所承之地亦不追。"②这里"所承之地"的"承"，乃是指继也、续也。③"所承之地"即所继承的土地，也就是指本人的地，即地的主人。

关于"料"，虽然有"应役"这一意思，④如王梵志诗第二百七十九首"身役不肯料，逃走背家里"⑤；《太平广记》卷三十二《颜真卿》曰："杨国忠怒其不附己，出为平原太守。安禄山逆节颇著，真卿托以霖雨，修城浚壕，阴料丁壮，实储廪。"⑥但绝大部分都没有此项意义，更没有"赋税"的含义。"不办承料"中的"料"，乃是指动词"料理"，并非是名词，更不是指赋税。

"料"的料理、处理义，早在南北朝时就存在了，如刘义庆《世说新语》卷上《政事》载："丞相尝夏月至石头看庾公，庾公正料事。"⑦这里的"料"显然是指料理、处理。"承"也有"事"的含义，⑧"承料"二字也属于同义复合，即料理、处理。

---

① 文书图版见《法藏敦煌西域文献》第三十三册，上海古籍出版社 2005 年版，第 325 页。文书录文见《释录》第二辑，第 292 页。
② 转引自戴建国：《唐〈开元二十五年令·田令〉研究》，载《历史研究》2000 年第 2 期。
③ 宗福邦等主编：《故训汇纂》，第 860 页。
④ 江蓝生、曹广顺：《唐五代语言词典》，上海教育出版社 1997 年版，第 232 页。
⑤ 项楚校注：《王梵志诗校注》，上海古籍出版社 1991 年版，第 691 页。
⑥《太平广记》卷三十二《颜真卿》，中华书局 1986 年版，第 206 页。
⑦ 徐震堮校笺：《世说新语校笺》，中华书局 1984 年版，第 98 页。
⑧ 宗福邦等主编：《故训汇纂》，第 860 页。

总之,"办",《集韵》谓"具也"。"不办"乃不具、不能也;"承料"犹"承担、料理"。因此,"不办承料"即不具有能力承担营种之责,亦即无力营种。

由以上论述可知,不缴纳官府的赋税,在史籍文献和出土文书中是以"输纳不办"、"不办输纳"、"纳突不办"的形式反映的。敦煌文书中的"不办承料",相当于吐鲁番文书中的"不办营种"、史籍文献中的"无力耕佃",即无法料理,也就是无力耕种,不能耕种。"其地不办承料",即没有能力耕种这些土地;"承料役次"亦即施功佃种。

(原载《文史》2005 年第 3 期。张小艳《"不办承料"辨证》,载《文史》2013 年第 2 辑和《敦煌社会经济文献词语论考》,上海人民出版社 2013 年版第 195—209 页"不办承料",主要从文字角度对"不办承料"进行了释读,请参考)

第四节　唐五代"税草"所用量词考释

关于唐五代税草的征收量词,不论传世文献,还是出土文书,大都语焉不详。笔者试图利用出土文献与传世文书,对其加以考论。

从传世文献和敦煌吐鲁番文书可知,唐五代时期税草是据地征收的,在征收、运输和使用中,草基本上以"束"为计量单位,如吐鲁番文书《武周某馆驿给乘长行马驴及粟草帐》①中就有"草壹拾贰束"、"草拾束"、"草贰拾柒束"、"草肆束"、"草伍束"等记

---

① 唐长孺主编:《吐鲁番出土文书》录文本第七册,第 465—466 页;图录本第三册,第 531 页。

载。再如吐鲁番文书《唐西州高昌县出草帐》①共有 19 行,其中第 7—9 行为:

  康守相贰亩柒束　大女□小绿贰亩柒束　张元感壹亩半肆束半

  氾和敏贰亩柒束　樊申陀贰亩柒束　　马葱元壹亩半

  孙元敬贰亩柒束　□□寺贰拾捌束　　□元寺贰拾贰

第 19 行为:

  崇圣寺拾肆亩肆拾玖束

另如元稹《弹奏剑南东川节度使状》曰:

  严砺又于管内诸州,元和二年两税钱外,加配百姓草共四十一万四千八百六十七束,每束重一十一斤。②

有时候,草的计量单位也被写作“团”。如《太平广记》曰:

  唐裴延龄累转司农少卿,寻以本官权判度支。……又奏请:令京兆府两税青苗钱,市草百万团,送苑中。宰臣议,以为若市草百万团,则一方百姓,自冬历夏,搬运不了,又妨夺农务。其事得止。③

这里的“团”为何意?则不得解。

《旧唐书》卷一百三十五《裴延龄传》载:

---

① 《吐鲁番出土文书》录文本第九册,第 23—25 页;图录本第四册,第 262—263 页。

② (唐)元稹撰,冀勤点校:《元稹集》卷三十七《弹奏剑南东川节度使状》,第 420 页。

③ 《太平广记》卷二百三十九《裴延龄》,第 1843 页。又见周勋初:《唐人轶事汇编》,上海古籍出版社 1995 年版,第 888 页。

其年(贞元八年),迁户部侍郎、判度支,奏请令京兆府以两税青苗钱市草百万围送苑中。宰相陆贽、赵憬议,以为:"若市送百万围草,即一府百姓,自冬历夏,般载不了,百役供应,须悉停罢,又妨夺农务。请令府县量市三二万围,各贮侧近处,他时要即支用。"①

《太平广记》和《旧唐书》所载,显系一回事,一写作"团"、一写作"围"。我们认为,应以"围"为是(见下引文),至于写作"团",乃是"團""圍"形近讹误造成的。

至于"围"和"束"的关系,我们认为,"围"有两种含义:第一种含义为大概念,即一围等于十束,如上引《旧唐书》卷一百三十五《裴延龄传》曰:"奏请令京兆府以两税青苗钱市草百万围送苑中。"裴延龄的这一奏议遭到了宰相陆贽等人的反对,陆贽为此还专门有《论度支令京兆府折税市草事状》,内曰:"度支奏……请令京兆府折今年秋税和市草一千万束,便令人户送入城输纳。"②由此可见,"百万围"等于"一千万束",即一围等于十束。另外,《新唐书》卷一百六十七《裴延龄传》也载有此事,只不过记载略有不同,即"又请以京兆苗钱市草千万,俾民输诸苑"。③《旧唐书》本传所说"百万围",《新唐书》本传又成了"千万",这里的"千万"自然是"束"而非"围"。

我国西北地区,长期以来,在夏收时,就将小麦捆为一捆一捆,每10捆再拢为一拢,即8捆以金字塔型立起,2捆作为盖子盖在上面,这样既可防雨,又可防潮,待晒干农闲时,将其拉到场

---

① 《旧唐书》卷一百三十五《裴延龄传》,第3720页。

② (清)董诰等编:《全唐文》卷四百七十五陆贽《论度支令京兆府折税市草事状》,第4848页。

③ 《新唐书》卷一百六十七《裴延龄传》,第5106页。

上碾草打粮。

这里我们所说的"捆"，实际上就是"束"，因为这类量词原本都是动词的借用，现代汉语动词用的是"捆"不是"束"，所以量词当然也跟着用"捆"，而不用"束"。①

用"束"来表示饲草的数量，在我国西北地区是有传统的。《居延汉简释文合校》载："今余茭五千六百五十束"（3·15）②；"出茭九束，正月甲子以食□□"（24·5）③；"□丙辰出茭卅束食传马八匹，出茭八束食牛"（32·15）④；"出钱卅买茭廿束"（140·18B）；"定作卅人伐茭千五百束，率人五十束，与此三千八百束"（168·21）⑤。《居延新简》一书又载："受六月余茭千一百五十七束"（E.P.T52:85）⑥；"驹望隧茭千五百束直百八十；平虏隧茭千五百束直百八十；惊虏隧茭千五百束直百八十。凡四千五百束直五百卌尉卿取当还卅六□。"（E.P.T52:149A）⑦。何为"茭"？《说文》云："茭，干刍。"⑧南唐徐锴《说文解字系传》云："刈取以用曰刍，故曰'生刍一束'；干之曰茭，故《尚书》曰'峙乃刍茭'。"⑨简言之，"茭"即饲养牲畜用的干草。至于青草，徐锴所

---

① 刘世儒：《魏晋南北朝量词研究》，中华书局1965年版，第244页。

② 谢桂华、李均明、朱国炤：《居延汉简释文合校》，文物出版社1987年版，第2页。

③ 《居延汉简释文合校》，第35页。

④ 《居延汉简释文合校》，第49页。

⑤ 《居延汉简释文合校》，第270页。

⑥ 甘肃省文物考古研究所等编：《居延新简》，文物出版社1990年版，第233页。

⑦ 《居延新简》，第239页。

⑧ （汉）许慎：《说文解字》卷一下"艸部"，中华书局1963年影印本，第25页上。

⑨ （南唐）徐锴：《说文解字系传》卷二，中华书局1987年影印本，第21页上。

云"生刍一束",语出《诗·小雅·白驹》:"生刍一束,其人如玉。"
"生刍"即未晒干的青草。汉简中也有关于青草的记录。《居延
汉简释文合校》有云:"……出廿五毋菁十束,出十八韭六束"
(175·18)[①];"需蕲十束"(213·50)[②]。而据《说文》,"菁"乃韭
花,"蕲"即茅草芽,自然均是青草而非干草。它说明,居延地区
韭菜、韭菜花、茅草芽均是用"束"表其数量的。从《诗经》到汉
代,青草、干草(茭)一直是用"束"作计量单位的。[③] 由吐鲁番文
书、敦煌文书可知,魏晋南北朝隋唐五代宋初,西北地区的草一直
是用"束"作计量单位。

"围"的第二个含义为小概念,它与"束"相同,即一围等于一
束。如吐鲁番文书《唐开元二十二年(734)杨景璿牒为父赤亭镇
将杨嘉麟职田出租请给公验事》[④]内有:

杨嘉麟职田地七十六亩 别粟六斗,计册五石六斗,草一百五十二围。

这里的"围"就等于"束"。

在这里,我们说一围等于一束,那一围是多少呢?《唐六典》
卷十七《太仆寺·典厩署》职掌条云:"每围以三尺为限也"[⑤],即
一围是三尺。这在唐代《厩牧令》中也有记载:

诸象日给蒿六围,马、驼、牛各一围,羊十一共一围(每
围以三尺为限)。蜀马与骡,各八分其围,骡四分其围,乳

---

① 《居延汉简释文合校》,第278页。

② 《居延汉简释文合校》,第333页。

③ 参阅邓文宽:《〈20世纪出土的第一支汉文简牍〉献疑》,载《中国文
物报》2001年2月7日。又见同氏《敦煌吐鲁番天文历法研究》,甘肃教育出
版社2002年版,第306页。

④ 《吐鲁番出土文书》录文本第九册,第101—103页;图录本第四册,
313—314页。

⑤ 《唐六典》卷十七《太仆寺·典厩署》,第484页。

驹、乳犊五共一围，青刍倍之。①

在仿照唐令所制定的日本令中，也有类似的记载，如日本《厩牧令》第一条曰：凡马，日给"干草各五围，木叶二围"，并加注曰："经一尺，周三尺为围"。② 即直径一尺、周长三尺为一围。其《厩牧令》第二条曰：

> 凡马户，分番上下。其调草，正丁二百围，次丁一百围，中男(少丁)五十围。③

由上可知，唐令与日本令都有记载："每围以三尺为限"。前已指出，一围等于一束，那是否有证据证明呢？吐鲁番文书为我们提供了明确的证据。如《吐鲁番出土文书》第十册载《唐上元二年(761)蒲昌县界长行小作具收支饲草数请处分状》④：

1. 蒲昌县界长行小作 　　状□

2. 　　当县界应营易田粟总两项，共收得□□叁阡贰伯肆拾壹束每粟壹束准草壹束。

3. 　　壹阡玖伯肆拾陆束县□□□□

4. 　　□□□□拾捌束上每壹束叁尺叁围，陆伯肆拾捌束□□□□

---

① 见[日]仁井田陞著、池田温(编纂代表)：《唐令拾遗补——附唐日两令对照一览》，东京大学出版会1997年版，第1379页。蜀马较小，《唐六典》卷五《尚书兵部·驾部郎中》曰："有山阪险峻之处及江南、岭南暑湿不宜大马处，兼置蜀马。"(第163页)故当马给蒿一围时，蜀马就给五分之四围。

② 《唐令拾遗补——附唐日两令对照一览》，第1379页。

③ 《唐令拾遗补——附唐日两令对照一览》，第1380页。

④ 《吐鲁番出土文书》录文本第十册，第252—253页；图录本第四册，第556—557页。

5.　　　　　陆伯伍拾束下 每 壹 束贰尺捌围。

6.　　　　壹阡贰伯玖拾伍束山北横截等三 城 □

7.　　　　　　肆伯叁拾束上 每壹束叁尺叁围，肆伯叁拾束 每

壹束叁尺壹围，

8.　　　　　　肆伯叁拾伍束下 每壹束贰尺捌围。

9.　以前都计当草叁阡贰伯肆拾壹束具破用、见在如后。

10.　　　　壹阡束奉县牒：令支付供萧大夫下进马食讫，

县城作。

11.　　　　玖伯束奉都督判命：令给维磨界游奕马食，山

北作。

12.　　　　壹阡叁伯肆拾壹束见在。

13.　　　　　玖伯肆拾陆束县下三城作，叁 伯 □□□束

山北作。

14.　　　右被长行坊差行官王敬宾至场点检前件作草，

使未至已前奉

15.　　　都督判命及县牒，支给、破用、见在如前，请处

分。谨状。

16.　牒 件 状 如 前，谨 牒。

17.　　　　　　　上元二年正月　　日作头左思训等牒

18.　　　　　　　　　知作官别将李小仙

从本件文书可知，饲草分为上中下三等，每束（捆）约为三
尺，即上等每束叁尺叁围，中等每束叁尺壹围，下等每束贰尺捌
围。为什么将饲草分为三等呢？本件文书第二行明确标示："每
粟壹束准草壹束"，即地里的收获物粟是多少束（捆），其草也就
应有多少束，这是相等的。因为在夏、秋收时，需将麦、粟捆为一
束一束。用什么来捆麦、粟呢？并不需要专备的绳子，而只是将

麦、粟两头接起来就可以了。因为地的种类不同，既有水地、旱地，也有山地、川地，麦、粟的长短也就不一样，被捆为一束一束的麦、粟就有了大中小三等，由此而产生的草也就有了上中下三等。

束草分为上中下三等，吐鲁番文书也提供了证据。《吐鲁番出土文书》第九册所载《唐西州高昌县状为送阙职草事》①中有"阙职草壹阡小束"、"高 昌 　　小束"的记载。这里的"小束"，可能就是以上所说的下等。

上引文里的"围"，即"每壹束叁尺叁围"、"每壹束叁尺壹围"、"每壹束贰尺捌围"中的"围"，是两手合抱的意思。因为人们在捆麦、粟、草时，都是用两手捆，其一捆（一束）大致和人的腰围相等，即三尺左右，也就是每叁尺叁、叁尺壹、贰尺捌被围成一捆的意思。②

至于"分"，应是比"束"小的一个计量单位。元稹在《同州奏均田状》中说：

> 臣当州百姓田地，每亩只税粟九升五合，草四分。……其诸色职田，每亩约税粟三斗，草三束……③

这里"草四分"的数量不大明确，但从元稹的状文中我们可得到有关信息：

> 从前所征斛斗升合之外，又有抄勺圭撮，钱草即有分厘

---

① 《吐鲁番出土文书》录文本第九册，第 118 页；图录本第四册，第 324 页。

② "围"除上述大小两个概念外，元稹在《弹奏山南西道两税外草状》中曰："山南西道管内州府，每年两税外，配率供驿禾草共四万六千四百七十七围，每围重二十斤。"（见《元稹集》卷三十七，中华书局 1982 年版，第 428页。）这里"每围重二十斤"的"围"，可能是特指，或特殊情况的反映，与上所论的"围"有差异，现存疑。

③ 《元稹集》卷三十八《同州奏均田状》，第 436 页。

毫铢。……臣今所征斛斗并请成合,草并请成分,钱并请成文。在百姓纳数,元无所加,于官司簿书,永绝奸诈。其麿数粟、麦、草等,便充填所欠职田等数。①

在《同州奏均田状》中,元稹建议,对于职田、公廨田、官田、驿田等:

> 臣今因重配元额税地,便请尽将此色田地,一切给与百姓,任为永业,一依正税粟草及地头榷酒钱数纳税。其余所欠职田、斛斗、钱草等,只于夏税地上每亩加一合,秋税地上每亩各加六合,草一分。②

由此也可知,“分”是草的一个计量单位。

既然“分”是比“束”小的一税草征收单位,那它们之间应该有一个比例关系。上面已说明,十束等于一围,那一分为多少呢?我们估计,十分为一束。因为从“束”这一量词的发展看,它常被用作“定数集合法”,即十个。如《礼记·杂记》:“纳币一束。”郑玄注曰:“十个为束”;孔颖达疏曰:“一束谓十个也”。《仪礼·礼聘》郑玄注也曰:“凡物十曰束”。③

这里的“分”可能是西北农村将麦草等扎成一小把一小把的意思,十个小把相当于一束,即一捆。如目前在西北农村集贸市场上,常常把葱、菜扎成二三斤的小把出售,但在冬季来临前藏冬菜时,就扎成一捆一捆出售,每捆约二三十斤,相当于十小把。

我们说“束”与“捆”相同或相似,黑水城出土的西夏文献提供了有力的证明。西夏时期的农业税包括租、佣、草三项,并且也

---

① 《元稹集》卷三十九《论当州朝邑等三县代纳夏阳韩城两县率钱状》,第 439 页。

② 《元稹集》卷三十八《同州奏均田状》,第 436 页。

③ 参阅刘世儒:《魏晋南北朝量词研究》,第 243—244 页。

是据地纳税。其中的"租"是每亩缴纳粮食 1.25 升；"佣"的直译是"职"，也可译成"役"，即出役工；"草"是每亩地纳草一捆（天盛年间后有所增加）。①

西夏草的计量单位是"捆"，关于"捆"的大小，《天盛律令》第十五"催缴租门"有"麦草七捆、粟草三十捆，捆绳四尺五寸、捆袋内以麦糠三斛入其中"②的记载。可见，西夏对草捆的大小是以捆绳的长度来规定的。四尺五寸的草绳所捆的草，周长也要有四尺有余，这比唐代的一"束"周长三尺多要大，可能与西夏地亩面积较小有关。③

我们说"分"与"把"相当，在吐鲁番文书中找到了证据。《高昌重光三年（622）条列虎牙氾某等传供食帐二》④载：

> 十月廿八日，麹郎阿住传：麻叁束壹拔（把），供大波帐上用。

《高昌重光三年（622）条列康鸦问等传供食及作坊用物

---

① 参阅史金波：《西夏农业租税考——西夏文农业租税文书译释》，《历史研究》2005 年第 1 期。

② 史金波、聂鸿音、白滨译注：《天盛改旧新定律令》卷十五《催缴租门》，法律出版社 2000 年版，第 490 页。

③ 西夏的地亩面积是："一边各五十尺，四边二百尺"，合 25 平方丈，即百步亩制。它与宋朝的 240 步亩制 不同，因而西夏的 10 亩约合宋朝的 4.2 亩，100 亩约合 42 亩。参阅白滨：《从西夏文字典〈文海〉看西夏社会》，载白滨：《西夏史论文集》，宁夏人民出版社 1984 年版，第 175 页；杜建录：《西夏经济史研究》，甘肃文化出版社 1998 年版，第 14 页。唐代也是 240 步为一亩。

④ 《吐鲁番出土文书》录文本第三册，第 170—171 页；图录本第一册，第 377 页。

帐》①有：

> 康鸦问传：麻一级（把），用紧练。

这里的拔（把），显然是比"束"小的一个量词单位。

前已述及，"捆"就是"束"，S.11287N 有：

> 葱贰佰束束准时价伍文，计钱壹仟文；
>
> 柴陆佰束束别叁文伍，计钱贰仟壹佰文。②

另如吐鲁番文书《唐大历三年（768）僧法英佃菜园契》③中有"园内起三月□□送多少菜，至十五日已后并生菜供壹拾束，束壹□"；在《唐孙玄参租菜园契》④中也有"拾束与寺家"、"收秋与介（芥）壹伯束"等记载。

这里的葱、菜为何以"束"相称，殊不可解，但若将"束"看作"捆"，并了解西北的气候、冬菜窖藏的特点等后，就可以明了的。

我们说一束等于十分，在日本令中也找到了相应的记载。唐田令曰："诸田广一步，长二百卌步为亩，百亩为顷。"根据这一唐令所制定的日本令则曰："凡田，长卅步，广十二步为段，十段为町"，并在下特别注明纳租标准：

> 段租稻二束二把，町租稻廿二束。⑤

---

① 《吐鲁番出土文书》录文本第三册，第 173 页；图录本第一册，第 379 页。

② 文书图版见《英藏敦煌文献（汉文佛经以外部分）》第十三卷，四川人民出版社 1995 年版，第 204 页。

③ 《吐鲁番出土文书》录文本第十册，第 292—293 页；图录本第四册，第 576 页。

④ 《吐鲁番出土文书》录文本第十册，第 301—302 页；图录本第四册，第 580 页。

⑤ 《唐令拾遗补——附唐日两令对照一览》，第 1305 页。

另日本《厩牧令》在谈到马牛羊等给料草时规定:

> 其乳牛,(日)给豆二升、稻二把,取乳日给。①

这里的"稻"应该是指稻草,这里的"把"相当于唐代的"分"。一段二束二把,十段(即一町)为廿二束,即 10 把等于一束,一把等于一分。

综上所述,在唐五代的纳草量词中,一围等于十束,一束等于十分,一束周长约为三尺上下。围有大小两种概念,大概念的围即一围等于十束的"围",小概念的围与束相同,即一围等于一束。由于民间习俗与地方特色,一分也可以称为一把,即分与把相同或相似。

需要说明的是,作为税草量词之一的"分",既不是税草的征纳单位,也不是柴草常用的计量单位,它只是作为"束"的"畸零分数",在向民户按亩征收柴草或随贯加征柴草时一种账面上的计量单位,以利积少成多。② 这正如元稹所说:

> 从前所征斛斗升合之外,又有抄勺圭撮,钱草即有分厘毫铢。案牍交加,不可勘算,人户输纳,元无畸零,蠹数所成,尽是奸吏欺没。臣今所征斛斗并请成合,草并请成分,钱并请成文。在百姓纳数,元无所加;于官司簿书,永绝奸诈。③

由此说明,元稹在同州计税时,粮食计到合,草计到分,钱计到文。但实际征纳时,柴草仍以"束"计。这可由《当州朝邑等三县代纳夏阳、韩城两县率钱状》可以证明:

---

① 《唐令拾遗补——附唐日两令对照一览》,第 1379 页。
② 此据杨际平先生提示。
③ 《元稹集》卷三十九《论当州朝邑等三县代纳夏阳韩城两县率钱状》,第 439 页。

右，准元和十三年敕。缘夏阳、韩城两县残破，量减逃户率税，每年摊配朝邑、澄城、郃阳三县代纳钱六百七十九贯九百二十一文，斛斗三千一百五十二硕一斗三升三合，草九千九束，零并不计。①

这种情况并非偶然，《宋史》卷一百七十四《食货志·赋税》也有类似记载：

旧，诸州收税毕，符属县追吏会钞，县吏厚敛里胥以赂州之吏，里胥复率于民，民甚苦之。建隆四年，乃下诏禁止。令诸州受租籍不得称分、毫、合、龠、铢、厘、丝、忽，钱必成文，绢帛成尺，粟成升，丝绵成两，薪蒿成束，金银成钱。②

（原载《中国史研究》2003 年第 1 期）

第五节 唐五代敦煌棉花种植研究
——兼论棉花从西域传入中国内地的问题

唐五代敦煌是否有棉花种植，因为没有直接的文献记载与考古资料相印证，学者们大都采取比较谨慎的态度，或根据吐鲁番地区的棉花种植进行推测，或从棉花传入的路线进行考察，认为

---

① 《元稹集》卷三十九《论当州朝邑等三县代纳夏阳韩城两县率钱状》，第 438 页。
② （元）脱脱等：《宋史》卷一百七十四《食货志·赋税》，第 4203 页。

棉花经中亚传入我国新疆地区,再到河西走廊。① 笔者以前也有相似的看法:"魏晋隋唐时期,吐鲁番已开始种植棉花了。由于敦煌与吐鲁番气候基本一致,交通又十分频繁,因此当时敦煌地区也可能同时种植棉花了。"②

一、问题的缘起

对敦煌地区的棉花种植进行专题研究的,目前所见只有郑炳林先生《晚唐五代敦煌地区种植棉花研究》一文。郑先生指出:敦煌地区种植棉花、生产棉布的历史虽然吐蕃占领以前没有文献记载,然而河西地区植棉的历史可追溯到蕃占以前。因为 P.2942《唐永泰年代(765—766)河西巡抚使判集》中就有建康军开支缣

---

① 参阅陈祖规主编:《棉》——"中国农学遗产选集"之一,中华书局1957年版;袁庭栋:《棉花是怎样在中国传播开的》,载《文史知识》1984年第2期;漆侠:《宋代植棉考》,收入同氏《探知集》,河北大学出版社1999年版,第281—295页;于绍杰:《中国植棉史考证》,载《中国农史》1993年第2期;尚衍斌:《从茶、棉、葡萄酒、胡食的传播看古代西域与祖国内地的关系》(载《西北史地》1993年第3期)更明确指出:"是元代畏兀儿人经西域吐鲁番,由甘肃河西走廊向华北渭水流域传播。"汪若海《白叠与哈达》(载《中国农史》1989年第4期)指出:棉花"大约在纪元前后经葱岭、克什米尔传入新疆,又到甘肃,再到陕西。"殷晴《丝绸之路和西域经济》(《西域研究》2001年第4期)说,新疆"种植的系通过印度或阿拉伯传来的非洲棉(草棉),纤维质量较差,但生长期短,适于碛西和河西走廊以至陕甘地区种植,所以唐宋以后,在西北广大地区逐渐推广。"[法]童丕《敦煌的借贷:中国中古时代的物质生活与社会》(余欣、陈建伟译,中华书局2003年版,第106—107页)指出:中国"西部的是一种草本,源于阿拉伯及非洲地区,自中亚由陆路传入……清末,在甘肃,即古代文献中称为'河西走廊'的地区以及新疆,人们一直种植草棉"。并由棉花的传入提出了"棉布之路"的概念,认为"棉布之路的历史,比丝绸之路要更古老"。

② 刘进宝:《从敦煌文书谈晚唐五代的"布"》,载敦煌研究院编:《段文杰敦煌研究五十年纪念文集》,第416页。

布的记载,"由此表明河西地区至少在陷蕃前已开始种植棉花,敦煌属河西一部分,又地处河西走廊最西端,毗邻西州,故种植棉花乃其必然"。在吐蕃时期的文书中,多次出现有关"㲲"的记载,甚至还出现了"㲲线","是证从吐蕃占领敦煌时期开始,敦煌地区已经开始种植棉花,生产棉线、棉布了"。到了晚唐五代归义军时期,"敦煌地区使用的棉布亦出产于本地区。敦煌文献记载到晚唐五代敦煌地区使用棉布非常普遍,记载棉布种类很多,敦煌文书虽未明确记载其中部分棉布生产于敦煌当地,但从敦煌文书记载到棉布征收方式等情况看,当生产于敦煌当地"。另外,"晚唐五代敦煌地区种植棉花、生产棉布还可以由当时棉布在敦煌地区广泛使用看出。晚唐五代敦煌从官府至寺院,上至高级官员僧侣下至普通百姓、一般僧尼都使用棉布,棉布成为当时敦煌民众生活中的必需品,使用范围非常广泛,而且使用的量也很大。普遍的使用及大量的消费,都说明归义军时期棉花、棉布均产自于敦煌。"①

上述郑炳林先生关于敦煌种植棉花的研究及其他学者关于棉花由新疆传入河西走廊的论述,基本上都属于推论。就是有关敦煌或河西走廊棉花种植的研究,也只是以文书中提到的"㲲"为惟一的依据。而目前所有的研究,还不能确证唐五代时敦煌已有了棉花的种植,因为:

第一,不论我们翻阅正史,还是其他史籍文献,都能找到有关吐鲁番种植棉花的资料,但我们目前还不能找到在敦煌种植棉花的史料。

第二,当传世文献没有敦煌种植棉花的资料时,我们把注意

---

① 郑炳林:《晚唐五代敦煌地区种植棉花研究》,载《中国史研究》1999年第 3 期。

力放到出土文书上。在吐鲁番文书中,有一些有关棉花的资料。
如大谷 8078 号《回纥年次未详(八世纪末以降)西州泸林界播种
田簿》①:

> 1. 天可敦下泸林界园子曹庭望青麦叁亩,缣肆亩,小麦
> 伍亩。
> 2. ▨弥缣叁亩,青麦贰亩。曹纵纵糜叁亩,弟闰那粟
> 一亩。
> 3. ▨奴青麦陆亩。弟华子青麦贰亩,粟玖亩。
> (后 欠)

从此件文书可知,缣与青麦、小麦、粟、糜一样,是民户种植的
农作物之一。在其他文书中,也有一些"缣 X 亩"、"种缣"的零星
记载。

可遗憾的是,在敦煌文书中,只有一些有关"缣"的记载,根
本就没有有关棉花的资料,包括棉花的栽培、棉布的使用、棉籽等
资料都没有。而其中的"缣",笔者认为是指毛织品,并非是棉花
或棉布。

第三,新疆地区的棉花种植已被大量的考古发掘所证实,如
在吐鲁番阿斯塔那 13 号晋墓和 309 号高昌时期墓葬中都有零星
的棉布发现。在于阗县的北朝墓葬中也有零星棉布。而在喀什
地区的巴楚县,不仅发现了棉布,而且还发现了一些棉籽。②

但在敦煌地区的考古发掘中,还没有棉花种植的有关直接证
据。1988—1995 年的莫高窟北区石窟发掘,新发现洞窟 243 个,

---

① 文书图版见[日]小田义久:《大谷文书集成》第三卷,法藏馆 2003 年
版,图版二四。录文见[日]池田温:《中国古代籍帐研究》,第 565 页。
② 参阅沙比提:《从考古发掘资料看新疆古代的棉花种植和纺织》,载
《文物》1973 年第 10 期。

出土了一批文物,其中有几件棉织品。据发掘简报描述:如"北222:6,棉织物残件,白色,残长 32、残宽 21 厘米,时代为隋末唐初";"北 63:2,蓝色棉布残片,质地略厚,残长 16、残宽 11.5 厘米";"北 168:1,棉布袜,短统,小尖头,袜统高 21、袜长 23 厘米,袜统上有二条棉布系带。与西夏遗物同出一层,因此该棉布袜时代也为西夏"。① 另外,发掘报告第一卷包括北 1—94 号窟,其中在第 9 窟还发现了一块粗棉布。据考古报告称:"在窟内堆积中发现一块粗棉布,标本 B9:1,白地上有蓝色条纹,经线较粗,纬线以三根细线组成,织法为平织。每平方厘米经线 7 根,纬线 5—6 根。一侧有边,似为布袋的残块。残长 18.2,残宽 5.5 厘米",并公布了该棉织品的彩色图片。至于该窟之时代,由于"石窟塌毁严重,也未发现可用来判断时代的遗迹或遗物,故时代不明"。② 考古发现的这些棉布,只能证明敦煌有少量棉布使用,还不能证明它就生产于敦煌,或许是从外地流入的。因为目前敦煌还没有发现种植棉花的有关证据。

第四,敦煌除发现大批的文书外,还有许多文物,其中佛幡就有很多。既然论者认为敦煌种植有棉花,且棉布的使用范围较广,那在敦煌发现的佛幡中就应该有棉布织品。但据学者们的考察,在英、法所藏的敦煌佛幡中,目前还没有发现一件棉织品。就是以前不大为学界所知、收藏敦煌佛幡又较多的俄罗斯圣彼得堡,据敦煌研究院李正宇先生考察:圣彼得堡艾尔米塔什博物馆"收藏的二百多件敦煌佛幡引起我们很大兴趣……这二百多件时代不同、整残非一的佛幡,我注意到它的质地面料全是麻布,无

---

① 彭金章、沙武田:《敦煌莫高窟北区洞窟清理发掘简报》,载《文物》1998 年第 10 期。

② 彭金章、王建军:《敦煌莫高窟北区石窟》第一卷,文物出版社 2000 年版,第 32 页及彩版三。

一件棉布制品"。①

以上这些疑问时时萦绕在我的心中，并不断促使我继续思考。思考愈多，查阅资料愈广，则愈对敦煌棉花种植论产生怀疑。这一质疑又促使我继续对这一课题进行更深入地研究。

二、"緤"字的发展变化

"緤"的一个意思就是棉花，故敦煌种植棉花论者，也主要是从"緤"字开始探讨的，其前提是："棉布，敦煌文书称作緤或氎，分粗緤、细緤、立机緤、官布。"②实际上郑先生论文中所述"棉布的种类"就是指粗緤、细緤、立机緤等，所说"棉布的征收"乃是指"官布"。因其设置的前提是緤即棉花，因此认为凡是敦煌文书中的"緤"都是棉布。而"緤"在晚唐五代的敦煌文书中使用又非常广泛，尤其在诸寺入破历中，出现的频率很高，因此给人们的感觉就是晚唐五代时期的敦煌，棉布的使用非常广泛。但这一感觉，与我们上面所指出的事实（即传统史籍、敦煌出土文书中没有见到棉花种植及棉花纺织、织布、棉籽等资料，考古发现中也鲜有棉纺织品）又不相符合，故又促使我们不得不慎重地对待"緤"字。

"緤"原为氎，凡谈到新疆、敦煌，乃至中国西北地区棉花的

---

① 李正宇：《俄藏中国西北文物经眼录》，载《敦煌研究》1996 年第 3 期。2005 年 7 月，笔者赴俄罗斯圣彼得堡参加敦煌学国际联络委员会干事扩大会并考察俄藏敦煌吐鲁番文物时，曾于 7 月 7 日参观艾尔米塔什博物馆东方部，在其所展示的敦煌佛幡中没有一件棉织品。经询问东方部负责人鲁多娃女士，她说没有棉织品。参观到西夏文物时，我也曾问鲁多娃女士：是否有棉织品？她说也没有。

② 郑炳林：《晚唐五代敦煌地区种植棉花研究》，载《中国史研究》1999 年第 3 期。

种植,自然就是《梁书》中的记载了。据《梁书》卷五十四《西北诸戎·高昌传》记载,当地"多草木,草实如茧,茧中丝如细纩,名为白叠子,国人多取织以为布。布甚软白,交市用焉"。① 这里的"白叠",就是一般所说的棉花。因此,我们对棉花种植的探讨,也应以"白叠"、"叠"为起点。

1. 白叠、叠

"叠"除了《梁书》中称"白叠子"外,《后汉书》中也有记载,如"哀牢人……知染采文绣。罽旄帛叠,兰干细布。"②《周书》中也有"白叠",即波斯国"又出白象……绫、锦、白叠、毼、氍毹、毾㲪……"③

另外,吐鲁番哈拉和卓 99 号墓所出《某家失火烧损财物帐》④中有"白叠三匹"、"叠缕卌两"的记载。该墓既出有建平六年(442 或 443)的随葬衣物疏,也有北凉承平八年(450)的文书⑤;阿斯塔那 170 号墓所出《高昌延昌二年(562)长史孝寅随葬衣物疏》⑥有"叠千五百匹"的记载,同墓还出有高昌章和十三年

---

① (唐)姚思廉:《梁书》卷五十四《西北诸戎·高昌传》,中华书局 1973 年版,第 811 页。

② (南朝宋)范晔:《后汉书》卷八十六《西南夷传》,中华书局 1965 年版,第 2849 页。

③ (唐)令狐德棻等:《周书》卷五十《异域下·波斯国》,中华书局 1971 年版,第 920 页。

④ 唐长孺主编:《吐鲁番出土文书》录文本第一册,第 195 页;图录本第一册,第 98 页。

⑤ 考证详见朱雷:《出土石刻及文书中北凉沮渠氏不见于史籍的年号》,载《出土文献研究》,文物出版社 1985 年版,第 204—213 页;又见同氏《敦煌吐鲁番文书论丛》,甘肃人民出版社 2000 年版,第 31—43 页。

⑥《吐鲁番出土文书》录文本第二册,第 64 页;图录本第一册,第 145 页。

（543）、十八年（548）文书。这两件有关"氎"的文书与提到"白
氎子"的《梁书》时间相近。《梁书·高昌传》中关于吐鲁番种植
棉花（白氎）的记载，出土文书得到了证明。

《隋书》中也记有"白氎"，即康国"其王索发，冠七宝金花，衣
绫罗锦绣白氎。……出马……氍毹、锦氎"①。波斯"土多良马
……锦氎、细布、氍毹、毾㲪、护那、越诺布……"②《北史·真腊国
传》曰：真腊国"王著朝霞古贝……常服白氎"③。《西域传》说康
国"其王素冠七宝花，衣绫、罗、锦、绣、白氎"④。《南史》中有好几
处都有关于"白氎"的记载，如《海南诸国传》曰：呵罗单国元嘉七
年（430）遣使献"天竺国白氎、古贝、叶波国古贝等物"⑤。

以上《后汉书》、《周书》、《隋书》、《北史》、《南史》中所说的
"白氎"、"氎"，应是指《梁书》中所说的"白氎子"，即棉花或棉布。

2. 氎、緤

《梁书》、《周书》、《隋书》中所说都是"白氎"，而新旧《唐书》中
则"氎"、"緤"混用。如《旧唐书》卷一百九十八《西戎·高昌传》
说，高昌"有草名白氎，国人采其花，织以为布"⑥。而卷一百九十七
则是"緤"，如林邑国"王着白緤古贝……夫人服朝霞古贝以为短
裙"⑦；又如骠国，"其衣服悉以白緤为朝霞"⑧。《新唐书》卷二百

---

① （唐）魏征等：《隋书》卷八十三《西域·康国》，第 1848—1849 页。
② 《隋书》卷八十三《西域·波斯》，第 1857 页。
③ （唐）李延寿：《北史》卷九十五《真腊国传》，第 3162 页。
④ 《北史》卷九十七《西域传·康国》，第 3234 页。
⑤ 《南史》卷七十八《海南诸国传·呵罗单国》，第 1957 页。
⑥ 《旧唐书》卷一百九十八《西戎传·高昌国》，第 5294 页。
⑦ 《旧唐书》卷一百九十七《南蛮、西南蛮传·林邑国》，第 5269 页。
⑧ 《旧唐书》卷一九七《南蛮、西南蛮传·骠国》，第 5285 页。

二十一上《西域传上》说高昌"有草名白氎，擿花可织为布。"①而卷四十《地理志四》讲到西州的土贡有："丝、氎布、毡、刺蜜、蒲萄。"②而高昌就是西州，两者所述显系一物，可见这时已氎、氎混用了。

从新旧《唐书》可知，氎、氎混用，两者相比，"氎"的使用频率更多，并逐渐过渡到由"氎"取代"氎"，如《唐会要》曰：开成二年（837）吐蕃来朝，其贡品就有"金银器、玉带、獭褐、犛牛尾、朝霞氎"等。③

3. 氎、毲

氎，《汉语大字典》注释曰：细毛布、细棉布。《玉篇·毛部》："氎，毛布也。"《字汇·毛部》："氎，细毛布。……今文氎作氎。"④

《大慈恩寺三藏法师传》卷二载"那揭罗喝国"中"复有佛僧伽胝，上妙细氎所作。"⑤《大唐西域记校注》卷二《那揭罗曷国》之"醯罗城"的记载基本与此相同，即"如来僧伽胝袈裟，细氎所作"⑥，其史源应为同一。但据《大唐西域记校注》言："《方志》氎作毲。"⑦而毲乃毛织品也，故这里（即《三藏法师传》与《西域记》）的"细氎"应指毛织品而言。

《大唐西域记校注》卷十一"波剌斯国"有"衣皮褐，服锦氎"，

①《新唐书》卷二百二十一上《西域传上·高昌》，第6220页。
②《新唐书》卷四十《地理志四·西州交河郡》，第1046页。
③（宋）王溥：《唐会要》卷九十七《吐蕃》，第2061页。
④《汉语大字典》，四川辞书出版社、湖北辞书出版社1991年版，第三册第2008—2009页。
⑤（唐）慧立、彦悰著，孙毓棠、谢方点校：《大慈恩寺三藏法师传》卷二，中华书局2000年版，第37页。
⑥（唐）玄奘、辩机著，季羡林等校注：《大唐西域记校注》卷二《那揭罗曷国·醯罗城》，中华书局1985年版，第228页。
⑦《大唐西域记校注》卷二"校勘"，第230页。

其后校注曰："《径山本》氍作毹"。① 可见此"氍"在《径山本》上
为"毹"，有可能"氍"、"毹"混用，或在古人看来，这里的氍就等
于毹。而毹、褐都是毛织品，这也与《大唐西域记校注》的其他记
载相合，如卷十二《活国》"衣服氍褐"；《钵铎创那国》"多衣氍
褐"；《屈浪拏国》"多服氍褐"；《达摩悉铁帝国》"衣服氍褐"；《商
弥国》"多衣氍褐"；《揭盘陁国》"衣服氍褐"②等，由此可见，氍、
毹相同，而氍褐又常连用，都指毛织品。

《元和郡县图志》卷四十《陇右道下》记西州贡赋曰："开元
贡：氍毛，刺蜜，干蒲萄。"③而校勘记对"氍毛"考证曰："官本作
'毹毛'，恐误，六典、新、旧志俱与此合。今按：新唐志作'氍'。
'毹'即'氊'字，与'氍'通，见《玉篇》。"④

4. 氍、𫄨

当"氍"逐渐取代"㲲"后，又出现了氍、𫄨混用的情况，如吐
鲁番阿斯塔那327号墓《唐永徽六年（655）赵羊德随葬衣物疏》⑤
第三行有"细㲲"；阿44号《唐㲲布袋帐历》⑥第一、三行有"㲲布
袋"。而哈拉和卓39号《唐贞观二十一年（647）帐后□苟户籍》⑦

---

① 《大唐西域记校注》卷十一《波剌斯国》，第939页。

② 《大唐西域记校注》第963页；第971页；第973页；第974页；第980
页；第983页。

③ （唐）李吉甫撰，贺次君点校：《元和郡县图志》卷四十《陇右道下·西
州》，中华书局1983年版，第1031页。

④ 《元和郡县图志》卷四十"校勘一〇二"，第1044页。

⑤ 《吐鲁番出土文书》录文本第六册，第124页；图录本第三册，第65
页。

⑥ 《吐鲁番出土文书》录文本第六册，第138页；图录本第三册，第71页。

⑦ 《吐鲁番出土文书》录文本第六册，第101页；图录本第三册，第53页。

则是"缏布";阿35号《唐垂拱三年（687）西州高昌县杨大智租田契》①、阿230号《唐西州高昌县史张才牒为逃走卫士送庸缏价钱事（一）》②、阿224号《唐西州蒲昌县户曹牒为催征逋悬事（二）》③又都是"庸缏"，可见这里是"叠"、"缏"混用。

关于氎、缏混用的情况，在唐五代时期的敦煌文书中，使用更多。如P.2942号《唐永泰年代（765—766）河西巡抚使判集》④是唐文书集录，共有各种文牒46件，其中第11—14行为一件，其内容是：

（前略）

11. 建康尚书割留氎三百段，称给付将士，不具人姓名。

12. 分给缏布，不具人名。既无节约，悬称用尽。事涉瓜李，

13. 法在根寻。准状，牒建康并牒董芳兰，切推问给赏事

14. 由上。如相容隐，当别书科。（后略）

这是一件唐代中期的公文，其中已经是"氎"、"缏"混用。另如P.2049背《后唐同光三年（925）正月沙州净土寺直岁保护手下诸色入破历算会牒》⑤1—5行：

———

① 《吐鲁番出土文书》录文本第七册，第406页；图录本第三册，第493页。

② 《吐鲁番出土文书》录文本第八册，第184页；图录本第四册，第85页。

③ 《吐鲁番出土文书》录文本第九册，第237页；图录本第四册，第388—389页。

④ 文书图版见《法藏敦煌西域文献》第二十册，上海古籍出版社2002年版，第180—185页。录文见《释录》第二辑，第620—632页。

⑤ 文书图版见《法藏敦煌西域文献》第三册，上海古籍出版社1994年版，第234—243页。录文见《释录》第三辑，第347-366页。

P.2049 背《同光三年正月净土寺直岁保护手下诸
色入破历算会牒》(局部)

1.　净土寺直岁保护

2.　　右保护，从甲申年正月壹日巳后至乙酉年正月壹

日已前,众

　　3. 僧就北院算会,保护手下丞(承)前帐回残,及自年田收、园税、梁

　　4. 课、利润、散施、佛食所得麦粟、油苏、米面、黄麻、麸查(渣)豆、

　　5. 布、毡、纸等,总壹阡叁伯捌拾捌硕叁斗叁胜(升)半抄。

（后略）

这里的"毡",在同卷文书,即 P.2049 背《后唐长兴二年(931)正月沙州净土寺直岁愿达手下诸色入破历算会牒》①中却被写成"缳"。如:

　　1. 净土寺直岁愿达

　　2. 右愿达,从庚寅年正月一日已后至辛卯年正月一日已前,众

　　3. 僧就北院算会,愿达手下承前帐回残,及一年中间

　　4. 田收、园税、梁课、散施、利润所得,麦粟、油苏、米面、黄

　　5. 麻、麸滓、豆、布、缳、纸等,总壹阡捌伯叁硕半抄。

（后略）

长兴二年(931)净土寺算会牒与同光三年(925)的算会牒格式完全相同,且属同一寺院,中间只隔了 5 年,一个写作"毡",一个写作"缳"。从其内容、格式各方面观察,"毡"等于"缳"。

---

① 文书图版见《法藏敦煌西域文献》第三册,第 244—254 页。录文见《释录》第三辑,第 369-389 页。

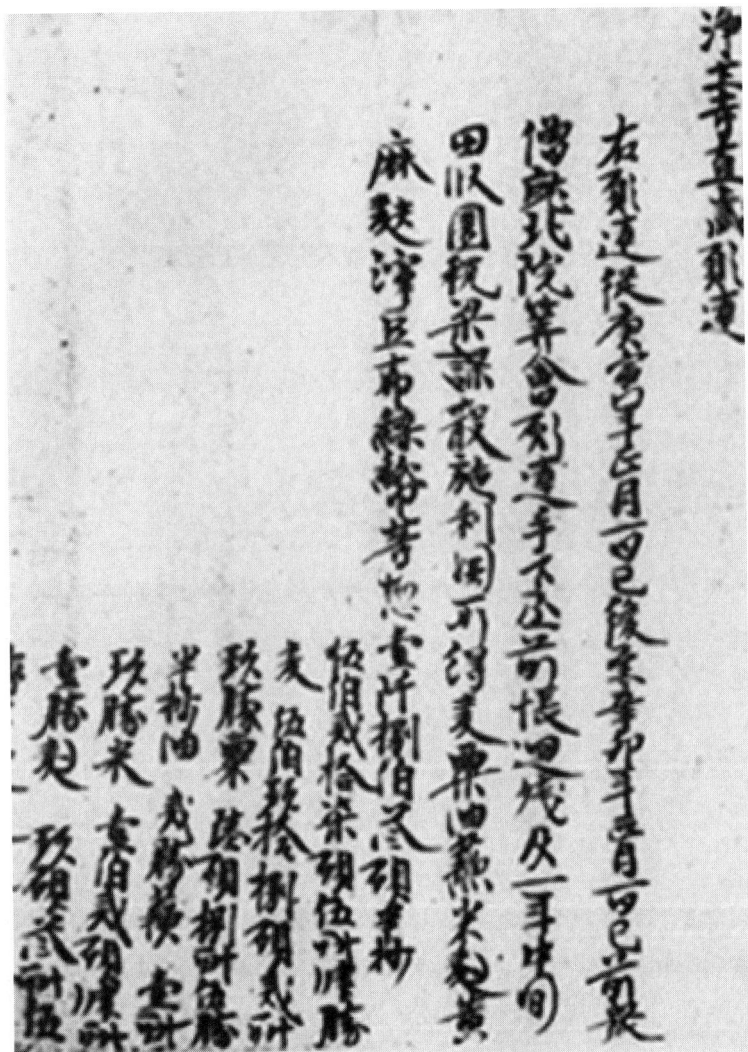

P.2049 背《长兴二年正月净土寺直岁愿达手下诸色入破历算会牒》（局部）

我们说"氎""緤"相同，在 P.2040 背《后晋时期净土寺诸色入破历算会稿》①找到了证据,在该文书第 516 行记前帐回残时写作"氈",即"叁佰叁拾肆尺氈",紧接着在第 517 行记自年新附入时又写成"緤",即"伍佰柒拾伍硕九斗叁胜麦粟油面黄麻麸渣豆布緤褐等自年新附入"。另如 P.2049 背《后唐同光三年(925)正月沙州净土寺直岁保护手下诸色入破历算会牒》在分类账中都写成"氈",而在第 440 行现在总账中又写成"緤"。再如 P.3352(11)《丙午年(946)三界寺招提司法松诸色入破历算会牒残卷》②1——6 行:

1. 三界寺招提司法松状

2. 合从乙巳年正月一日巳后,至丙午年正月一日巳前,

3. 中间一周年,徒众就北院算会,法松手下

4. 应入常住梁课、砲课及诸家散施,兼承

5. 前帐回残,及今帐新附所得麦、粟、油、面、

6. 黄麻、夫(麸)查(渣)、豆、布、氈等,总肆佰贰拾六石四斗六升九合。

（后略）

这里是"氈",在分类账中又是"緤",如"一百一十尺緤","贰丈贰尺緤"。在四柱结算的各分类中,前残部分写成"緤",新收入部分又写成"氈"。而 P.2697《后唐清泰二年(935)九月比丘僧

---

① 文书图版见《法藏敦煌西域文献》第三册,第 21—56 页。录文见《释录》第三辑,第 401—436 页。

② 文书图版见《法藏敦煌西域文献》第二十三册,上海古籍出版社 2002 年版,第 298 页。录文见《释录》第三辑,第 333—334 页。

绍宗为亡母转念设斋施舍放良回向疏》①则是"施细缣壹匹，粗𦈎
贰匹"，更是缣、𦈎相同的最好例证。可见𦈎、缣二字是相同的，并
且完全可以互换、混合使用。

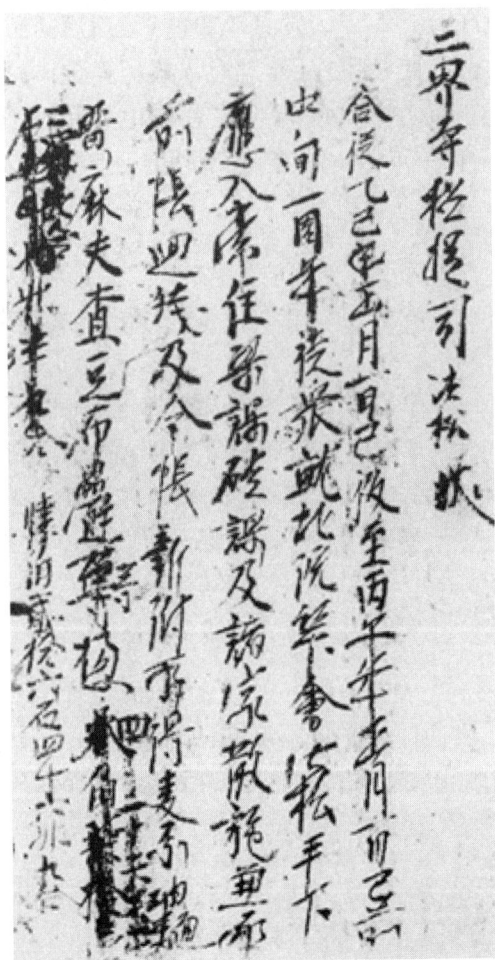

P.3352《丙午年三界寺招提司法松诸色入破历算会牒残卷》（局部）

① 文书图版见《法藏敦煌西域文献》第十七册，上海古籍出版社2001年
版，第291页。录文见《释录》第三辑，第89页。

三、氎、缕的另一含义——毛布或毛织品

"叠"除了棉花、棉织品外,还有毛织品这一含义。如《史记》卷一百二十九《货殖列传》载"通邑大都……榻布皮革千石"[1],裴骃释榻布为白叠,而唐司马贞以为非白叠,乃"粗厚之布",并引《广志》云:"叠,毛织也。"[2]由此可知,"白叠"古亦指毛布。

当"氎"取代"叠"后,其毛布或毛织品的含义更为明确。如《宋本玉篇》卷二十六:"氎,徒叶切,毛布也。"[3]《农政全书校注》引张勃《吴录》曰:木棉"又可作布,名曰白缕,一曰毛布。"[4]如《正续一切经音义》引《大宝积经》第八十九卷:"白氎,音牒,《考声》云:毛布也,草花布也";引《妙法莲花经序品第一》:"氎,徒协反。《切韵》:细毛布。今谓不然,别有氎花,织以为布,其毛所作诸褐罽是";引《佛为胜光天子说王法经》:"《埤苍》云:氎,细毛布也。《考声》云:亦草花布也";引《佛般泥洹经上卷》:"《字林》:氎,毛布也";引《菩提场所说一字顶轮王经第二》:氎,"《切韵》:细毛布也。"[5]

《吴录》、《考声》、《字林》皆三国六朝时书,由以上引述可知,三国以来,氎就有了毛布这一含义。当然,毛布并非氎的惟一释

---

① (汉)司马迁撰:《史记》卷一百二十九《货殖列传》,中华书局1963年版,第3274页。

② 《史记》卷一百二十九《货殖列传》,第3275—3276页。

③ 《宋本玉篇》卷二十六《毛部》,北京市中国书店1983年版,第478页。

④ 见(明)徐光启撰,石声汉校注,西北农学院古农学研究室整理:《农政全书校注》卷三十五《蚕桑广类·木棉》,上海古籍出版社1985年版,第959页。

⑤ (唐)释慧琳、(辽)释希麟撰:《正续一切经音义附索引两种》,上海古籍出版社1986年,卷十四第18页;卷二十七第16页;卷三十四第9页;卷五十二第25页;续卷五第15页。

义,大约在刘宋或萧梁时,氎就开始指棉花、棉布。如《正续一切经音义》引《持菩萨经》第四卷:"帛氎,西国捵草花絮,织以为布,其花如柳絮";引《大般若波罗蜜多经》第三百九十八卷:"白氎,西国草名也,其草花絮堪以为布";引《金光明经卷第六》:"白氎,西国草花,絮捵以为布,亦是彼国草名也";引《转女身经》:"氎者,西国木棉草花,如柳絮。彼国土俗,皆抽捵以纺成缕,织以为布,名之为氎。"①

我们说氎既可以指棉布,也可以指毛布。如《正续一切经音义》引《曼殊室利菩萨阎曼德迦忿怒真言仪轨经》曰:"《埤苍》云:氎,毛布也。字书作罽,经本作缏,音先节反,非经义";引《大威力马枢瑟摩明王经卷上》释氎曰:"《切韵》:白氎也,西域所尚也。经文从糸作缏,俗用,非也";引《菩提场所说一字顶轮王经第二》释氎曰:"徒协反。《切韵》细毛布也。……经文作缏,俗用,非。"②

唐释慧琳的《一切经音义》,不仅引用《韵英》、《考声》、《切韵》以释其音,引《说文》、《字林》、《玉篇》、《字统》、《古今正字》、《文字典说》、《开元文字音义》以释其义,而且还兼采前人玄应、慧苑、云公、基师等诸家音义,对群经进行了音训。由上引《一切经音义》可知,在唐人的观念中,氎已有了棉花、棉布和毛布两种含义,而且在释棉花、棉布之义时,所引述的资料只有西国草名这一条,其史源也应是前引《梁书》中的记载。由此可知,在唐代,棉花或棉布还是非常稀有之物,在内地应该还没有种植。否则,释慧琳就不会以这样单薄的材料来释棉花、棉布了。

我们说"氎"就是毛布,敦煌文献也提供了本证,如 S.0617

---

① 《正续一切经音义附索引两种》,卷三十第 14 页;卷四第 13 页;卷二十九第 9 页;卷三十三第 17 页。

② 《正续一切经音义附索引两种》,卷四十第 13 页;续卷五第 7 页;续卷五第 5 页。

《俗务要名林》释文曰:"毶:细毛布,徒协反。"①

"緤"的本义为拴、缚,或指绳索。在先秦经典中,緤多作紲,音泄,如《诗经》、《左传·襄廿六》、《论语·公冶长》等篇。仅《楚辞·离骚》、《礼记·少仪》作緤,义皆为绳索之属,并无緤布之意。再如"长兴四年(933),回鹘来献白鹘一联,明宗命解緤放之",②也是指绳索而言。但当緤与毶混用后,就有了新义,即指棉花和棉布。但我们一定要特别注意,当"緤"与"毶"混用后,"緤"除了棉布这一意义外,还有另一含义,即毛布。如慧琳和玄应的《一切经音义》中,就有不少这样的解释,其中除注明为《梁书·高昌传》中所载"西国草花絮,可织为布"这一含义外,更多的则是"毛布"、"细毛布"。但由于许多论者都预先设置了前提,即毶等于緤,乃棉花也,故忽略了"毛布"、"细毛布"这一解释。

我们说"緤"是毛布或毛织品,还可以从緤、毯互用中得到证明。关于毯,虽然在《正续一切经音义》、《龙龛手鉴新编》、《敦煌俗字研究》、《汉语俗字丛考》及《汉语大字典》、《汉语大词典》等字书中未收,但我们从敦煌文书的零星记载中,可以见到緤、毯互用的情况,如 P.3155 背《唐天复四年(904)神沙乡百姓僧令狐法性出租土地契》③中有"捌综毯壹匹,长贰仗(丈)伍尺"。另外

---

① 文书图版见《英藏敦煌文献(汉文佛经以外部分)》第二卷,四川人民出版社 1990 年版,第 92—97 页。录文见郝春文主编:《英藏敦煌社会历史文献释录》第三卷,社会科学文献出版社 2003 年版,第 370 页。

② 《新五代史》卷七十四《四夷附录·回鹘》,第 916 页。

③ 文书图版见《法藏敦煌西域文献》第二十二册,上海古籍出版社 2002 年版,第 53 页。录文见沙知:《敦煌契约文书辑校》,江苏古籍出版社 1998 年版,第 327 页;又见《释录》第二辑,第 26 页。

Дx.01322《孔安信借毽契》①提供了绝好的材料,为便于探讨,现将其转引如下:

1. 为着甘州充使□▢
2. 日细毽叁匹,各长贰丈柒尺,又▢
3. ▢柒尺,壹匹长贰丈肆,共▢
4. ▢堪煮练使用作衣,绢壹匹须长肆
5. ▢在推延之限,其毽不问卖得不得,准
6. ▢平章为定,至曳取绢,若安信身上有甚
7. ▢不平善▢安男兄弟边取绢为
8. ▢上好细毽壹匹□□
9. ▢后凭。
10. ▢孔安信(押)

(后缺)

本件文书虽残缺不全,但其意明确,共出现"毽"三次,其中第一次(第2行)有明确的尺寸,即"细毽叁匹,各长贰丈柒尺",②与前引 P.3155 背文书中的一匹长二丈五尺基本相同。从"毽"字从"毛"这一点推测,这里的"毽"是指毛布或毛织品。

据郑炳林先生统计,敦煌文书中"麻布每匹 40 尺到 45 尺,官布每匹只有 24 到 25 尺,与缣的长度一样",并以此作为官布、缣

———————————

① 文书图版见《俄藏敦煌文献》第八册,上海古籍出版社 1997 年版,第 90 页。毽、毬应为一字,乃是因避唐太宗李世民之讳,将"世"改为"云"。据陈垣先生《史讳举例》说:"世改为代,或为系,从世之字改从云,或改从曳。"上海书店出版社 1997 年版,第 108 页。

② 本件文书不知其确切年代。另外,北图殷字 41 号《癸未年(923?)平康乡百姓沈延庆贷布契》(录文见《敦煌契约文书辑校》第 183 页)也是"贷缣一疋,长二丈七。"

属于棉布的证据,即棉布的长度与麻布不同,每匹长 24—25 尺,并非 40 尺。[1]

在史籍文献中,我们只见到绢四丈为一匹,布五丈为一端的记载,但棉布、毛布几丈为一匹,却不大明确。而《契丹国志》的记载,可以给我们提供一点启示。在"诸小国进贡物件"中的诸小国,是指"高昌国、龟兹国、于阗国、大食国、小食国、甘州、沙州、凉州",在进贡的物品后专门写明:"已上皆细毛织成,以二丈为匹。"[2]

《契丹国志》中的毛织品"以二丈为匹",敦煌文书中的"毬"约 25 尺为一匹,官布、缣也是 24—25 尺为一匹,由此亦可推知缣、毬互用,而官布又属于缣类,它们都属于毛布或毛织品。

当我们转换了一个视角,将白疊是毛布这一含义挖掘后,许多问题就能迎刃而解。即在晚唐五代归义军时期,敦煌的牧羊业非常发达,既有官营牧羊业,也有寺院和个体牧羊业。为了加强对其管理,归义军政权还设置了专门的机构——羊司,并有专职牧子承担放牧任务。

牧羊业的发达提供了大量的羊毛,从而带动了敦煌毛纺织业的发展。因此,当我们将缣作为毛织品来看待时,也就能理解此时期敦煌文书中缣的数量之多了。

四、官布是棉布吗?

敦煌棉花种植论者,除了将"缣"完全等同于棉布外,还有一个论据,即在缣布类还有一"官布",而官布在诸寺入破历中又归入缣类。敦煌文书中有按地亩征收官布的《官布籍》,因此,"官

---

① 郑炳林:《晚唐五代敦煌地区种植棉花研究》,载《中国史研究》1999 年第 3 期。

② (宋)叶隆礼撰,贾敬颜、林荣贵点校:《契丹国志》卷二十一《外国贡进礼物·诸小国贡进物件》,上海古籍出版社 1985 年版,第 205 页。

布按地亩征收,同地子、烽子、柴草一样,为归义军政权例征赋税。既然官布为附着于土地的例征税目,那么它必然以出产于当地为主,官布为绁布,属于棉布类,表明晚唐五代敦煌地区已普遍种植棉花,征收绁布。"①同时,郑炳林先生还以 P.2846《甲寅年(954)都僧政愿清等交割讲下所施麦粟麻豆等破除见在历》②出现的"官绁六十尺"为据,指出"官绁就是棉布,即官布和绁布。既然寺院将官布与绁布放在一类,就表明官布与绁都属于棉布,是棉布中的一个品种"。③

"官布"之名,东汉建安时已有,如《太平御览》引《祢衡别传》曰:"衡着官布单衣,以杖捶地,数骂责操及其先祖,无所不至。"④据史籍记载,祢衡在建安初游许都,孔融荐于曹操,操忿其轻己,欲辱之,乃录为鼓史。当时鼓史击鼓时应更新衣。祢衡乃脱衣裸身击《渔阳》三挝反辱操。⑤《三国志·鲍勋传》也载:

> (建安)二十二年(217),立太子,以勋为中庶子。徙黄门侍郎,出为魏郡西部都尉。太子郭夫人弟为曲周县吏,断盗官布,法应弃市。太祖时在谯,太子留邺,数手书为之请罪。勋不敢擅纵,具列上。⑥

---

① 郑炳林:《晚唐五代敦煌地区种植棉花研究》,载《中国史研究》1999年第 3 期。

② 文书图版见《法藏敦煌西域文献》第十九册,上海古籍出版社 2001 年版,第 91 页。录文见《释录》第二辑,第 525 页。

③ 郑炳林:《晚唐五代敦煌种植棉花辨析——兼答刘进宝先生》,载《历史研究》2005 年第 5 期。

④ 《太平御览》卷三百《兵部三一·骑》,第 1383 页。

⑤ 参阅胡守为、杨廷福主编:《中国历史大辞典·魏晋南北朝史卷》,上海辞书出版社 2000 年版,第 528 页。

⑥ (晋)陈寿:《三国志》卷十二《魏书·鲍勋传》,中华书局 1959 年版,第 384—385 页。

《晋书》卷六十九《刘隗传》也载：

> 建兴中，（宋）挺又割盗官布六百余匹，正刑弃市，遇赦免。[1]

另外，《南齐书》卷二十六《王敬则传》云：

> 竟陵王子良启曰：……昔晋氏初迁，江左草创，绢布所直，十倍于今，赋调多少，因时增减。永初中，官布一匹，直钱一千，而民间所输，听为九百。渐及元嘉，物价转贱，私货则束直六千，官受则匹准五百，所以每欲优民，必为降落。今入官好布，匹堪百余，其四民所送，犹依旧制。昔为刻上，今为刻下，氓庶空俭，岂不由之。[2]

以上史籍文献中的"官布"，显然是指上缴官府之布，即"入官好布"，并没有确指"官布"的质地属性，即麻布、毛布或棉布。

归义军时期，敦煌文书中所见之"官布"，也是指上缴官府之布，或官府所有之布，它与"官柴草"、"官缲"、"官马坊"、"官仓"、"官渠"的含义一样，仅仅是指归官府所有罢了。

敦煌发现的《官布籍》共三件，即 P.3236《壬申年三月十九日敦煌乡官布籍》、P.4525（8）《官布籍》和 Дx.1405、Дx.1406 号《官布籍》，关于这三件《官布籍》的校录、时代、征纳标准等，笔者已在《P.3236 号〈壬申年官布籍〉时代考》[3]、《P.3236 号〈壬申年官

---

① （唐）房玄龄等：《晋书》卷六十九《刘隗传》，中华书局 1974 年版，第1836 页。

② （南朝梁）萧子显：《南齐书》卷二十六《王敬则传》，中华书局 1972 年版，第 482—483 页。

③ 载《西北师大学报》1996 年第 3 期。

布籍〉研究》①、《从敦煌文书谈晚唐五代的"布"》②中进行了探讨,但对官布的属性,即棉布、麻布抑或毛布,则取谨慎态度,未敢断定。上述三文都写于1994—1995年,发表于1996年。此后,笔者对官布的属性虽一直有所考虑,但总是找不到答案。

官布是归义军政权据地征纳的赋税之一,它与地子、税柴和税草一起,构成了归义军政权地税的主体。其中,地子是地税中交纳粮食的部分,每亩约8斗③;税草也是据地征收,每亩约为2—3束④;税柴的征收虽然以土地为据,但由于柴并非土地上的生产物,故由"枝头"、"白刺头"将5人或3人组成一小组,携带工具,外出为归义军柴场司砍伐树枝,刈割白刺⑤。作为据地征收的官布,其属性是棉布吗?

官布据地征收,基本上是每250亩或300亩征收一匹,由"布头"代为收缴。按照唐王朝的赋税政策,应该是"随乡所出"、"任土所宜",⑥而唐五代时期敦煌还没有棉花种植,因此将官布定为棉布在理论上是无法说通的。

"官布"除了在"缯"类中大量存在外,还与"褐"等毛织品一

---

① 载柳存仁等:《庆祝潘石禅先生九秩华诞敦煌学特刊》,(台北)文津出版社1996年版,第353—372页。

② 载敦煌研究院编:《段文杰敦煌研究五十年纪念文集》,世界图书出版公司1996年版,第416—424页。

③ 参阅刘进宝:《从敦煌文书谈晚唐五代的"地子"》,载《历史研究》1996年第3期;《再论晚唐五代的"地子"》,载《历史研究》2003年第2期。

④ 参阅刘进宝:《关于归义军政权税草征收的两个问题》,载《2000年敦煌学国际研讨会论文集》,甘肃民族出版社2003年版。

⑤ 参阅刘进宝:《归义军政权税柴征收试探》,载《第五届唐代文化学术研讨会论文集》,(高雄)丽文文化事业有限公司2001年版。

⑥ 童丕据此提出"官布"的属性为麻布,亦不大符合实际。详见刘进宝:《〈敦煌的借贷〉评介》,载季羡林、饶宗颐主编:《敦煌吐鲁番研究》第七卷,中华书局2004年版。

起作为纳赠品,如 P.2842 背《乙酉年正月廿九日孔来儿身故纳赠历》①:

1. 乙酉年正月廿九日,孔来儿身故纳僧(赠)历

2. 石社官紫褐八尺,白细褐二丈五尺,土布一疋,白褐[伍]□;

3. 武社长生褐三丈八尺,非(绯)褐内接二丈九尺;

4. 高录事白生褐三丈七尺,又生褐四丈二尺;

5. 高山山立机二丈三尺,生褐二丈五尺,又生[褐]四十五尺;

6. 罗英达非(绯)褐内三接□丈三尺,□非(绯)褐_____

7. 郭席录 白褐二丈,[立机]二丈,白官布二丈四尺,又生立机二丈;

8. 王清子

9. 樊虞候非(绯)褐二丈,紫褐七尺,白生褐一丈二尺;

10. 游流住白绵绫三丈,白生[褐]四十四尺;

11. 王再庆生官布一丈七尺,生褐二丈;

12. 王骨子白生褐四[十]四尺,白立机二丈四尺;

(后缺)

本件文书中的"紫褐"、"白细褐"、"生褐"、"绯褐"、"白生褐"等"褐",显然是指毛织品,与其并列的"土布"、"立机"、"白官布"、"白绵绫"、"生官布"等,虽不能说全是毛织品,但也绝不能说这里的"白官布"、"生官布"就是棉布。

---

① 文书图版见《法藏敦煌西域文献》第十九册,第 82 页。录文见《释录》第一辑,第 362 页。

说官布是棉布的主要论据,就是在敦煌的分类账中,官布属于缣类,而缣是指棉布,所以官布也自然而然就是棉布。实际上,前面已经作了论证,缣除了棉花、棉布这一含义外,还有毛布这层意义。因此,当我们转换一个思路,将缣是毛织品这一含义挖掘后,官布的属性也就好理解了,即官布应该是毛布。因为晚唐五代时期的敦煌,牧羊业十分发达,如据 P.2484《戊辰年十月十八日归义军算会群牧驼马牛羊见行籍》①统计,杨住成等 16 个牧羊人共放牧羊 4778 只,平均每人近 300 只。② 牧羊的主要用途之一就是剪毛纺线、织布,敦煌文书中有许多剪羊毛的记载。如前引P.2049 背《后唐同光三年沙州净土寺直岁保护手下诸色入破历算会稿》③中就有"粟一斗,马家付本剪殺羊毛用";"油一升,拔羊毛用";"面一斗五升,剪殺羊毛用";"面二升,剪殺羊毛用"的记载。而 S.0542 背《戊年沙州诸寺寺户妻女放毛簿》④,则是沙州寺户妻女纺毛的登记簿,该文书虽前残后缺,但还是保存了曹仙妻安等 20 人各放(纺)毛半斤的记载,对我们探讨沙州的毛纺业有一定的帮助。

P.2703 背《壬申年(972)十二月故都头知内宅务安延达等状》⑤则是归义军西宅、北宅、南宅从内宅司领取羊毛的状稿。从此件归义军当政者之宅官从内宅司领取羊毛的状文可知,当时羊

① 文书图版见《法藏敦煌西域文献》第十四册,第 262—263 页。录文见《释录》第三辑,第 590—595 页。

② 参阅刘进宝:《归义军土地制度初探》,载《敦煌研究》1997 年第 2 期。

③ 文书图版见《法藏敦煌西域文献》第四册,第 234—243 页。录文见《释录》第三辑,第 347–366 页。

④ 文书图版见《英藏敦煌文献(汉文佛经以外部分)》第二卷,第 23—34 页。录文见《释录》第二辑,第 394—400 页。

⑤ 文书图版见《法藏敦煌西域文献》第十七册,上海古籍出版社 2001 年版,第 313—314 页。录文见《释录》第三辑,第 616 页。

毛的用途较多,用量较大。但从一般常理及西北地区衣服穿着考虑,羊毛的主要用途当是用来纺线织布,而"任土所宜",据地征纳的"官布"自然也应该是毛布。

吐蕃占领敦煌后,将唐王朝的乡里制改为部落——将制,设置了好几个部落,其中就有一"丝绵部落"。论者多认为,所谓"丝绵部落"当与棉花的种植有关,因此吐蕃时期敦煌就有了棉花的种植。对此,藤枝晃先生早就指出,丝绵部落当与丝绸制造有关。① 而郑炳林先生则认为:"当然其中很[可]能包括棉布的生产。"②实际上,藤枝晃先生的解释是正确的。这里的"绵",乃是指丝绸类而言,因西域有些地区,"养蚕不以为丝,唯充绵纩"。③ 纩者,丝绵也。在吐鲁番文书中,有许多关于"绵"的资料,但都是指丝绵,而非棉花或棉布,因此,唐长孺、韩国磐先生皆指出,这些"绵"乃是指丝绸类而言,并非是指棉布。④ 姜伯勤先生更明确地指出,在八、九世纪之交吐蕃管辖敦煌时期,有专门"从事丝绢生产与销售的丝绵部落。"⑤因此,我们不能以"丝绵部落"的存在,作为敦煌在吐蕃时期就已经种植棉花的论据。

---

① [日]藤枝晃:《吐蕃统治时期的敦煌》,载日本《东方学报》第 31 号,1961 年。

② 郑炳林:《晚唐五代敦煌地区种植棉花研究》,载《中国史研究》1999年第 3 期。

③《周书》卷五十《异域下·焉耆国》,第 916 页。

④ 详见唐长孺:《吐鲁番文书中所见丝织手工业技术在西域各地的传播》,载《出土文献研究》,文物出版社 1985 年版,第 146—151 页。又收入同氏《山居存稿》,中华书局 1989 年版,第 388—398 页;韩国磐:《从吐鲁番出土文书来看高昌的丝棉织业》,见同氏主编:《敦煌吐鲁番出土经济文书研究》,厦门大学出版社 1986 年版,第 349 页。

⑤ 姜伯勤:《敦煌吐鲁番文书与丝绸之路》,文物出版社 1994 年版,第223 页。

五、唐五代时内地还没有棉花

唐五代时,内地应该还没有棉花种植,棉布还是稀有珍贵之物。而棉花种植论者,常常所引用的"唐朝诗文中的棉布似乎更多地是指一种流行的新奇之物,而不是指古代所熟悉的东西"。① 史籍文献中的零星记载,也说明唐代时棉布乃是新奇之物,如中唐时,贾昌在长安,"行都市间。见有卖白衫白氎布,行邻比廛间。有人禳病,法用皂布一匹,持重价不克致,竟以幞头罗代之"。② 可见"白氎布"在当时非常珍贵,"持重价不克致"。由于棉布稀有,在人世间很少得到,故在梦幻中出现。如李重在大中五年(851)罢职后,一夕病中不起,"即令扃键其门……忽闻庭中窣然有声,重视之,见一人衣绯,乃河西令蔡行己也。又有一人,衣白氎衣,在其后"。蔡行己及穿白氎衣之人还与李重一起饮酒、算卜、诊病。当李重从梦幻中醒来时,"至庭中,乃无所见。视其门外,扃键如旧"。③ 另如百济人释真表,开元年中在深山中,求法成佛时,每经过七宵,就会有一大的进展,法成之后,"持天衣,执天钵,……草木为其低垂覆路,殊无溪谷高下之别。飞禽鸷兽,驯伏步前……有女子提半端白氎覆于途中,表似警忙之色,回避别行。女子怪其不平等,表曰:'吾非无慈不均也,适观氎缕间皆是稀子,吾虑伤生,避其悮犯耳。'原其女子,本屠家贩买得此布也。"④

---

① [美]谢弗著,吴玉贵译:《唐代的外来文明》,中国社会科学出版社1995年版,第442页。
② 《太平广记》卷四百八十五引《东城老父传》,第十册第3994页。
③ 《太平广记》卷三百五十一《李重》,第八册第2777页。
④ (宋)赞宁撰,范祥雍点校:《宋高僧传》卷十四《唐百济国金山寺真表传》,中华书局1987年版,第339—340页。

　　真表所见持白氎者,更是一种虚幻,但不论李重,还是真表,他们在虚幻中所见到的穿白氎衣及持白氎者,应是人世间真实生活的反映。由此使我们认识到,当时棉布还非常稀少珍贵,内地也应无棉花的种植。

　　我们说唐五代时,内地棉花稀缺珍贵,还能从周边民族地区及外国的贡品中反映出来,为便于说明,现将唐后期五代宋初有关进贡棉布的资料列表如下:

年　代	贡　地	名　称	数量	资料出处
天宝八载九月	林邑国	鲜白氎	20双	《册府元龟》卷九七一《外臣部·朝贡四》,中华书局1960年影印本,第11413页,下同。
天宝九载三月	北邑	白花氎	不明	《册府元龟》卷九七一《外臣部·朝贡四》,第11413页
后唐同光四年	沙州曹议金	安西白氎	不明	《册府元龟》卷一六九《帝王部·纳贡献》,第2036页
后唐天成四年八月	高丽	白氎	不明	《册府元龟》卷九七二《外臣部·朝贡五》,第11422页
后唐应顺元年正月	回鹘	波斯宝缏	不明	《册府元龟》卷九七二《外臣部·朝贡五》,第11423页
后唐应顺二年七月	回鹘	白氎	不明	《册府元龟》卷九七二《外臣部·朝贡五》,第11423页
后唐清泰二年七月	回鹘	白氎	不明	《册府元龟》卷九七二《外臣部·朝贡五》,第11423页

续表

年　代	贡　地	名　称	数量	资料出处
后晋天福三年三月	回鹘	安西缬白氎布	不明	《册府元龟》卷九七二《外臣部·朝贡五》，第 11424 页
后晋天福三年九月	于阗	白氎布	不明	《册府元龟》卷九七二《外臣部·朝贡五》，第 11423 页
后晋天福三年	于阗	玉氎	不明	《新五代史》卷七四《四夷附录三·于阗》，中华书局，1974 年，第 917 页
后晋天福四年三月	回鹘	氍氎	不明	《册府元龟》卷九七二《外臣部·朝贡五》，第 11423 页
后晋开运二年二月	回鹘	安西白氎	不明	《册府元龟》卷九七二《外臣部·朝贡五》，第 11423 页
后汉乾祐元年五月	回鹘	白氎	127 段	《册府元龟》卷九七二《外臣部·朝贡五》，第 11423 页
后周广顺元年二月	西州回鹘	白氎布	1329 段	《册府元龟》卷九七二《外臣部·朝贡五》，第 11425 页；《五代会要》卷二八《回鹘》，上海古籍出版社，1978 年，第 450 页
后周广顺元年二月	回鹘	白氎	350 段	《册府元龟》卷九七二《外臣部·朝贡五》，第 11425 页
后周广顺二年三月	回鹘	白氎	不明	《册府元龟》卷九七二《外臣部·朝贡五》，第 11425 页

续表

年 代	贡 地	名 称	数量	资 料 出 处各
后周广顺元年二月	回鹘	白氎	不明	《旧五代史》卷一三八《外国列传二·回鹘》，中华书局，1976年，第1843页
后周广顺三年正月	回鹘	白氎	770 段	《册府元龟》卷九七二《外臣部·朝贡五》，第11423页
周世宗时	沙州曹元忠	安西白氎	不明	《旧五代史》卷一三八《外国列传二·吐蕃》，第1841页《新五代史》卷七四《四夷附录三·吐蕃》，第915页
宋乾德三年四月	回鹘	白氎布	30 段	《宋会要辑稿·蕃夷四》，中华书局，1957年，第八册第7714页
宋天圣二年五月	回鹘	细白氎	不明	《宋史》卷四九〇《外国六·回鹘》，第14117页

上表所列的西北棉布贡地，主要是新疆地区，除于阗两次外，大多为回鹘。这里的"回鹘"主要是指高昌，因高昌"其地颇有回鹘，故亦谓之回鹘"。[①] 而沙州曹议金和曹元忠也各贡一次，但明确标明为"安西白氎"，即新疆地区的棉布。如果当时敦煌（沙州）已种植棉花，纺织棉布的话，沙州归义军节度使曹议金和曹

①《宋史》卷四百九十《外国六·高昌》，第14110页。

元忠为何还要以"安西白氎"入贡呢？

另外，王延德从太平兴国六年(981)西行，雍熙元年(984年)返回京师，其一路所见，也只有高昌有"白氎"。①

至于《资治通鉴》卷一百五十九所记梁武帝"身衣布衣，木緜皂帐"，胡三省注："木棉，江南多有之，以春二三月之晦下子种之。既生，须一月三薅其四旁；失时不薅，则为草所荒秽，辄萎死。入夏渐茂，至秋生黄花结实。及熟时，其皮四裂，其中绽出如绵。土人以铁铤碾去其核，取如绵者，以竹为小弓，长尺四五寸许，牵弦以弹緜，令其匀细。卷为小筒，就车纺之，自然抽绪，如缲丝状，不劳纫缉，织以为布。自闽、广来者，尤为丽密。……海南蛮人织为巾，上出细字杂花卉，尤工巧，即古所谓白氎巾。"②胡三省乃宋末元初之人，他的注解虽然是确指棉花的种植和棉布的纺织，但这段注文是根据北宋史炤《通鉴释文》中的话写成的，存在以宋、元情况释古之嫌，③而不能以此来说明南北朝时内地已种植棉花和纺织棉布。

通常的说法是，棉花是通过南北两路传入中国的，南方是印度经由东南亚传入我国的海南岛、两广地区，经缅甸传入我国的云南地区；北方是经中亚传入我国的新疆地区，再到河西走廊。棉花确实是从印度经中亚传入了新疆，但我们找不到宋代以前在河西及西北地区种植棉花的记载。就是内地的棉花，也不是通过西北，而是通过南线传入的，如方勺《泊宅编》曰："闽广多种木绵，树高七八尺，叶如柞，结实如大菱而色青，秋深即开，露白绵茸

---

① 《宋史》卷四百九十《外国六·高昌》，第14111页。

② 《资治通鉴》卷一百五十九，第4934页。

③ 参阅张秉权：《中国古代的棉织品》，载《中央研究院历史语言研究所集刊》第52本，台北，1981年，第203—233页；张泽咸：《唐代工商业》，中国社会科学出版社1995年版，第119页。

然。土人摘取去壳,以铁杖杆尽黑子,徐以小弓弹令纷起,然后纺绩为布,名曰吉贝。今所货木绵,特其细紧者尔。当以花多为胜,横数之得一百二十花,此最上品。海南蛮人织为巾,上出细字,杂花卉,尤工巧,即古所谓白叠巾。"①这里所说的白叠,显然是指南方的棉花种植,因"《泊宅编》所记多是宋元祐到政和年间(1086—1117)之事;作者方勺,家居浙江湖州西溪,对福建省的情形,似乎很熟悉"。② "尽管商人们不断经由丝路将棉织品由中亚带往中国,棉花的种植与纺织却直到大约十三世纪才传入中国内地。而且,二者所需要的先进技术都从中国南部而非西北,传入长江下游地区"。③ 据漆侠先生考证:"棉花之于宋代逾岭表而至两浙、江东,宋末又逾长江而至扬州,并及于淮南,棉花之由南向北传播告一结束。"④

西北地区棉花的种植,从元朝开始才见于记载,但也非常笼统,很不具体。如元代官修的《农桑辑要》曰:"苎麻本南方之物,木棉亦西域所产。近岁以来,苎麻艺于河南,木棉种于陕右,滋茂繁盛,与本土无异。二方之民,深荷其利。"⑤这里说木棉本"西域所产",现在"种于陕右","与本土无异",但没有说明传入的路线。有的学者据此认为"棉花的种植直到十三世纪前不久,才经过河西走廊,传到陕北一带"。⑥ 王桢《农书》记载曰:木棉"其种

---

① (宋)方勺:《泊宅编》卷三,中华书局1983年版,第16页。

② 《农政全书校注》卷三十五"校注三",第981页。

③ [日]盛余韵:《中国西北边疆六至七世纪的纺织生产:新品种及其创制人》注16,载《敦煌吐鲁番研究》第四卷,第352页。

④ 漆侠:《宋代植棉考》,收入氏著《探知集》,第281页注1。

⑤ 缪启愉校释:《元刻农桑辑要校释》卷二《苎麻木棉》,农业出版社1988年版,第148页。

⑥ 赵冈:《唐代西州的布价——从物价看古代中国的棉纺织业》,载台湾《幼狮月刊》第四十六卷,1977年第6期。

本南海诸国所产,后福建诸县皆有,近江东、陕右亦多种,滋茂繁盛,与本土无异"①,似乎是说"陕右"的棉花是从南方传来的。明代中叶的丘濬在《大学衍义补》卷二十二《贡赋之常》中说:"盖自古中国所以为衣者,丝、麻、葛、褐四者而已。汉、唐之世,远夷虽以木绵入贡,中国未有其种,民未以为服,官未以为调。宋、元之间,始传其种入中国,关陕、闽、广,首得其利。盖此物出外夷,闽、广海通舶商,关陕壤接西域故也。然是时犹未以为征赋,故宋、元史食货志皆不载。至我朝,其种乃遍布于天下,地无南北皆宜之,人无贫富皆赖之。"②

　　早在南北朝时,新疆就开始种植棉花,但为何棉花在新疆的种植地域有限,种植的量也不大。与吐鲁番气候相近,交通又十分便利,经济贸易往来非常频繁的敦煌,为何迟迟没有种植棉花呢?从元代开始,虽有了陕右种植棉花的记载,但新疆的棉花通过河西走廊传入西北,再到内地的路线,为何没有明确的文献记载呢?所有这些问题都值得我们深思。

　　据沙比提先生介绍,新疆发现的棉籽,经中国农业科学院棉花研究所鉴定,乃是草棉,即非洲棉的种子。③这种棉耐干旱,适于中国西北边疆的气候,且生产期短,只要130天左右,因此种植棉花并不难。于绍杰先生认为:"由于草棉的产量低,纤维品质差,只东传到甘肃;一说曾到陕西西部,但未能继续东进。"④于绍

---

① 王毓瑚点校:《王桢农书》之《百谷谱集之十·木棉》,农业出版社1981年版,第161页。

② (明)丘濬:《大学衍义补》卷二十二《贡赋之常》,《文渊阁四库全书》第712册,上海古籍出版社1987年版,第307页。

③ 参阅沙比提:《从考古发掘资料看新疆古代的棉花种植和纺织》,载《文物》1973年第10期。

④ 于绍杰:《中国植棉史考证》,载《中国农史》1993年第2期。

杰先生的研究,主要是肯定华南是中国植棉最早的地区,中国棉花是自南向北发展的,北传迟的原因是北方麻和丝织品发展很早,已基本能供应中原人民的需要,不急于引种棉花。而对西北地区棉花的种植、传播基本上没有着笔,且属推论。赵冈先生认为,此棉种的棉丝与棉籽附着坚固,脱子不易,在大弹弓发明以前,去籽是一道很费时的工序。而草棉纤维过短,只适于织粗布。再加上西北边疆的气候过于干燥,湿度很小,织布时棉纱易断。如果一定要生产高级的细布,就要有特种设备,并增加室内的湿度,才能纺出细纱。正是由于这些原因,唐代西北边疆的棉布生产,成本甚高,无法与内地生产的丝绸麻布相抗衡。[1]

笔者认为,赵冈先生的推论有一定的道理,也可能正是由于新疆地区种植的草棉品种较差,织布成本高,所以在推广中受到了局限。而且它根本就没有在敦煌及河西其他地区种植,也自然就没有经河西走廊传入内地。至于宋元之际在陕右种植的棉花,应该不是原来新疆种植的草棉,也不是经河西走廊传入的,而是其他的棉种,可能是从南方传入的。

(原载《历史研究》2004 年第 6 期。本文发表后,郑炳林先生在《历史研究》2005 年第 5 期发表了《晚唐五代敦煌种植棉花辨析——兼答刘进宝先生》,吴震先生在 2005 年 8 月召开的"第二届吐鲁番学国际学术研讨会"上提交了《关于古代植棉研究中的一些问题》,见《吐鲁番学研究》2005 年第 1 期、新疆吐鲁番文物局编《吐鲁番学研究:第二届吐鲁番学国际学术研讨会论文集》,上海辞书出版社 2006 年,读者可参阅。本文修改稿已经对有关问题作了回应)

---

[1] 参阅赵冈:《唐代西州的布价——从物价看古代中国的棉纺织业》,载台湾《幼狮月刊》第四十六卷,1977 年第 6 期。

附录 1：卢向前《唐代西州土地关系述论》评介

北魏隋唐的均田制，作为中国古代土地制度的组成部分，长期以来是国内外史学界研究的重点和热点。国内外学者在均田制研究方面的成果，可以说实在太丰硕了，仅国内出版的专著就有韩国磐《隋唐的均田制度》①及修订本《北朝隋唐的均田制度》②、宋家钰《唐朝户籍法与均田制研究》③、武建国《均田制研究》④、杨际平《敦煌吐鲁番文书研究：均田制新探》⑤和其增订本《北朝隋唐均田制新探》⑥、[日]堀敏一《均田制的研究》⑦、[日]铃木俊、山本达郎等著《唐代均田制研究选译》⑧等，发表的论文可以说是以千万计。一般认为，均田制研究应该说没有剩义可言了。但卢向前先生的《唐代西州土地关系述论》⑨(以下简称《述论》)一书，却另辟蹊径，以西州为地点，以吐鲁番文书为主，以公元 640 年至 772 年为时间段，对此时、此地均田制的发生、演变、实施和败坏进行了系统地研究。这一个案的探讨，对学术研究颇有启发，即对一些看似已成定论的问题，当转换视角，或从另一个角度思考的话，可能就会有意想不到的收获，正可谓"横看成岭

① 韩国磐：《隋唐的均田制度》，上海人民出版社 1957 年版。

② 韩国磐：《北朝隋唐的均田制度》，上海人民出版社 1984 年版。

③ 宋家钰：《唐朝户籍法与均田制研究》，中州古籍出版社 1988 年版。

④ 武建国：《均田制研究》，云南人民出版社 1992 年版。

⑤ 杨际平：《敦煌吐鲁番文书研究：均田制新探》，厦门大学出版社 1992 年版。

⑥ 杨际平：《北朝隋唐均田制新探》，岳麓书社 2003 年版。

⑦ [日]堀敏一：《均田制的研究》，福建人民出版社 1984 年版。

⑧ [日]铃木俊、山本达郎等：《唐代均田制研究选译》，甘肃教育出版社 1992 年版。

⑨ 卢向前：《唐代西州土地关系述论》，上海古籍出版社 2001 年版。

侧成峰,远近高低各不同"。

全书约30万字,由前言和正文六章组成,书前还有王永兴先生的序,书后附有"引用书文目"和"本书所引敦煌吐鲁番出土文书索引"。

本书以唐代的西州(今新疆吐鲁番)作为研究对象,其时间范围,则是从唐太宗贞观十四年(640)唐灭高昌设置西州开始,到唐德宗贞元八年(792)西州陷于吐蕃时止。实际上,由于从唐代宗大历七年(772)到贞元八年这20年间的材料缺乏,本书基本上没有涉及。因此,其时段是从公元640年至772年的130多年。研究的内容是土地制度,而此阶段正是实行均田制的时期,因此,此时期的土地制度也就是均田制的一个部分或者说是一个阶段。按照均田制的授田规定,西州又属于狭乡,因此,可以将本书视作"唐代狭乡实行均田制的缩影"。

第一章《西州实行均田制之进程》,首先以《唐会要》卷九十五《高昌》和《新唐书》卷二百二十一上《西域上·高昌传》所出现的"西昌州"为线索,指出在侯君集平高昌到唐设西州之间还有一短暂的"西昌州"时期,但由于"西昌州"存在的时间太短,许多文献如《资治通鉴》、《旧唐书》、《通典》等都没有提及,也不为后世所注意。由于作者注意到了"西昌州"的存在,又利用典籍文献,并考虑到了高昌与唐都城长安的距离,捷报文书和诏令到达及传送的时间(作者将高昌到长安两地的单程时间按18天计)等等,从而排列出了西州成立的时间表:八月八日,侯君集克高昌;八月十日,侯君集从高昌报捷;八月二十八日,报捷文书到达长安;九月九日,唐王朝决定设立西昌州;九月二十二日,唐政府改西昌州为西州;九月二十七日,在高昌立西昌州;十月十日,在高昌将西昌州改为西州。

在阿斯塔那78号墓所出《唐贞观十四年(640)西州高昌县

李石住等户手实》中有"合受田八十亩"的记载，土肥义和、唐长孺、池田温、杨际平等学者都从不同侧面，尤其是均田制的授田额方面进行了探讨。对此，卢向前氏指出："从西昌州、西州设立时间及合受田八十亩的含义看来，贞观十四年九月手实既非均田制之产物，又与均田制有着联系"。它与武德令"狭乡减宽乡之半"授田有关，即老男当户额 60 亩的二分之一，再加丁男 100 亩的二分之一，但又不分永业、口分田，这是因为"高昌部民显然不熟悉内地执行田令之实际"而造成的。作者认为，虽然贞观十四年已平定高昌，但并未能立即推行均田制，一年多后的贞观十六年正月，《巡抚高昌诏》的颁布，才是西州均田成立的标志，因为诏中明确说："彼州所有官田，并分给旧官人首望及百姓等"，"应该说，唐代西州真正推行均田制是以此诏令为端绪的，以此为契机，西州似乎开始制定授受田额，实行均田。"（《述论》第 31 页，以下凡引用本书只注明页码）

本章最后，作者对《唐西州高昌县授田簿》进行了个案研究，重新排列了顺序，并将其时代断为贞观十六、七年间。同时，作者还对《授田簿》中的退田者和受田者进行了辨析，如"右给得史阿伯仁部田六亩穆石石充分"；"右给得史阿伯仁部田叁亩孙佑住充分"；"右给得康乌破门陀部田三亩郭知德充分"等如何理解？作者从《授田簿》及其他吐鲁番文书中找到证据，指出退田者前面有一词即"给得"，因此，"史阿伯仁为退田者，穆石石和孙佑住是受田者"，而"右给得康乌破门陀部田三亩郭知德充分"的意思就是"右得康乌破门陀部田三亩给郭知德充分"。（37 页）

但作者认为《授田簿》中的退田者多为"移户"似乎还应重新探讨。

另如第 38 页说："《授田簿》并非以受田者为基本单位登录"，而第 39 页又说："从第 4 件曹定德死退记录状况看，恰恰说明给(授)田簿是以受田者为基本单位登录的事实"。这是相互矛盾的。

第二章《西州的常田、部田及赐田》,在宫崎市定《论吐鲁番出现的田土文书的性质》①、马雍《麹斌造寺碑所反映的高昌土地问题》②、杨际平《试考唐代吐鲁番地区"部田"的历史渊源》③、《再论麹氏高昌与唐代西州"部田"的历史渊源》④、黄永年《唐代籍帐中"常田""部田"诸词试释》⑤、赵吕甫《唐代吐鲁番文书"常田""部田"名义试释》⑥、孔祥星《吐鲁番文书中的"常田"与"部田"》⑦、池田温《唐代西州给田制之特征》⑧等学者研究的基础上,对常田、部田进行了更进一步的探索,指出常田是指一年两熟的土地,部田是指一年一熟的土地。具体来说:"常田一般一年二作,春季种植大麦或青麦,五月收获;夏季种植粟或禾,十月收获。部田一般一年一作,或春季种植小麦,五六月收获;或夏季种植粟或禾,十月收获。"(58页)另外从水利灌溉的角度看,可以将利于灌溉的土地称作常田,即常田是常年得水利浇溉之土地;不

① [日]宫崎市定:《论吐鲁番出现的田土文书的性质》,载《史林》第43卷第3号,1960年。

② 马雍:《麹斌造寺碑所反映的高昌土地问题》,载《文物》1976年第12期。

③ 杨际平:《试考唐代吐鲁番地区"部田"的历史渊源》,载《中国社会经济史研究》1982年第1期。

④ 杨际平:《再论麹氏高昌与唐代西州"部田"的历史渊源》,载《中国史研究》1988年第2期。

⑤ 黄永年:《唐代籍帐中"常田""部田"诸词试释》,载《文史》第19辑,中华书局1983年版。又见黄永年:《文史存稿》,三秦出版社2004年版。

⑥ 赵吕甫:《唐代吐鲁番文书"部田""常田"名义试疑》,载《中国史研究》1984年第4期。

⑦ 孔祥星:《吐鲁番文书中的"常田"与"部田"》,载《中国历史博物馆馆刊》总9期(1986年)。

⑧ [日]池田温:《唐代西州给田制之特征》,载《敦煌吐鲁番学研究论文集》,汉语大辞典出版社1990年版。

易浇灌的土地称作部田，即"少高卬"之田。

作者提出的"常田"一年二作，根据吐鲁番地区的气候，似乎比较困难，还应给予全面考虑。所说"部田"表示"不易浇溉之高地"，可以说是近年来常田、部田研究方面的新见解。在此新见解的论证中，作者引用了《春秋左氏传》、《风俗通义》及宋代范成大《吴郡志》等资料，既从史学角度加以解说，又从文字音韵方面展开讨论；同时还利用池田温先生检索的唐以前吐鲁番文书中出现的"部田"，其年代都在麹氏高昌时期，亦即公元588—632年间。也就是说，最早出现部田名称的年代在588年，时当隋开皇八年。由此作者进一步指出："从东汉齐鲁间之部田，到北魏以后齐地之每年二易之田，再到麹氏高昌中晚期之部田"，应该有着某种联系。这种联系，也取决于公元588年前后的政治交通状况，即高昌与中原的交往大大加强。并进而提出："部田是麹氏高昌从中原引进的新名词，它是指那些'少高卬'、不易浇溉之土地。"（89—90页）

作者关于"部田"的新解说，给我们提供了新的思路。据《晋书》卷四十七《傅玄传》载："近魏初课田，不务多其顷亩，但务修其功力，故白田收至十余斛，水田收数十斛。自顷以来，日增田顷亩之课，而田兵益甚，功不能修理，至亩数斛已还，或不足以偿种。非与曩时异天地，横遇灾害也，其病正在于务多顷亩而功不修耳。窃见河堤谒者石恢甚精练水事及田事，知其利害，乞中书召恢，委曲问其得失，必有所补益。"

这里的"白田"与水田相对，即"白田"是旱田，白、薄、簿应相同，而薄、簿又与部相同，故白、部亦相同，即"白田"与"部田"相同。因此，笔者推测，"部田"是指不能浇灌的旱田，与其相对应的"常田"就应该是能够浇上水的田地。在敦煌吐鲁番文书中常常将"地水"连用，可能也与此有关。

西州的部田大多以一分为三的方式授受,即如果9亩部田的话,分为三段各3亩,如果6亩部田就分为三段各2亩,这又是为何呢?《述论》认为,这主要与土地质量的好坏有关。因为就西州来说,既有田土之厚薄、土质之高下的区别,也有水利之好差,道里之近远的事实。"既然田土有厚薄,为了达到均平的目的,分配的最好方式自然是按其地段,各家各户各得一份。于是便出现了部田必一分为三授受的情况,哪怕是某一处或二处能满足分额,也置之不顾。"(77页)

由此,作者提出了西州土地授受中的三种额度,即一丁"常田四亩、部田二亩"(即常田四亩、一易部田二亩)是最基本的定额,也就是基准额。在此基准额的基础上折算出来了"常田四亩、部田四亩"(即常田四亩、二易部田四亩)的折算额,"常田四亩、部田六亩"(即常田四亩、三易部田六亩)的标准额。

这样就出现了一个矛盾,既然"常田四亩、部田二亩"是西州土地授予的基准,为何又以"常田四亩、部田六亩"的标准执行呢?对此,作者从两个方面给予了解释:首先是由于西州的土地面积和人口关系。唐贞观十四年平定高昌后,有垦地九百顷,其时高昌的人口是8046户、37738口。平均每户可有垦田11亩多,若以一户有一丁计,则大约一丁可得地10亩。而西州的部田又比常田多,常田与部田的比例大约为4∶6。部田中又以三易部田为多,因此,在土地授受中就以"常田四亩、部田六亩"作为标准来执行了。另外,西州又是全国的一部分,唐朝统治者总是竭力要将其田制纳入"均田"的轨道,而西州官府为了保持和全国的一致,为了和全国的均田体制接轨,也就必须采纳以10亩田土的授受作为标准。实施"常田四亩、部田六亩"的土地授受,"正是表现了唐代西州田制的普遍意义。"(112页)

向前先生的论说有一定的道理,但按当时西州人口和户数的比例,每户平均 4.7 口。在每户的 4.7 口中,难道只有一人为丁男吗? 若以 20 岁成丁、60 岁入老计算,一般情况下,可能也有一半的人户,每家会有 2 人为丁男。如果是这样,向前先生以上的研究就还有重新讨论之必要。

池田温《中国古代籍帐研究》有《唐开元二十九年前后西州高昌县退田簿及有关文书》76 件。其中第 74 件文书(416页)曰:

> 1. _____籍帐未除。户俱第六,家有母及叔母
>
> 2. 二人丁寡。合受常田三亩、部田五亩。所合退地请
>
> 3. 追静敏母问。即知退地□□请处分。
>
> 4. 牒件状如前,谨牒。
>
> 5. 　　　　　开元廿五年四月　日里正孙鼠居牒。

同号第 51 件文书又有"和静敏死退二亩(常田)、三亩(部田)"(413 页)的记载。由此作者指出:"和静敏死,其地当退常田 2 亩、部田 3 亩,但因其母与叔母丁寡而合户……这常田三亩、部田五亩就是西州二寡合户之授田之标准。"(114 页)"西州合户之受田,不为户主之老男亦应有此份额。"(116 页)

关于敦煌文书中"自田"、吐鲁番文书中"自至"的含义,历来众说纷纭,目前主要有均田土地说、完全私田说、均田私田两存说。卢向前氏在西岛定生、山本达郎、杨际平等学者研究的基础上,通过对"部田"、"易田"的考察,对现存观点提出了质疑,认为唐代西州之"自至"、沙州之"自田"等概念及性质有重新考察之必要①。在《唐西州高昌县授田簿》中,"退田者的一段部田,虽然被有比例地分割成二段、三段分授给受田者,但是在这些被分割

---

① 参阅卢向前:《唐代西州土地关系述论》,第 130 页。

的地段的四至记载上,仍然保持着原先的状貌。"如"左熹相共退部田三段9亩,一段3亩在城西五里胡麻井渠,被分割成3段各1亩分授给何漏、郭驴子及佚名,这被分割的各1亩3段的四至,都是'东张花 西左延海 南荒 北荒'",而"此件文书常田分割的四至记载中,却出现了截然不同的境况",如李庆熹所得第2段常田四至记载中有"西白隆仁",而在白隆仁所得常田四至记载中则有"东李庆熹",可见这2段常田是相邻的,即"这两段常田原本是一段,当着田土授受时,划成了东西两段分给了两人,四至也随即改写了。"(123页)而"'易田'就是完整的'部田'中的一段。"(126页)至于四至改写的时间,向前先生推测,"既不是手实上呈时,亦不是在户籍制定时,乃是在户籍废弃时"。(130页)

向前先生关于四至的新解说给我们提供了启示,以前的研究者侧重于说"自田"就是自己的另外一段地,现在看来可能还有问题。因敦煌文书 Дx.2163《唐大中六年(852)十一月百姓杜福胜申报户口田亩状》①最后署名为"大中六年十一月 日百姓杜福胜谨状",文书虽残缺,但从其内容可知,应是杜福胜申报户口田地状。该状文在5段土地及园舍中,有两处提到了"字(自)田",另有两处的四至中则是"福胜",即"北至福胜"、"东至福胜"。若"自田"是自己的另外一块土地,为何不署"自田"而为"福胜"呢?

另外,S.3877背《唐天复九年(909)安力子卖地契》②曰:安力子在阶和渠有地两段共7亩,一段5亩,一段2亩。其中在第二段地(2亩)的"四至"中有"西至安力子"。这又如何理解?为何

---

① 唐耕耦等:《释录》,第二辑,第467页。

② 唐耕耦等:《释录》,第二辑,第8页;沙知:《敦煌契约文书辑校》,第18—19页。

不写成"西至自田"呢？第一段（5 亩）的"东至唐荣德"，为何又
不是"东至安力子"或"东至自田"呢？

同号（S.3877 背）《唐乾宁四年（897）张义全卖宅舍基契》①，
在其出卖的宅舍四至中，"西至张义全"为何不写成"自舍"呢？

P.4989《唐年代未详（公元九世纪后期？）沙州安善进等户口
田地状》②第 7—10 行为张孝顺户的人口田地状，其总"授田壹拾
捌亩：延康上口渠地壹段叁畦共陆亩，东至渠，西至佛奴，南至自
田，北至张佛奴；又地壹段陆畦共拾贰亩，东至张佛奴，西至自田，
南至自田，北至董荣。"

由此文书可知，张孝顺户共授田 18 亩，其中 6 亩一段，12 亩
一段。但在这两段土地的四至中，南面都是"自田"，一段（12
亩）的西为"自田"。张孝顺户只有两段地，若"自田"为自己另外
的土地，则"南至自田"是无法解释的。

另外，S.4125《宋雍熙二年（985）正月一日百姓邓永兴户状二
件》③中，第一件邓永兴的"都授田"中，在"千渠小第一渠上界
地"只有一段，即"玖畦共贰拾亩，东至杨阇梨，西至白黑儿及米
定兴并杨阇梨，南至米定兴及自田，北至白黑儿及米定兴。"与
P.4989号文书一样，在这里只有一段土地，那"自田"怎能说是自
己另外的一段土地呢？

由此可见，敦煌的"自田"确实还有继续探讨之必要。

吐鲁番文书中出现了"合附籍田"，其含义为何呢？韩国磐
先生认为，"合附籍田"既不是买田，也不是新授之田，"我推测这
是按田令此户合该得田若干亩，就写成'合附籍田'，与一般写为

① 唐耕耦等：《释录》，第二辑，第 6 页。
② 唐耕耦等：《释录》，第二辑，第 471—472 页。
③ 唐耕耦等：《释录》，第二辑，479—480 页。

'应受田'之意相同。"①池田温先生认为,"合附籍田""大概为籍帐之应受田,而'应受田'实际表示西州给田中之已受田。"②而卢向前氏则提出:"合附籍田是应受田与赐田之和"。虽然目前还无法认定向前先生的推论,但起码为学术研究又提供了一条新的思路。

唐代的中原地区有较多的赐田存在,据吐鲁番文书记载,西州也有赐田。那西州的赐田是否与中原地区一致呢? 向前先生提出:"西州赐田至少存在着三种以上的标准额,那就是:3 亩 160 步、3 亩 60 步、3 亩等等。无论如何,它们总显现了西州赐田细碎之特点。"(153 页)同时还指出,西州赐田所授予的对象,并非如中原地区主要是皇亲国戚、有功之臣(人)和亲随之人,而是受田不足的百姓,即"西州赐田所授予对象是不足标准额的部分百姓。"(158 页)因此,西州赐田还需还授,即纳入了均田制的轨道。

第三章《西州的还田与授田》指出,由于西州的土地少,每丁仅得 10 亩,因此其退田主要是"入老、死亡退田"。而在退田的程序中,最主要的环节就是退田簿的勘造。退田簿由里正勘造,其依据是民户的手实,但却以乡为单位制作,而以牒的形式向县府申报。

《唐开元二十九年西州高昌县给田簿》③,在每户户主、土地性质(常田或部田)、地段、四至后,常有一些特别的记载,如"给张英彦充'泰'";"昌""已上雷承福充'泰'";"戎""给王泥奴充'泰'";"给马难'西'当'天'"等。这与一些《给田簿》上县令注

---

① 韩国磐:《再论唐朝西州的田制》,载韩国磐主编《敦煌吐鲁番出土经济文书研究》,厦门大学出版社 1986 年版。

② [日]池田温:《唐代西州给田制之特征》,载《敦煌吐鲁番学研究论文集》。

③ [日]池田温:《中国古代籍帐研究》,第 418 页。

文的"昌"、"大"和"泰"、"天"相同,即"天"、"泰"是高昌县官吏的人名简写,"昌"、"大"等字是乡名简写。"泰"分管 5 个乡,即昌=宁昌乡、戎=宁戎乡、顺=顺义乡、化=崇化乡、平=太平乡;而"天"分管另 5 个乡,即西=安西乡、城=武城乡、尚=尚贤乡、大=宁大乡、归=归义乡。

这些注文都是土地退授中的批注,如《给田簿》中有:

2. 曹定德死退□□□□□

(中 略)

8. 一段叁亩(薄田) 城东六十里横截城阿魏渠 东至渠 西至道 南至渠□□□□□

9. "壹亩给安忠'大'秀'天'贰亩给

10. '戎'义仙充'泰'"。

引号中的这些文字说明:曹定德死后的退田中,就有城东六十里的一段三亩薄田,这三亩死退的薄田,其中的壹亩由官员"天"批示,授给了宁大乡的安忠秀,贰亩则由官员"泰"批示,授给了宁戎乡的义仙。

第四章《西州的籍外田、官田和还公田》指出,西州与中原内地一样,存在着部分"籍外田",也就是"未在官方之帐籍中登记者"。这类"籍外田",应属非法的、隐蔽的私人土地。但这类土地一经官府括出,其性质就发生了变化,它就成了合法的、公开的、由官方掌管的土地了。并对籍外田的存在情况进行了探讨。至于官田和公田,其概念可以通用,但还有稍许的差异:"公田是相对于所有权而言,即凡属于国家(官府)所有的土地都可称作公田;官田虽可从所有权上理解,但若从经营分配权考虑,则官田所包含的范围似乎狭窄一些"。(226 页)作者还分西州的职田、公廨田、军州屯田、镇戍营田和驿封田各项,对官田进行了分类探讨。本章所说的"还公田"实际包含两方面的内容,一是籍外田的转化,另外就是民户的退田,因为"退田一经成立,所退之土地也就成了还公田。"(283 页)

第五章《西州田制败坏之诸相》认为,由于人为的弊端,制度的不缜密(如土地的零散就导致了租佃的大量发生),自然环境对人类活动的报复等,是西州田制败坏的主要原因,"而尤其是安史之乱爆发,政治、军事格局的变化,使得西州均田制再也不能正常进行下去。"(288 页)

在民户土地的还授中,土地纠纷时有发生,而官吏的舞弊行为也常常存在,尤其是作为土地还授最基层、最关键的吏员——里正,往往违法而营私舞弊。他们不仅在制作手实、勘察土地时营私舞弊,获取好处和人情,而且由于不公正,还经常引起民户之间的土地纠纷。除了里正,西州的城主也有营私现象。

西州田制的败坏,还与土地租佃甚有关系,而"西州租佃发达的主要原因还是土地分布的零散"(313 页),如果说"贫困户的出租或承佃土地总与田制下的人多地少有关系",那么殷富者为何又主要是承佃土地而不是出租土地呢? 作者认为这"又与均田制下的人多地少及殷富者拥有众多的奴婢等有关系"(315页)。这种状况在安史之乱以后发生了变化,因"安西兵力赴中原参战,西州的丁壮亦应在抽调之列,于是,西州从原先的地少人众向着劳动力不足的趋势发展",(319 页)因此,一些土地也就被抛荒了。而劳动力的不足、土地的荒废,则是西州均田制败坏的一个重要原因。

另外,西州田制的败坏,还与土地的买卖和兼并有关。

著者在谈到安史乱后西州劳动力不足时,曾引用《唐大历三年曹忠敏牒为请免差充子弟事》,并以张国刚《关于唐代团结兵史料的辨析——兼谈唐代的子弟与乡兵》①研究为据，认为唐代之"子弟"颇与"团结兵"有关（319页）。

关于唐代及敦煌吐鲁番文书中的"子弟"，孙继民先生在《〈唐大历三年曹忠敏牒为请免差充子弟事〉书后》②和《敦煌吐鲁番所出唐代军事文书初探》③中已有比较详细的研究，子弟属于唐代军队兵员中的一种，他们的征发条件是户殷、力强、丁多。子弟和府兵在政治身份上比较接近，但子弟纯由官员子弟和部分勋官所组成。在隶属关系方面，府兵和子弟的差别又很大：府兵自成体系，以卫统府，是中央直接控制的兵员；而子弟则是州刺史统领的兵员，属于地方兵的范畴。敦煌文书中就有一些有关子弟的记载，如P.3805背《后唐同光三年（925）六月一日宋员进改补充节度押衙牒》有"前子弟、银青光禄大夫、检校太子宾客、上柱国宋员进右改补充节度押衙"的记载；P.3290《宋至道二年（996）三月索定迁改补节度押衙牒》中也有"前子弟、银青光禄大夫、检校太子宾客索定迁右改补充节度押衙"的记载。

至于吐鲁番出土文书《唐大历三年（768）曹忠敏牒为请免差充子弟事》中，曹忠敏由一名残疾而贫穷的老人变成了一名军人——子弟，这与子弟征发的范围和条件又不相符合，这可能是特殊地区（西州）、特殊时间（安史之乱后，唐军赴内地平叛，吐蕃乘机进攻西域等地）的特殊情况。

第六章《西州田制的普遍意义》，著者首先明确指出："唐代前期的西州田制，从某种意义上说，是全国田制的一个缩影，或者说，唐代西州田制具有全国性的普遍意义"（348页）。然后著者

---

① 朱雷主编：《唐代的历史与社会》，武汉大学出版社1997年版。

② 孙继民：《〈唐大历三年曹忠敏牒为请免差充子弟事〉书后》，载《敦煌吐鲁番研究》第二卷，北京大学出版社1997年版。

③ 孙继民：《敦煌吐鲁番所出唐代军事文书初探》，第100—120页。

就从田土授受额、式之规定性、授田对象、田土分类、土地还授等各方面对西州田制的普遍意义进行了论述。

以上对卢向前先生《唐代西州土地关系述论》的主要内容进行了简单的评介。以上的评介，实际上已经包含了笔者的意见，也含有笔者与著者的讨论。此外，本书还对读者有许多启示：

第一，著者将出土文书与传世文献紧密结合。虽然"二重证据法"是学界倡导的研究方法，但许多论著往往是流于形式。本书虽以吐鲁番文书为主，但对传世文献给予了足够的重视。

第二，著者研究的是唐代西州（吐鲁番），但并非就西州谈西州，而是走出西州，将西州（吐鲁番）纳入到整个唐代的历史中进行考察。正如作者在"前言"中所说：西州虽是"弹丸"之地，但其田制却与全国田制紧密相连，它是唐帝国在狭乡推行均田制的一个实例。将西州田制纳入到整个均田制的研究范围，既是对均田制研究的深化，又反映了在广阔的中国历史中，存在着普遍性与特殊性、一般与个别、面与点的关系。在史学研究中，既要看到点、看到特殊性和差异，又要关注面、关注普遍性和所具有的共同规律。

第三，著者是历史学出身，研究的也是历史问题，但著者却能充分吸收自然科学界的研究成果，如在研究唐代西州的种植品时，就参考了《大麦栽培》、《作物栽培学》等；在讨论粟、禾的种植特点时，曾请教吐鲁番市农业技术推广中心的房应征农艺师和浙江农业大学的王成栋同学（第 61—62 页）；在研究西州葡萄园的租佃价时，就参考了《果树栽培与果品贮藏加工手册》（第 315 页），这又是目前很欠缺的，也是值得提倡与表彰的。

（原载《西域研究》2008 年第 1 期）

附录2:童丕《敦煌的借贷》评介

法国学者童丕先生的《敦煌的借贷:中国中古时代的物质生活与社会》一书的汉译本(余欣、陈建伟译)已由中华书局作为"法国西域敦煌学名著译丛"之一于2003年2月出版发行。

一

该书共20万字,除译者前言、谢和耐教授序和作者导言、结论外,共由四章组成,即第一章"原始资料"、第二章"吐蕃占领时期的粮食借贷"、第三章"十世纪的织物借贷"、第四章"九—十世纪借贷条件的演变"。后面还有附录:"借贷契约分析图表"、"借贷契约编号对照一览表"和"参考文献"。

第一章"原始资料"指出,本书所使用的资料主要有三类:即契约、寺院的便物历和会计账簿。就这类资料来说,虽依据于池田温、山本达郎编《敦煌吐鲁番社会经济资料》第三卷《契约》和唐耕耦、陆宏基编《敦煌社会经济文献真迹释录》,但已超出了以上两书和沙知编《敦煌契约文献辑校》所收的内容,而且其研究,并不仅仅限于这些主要的资料,而是还包括私人书信、行政、法律文书及牒状等间接的、零星的资料。正如作者所说:"即不是根据事先选择的资料来研究借贷,与此相反,我们努力收集所有契约的所有信息,以组成一个资料汇编,进行分类和阐述,以便读者理解。"(《敦煌的借贷》第2—3页,以下凡引用本书只注明页码)

第二章"吐蕃占领时期的粮食借贷",首先比较详细研究了北图咸字59号、S.1475号和P.3422号写本。因为这三个写本不仅内容丰富,而且年代特别相近,北图咸字59号写于832—838年,S.1475和P.3422更是同一年,即823年。其次对借贷契约所展示的敦煌农业生活,尤其是麦(小麦和大麦)、粟、豆、青麦、糜、黄麻这类粮食作物的播种、收获等进行了比较详细的介绍。并对粮食借贷中的债权人、借贷者、借贷的原因、保人和证人进行了分析探讨。

第三章"十世纪的织物借贷"指出,吐蕃时期的粮食借贷,反映的是小农经济的特征——春借秋还,而10世纪的织物借贷,则并不是为了穿衣,而是因旅行而借贷。作为借贷标的的织物有毡、麻布、棉布以及丝织品。并分绢帛、麻布、毛纺织品和棉布四项,比较详细地介绍了其质地、生产、价格及其与中西文化交流、社会生活的关系。

第四章"九—十世纪借贷条件的演变",从粮食借贷和织物借贷两个方面入手,对借贷的成本、到期无力偿还的条款、事实担保、债务的免除等问题作了细致探讨。

综观全书,给我们提供启示之处甚多,现就本人阅读中的一些感想叙述如下:

1. 长时段的考察,比较史学的研究方法

我们这一代学人,由于所受教育的局限,绝大多数都是知识面比较窄,只耕耘在自己的一块小天地里,不要说文史哲的融会贯通,就是在史学领域,也有中国史与世界史、古代史与近现代史的壁垒分界。在中国古代史中,还有秦汉史与隋唐史、明清史等断代史的划分。这虽然是不得已而为之,但无疑限制了我们的学术视野。正如张广达先生所说:"历史学的研究趋势是,就个人研究的操作可行性而言,势须把整体切成条条或块块,拣选其中之一条或一块,作为自己的领域或课题。然而,就学科的总体而言,历史学又要求研究者尽量扩大视野,涵盖历史学理应包括的各个领域,从多角度、多层次、多方面考察历史的传承与变革,避免偏颇,以求全面。今天从事史学研究的人,没有一个人不是从自己的研究领域的一角出发，力图把握历史的整体性与全面性。在当代，人们皆在以有限的精力追求无涯的学术，以至于每一个人都陷入了以个人有限的精力与学科的客观要求相较量的高度张力网中。在法国，人们提倡长时段的考察，多学科的训练，新方法、新思路的探求，新领域、新对象的开拓。在美国，在盛行区域研究、社群研究、阶层研究的同时，又鼓励人们参照各种社会科学的启示而在史学研究中提出花样不断翻新的新观念、新模式、新范畴、新规范，并且开始注意共时性的横向研究中历时性的纵贯。然而，达到这样的要求谈何容易。"①

而童丕教授的这本著作，则正好体现了"长时段的考察，多学科的训练，新方法、新思路的探求，新领域、新对象的开拓。"如谈到契约的内容和结构时，不仅与元明清时期，而且还与20世纪二三十年代的契约相联系；谈到"契"字的发展变化时，不仅与简牍、《说文》、吐鲁番文书中的"券"相联系，而且还与马可·波罗的记载、清代文人袁枚所记黎族人的土地买卖相联系；谈到敦煌的粮食时，也与3世纪楼兰的"黑粟"相联系；谈到敦煌麦、粟的播种时节时，引用《齐民要术》中关于粟的播种描述予以说明；认为敦煌的"团保"不仅是北宋王安石变法建立保甲制度的原型，而且"通过负连带责任的团体组织来控制人民是中国官僚喜欢的方式"，(第72页)直到20世纪30年代保甲体系还在发挥作用。

这种"长时段的考察"，正是著者学术视野宽阔的体现，它不仅给人以全新的感觉，而且对我们的研究、写作也有一定的启发和示范。

---

① 张广达：《我和隋唐、中亚史研究》，载张世林编《学林春秋》三编上册，朝华出版社1999年版，第67页。又见张广达：《史家、史学与现代学术》，广西师范大学出版社2008年版，第319—334页。

本书的另一特色,就是大量使用对比的研究方法,上述举例已有说明。余欣在"译者前言"中也已指出,故不再赘述。

童丕教授取得这样的成果,并不是偶然的,而是其学术经历丰富、治学范围宽阔的必然体现。据"译者前言"记载:童丕教授早年在国立东方语言学院学习汉语和越南语,后入巴黎大学(索邦)研究欧洲中世纪史;1973—1974 年,曾在香港中文大学新亚研究所留学;1977 年,以 1920—1930 年中国的典当业为题,在巴黎第七大学获得博士学位;随后进入法国国立科研中心从事敦煌写本的研究。

本书出版于 1995 年,在本书完成出版过程中和出版后,作者又发表了一批与本书内容相关的论著,如《10 世纪敦煌的借贷人》[1]、《从寺院的帐簿看敦煌二月八日节》[2]、《库车出土汉文文书》、《酒与佛教——八至十世纪敦煌寺院的酒类消费》、《六至十世纪中亚的棉花沿丝绸之路由西向东传播的轨迹》、《十二世纪中国的磨》、《饼状的红花——古代中国的一种染料植物》、《丝绸之路上的纺织业和织物——产地与交换的地理因素》等。

2. 引人入胜的新见解

一般情况下,人们都愿意将自己所从事的职业看得很神圣、伟大,或特别的重要,对于绝大多数敦煌学研究者来说,也自然有这种倾向。这既有好的一面,也有一定的局限性。从历史学的角度来说,敦煌文书与正史、别史一样,只是历史研究的资料,我们在研究唐代历史的时候,应将它与《资治通鉴》、两《唐书》及碑刻墓志等材料一样对待。但实际上,我们会有意或无意地夸大其价

---

① 汉译文见《法国汉学》第三辑,清华大学出版社 1998 年版,第 60—128 页。

② 汉译文见《法国汉学》第五辑,中华书局 2000 年版,第 58—106 页。

值，从而会产生偏见，甚或导致文书研究者和唐史研究者的分离。

童丕教授在本书"导言"中指出：敦煌文书"这种特别的和有限的资料来源永远也不应被忘记，尤其是当人们研究世俗社会和经济时。在这些问题上，敦煌宝藏如同一面扭曲的镜子。"如"本书将利用的两份最重要的资料（S.1475 写本和咸 59 写本）"，并非是作为经济活动的重要凭据——契约而保存下来的，而是因为正面是佛经就被僧人们所保存。"扭曲的镜子的另一个结果是：不仅是经济方面的资料数量很少，而且大部分资料只与一个地方有关，即佛寺。""敦煌所提供的关于当时社会状况的图景是不全面的"。在第二章中亦说："敦煌宝藏从整体上说，是来自寺院图书馆，或者说藏经洞。因而所反映的世俗特征很不明显。这与吐鲁番文书的情况不一样。"（第 60 页）

正是由于对敦煌资料的正确认识和理性分析，童丕教授并不是就敦煌而谈敦煌，而是将敦煌文书与其他史籍文献有机地结合在一起，将其置于中国历史文化的总体背景之下，进行长时段、大范围的考察。以"敦煌的借贷"为切入点，进而探讨"中国中古时代的物质生活与社会"，从而提出了一些发人深思的新论。

第一，作者在对 8—10 世纪借贷契约分类考察的基础上，又结合其他文书对比研究后指出：8—9 世纪粮食借贷占优势，反映了自然经济和自给自足状态。10 世纪织物借贷的发展显示了商业交往的恢复。此时的织物，并不是一种商品，而是作为支付的手段。这些织物借贷是真正的投资，它表明了对外部世界新的开放姿态以及商品经济的复兴。

这种长时段的综合、分类的考察、研究方法，不仅给我们以启示，而且其结论也非常值得我们重视。

第二，棉布之路的提出。关于敦煌的棉花种植，是学术界一直关注的一大问题。童丕教授曾有《六至十世纪中亚的棉花沿丝绸之路由西向东传播的轨迹》一文,但遗憾的是我还未能拜读。据本书谢和耐先生"序"说:"我们尤其要指出的是……正如童丕先生所言,古老的丝绸之路,也可以说是棉花之路。"这一论点,可以说是童丕先生的得意之论,在本书第三章《十世纪的织物借贷》中进行了重点研究。

在沙比提、王仲荦先生研究的基础上,童丕先生广泛利用文献、文书、考古发现和国外资料,并吸收中外学者的研究成果,对棉花的传入、种植、质地等进行了详细探讨。"在帝国的西部边陲和中亚地区,棉布经历了完全不同的历史,它要古老得多,并且与它传入中原没有直接的联系。原因很简单,传入中国的是两类不同的棉……西部的是一种草木,源于阿拉伯及非洲地区,自中亚由陆路传入。东部和南部的,是一种印度品种,称为木棉,从南海传入。"(第106页)

童丕先生还利用沙比提提供的材料①和伯希和的研究成果,指出"棉布之路的历史,比丝绸之路要更古老"。(第107页)

棉布之路或曰棉花之路的提出,为中西文化交流的研究提供了有益的启示,很值得我们重视,并应给予积极地回应与探讨,以期将这一问题的研究引向深入。

本书的注释和附录也值得我们学习。我们有些学者的论著洋洋洒洒几万字,或几十万字,但注释却很少,似乎都是自己的新论。实际上,学术论著的注解,既是学术规范的起码要求,也是对前人学术成果的尊重。详细的注解,并不能削弱该论著的学术价值,反而更使人看重它。

《敦煌的借贷》一书的注释很多,如第一章正文17页,注释

---

① 详见沙比提:《从考古发掘资料看新疆古代的棉花种植和纺织》,载《文物》1973年第10期。

40条;第二章正文60页,注释145条;第三章正文24页,注释80条;第四章正文46页,注释136条。而且有些注释很长,多达四五百字。此外一两百、两三百字的注释较多。

另外,该书的附录更是详细完备。全书正文加注释共186页,而附录就有94页。为读者提供了极大的方便,这都是需要国内学者的论著学习的。

顺便提及,本书的著者是法国著名的敦煌学家;主译者则是敦煌学研究队伍中的后起之秀,发表过数篇有较高水准的学术论文;责任编辑亦是敦煌学界熟知的专家,这就保证了该书翻译、出版的质量。我想到,可与本书的翻译、出版相媲美的是[俄]丘古耶夫斯基著、王克孝译、蒋维崧编辑、上海古籍出版社出版的《敦煌汉文文书》,其著者、译者和编者也都是敦煌学领域的专家学者。学界师友尝言:在全国众多的出版社中,只有中华和上古是既出书又出人,他们的一些编辑,不仅是出版家,而且还都是某一领域的专家。由这些学者兼出版家编辑的图书,其质量显然更能保证。目前由于出版社走向市场,愈来愈要求编辑的市场意识,而编辑的学者化则愈来愈淡薄,不知这是幸还是不幸?我曾在一篇读书笔记中说:"随着我们的上一代、上两代学人的离世退休,不仅仅使我们失去了学业上的老师,更重要的,使我们失去了精神上的导师。使我们在为人、治学,做人、做事上缺少了楷模。"不知出版界中这批学者型的编辑退休后,后继者是否还能像他们一样执着?

二

智者千虑,或有一失。每一本优秀的论著,在提出新论点时,由于是走前人未走之路,可能会有这样那样的问题,现就阅读中笔者有不同看法者提出,请教于童丕先生和读者。当然,这些不同的看法,也不一定完全正确。就是正确的部分,也绝不能显现出笔者比童丕先生高明,只不过侧重点略有不同罢了。

1. 第 146 页在谈到债务人无力偿还债务,债权人可"掣夺家资"时提出:"由于没有明确的原因,我们可以猜测存在着一个与剥夺土地过程相关的结果:在敦煌,土地的垄断者至少掌握着一支军队。"这显然是不符合实际的。

第 148 页在研究赔偿中的个人担保时,将"若身东西不在,仰保人……"翻译为"不管债务人身处东或西(逃脱),都可以要求担保人……"。并在注释中说:"在这里,并不是债务人无力偿还的问题,而是他逃脱债务。"似乎不大准确。

吐蕃时期的敦煌文书中,"若身东西不在"出现的次数较多,如伯希和敦煌藏文写卷 1297 号《子年二月二十三日孙清便粟契》曰:"若身有东西不在,及依限不办填还,一仰保人等,依时限还足";S.1475 背《酉年曹茂晟便豆契》曰:"如身东西不在,一仰保人代还";P.3458《辛酉年罗贤信贷生绢契》曰:"若身东西不善者,一仰口承弟兵马使罗恒恒祇当"。

这里的"东西"应指死亡,因"东西"一词既有逃亡之义,也有死亡之义。这里的"若身东西不在"应作死亡义解。①

2. 在本书的"结论"部分(第 186 页)说:当 11 世纪初敦煌藏经洞封闭时,"宋朝正处于社会和经济的多变之秋,换言之,就是由于敦煌落后于中国的核心地区,这些变革才并没有触及敦煌。"实际情况可能不是如此。

众所周知,晚唐五代宋初,正是中国历史的大变革时期,即世称的"唐宋变革"。但由于晚唐五代史料记载的欠缺,使我们对

---

① 参阅江蓝生、曹广顺:《唐五代语言词典》,上海教育出版社 1997 年版,第 98 页。

唐宋之际社会变迁的探讨还不够全面和深入。而正是这一阶段的敦煌文书却给我们提供了许多启示，并由此得出了与童丕教授完全相反的结论：即这一阶段，地处西北边陲的敦煌，不仅没有落后于中国的核心地区，反而还走在了前列。如归义军时期敦煌完全据地征税，"这或许标志着在敦煌，由资产税向土地税的过渡较之内地要稍早，即已抢先一步完成了内地在宋代才完成的过程。"①另外，据学者们研究，宋代"乡作为单一财税区划的出现，是唐宋之际社会经济转型期重构乡村基层组织的产物。"②而我们通过归义军时期赋税制的探讨，指出赋税主要以乡为单位征收，这已经走在了中国核心地区的前列，"这对我们探讨唐宋基层政权的变革具有重要的启发。"③

在探讨晚唐五代土地的对换时，我们曾指出：唐宋历史的变革，在土地制度上的反映，归义军时期土地的自由对换，提供了绝好的材料。或者说，晚唐五代时期的敦煌，由于特殊的历史条件和环境，已提前完成了唐宋历史的变革。④

3. 棉布之路的提出给我们以很大的启发，但在研究棉布之路和棉花的种植时，一些具体的论点我们还有不同的看法。如"西州的主要纺织产品既不是丝织品，也不是麻，而是棉布"，（108页）实际情况可能并非如此。通过对古代新疆棉花种植的考察，笔者认为，唐代新疆地区，尤其是西州，棉的种植是毋庸置

①　[日]堀敏一：《中唐以后敦煌地区的税制》，汉译文载《敦煌研究》2000年第3期。

②　参阅王棣：《宋代乡里两级制度质疑》，载《历史研究》1999年第4期。

③　详见刘进宝：《敦煌归义军赋税制的特点》，载《南京师大学报》2003年第4期。

④　参阅刘进宝：《晚唐五代土地私有化的另一标志——土地对换（以P.3394号文书为主）》，载《中国经济史研究》2004年第3期。

疑的,但对新疆地区棉花的种植还不能过分夸大,因文献史籍中除《梁书》的记载外,其他基本上没有(后来的记载基本上都来源于《梁书》)。

经过对新疆地区,尤其是吐鲁番墓葬发掘报告的分析,可以看出当地出土丝、麻织品很多,而棉布却很少。根据这一奇特情况,再结合有关文献记载,我们可以说,从魏晋南北朝时期开始,印度的棉花种植技术已传播到了新疆地区。但不可讳言,除了吐鲁番外,新疆其他地区棉花的种植是极其有限的,棉布的使用也很少,当时主要还是以丝、麻织品为主。①

另外,作者在谈到敦煌的棉花或棉布时,也与国内外其他学者一样,并没有找到敦煌棉花种植的第一手资料,而是将"緤"(简称为"绁")等同于棉花。"緤"当然有棉花或棉布的含义,但还有另一含义,即毛布。敦煌文书中的"緤"主要是指毛布。关于此,我们已作了初步探讨。②

作者还根据 P.3236、P.4525 和 Дх.1405+1406《官布籍》中关于每250亩或300亩地纳"官布"一匹的记载指出:"在敦煌,官布主要用于支付地税……这种税的支付方式表明当地主要纺织产品是麻,而不是丝织品。"③即是说,"官布"的质地是麻布。笔者在《从敦煌文书谈晚唐五代的"布"》④中也曾持这种看法。后

---

① 详见刘进宝:《不能对古代新疆地区棉花种植估计过高》,载《中国边疆史地研究》2005年第4期。

② 详见刘进宝:《唐五代敦煌棉花种植研究——兼论棉花从西域传入内地的问题》,载《历史研究》2004年第6期。

③ [法]童丕:《敦煌的借贷:中国中古时代的物质生活与社会》,第104页。

④ 刘进宝:《从敦煌文书谈晚唐五代的"布"》,载《段文杰敦煌研究五十年纪念文集》。

来郑炳林先生反复论证，"官布"的质地并不是麻布，而是棉布。①现在，笔者通过对有关文书的考察认为，"官布"的质地可能既不是麻，也不是棉布，而有可能是毛布。

此书的出版可以算得上精品，但仍有个别校对方面的小问题，如"导言"第17页第6行"物质生各个方面"少一"活"字；正文第30页倒数第6行"卖主因缺少食粮和种子恶而售出耕牛"似乎多了一"恶"字；第34页第14行"1996，第235—252页"应为"1966"；第39页第8行"在吐鲁的一件租佃契上"缺了一"番"字；第62页第12行"叶蕃时期"的"叶"应为"吐"；第78—79页S..1475和S..5820都多了一"."；第278页第1行"阗回鹘"少了一"于"字。

另外，该书的注释很多，不知是为了排版的方便还是其他原因，都将注释放在每章后面，使读者查阅很不方便，若改为页下注，岂不更好！

（原载《敦煌吐鲁番研究》第7卷，中华书局2004年版）

---

① 参阅郑炳林、杨富学：《敦煌西域出土回鹘文文献所载qunbu与汉文文献所见官布研究》，载《敦煌学辑刊》1997年第2期；郑炳林：《晚唐五代敦煌地区种植棉花研究》，载《中国史研究》1999年第3期。

我所了解的朱雷先生点滴

如果从 1983 年与朱雷先生第一次见面算起，已经 33 年了。就是从 1997 年正式跟先生学习算起，也快 20 年了。

从 1997 年进入师门到毕业离校，不论是在西北师范大学，还是后来的南京师范大学、浙江大学，我都与先生有比较多的接触和密切的联系，也对先生有了更多的了解。

一、从相识到成为先生的博士生

我最早见到朱雷先生，是 1983 年 8 月在兰州召开的中国敦煌吐鲁番学会成立大会上。当时，武汉大学的参会阵容很强大，由唐长孺教授带领朱雷、陈国灿、卢开万、程喜霖先生参加，其中唐长孺和朱雷先生还是当时给中央领导同志写信的 22 位专家中的两位。我当年 7 月在西北师大历史系毕业，留在了刚成立的西北师大敦煌学研究所，而西北师大是会议的主办单位之一，我便被派在会务从事接待工作。当时的我不善于沟通联系和交谈，对朱雷先生也只是仰望，可能没有单独说过一句话。

1986 年，国务院学位委员会公布了第三批博士生导师名单，其中就有武汉大学的朱雷先生，这在当年可是轰动学术界的重大新闻。因为前三批中国古代史的博士生导师全国只有 37 位，除了中国社会科学院的 8 位（王毓铨、杨向奎、胡厚宣、蔡美彪、瞿同祖、田昌五、杨希枚、林甘泉）外，北京大学最多，共有邓广铭、周一良、田余庆、张广达、许大龄 5 位，南开大学有 3 位（郑天挺、王玉哲、杨志玖),厦门大学也有 3 位(傅家麟[①]、韩国磬、杨国桢),其他高校都只有一两位,如武汉大学的唐长孺、朱雷,北京师范大学的何兹全、赵光贤,四川大学的徐中舒、缪钺,南京大学的韩儒林、陈得芝,中国人民大学的戴逸、王思治,吉林大学的金景芳,复旦大学的杨宽,华东师范大学的吴泽,山东大学的王仲荦,河北大学的漆侠,北京师范学院的宁可,杭州大学的徐规,东北师范大学的李洵,都是大名鼎鼎、在学界颇有声望的学者。朱雷先生能列其中,就说明了他在史学界的影响和地位,他的学术贡献已得到了学界与国家的认可。尤其难得的是,在前三批博士生导师中,人文学科的导师年龄都偏大,据我所知,在 50 岁以下者只有三位,除了朱雷先生外,还有杨国桢先生和杭州大学的郭在贻先生(汉语史专业)。

在当时的学术界,尤其是高校历史系,谈到以上学者,或与以上学者有一定的联系或交往,那是莫大的荣幸。由于特殊的机缘,在大学学习阶段,我就聆听了宁可、田昌五先生的学术讲座,在 1983 年的中国敦煌吐鲁番学会成立大会上,又见到了唐长孺、张广达、朱雷先生。

1992 年初,我将刚出版的拙作《敦煌学述论》寄朱雷先生一本,很快就收到了朱先生鼓励有加的回信。但由于朱先生在我心目中的地位实在太高大了,也就不敢多打扰,也未继续联系。

1994 年,在敦煌参加国际学术研讨会时,与朱先生有了较多的接触,才感觉到朱先生非常和蔼可亲,没有架子。在敦煌研究院的会议室门口,我还与朱先生、新疆博物馆的吴震先生合影留念。会议期间,朱先生与我们年轻人聊天,非常融洽愉快。中间

---

① 傅家麟,即傅衣凌,国务院学位委员会公布博士生导师名单时使用"傅家麟"。

某一天,我的一位朋友对我说:朱先生向他打听我是在哪里读的博士? 他回答说:刘进宝没有读博士,只是硕士毕业。当天晚上,朱先生来我房间聊天中说到,明年要在武汉大学举办中国唐史学会年会,你可以来参加,我们给你发邀请。临走时还说:你可以考虑读读博士。

敦煌的会议结束后,朱先生又到了兰州,与甘肃高校、文博单位的有关学者进行了学术交流。由于当时正在兰州举办首届丝绸之路艺术节,而兰州到武汉的火车每天只有一趟,想买软卧车票是非常困难的。我通过西北师大专家楼的售票人员,帮朱先生买到了兰州到武汉的软卧票。我送朱先生到车站,朱先生上车后又专门下来对我说:你如果要考博士,我愿意招你。

1995 年 8 月在武汉大学参加唐史会议前后,与朱先生有了较多的接触,也更加了解了朱先生的平易近人。会后我在武汉大学又多住了两天,朱先生请我们吃饭,还考虑到会后我的住宿费可能不好报销,曾想让我住在他的博士生杨洪权的宿舍。

1996 年 4—5 月间,我收到了武汉大学历史系友人的信,说武汉大学的博士招生报名已经结束,经查询,我没有报名。因为我是学俄语的,以前中国古代史招生中的外语没有俄语,朱先生专门请学校增加了俄语。我如果报考,现在赶快准备材料,办理补报手续。由于各方面的因素,1996 年我未能报考博士。但与朱先生的联系则比较频繁和密切了。

1997 年博士招生报名开始后,我曾想报考朱先生的博士,但还是未能如愿。只好报名随朱先生做高级访问学者。

1997 年 9 月到武汉大学,安排好住宿等后,当天晚上就去朱先生家拜访。聊天后朱先生送我回到宿舍,他看了住宿条件后说:条件还不错,可以在这里好好读书。

在武汉大学做高级访问学者时,我与朱先生又谈到了读博士的问题。朱先生让我一边看书一边准备博士考试,其他的都不要考虑了。

1998年我参加了武汉大学的博士生入学考试,幸运的是都过关了。当年的外语成绩线是50分,我考了51分,刚好过线,没有让朱先生为难,这一点我也很欣慰。

二、先生对西北的关心和帮助

由于朱先生的研究重心是吐鲁番和敦煌文书,曾陪同唐先生在新疆整理吐鲁番文书,又多次赴西北考察,与新疆、甘肃的文博单位、高校都建立了比较密切友好的关系,也特别关心、支持西北的历史、文博工作。如我考取武汉大学的博士研究生后,由于学校要求不转人事关系,在职攻读学位。按照武汉大学的要求,在职攻读一般是委托培养,即要缴委培费。朱先生充分考虑到西北的经济状况,便找武汉大学相关部门将我录取为定向培养。按照国家的政策,定向培养只缴几千元的定向费,朱先生便让我从母校——西北师范大学开了证明,即西北欠发达地区经济落后,希望减免定向费。正是由于朱先生的多次交涉和努力,武汉大学未收西北师范大学一分钱的定向费,这在当时不能说是绝无仅有,但肯定是非常罕见的。

在武汉大学读博期间的2000年,我西北师范大学的一位同事报考了武汉大学世界史的博士。由于该同志的一门成绩未过线,按照规定是不能录取的。我们就到朱先生家里向先生说了此事,并希望先生帮忙。朱先生听了我们的叙述后说:西北的教育相对落后,目前甘肃省还没有一个世界史的博士点,世界史人才更是缺少,当地不能培养。由于经济欠发达,其他地区的博士毕业生又不愿意去甘肃工作。现在中央开发大西北,我们无法从经济上支持,也不能派人去,但我们可以帮助培养,这也算是为开发大西北做的贡献。并说：我以这个理由去找研究生院，如果研究生院不同意，我就直接去找校长。为了尽快解决问题，先生没有耽搁，与我们一同下楼，直接去研究生院了。

大约半个小时后，先生从研究生院出来了，他说：问题解决了，已经同意破格录取。可见先生对西北的感情是很真切的。

在我开始读博士时，武汉大学历史学院的领导曾给朱老师说：争取在刘进宝毕业前，让其与西北师大脱离关系，将关系转过来，等毕业时就留下来，朱老师当时是答应的。在我毕业前夕，有几位老师给我说：他们建议将我留下来，但不知朱老师是怎么想的，就是不表态。2009年在一次会议上，我见到了武汉大学哲学专业的郭齐勇教授，郭教授与我聊天时曾说：你毕业前夕有人给我说要将你留下来，学院也同意，怎么后来就没有消息了。（在2000年8月武汉大学、武汉测绘科技大学、武汉水利电力大学、湖北医科大学四校合并成立新的武汉大学时，原武汉大学文学院、历史学院、哲学学院合并成立了人文学院，郭齐勇先生任人文学院院长）。

实际上我心里很清楚，朱老师从内心来说想将我留在身边，但他的理念又不允许，即西北落后，我们不能挖西北的人才，因此他是鼓励、支持我回西北工作的。

在我毕业前夕，曾有北京、上海的单位与我联系，我将情况告诉先生后，先生说：西北落后，缺人才，你应该回原单位去。正是由于朱老师的坚持或者说是固执，我2001年6月博士毕业后就回到了西北师范大学。

也正是由于朱老师的态度，我后来离开西北师大到南京师大工作时，就没有告诉先生，怕他反对。等我办好所有手续到南京师大上班后才将信息告诉了朱老师。这时候生米已经煮成了熟饭，先生就不会明确反对了，但我知道先生的内心是不满意的，他认为我不应该离开西北。

另外,据我所知,先生对甘肃的学术文化是尽可能大力支持的,在教育部、国家社科基金的评审中,同样条件下尽量为西北,尤其是新疆、甘肃的单位争取。如当年课题的平均经费是 2 万元,但主审专家可以提出上下浮动的建议,朱老师常常就会建议条件比较好的北京、上海等地的项目为 1.5 万元,而以西北地区经济落后,交通不便,查阅资料所需要的经费较多为理由,建议将西北地区的项目经费增加为 2.5 万元。

作为国务院学科评议组专家,朱老师在博士点、硕士点的评审中,同样条件下也尽量关照西北地区,给予尽可能多的支持。

三、先生做人的风格

据我的观察和了解,先生对越亲近的人要求越严。我亲身经历的是中国唐史学会理事的选举。我的硕士生导师金宝祥先生是著名的唐史专家,也是首届中国唐史学会理事。此前,由于金先生年事已高不再担任理事而转为顾问,在 1998 年学会换届时,西北师大没有理事。学会秘书处征求了金宝祥先生的意见,金先生推荐了我。当时的唐史学会秘书长、陕西师范大学的马驰教授将此情况告诉了我,并将我列入了理事候选名单。

前已述及,1998 年我考上了朱雷先生的博士生,1998 年 10 月我是从武汉赴西安参加唐史学会的,并且是与朱先生一起去的。因为当时的唐史学会会长是厦门大学的郑学檬教授,朱先生是副会长,并且已经决定由朱先生担任下届会长,因此,郑学檬先生、朱雷先生都是提前一天到会。我由于陪同先生,也是提前到会,马驰先生来车站接我们,并将我和先生安排在同一房间。

晚上郑先生、朱先生、马先生等学会领导碰头,其中之一就是增补理事问题。朱先生回来后对我说:虽然金先生推荐了你,西北师大也没有理事,但你的理事我不同意,建议你这次不要上,下次再上。我给他们(指郑学檬、马驰先生等)说了,你的工作由我来做。因为我要当会长,而你又是我的博士生,这样不好。西北师大的这个名额空下来,等下次你毕业了再上。

作为学生,再加上我对此类事本来就不是很上心,就愉快地接受了朱先生的建议。

2001年8月在山东青岛召开唐史学会,又涉及了理事会的改选。前已说过,先生对西北的感情很深,也非常关注西北的发展,因为他知道我虽然还在兰州,但已有离开西北师大的打算,所以作为新一届唐史学会会长的朱先生,仍然不让我担任理事,占西北师大的名额。

另外,在评项目、评职称方面,朱先生也一直是对最亲近的人反而要求最严,最后常常卡的是身边人、自己人,从而也使部分人误会、疏远,甚至还得罪了一些人。朱先生就是这样的性格,他绝对不是有意要卡哪一位! 但谁又能理解呢! 我曾经在心中也有过怨言啊!

另如先生从来没有给自己学生的书写过序言,我的《唐宋之际归义军经济史研究》是在博士学位论文的基础上增补而成的,而博士题目是朱先生定的,又是朱先生指导完成的博士论文。但当准备出版时,我请朱先生写序言,朱先生仍然是断然拒绝,其理由是:你是我的学生,有些好话我不能说,我说了没有权威性,也缺乏可信度。应该请别人写序言。

虽然如此,我知道朱先生对我的书还是很关注的,当他得知中国社会科学院荣誉学部委员、著名汉唐史专家张泽咸先生在《书品》发表专文,对《唐宋之际归义军经济史研究》有较高评价时,他很高兴,并让我复印几份寄他。他要让别人知道,他的学生的著作还是不错的,得到了全国著名学者的好评。

另如先生从不给自己学生的著作写序言，更不要说写书评推荐了。但对不是学生的求学者又是无私地帮助，如目前在西南民族大学工作的王启涛兄，当其编著《吐鲁番出土文献词典》时，朱先生不仅帮助审稿，而且还撰写序言，并在《光明日报》发文推荐。

先生待人宽厚，但对学术非常真诚，对于学术作假、抄袭等也是毫不留情。不论是在职称评审，还是在评奖或社科基金评审中，都是实事求是，坚持原则，不怕得罪人的。

四、先生的人格魅力

按今天的话来说，先生是根红苗正，既是革命后代，又是世家子弟。正是因为先生历史清白，又是革命后代，所以做起事来就少有顾忌。如先生在武汉大学历史系读书时，就阅读了朱芳圃的《甲骨学商事篇》、杨树达的《积微居小学述林》、唐长孺的《魏晋南北朝史论丛》等论著。当 1958 年秋开始"教育革命"，先生任班长，以为可以在课程设置、讲授内容及方法上做些改革。在讨论中有些没读什么书的人，说要批倒批臭王国维、陈寅恪、唐长孺，先生忍不住说：我没有你们那样大的志向，如果一辈子能读懂他们的著作，我就心满意足了。当然还有更多其他的不合时宜的观点，这样先生就成了"大白旗"被批判了。专用的大批判教室内，宿舍周边墙上贴满了批判的大、小字报，最后班长也被罢了。①

与先生接触，感触最深的是先生从不背后议论别人的不是或不足。当我们偶尔谈到某些单位或人的不足后，先生都是制止，

---

① 参阅朱雷：《从"走近"到"走进"——敦煌吐鲁番文书的追求历程》，载《浙江学者丝路敦煌学术书系·朱雷卷》前言，浙江大学出版社 2016 年版。

并马上说出这些单位或人的长处及贡献。对先生他们那一代人来说，经过"文革"及一系列运动的风风雨雨后，肯定会留下了一些阴影，也会有一些误解、不满甚至矛盾。我也听有人说过先生的不是，但先生从来没有说过别人，最多只是沉默罢了。我在《段文杰与敦煌研究院》①一文中曾写道："'内心无私天地宽'，'从不背后议论人'，正是段文杰先生高尚人格的真实写照。俗话说：来说是非者必是是非人。人心自有公道，人心自有公理"。不背后说别人的坏话或不是，正是先生品格高贵、光明磊落的人生写照。段文杰先生如此，朱雷先生也是如此。

先生这种高贵的品格，对我们有着潜移默化的深刻影响。我也时刻以先生为榜样，并非常欣赏哲学家杨耕教授的处世风格："我不太在乎别人对我的议论、评价。如果别人说的的确是我的缺点，我努力改正就是了；如果别人说的不是我的缺点甚至是'恶毒攻击'时，我也不在乎，因为这不是我的过错。""所以，当我被别人误解时，一般不去解释，因为对明白人，你不解释他也明白；而对不明白的人，你越解释他越不明白。在我看来，随着时间的推移，尘埃会落定，而'公道自在人心'。"②

我 1997 年到武汉大学跟先生做访问学者时，年龄相对比较大，并已经评上教授了，随后继续读博士，先生自然对我要求相对宽松一些。当在先生家或其他场合遇见有关学者介绍时，先生都是说这是西北师大的刘进宝教授，我会立即更正说：我是先生的学生，正在跟先生读博士。先生马上就会说：人家是带艺拜师。即先生一直将我作为同行学者看待。

先生是浙江海盐人，出生在上海，学习、生活、工作在武汉，既

---

① 载《敦煌研究》2014 年第 3 期。

② 桂琳：《杨耕：与哲学连成一体》，载《中华读书报》2010 年 3 月 31 日。

具有知识分子的正气和骨气,又具有江南人的细腻和委婉。而我生长在甘肃,并长期在甘肃学习、生活,具有的是西北人的粗疏和直率。

先生从 1974 年开始跟随唐长孺先生整理吐鲁番文书,一直到 1986 年 1 月底结束整理工作,期间还一直帮唐先生料理生活,可以说将最美好的年华都献给了吐鲁番文书的整理。尤其是 10 卷本的《吐鲁番出土文书》,倾注了先生大量的心血,也是国内外对吐鲁番文书最熟悉的专家之一。但当先生的《敦煌吐鲁番文书论丛》交出版社发排后,需要一张照片放在前面,先生找到了一张与本书内容相关的照片,即 1976 年唐山地震不久在北京整理吐鲁番文书时与唐长孺先生的合影。当我离开武汉刚到兰州,还没有来得及将照片交给出版社时,却接到了先生的电话,不让书前放他与唐先生的合影,别人会以为他是拉大旗做虎皮,并让我将照片还回。我只好照办了,现在想起还是比较遗憾。

2000 年下半年,当我的博士论文初稿完成,先生看过后说:你论文中的一个词,吐鲁番文书出现过,你应该看看。我早已购买了 10 册全套的《吐鲁番出土文书》,也基本上全部读过,但对该词没有印象,就问先生在哪一册,先生说:那我记不得了,你自己从头看肯定能找到。没办法,我就将 10 本《吐鲁番出土文书》认真看了一遍,还是没有发现。我想可能是自己不认真仔细,就又非常认真地将 10 本文书从头到尾再看了一遍,还是没有。这样我就很自信地去告诉先生,《吐鲁番出土文书》中没有这个词。先生笑笑说:那可能是我记错了。后来我才感觉到,先生认为我长期从事敦煌学研究,对敦煌文书相对比较熟悉,但对吐鲁番文书还不是很熟悉,就用这种办法让我熟悉吐鲁番文书。

了解了先生的委婉与含蓄后,我也时时提醒自己应该向先生学习,但西北人的直率总是无法改变,有时还会冲撞到先生。记得 1999 年年底前,快放寒假了我要回兰州,也要将先生《敦煌吐鲁番文书论丛》的最后校样和后记带回去,但先生的后记一直没有写,甚至连修改的时间都没有。有一次我找到先生,希望先生第二天能改好后记,先生说次日要去参加一个座谈会,我实在忍不住了就说:这样的会可去可不去,您明天不去行不行。先生可能根本没想到我会对他这样说话,他看着我,过了一会才说:那我明天不去开会了,我们改稿子。

虽然我"胜利"了,但我非常后悔,内心也很自责,怎么能这样对先生说话呢!此后,我就一直在提醒自己,一定不能太直接、直率,要委婉一些、含蓄一些,但过后又忘记了。真的是江山易改,秉性难移。

先生应该知道我不是故意顶撞他,仅仅是性格使然。因此我2002 年调到南京师大后,有次他来南师大讲学,临走时对我们的领导说:刘进宝是西北人,性格直率,如果有顶撞之处希望多担待。并私下对我说:如果有不同看法或意见,最好下面沟通,不要当面指出,免得别人难堪或尴尬。

以上啰里啰唆地写了我所了解的先生,这只是生活中的先生,学术以外的先生,而且仅仅是自己的感知,很不全面。献给先生的八十大寿,祝先生健康长寿!身心愉悦!

(本文原载《敦煌吐鲁番文书与中古史研究——朱雷先生八秩荣诞祝寿集》,上海古籍出版社 2016 年版)

后　　记

　　本书稿是在以前所发表论文的基础上整理的,有的进行了少量增补和修改,绝大部分都保持了原样。由于书稿所收文章涉及的时间较长,最早的一篇《略论高颎之死》是硕士学习阶段在金宝祥先生指导下撰写的。《隋末农民起义》、《隋末唐初户口锐减原因试探》和《唐初对高丽的战争》也是1985—1988年攻读硕士学位期间,在金先生指导下撰写的硕士学位论文的有关部分,现一并整理出版,以纪念我的硕士生导师、著名唐史研究专家金宝祥先生。

　　由于本书所收论文的时间跨度较长,各个时期、各家刊物对参考文献的注释格式不完全一致。另外,由于各个时段所使用的史料版本不尽相同,在资料核查时尽可能做了统一,但还会有一些不统一之处,特此说明。

　　本书稿在整理过程中,得到了青年教师宋坤、秦桦林同志和博士生赵大旺、硕士生史文韬、侯妍君的协助,他们帮忙核查资料,校对书稿,尤其是宋坤、赵大旺同志费心较多。责任编辑宋旭华先生和责任编委冯培红先生认真审阅了书稿,避免了一些错误,特表感谢。

刘进宝

2016 年 4 月 25 日

图书在版编目（CIP）数据

敦煌文书与中古社会经济／刘进宝著. —杭州：
浙江大学出版社，2016. 3（2017. 7 重印）
（浙江学者丝路敦煌学术书系／柴剑虹，张涌泉，
刘进宝主编）
ISBN 978-7-308-15846-6

Ⅰ.①敦… Ⅱ.①刘… Ⅲ.①敦煌学—文书—研究 ②
社会发展史—研究—中国—中古 ③中国经济史—研究—中
古 Ⅳ.①K870.64 ②F129.2

中国版本图书馆 CIP 数据核字（2016）第 107698 号

敦煌文书与中古社会经济

刘进宝　著

出 品 人	鲁东明	
总 编 辑	袁亚春	
丛书策划	黄宝忠　宋旭华	
责任编辑	宋旭华	
责任校对	胡　畔	
封面设计	项梦怡	
出版发行	浙江大学出版社	
	（杭州市天目山路 148 号　邮政编码 310007）	
	（网址：http://www.zjupress.com）	
排　　版	杭州兴邦电子印务有限公司	
印　　刷	浙江印刷集团有限公司	
开　　本	880mm×1300mm　1/32	
印　　张	12.875	
字　　数	301 千	
版 印 次	2016 年 3 月第 1 版　2017 年 7 月第 2 次印刷	
书　　号	ISBN 978-7-308-15846-6	
定　　价	38.00 元	